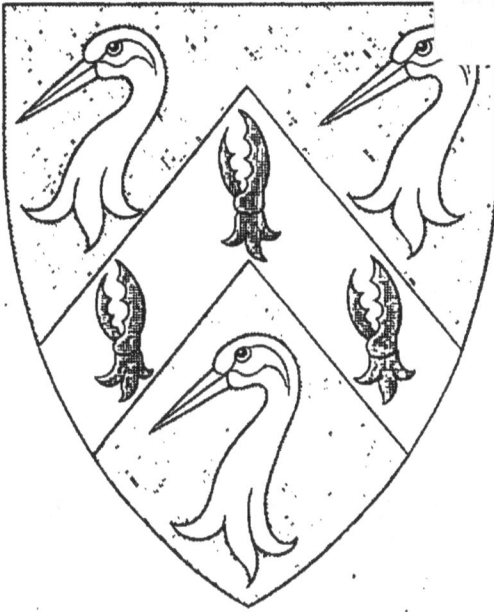

EX LIBRIS
PREMOREL HIGGONS

DICTIONNAIRE UNIVERSEL

DE

LA NOBLESSE DE FRANCE.

Ire. SÉRIE.

DICTIONNAIRE UNIVERSEL

DE

LA NOBLESSE DE FRANCE.

Cet Ouvrage contient un article analysé sur toutes les Familles nobles du Royaume, mentionnées dans le P. Anselme, l'Armorial-Général de MM. d'Hozier; le Dictionnaire de la Noblesse, publié, avec privilége du Roi, par M. de la Chesnaye-des-Bois; le Tableau historique de la Noblesse, par M. de Waroquier; les Généalogies des Mazures de l'Ile-Barbe, par le Laboureur; les Généalogies d'André du Chesne ; les Nobiliaires de Chorier, de l'abbé Robert de Briançon, de Pithon-Curt, Meynier, dom Pelletier, Guichenon, Artefeuil, Louvet, le marquis d'Aubais, Blanchard, Palliot, Wlson de la Colombière, et dans les recherches officielles de Bretagne, Champagne, Normandie, Bourgogne, Picardie, Limosin, Guienne, etc., enfin de toutes les provinces de France.

On trouvera, en outre, dans ce volume, l'état officiel des Nobles du Royaume qui ont assisté aux Assemblées de divers Bailliages et Sénéchaussées ; l'origine et l'institution des Majorats ; l'origine de la Pairie, et l'état actuel de la Chambre des Pairs, le Catalogue alphabétique des Chevaliers de Saint-Georges, depuis la fondation de cet Ordre jusqu'en 1786 ; l'origine des Tournois; l'origine des titres de Marquis, Vicomte et Vidame, etc., etc.

Par M. DE COURCELLES,

ANCIEN MAGISTRAT , CHEVALIER DE PLUSIEURS ORDRES , ET SUCCESSEUR DE M. DE SAINT-ALLAIS.

TOME DEUXIÈME.
M — Z.

A PARIS,

AU BUREAU GÉNÉRAL DE LA NOBLESSE DE FRANCE, RUE S.-HONORÉ , N°. 290, PRÈS L'ÉGLISE S.-ROCH.

1820.

DICTIONNAIRE UNIVERSEL

DE

LA NOBLESSE DE FRANCE.

M

MACÉ DE GASTINES, en Normandie, famille originaire de la ville de Chinon, établie en Normandie, depuis le quinzième siècle, sous le roi Charles VII. Elle a pour auteur Simon Macé, qui fut fait trésorier et receveur général des finances de Jean, duc d'Alençon, comte du Perche, frère du roi, par mandement du 18 juin 1453. Cette famille compte plusieurs officiers supérieurs et de divers grades, décorés de l'ordre royal et militaire de Saint-Louis. *D'argent, au chevron d'azur, accompagné en chef de trois roses du même, et en pointe d'un lion de gueules.*

DE MACON, en Bourgogne. Jean de Mâcon, prévôt de Faucogney, fut anobli, pour services militaires, au mois de février 1474. *Parti d'or et d'argent ; au sautoir engrêlé de gueules, brochant sur le tout.*

DE MACON, sieurs de la Martre et seigneurs du Sauzet, en Auvergne. Cette famille prouve sa filiation depuis Louis de Macon, écuyer, seigneur du Sauzet, qui vivait avant 1546. Il eut pour fils Gabriel de Macon, seigneur du Sauzet, marié le 5 février de la même année 1546 avec Catherine de la Beillie, dite de Serre.

II.   1

D'azur, à la bande d'or, accompagnée de trois étoiles du même.

MACON. Josserand de Macon fut anobli en 1351.

MACQUART DE RUAIRE, famille de Lorraine. Antoine Macquart, receveur des tailles en l'élection de Coutances, et Henri Macquart, son frère, tous deux nés à Bar-le-Duc, furent anoblis, suivant les lettres données à Lunéville, le 22 octobre 1723, par Léopold premier, duc de Lorraine et de Bar, en considération de la noblesse maternelle de leurs aïeux, dans lesquels on remarque Pierre d'Arc, dit *du Lys*, frère de Jeanne d'Arc, surnommée la pucelle d'Orléans. *D'argent, à l'épée surmontée d'une couronne et accompagnée de deux fleurs de lys, le tout d'azur; au chef du même, chargé de deux étoiles d'argent.*

MAGNEUX, à Saint-Germain-en-Laye. François Magneux, avocat au parlement, maître particulier des eaux et forêts de Saint-Germain-en-Laye et inspecteur-général du domaine de la couronne, fut anobli par lettres-patentes, données à Marly au mois de février 1731, pour services rendus tant par lui que par ses ancêtres, dans différents emplois civils et militaires. *D'argent, à trois coquilles de sable.*

MAGNIN, sieurs du Collet, famille du Dauphiné, dont le premier auteur connu est Guillaume Magnin, qui rendit hommage à Pierre de Bérenger, seigneur de Morges, l'an 1389. *De gueules, au cœur d'argent.*

DE MAGNIN, famille du Dauphiné. Benoît Magnin, sieur de la Cornière et de la Villardière, vivant en 1542, accompagna Henri III en son voyage de Pologne l'an 1571. *D'azur, à la bande d'or, chargée de trois roses de gueules, et accompagnée de deux rencontres de cerf d'argent.*

DE MAGNIN, sieurs de Montroux et de Gaste, en Dauphiné et au comtat Venaissin, famille originaire de Genève, qui remonte à Pierre Magnin, vivant l'an 1457. Un de ses descendants, Gabriel Magnin, vivait l'an 1588. Elle a donné plusieurs officiers supérieurs.

D'azur, au chevron d'or, accompagné de trois coquilles du même.

MAGNIN du BOUCHAGE, en Dauphiné, famille anoblie dans la personne de Claude Magnin, par Charles-Emmanuel, duc de Savoie, l'an 1587. *D'azur, à la foi d'argent, accompagnée d'une étoile d'or en chef, et d'un croissant d'argent en pointe.*

MAIGNOL (Jean-Baptiste), avocat au parlement de Bordeaux, ancien jurat et procureur-syndic de cette ville, fut anobli par lettres-patentes du roi, données à Versailles au mois d'août 1733, pour services rendus par lui et ses ancêtres dans divers emplois du barreau. *D'azur, au griffon d'or.*

MAILLY, seigneurs de Viéville, Rocourt, Bernay, etc., en Champagne. Cette famille remonte, par filiation, à Pierre Mailly, écuyer, seigneur de Viéville, vivant avant l'an 1564, bisaïeul de Jean Mailly, écuyer, sieur de Lignol, maintenu dans la qualité de noble à Châlons le 1er. avril 1671, par ordonnance de M. Le Fèvre de Caumartin, commissaire départi dans la généralité de cette ville. *De gueules, au chevron d'argent, accompagné de trois étoiles d'or; au chef de gueules, chargé de trois étoiles d'or, et soutenu d'une divise du même.*

MAINTENUE DE NOBLESSE, subs. féminin. Ces maintenues eurent lieu lors de la recherche des usurpateurs de noblesse, et furent accordées aux gentilshommes qui justifièrent suffisamment de leurs titres et qualité de nobles et d'écuyers. Il y avait plusieurs sortes de maintenues de noblesse; les unes par lettres, d'autres par arrêts, et d'autres par jugements des intendants et commissaires départis par le roi dans les provinces du royaume.

L'expédition des jugements de maintenue délivrée par les généalogistes des ordres du roi, avait foi en justice d'après un arrêt du conseil du 5 mai 1699. Les jugements de maintenue ou de condamnation rendus pendant la recherche des faux nobles, par les commissaires-généraux départis dans les provinces, devaient être remis au généalogiste des ordres chargé de dresser le catalogue général de la noblesse du royaume, par arrêt du conseil

des 12 avril , 12 juin 1683, et 11 mai 1728. Les jugements de maintenue , obtenus sur de faux titres , ont
été déclarés nuls par édit du 30 janvier 1703. *Voy.* RE-
CHERCHES.

DE MAISONNEUVE. *Voyez* DU RIEU.

MAJORAT , subs. masc. L'institution des majorats
en France a eu lieu en 1806. Son objet est de conserver
les fortunes dans les principales familles , en rendant
inaliénables les biens qui forment la dotation des
majorats. Son but est de mettre les familles à portée de
soutenir constamment avec éclat et honneur les titres
héréditaires qui y sont attachés , et dont elles ont été
investies (1).

Nos anciennes institutions , et particulièrement les
substitutions graduelles et perpétuelles qui , créées par
les lois romaines , s'étaient introduites dans la législa-
tion française , ont été le principe de l'établissement
des majorats ; l'intérêt de la monarchie , l'hérédité du
trône et celle de la pairie s'y lient essentiellement : et
le gouvernement a bien senti l'importance de cette vérité en comprenant dans le Code civil une disposition
expresse sur l'institution des majorats, disposition maintenue par la Charte , et confirmée par diverses ordonnances royales , notamment par celle du 25 août 1817,
relative à la formation des majorats attachés à la
pairie.

La dotation des majorats a lieu de deux manières :

Ou elle est formée avec les propres biens du titulaire
de la dignité à laquelle le majorat est inhérent , et alors
ces biens sont inaliénables tant que subsiste la descendance masculine du fondateur , descendance dans laquelle le titre héréditaire érigé en sa faveur se perpétue
en ligne directe , de mâle en mâle , par ordre de primogéniture ;

Ou la dotation du majorat se compose de biens pro-
venants du domaine de l'état , que les titulaires tiennent
de la munificence du souverain à raison de services rendus
à l'état ; et alors un droit de retour est assuré au domaine

---

(1) De Laigue, en ses Recherches historiques sur la Noblesse,
chapitre XI.

public en cas d'extinction de leur descendance masculine.

Les rentes sur l'état, les actions sur la banque de France, celles sur les canaux, peuvent, comme des biens fonds libres, être affectées à la dotation des majorats, pourvu qu'elles soient immobilisées avec les formalités prescrites par les lois.

Un décret du 11 juin 1811 détermine le mode d'établissement du siége des majorats.

Les biens affectés à la dotation des majorats doivent produire un revenu plus ou moins considérable, toujours proportionné à l'éclat de la dignité qui y est attachée.

Voyez BARONS, COMTES, DUCS, MARQUIS, PAIRIES, TITRES, VICOMTES.

MALART, seigneurs de Malartville et de la Varende, en Normandie. Le nom de Malart, orthographié indistinctement dans les anciens titres, et dans les nouveaux, Mallard, Mallart et Malart, est un des plus anciens de Normandie. Robert Malart est compris dans le nombre des seigneurs renommés en Normandie, depuis Guillaume le Conquérant, jusqu'en 1212, sous le règne de Philippe Auguste. Cette famille, d'origine chevaleresque, ne prouve néanmoins sa filiation que depuis Colin Malart, écuyer, seigneur du Chesnay et de Médavy, près de Séez, lequel vivait avant l'an 1350, et fut père de Guillemet Malart, écuyer, porte-manteau du roi Charles VI, vivant encore avant le 29 juin 1400, et marié avec Michelle de Fontaines. Elle a produit un chevalier de l'ordre du roi, un gentilhomme ordinaire de sa chambre, et plusieurs capitaines. *D'azur, à la fasce d'or, chargée d'un fer de mulet de sable, cloué de six pièces d'argent, et accosté de deux losanges de gueules.*

DE **MALARTIC** DE **MONTRICOUX,** en Agénois. Cette famille n'a rien de commun avec une ancienne maison de Massas, seigneurs de Malartic, du comté d'Armagnac, éteinte depuis près de trois siècles, et à laquelle elle a tenté vainement de se rattacher. La famille de Malartic a pour premier auteur certain Guillaume de Marlartic, qui, l'an 1611, était procureur en la cour présidiale d'Agen. La généalogie qu'en a donnée la Chesnaye-des-Bois, remontée à l'an 1267, ne mérite aucune créance. *D'argent, à la croix pommetée de gueules, accompagnée aux 1 et 4 cantons de deux molettes d'éperon de sable.*

DE MALBOSC DE MIRAL, en Languedoc, maison d'origine chevaleresque, qui a pris son nom d'une terre située au diocèse de Mende, en Gévaudan. Elle est connue depuis Gaucelin de Malbosc, vivant en 1224, et prouve sa filiation depuis André de Malbosc, damoiseau, vivant en 1275. Elle a donné plusieurs colonels et officiers supérieurs de divers corps. *Parti, au 1 d'azur, à trois chevrons d'argent,* qui est de MALBOSC, *au 2 de gueules, à la chèvre saillante d'argent,* qui est de CABRIERE.

DE MALEVANDE DE SAINT-JACQUES, en Normandie, famille originaire d'Espagne. *De gueules, à la fleur de lys d'or.*

DE MALLVANDE DE LA PIERRE, en Picardie, famille dont était Marguerite de Mallvande, fille unique de Jacques de Mallvande, chevalier, seigneur de la Pierre, et de dame Marguerite de Saint-Ouen, laquelle fut mariée, le 1er. juillet 1585, à Jean-François de Gaude, chevalier, seigneur de Martainneville et de Houdancourt. *D'or, à la croix fleurdelysée de gueules; à la bordure d'azur, chargée de huit tours d'argent.*

MALHERBE (1), maison des plus anciennes de Normandie, issue d'un seigneur danois, prouvé par un extrait de Vincentius, rapporté par Duchêne (his-

_____

(1) Hardez Laudum Malherbe, francisé dans le nom Darchand Malherbe, auteur des Malherbe, français et anglais, était un seigneur danois d'ancienne famille de ce royaume, consanguin de Rolon ou Raoul, premier duc de Normandie, prince royal de Dannemarck, qui, connaissant le talent et l'intrépidité de son parent Malherbe, l'amena avec lui à la conquête de Normandie, et le fit général de ses armées; ce qui est constaté par un extrait de Vincentius, ancien historien, rapporté par Duchêne, qui l'a tiré de celle de Normandie, par saint Odon, abbé de Saint-Martin de Tours de Cluny, qui existait dès ce tems, l'an 900.

toire de Normandie), et par saint Odon. Cet extrait,
en latin, est attesté par feu M. Bignon, bibliothécaire
du roi, par lettre du 29 juillet 1767.

Les Malherbe, nobles de nom et d'armes, ont été de
toutes les expéditions d'outremer.

Le baron de la Haye Malherbe, accompagna, en 1034,
Robert, Ier. du nom, duc de Normandie, dans son pèle-
rinage de la Terre-Sainte.

Raoul de Malherbe, chevalier, seigneur et baron de
la Haye-Malherbe, fut du nombre des principaux seigneurs qui aidèrent, en 1066, le duc Guillaume, dans
la conquête de l'Angleterre.

Jean de Malherbe, chevalier, seigneur de Saint-
Aignan-le-Malherbe, est compris parmi les chevaliers
bannerets, qui furent, en 1096, à l'expédition de la
Terre-Sainte, et, en 1099, à la prise de Jérusalem.

Du mariage de ce dernier est sorti un fils, qui donna
naissance à un enfant, aussi nommé Jean de Malherbe,
né en 1200.

Celui-ci s'étant également marié, et ses enfants et
petits-enfants ayant eu des descendants, il en est issu,
en 1555, le poëte François de Malherbe, dit Saint-
Aignan; la postérité duquel, ou celle de ses collatéraux, a
donné naissance à messire Laurent-François de Malherbe-
Saint-Aignan, dit de Fresnay, chevalier, seigneur et
patron de Notre-Dame de Fresnay, Réveillon, Abbeville, etc. ; en son vivant, lieutenant des méréchaux de
France, à Falaise, (persécuté et incarcéré pendant la
révolution pour la cause du roi).

De ce dernier sont issus :

1°. Jean-François-Pierre de Malherbe, dit de
     Fresnay, encore existant (âgé de soixante-treize
     ans), ancien chevau-léger de la garde du roi
     Louis XV, demeurant à Falaise (ayant failli
     mourir victime de la révolution);

2°. Pierre-Alexandre de Malherbe, dit de Réveil-
     lon, en son vivant, lieutenant des maréchaux
     de France, à Rouen ; colonel de cavalerie, che-
     valier de Saint-Louis, seigneur et patron de
     Saint-Laurent en Caux, Braquemont, Caltot,
     Mesnil-Eudegrain, le Boislé, Boisbaril, Buifa-
     laise, etc., décédé émigré ;

3°. Joseph de Malherbe, de son vivant, vicaire-général au diocèse de Séez. (Il avait été forcé de s'expatrier par les circonstances de la révolution).

De Jean-François-Pierre de Malherbe, sont sortis :

1°. Louis-Pierre-Auguste de Malherbe, dit Saint-Aignan, lieutenant dans la garde nationale de Falaise; lequel s'y est toujours comporté avec le dévouement et le zèle d'un véritable serviteur du roi ;

2°. Joseph-Auguste, chevalier de Malherbe, maire de Goulet (Orne), a servi dans l'armée royale de basse Normandie, sous les ordres de M. de Frotté.

De Pierre-Alexandre de Malherbe, sont issus :

1°. Alexandre-François de Malherbe, dit de Saint-Laurent, ancien capitaine de cavalerie, chevalier de Saint-Louis, maire d'Abbeville (Calvados), émigré rentré ;

2°. Laurent-Joseph-François, chevalier de Malherbe.

Armes : D'hermine, à six roses de gueules.

DE MALHERBE DE POILLÉ, maison d'ancienne chevalerie, originaire de Normandie, et puînée des seigneurs de Meauffe, répandue en Vendômois et en Touraine, à la fin du quatorzième siècle et au commencement du quinzième. Elle a donné des capitaines de cinquante hommes d'armes des ordonnances, des gentilshommes ordinaires des rois de Navarre, des gouverneurs de places de guerre, plusieurs capitaines et officiers de divers grades, décorés de l'ordre royal et militaire de Saint-Louis. Le chef actuel de cette famille a fait les campagnes de l'émigration jusqu'en 1801, à l'armée des princes. *D'or, à deux jumelles de gueules, sommées de deux lionceaux affrontés du même.*

DE MALHERBE, seigneurs de Mieuvaine, du Bois-Saint-André, en Normandie. *De gueules, à six coquilles d'or.*

DE MALHERBE, seigneurs de Longvilliers et de Beauvais, en la même province. *D'azur, à trois lions léopardés d'argent, l'un sur l'autre.*

DE MALHERBE, seigneurs de la Renaudière, en la même province. *D'azur, à trois fasces d'or ; au chef du même, chargé de deux lionceaux affrontés de gueules.*

Toutes ces familles, d'ancienne chevalerie, ont une souche commune, au sentiment de plusieurs historiens, et sont autant de branches sorties du même tronc, quoiqu'elles aient des armes différentes.

DE MALMAZET DE SAINT-ANDEOL, en Vivarais, famille ancienne, originaire du comtat Venaissin, maintenue dans sa noblesse d'ancienne extraction, par arrêt de la cour des comptes de Montpellier, du 13 novembre 1788, sur preuves de quatorze générations depuis l'an 1349, époque où les premiers sujets connus de cette maison paraissent avec les qualifications chevaleresques. Guillemette de Malmazet épousa, le 25 juin 1565, Jacques de la Farelle, fils de Jean de la Farelle, IIe. du nom, seigneur de la Farelle. Cette famille a donné plusieurs capitaines et officiers supérieurs décorés de l'ordre royal et militaire de Saint-Louis. Elle a le titre de comte héréditaire du Saint-Empire, et a possédé les baronnies de Saint-Andéol, de Marcoiras, et la vicomté de Tournon. *D'azur, au chevron d'or, abaissé sous une fasce du même, accompagnée en chef de trois croissants mal ordonnés d'argent.* Couronne de comte.

DE MANIQUET, sieurs du Fayet, famille du Dauphiné, qui a pour auteur Claude de Maniquet. Artaud, son fils, épousa, l'an 1500, Héleine Cheminade, et fut père d'Hector de Maniquet, maître d'hôtel de la reine de Navarre, sœur du roi Charles IX. *D'azur, à trois demi-vols d'argent.*

MARANDON. Louis Marandon, écuyer, seigneur et baron de la Maisonfort, en Berry, fut successivement trésorier de madame la duchesse de Berry, en 1715, receveur-général des finances de la province de Berry, en 1719, et conseiller-secrétaire du roi, le 3 juillet 1721. *De gueules, au chevron d'or, accompagné de trois têtes de héron d'argent.*

MARC, en Dauphiné. Hugues Marc, nommé comme noble dans une révision de feux de l'an 1473, est l'auteur de cette famille. *Écartelé, aux 1 et 4 d'or, au rencontre de vache d'azur ; aux 2 et 3 d'azur, à trois léopards d'or, l'un sur l'autre.*

DE MARC DE TRIPOLY DE PANISSE, en Provence, famille qui remonte à Pierre Marc, père de deux fils, Louis et Guillaume Marc, anoblis tous deux, moyennant finances, par le roi Louis XII, du mois de septembre 1510. Le premier a formé la branche de Marc de Tripoly-Panisse, et le second, celle de Marc de Châteauneuf. Le nom de Panisse provient de l'alliance contractée, en 1641, par Marc Antoine de Marc de Tripoly ; mais ce dernier nom de Tripoly, n'est, dans cette famille, qu'en vertu d'une prétention qu'elle a eue d'être du nom de Tripoly, et substitué à celui de Marc, ce qui eût détourné l'application des lettres de noblesse ; mais cette prétention et les titres que l'on a produits à l'appui, sont sans aucun fondement. *D'azur, à trois diamants de forme triangulaire d'argent, les pointes en haut, 2 et 1 ; surmontés d'une étoile à six rais d'or.*

MARCHAND, seigneurs de la Châtelaine et de Baunans, en Franche-Comté. Enguerrand Marchand vivait en 1479.

Philippe Marchand, Ier. du nom, écuyer, receveur-général des domaines et confiscations au comté de Bourgogne, vivait en 1555 ; il avait pour épouse Danielle Mouchet, et pour fils, Philippe Marchand, IIe. du nom, écuyer, sieur de la Châtelaine, gentilhomme de la maison de l'archiduc Albert d'Autriche. *D'or, à trois têtes de paon d'azur.*

DE LA MARCHE. *Voyez* GUÉRIN.

DE MARCHES, en Gascogne. Noble Théodose de Marches, écuyer, seigneur de la Saigne, fut père de noble Jacques de Marches, écuyer, seigneur de la Saigne, capitaine d'une compagnie de cent hommes d'armes ; lequel fut marié, au mois de février 1602, à Jeanne-Marie le Doulx-de-Maignan. Cette famille à produit plusieurs officiers supérieurs et capitaines de cavalerie. *D'argent, à deux lions de sable affrontés, et soutenant un croissant d'azur.*

MARÉCHAL, seigneurs de la Bretonnière, en

Bretagne, famille anoblie pour services militaires, en 1465. *D'argent, à trois hures de sanglier arrachées de sable.*

MARESCHAL, en Dauphiné. Antoine Mareschal fut anobli, en 1613, pour services militaires par lui rendus en diverses occasions, notamment à la prise de Beaurepaire et à celle de Saint-Génis. *D'argent, à trois pins de sinople, sommés d'une étoile d'or.*

MARESCHAL, sieurs de la Bergerie, en Champagne et à Léogane, en Amérique. Cette famille a été maintenue, par ordonnance du 16 juillet 1704, sur titres remontés à Raimond Mareschal, écuyer, époux de Jeanne du Montormentier, et père de Jacques Mareschal, marié, le 19 janvier 1535, avec Tiennette le Sain de Brousseval. *D'azur, à cinq losanges d'argent, bordés de sable.*

MARESCHAL. Jean Mareschal, de la ville de Sezannes, en Brie, fut anobli par le roi Charles V, le 12 mai 1367, moyennant cent écus d'or.

DE MARESCHAL, sieurs de la Croix, famille du Dauphiné, qui a pour auteur François de Mareschal, vivant en 1516. *D'azur, à deux tours d'argent, ouvertes et ajourées de sable, sommées d'une croix d'or, et accompagnées aux deux extrémités supérieure et inférieure de deux croissants d'argent.*

DES MARETS. Jean des Marets fut prévôt des marchands de Paris, l'an 1359. *De gueules, à la croix ancrée d'argent.*

DE MAREY, village en Bourgogne, à deux lieues et demie de Tillechâteau (par corruption, Tréchâteau): la maison de ce nom est éteinte. Elle était alliée à la famille de saint Bernard, fondateur et premier abbé de Clairvaux. *De gueules, à trois écussons d'or.*

DE MARGAT, seigneurs de Crecy, de Bussède, de la Brosse, etc., en Berry. Cette famille prouve et remonte sa filiation à noble homme François Margat, nommé, le 25 mars 1548, par madame Marguerite de France, reine de Navarre, duchesse d'Alençon et de

Berry, à l'office de lieutenant-général au siége et ressort de Concressaut, dont il obtint les provisions du roi Henri II, le 27 juin 1549. Il eut pour fils François Margat, IIe du nom, écuyer, seigneur de la Brosse, et qualifié ainsi dans un acte du 20 septembre 1601, duquel il fut dit, dans un plaidoyer de M. l'avocat-général Servin, inséré dans un arrêt du parlement, du 7 février 1619: *Qu'en son grand âge l'amour de l'honneur ne vieillissait point, et qu'il avait aussi bien vécu que longuement.* Les descendants de cette maison ont toujours occupé des emplois importants dans le barreau. *De gueules, au chef d'argent, chargé de trois annelets de gueules.*

MARIN, sieurs du Molard, du Rosier et de la Rolandière, en Dauphiné. Cette famille a pour auteur Touffain Marini, qui vint de Mont-Ferrant, pour l'établissement des verreries en cette province, sous le règne de François Ier. *D'argent, à trois fasces ondées de sinople; au chef d'azur, chargé de trois étoiles d'or.*

DE MARISY, en Champagne. Cette famille d'ancienne bourgeoisie de Troyes, a produit, lors de la dernière recherche, depuis François de Marisy, écuyer, seigneur de Ceruel, vivant en 1478, avec Isabeau de Louvemont, père de Claude de Marisy, grenetier à Troyes, en 1511. *D'azur, à six macles d'or.*

DE MARLIAVE, seigneurs de Pontel, de Saint-Lieux et de la Fenasse, en Languedoc, famille qui a été maintenue dans sa noblesse de race, par arrêt de la cour des comptes, aides et finances de Montpellier, du 1er avril 1746, dans la personne de Jean-Pierre de Marliave, sieur de Pontel, capitaine au régiment de la Reine, chevalier de Saint-Louis, sur titres remontés à Gui de Marliave, marié, le 3 février 1542, avec Catherine de la Gascavie. *De gueules, à deux bars adossés d'argent.*

DE MARMANDE, seigneurs de Tourville et du Grand-Hameau de Rochemain, en Champagne. La filiation de cette famille remonte à Martin de Marmande, écuyer, qui fut successivement valet de chambre du roi Louis XIII, en 1625, huissier de la chambre de sa majesté, le 8 août 1629, et maître d'hôtel ordinaire du roi Louis XIV, par lettres du 20 décembre 1648. *D'or, au chêne de sinople, posé sur une terrasse du même, mouvante de la pointe de l'écu; au lion de sable passant au pied du chêne.*

MARQUET, en Dauphiné, famille qui remonte à Barthelemy Marquet, vivant en 1603. Elle a donné plusieurs officiers d'infanterie et de cavalerie. *D'argent, à une plante de trois roses de gueules, tigée et feuillée de sinople, mouvante de la pointe; au chef d'azur, chargé d'un soleil naissant de l'angle dextre d'or.*

MARQUET DE PEYRE, DE MONTBRETON, DE NORVINS, D'URTEBISE, famille issue de M. Marquet de Peyre, ancien fermier général. Elle compte de nos jours plusieurs personnages distingués par les emplois considérables dont ils ont été revêtus. *D'argent, à la fasce d'azur, accompagnée en chef d'un croissant versé de gueules, et en pointe d'un lionceau du même.*

MARQUIS, et par quelques vieux auteurs gaulois *Marchis*; ce qui est plus conforme aux termes de la basse latinité *Marchio.*

Les princes de la maison de Lorraine prenaient la qualité de ducs et de *marchis* de Loherrène, comme on le voit dans le codicille de Thibaut III, de l'an 1312, dans un autre acte de 1320, et dans le testament du duc Jehan Ier., de 1377.

Quoique les noms de *marchis, marquis et margrave* signifient ordinairement la même chose, *un seigneur commandant sur la frontière*, ils ont acquis avec le tems une signification bien différente.

Un margrave est un prince souverain qui jouit de toutes les prérogatives attachées à la souveraineté, et les margraves ne se trouvent que dans l'empire d'Allemagne.

Il y a quelques *marquis* ou marquisats en Italie, comme Final; en Espagne, comme le marquisat de Villena, possédé par le duc d'Escalona; en Piémont, comme le marquisat de Saluces; il n'y en a point en Danemarck, en Suède et en Pologne.

Enfin, le titre de *marquis*, en France, est une simple qualification que le souverain confère à qui il veut, sans aucun rapport à la signification primitive, et le marquisat n'est qu'une terre ainsi nommée par une patente, soit qu'on en ait été gratifié par le roi, soit qu'on en ait acheté la patente pour de l'argent.

Sous Richard, en 1385, le comte d'Oxford fut le premier qui porta le titre de *marquis* en Angleterre, où il était alors inusité. Un arrêt du 13 août 1663, fait défense à tous propriétaires de terres, de se qualifier baron, comte ou *marquis*, et d'en prendre les couronnes à leurs armes, sinon en vertu de lettres-patentes dûment enregistrées.

DE MARSANNE-FONTJULLIANE, en Dauphiné, famille qui a pour auteur Guillaume de Marsanne, vivant l'an 1376. *De gueules, au lion d'or ; au chef du même, chargé de trois roses de gueules.*

DE LA MARTHONIE, seigneurs du Gaignon, de Bruzac, de la Marthonie, etc., en Périgord et en Saintonge. Le plus ancien de cette famille est Étienne de la Marthonie, seigneur de la Marthonie, conseiller au parlement de Bordeaux, qui vivait en 1465. Il eut pour femme Isabeau de Pompadour, et pour fils Mondot de la Marthonie, chevalier, seigneur de Saint-Jean d'Ecole, de Thiviers, de Condat, de Puiguilhem et de Milhac, premier président du parlement de Bordeaux, puis premier président du parlement de Paris en l'an 1514. Cette maison a donné plusieurs officiers supérieurs décorés ; deux évêques, en 1516 et 1519, et un chevalier de l'ordre du roi en 1573. *De gueules, au lion d'or, lampassé et armé de sable.*

DE LA MARTINIÈRE, en Dauphiné. Guillaume de la Martinière vivait l'an 1404. *De vair, à la fleur de lys d'or.*

DE LA MARTINIÈRE, famille ancienne de Bretagne, connue depuis Robert de la Martinière, l'un des hommes d'armes de la compagnie de Guy, sire de Gavre, qui fit montre le 22 mars 1426. *D'azur, à la bande d'argent, chargée de trois fleurs de lys de gueules ; au lion du même, brochant sur le tout.*

DE MARVILLE, sieurs de Vignemonté, famille du Dauphiné, originaire de Paris, et dont était Claude de Marville, sieur de Vignemonté, dont le fils Antoine de Marville fut premier professeur royal en la faculté de droit de Valence. *D'azur, à trois membres ou serres d'aigle d'or, armées de gueules, tenant chacun un globe d'or, 2 et 1.*

DU MAS, marquis de Peysac, seigneurs de la Serre, très-ancienne maison du Limosin, qui a été maintenue dans son ancienne extraction par deux arrêts du parlement de Bordeaux, des 18 juillet 1685, et 4 et 11 avril 1772. Elle établit sa filiation depuis Regnault du Mas, seigneur du Mas, qui eut pour fils Jacques du Mas, seigneur des mêmes lieux, époux de Catherine de Salaignac, et père d'Antoine du Mas, marié, le 11 novembre 1544, avec Anne du Bois. Cette famille a donné plusieurs officiers-généraux et de tous grades. *Écartelé, aux 1 et 4 de gueules, à la tour d'argent, maçonnée de sable; aux 2 et 3 de gueules, à la croix d'argent, cantonnée de quatre fleurs de lys du même.*

DU MAS. Guillaume du Mas, habitant de Rodez, au service du comte de la Marche, fut anobli en 1443.

DU MAS, seigneurs de Soustre, du Mas, de Réals, de Cantausset, de Cabanes, en Languedoc, maison issue d'ancienne chevalerie, qui florissait dans cette province dès le commencement du douzième siècle. Bertrand du Mas souscrivit un acte de l'an 1124. Raymond du Mas fut un des seigneurs qui, l'an 1179, prirent part à la ligue formée par Raymond VI, comte de Toulouse, le seigneur d'Uzès et de Lunel, contre le vicomte de Nismes. Guillaume et Bernard du Mas, furent du nombre des barons et chevaliers du comté de Toulouse, qui prêtèrent serment de fidélité au comte Alfonse et à la comtesse Jeanne, sa femme, en 1249. Lors de la dernière recherche, cette maison a fait preuve depuis Raymond du Mas, qui vivait en 1430. *D'argent, au chêne de sinople, fruité d'or.*

DU MAS DE LA ROQUE, en Guienne, famille ancienne, originaire du Limosin, dont le chef actuel, Louis du Mas de la Roque, commissaire des guerres, chevalier de la Légion-d'Honneur, le 17 janvier 1815, a été créé chevalier par lettres de S. M. Louis XVIII. *De gueules, à trois têtes de lion, arrachées d'or.*

DE MASCUREAU, seigneurs de Plaimbeau, Puiraveau et Sainte-Tère, en Limosin. La filiation de cette famille remonte à Jean de Mascureau, seigneur de Puiraveau, qualifié écuyer dès l'an 1511. *Coupé, au 1, fascé d'argent et de gueules; au 2 d'argent, à trois étoiles de gueules.*

MATHAN. Cette famille est une des plus anciennes de Normandie; on voit par ses titres qu'elle possède de tems immémorial la terre et seigneurie de son nom, située en basse Normandie, et que Georges, marquis de Mathan, pair de France, maréchal des camps et armées du roi, chevalier de l'ordre royal et militaire de Saint-Louis, et officier de l'ordre royal de la Légion-d'Honneur, en est aujourd'hui possesseur au vingt-unième degré, sans qu'elle soit sortie de sa maison depuis Jean de Mathan, seigneur châtelain de Mathan, premier du nom, dont la mémoire se soit conservée, vivant en 1082, et dont le nom se trouve dans la liste des chevaliers bannerets qui suivirent le duc Robert de Courtcheuse à la première croisade en 1096. Les chartes de donations faites à plusieurs abbayes, les rôles et les titres de la Tour de Londres, attestent l'existence et l'illustration de cette famille dès le onzième siècle, époque à laquelle ses chefs accompagnèrent le duc Guillaume à la conquête de l'Angleterre. Depuis, leurs descendants, comme il est prouvé par les lettres d'érection du marquisat de Mathan, se sont alliés aux maisons les plus illustres de France, de Normandie et de Bretagne; ils ont occupé des places distinguées dans l'état; plusieurs ont été chevaliers des ordres du roi. *Parti, au 1 de gueules, à deux jumelles d'or, la première sommée d'un lion léopardé du même; au 2 d'azur, à cinq fleurs de lys d'or.* Cimier : *une tête d'homme sauvage de face.* Devise : *Au féal rien ne falt.* Cri de guerre : MATHAN.

LE MATTRE, en Picardie. Antoinette le Mattre, nièce de maître Simon le Mattre, sieur d'Hédicourt, conseiller au bailliage et siège présidial d'Amiens, était décédée avant le 20 mai 1560, étant femme de Jean du Mons, écuyer, sieur de la Broye, homme d'armes des ordonnances du roi, sous la charge du seigneur de Mailly. Cette famille paraît s'être éteinte peu après. *D'argent, à la bordure écartelée d'azur et de gueules.*

DE MATTZAN (Armoiries de la maison), en Silésie. *Voyez* CHASTEAU.

DE MAUGIRON, comtes de Montléans, par érection du mois de septembre 1569, chevaliers, seigneurs d'Ampus, d'Ygier, etc., famille noble et illustre de la province du Dauphiné, qui prouve son origine depuis Guillaume de Maugiron, vivant l'an 1253. Elle a donné un maréchal de camp et deux lieutenants-généraux des armées du roi, des gouverneurs de provinces, un évêque de Glandevès, et quantité d'officiers supérieurs, entr'autres un colonel de mille hommes de pied, qui fut tué en 1509, à la bataille d'Agnadel, contre les Vénitiens. Timoléon de Maugiron arma et équipa à ses frais quatre cents chevaux, qu'il mena au roi Henri IV, au siège de Rouen, et fut tué au siége de Pousin l'an 1622. *Gironné d'argent et de sable de six pièces*, ce qu'on appelle, par allusion, *malgironné.*

MAUPOINT, en Picardie. Jeanne Maupoint épousa, par contrat du 17 janvier 1653, Jean-Baptiste le Sellier, écuyer, seigneur de Buissy, fils de Christophe le Sellier, écuyer, seigneur de Buissy et de Baralle. *D'azur, au chevron d'argent, accompagné de trois mains fermées du même.*

DE MAUSSABRÉ, maison d'origine chevaleresque des plus illustres du Blésois et de la Touraine, qui remonte par titres filiatifs à Guillaume de Maussabré, vivant l'an 1380.

Cette maison s'est divisée en sept branches :

1º. Les seigneurs de la Sabardière et de Bussière ;
2º. Les seigneurs de Gatsouris ;
3º. Les seigneurs de Puibarbeau ;
4º. Les seigneurs de Villablin ;
5º. Les seigneurs du Bois-Saint-Père ;

6º. Les seigneurs de la Baratrie ;

7º. Et les seigneurs de la Croix.

Ces diverses branches ont fourni plusieurs gentils-hommes de la garde du roi, un lieutenant de cent hommes d'armes, des gouverneurs de places, un grand nombre d'officiers supérieurs de terre et de mer, la plupart décorés de l'ordre royal et militaire de Saint-Louis. *D'azur, au lambel d'or en chef.*

MAUSSION, famille noble, originaire d'Anjou, et établie à Paris depuis l'an 1600. Elle possédait dès lors la seigneurie de Candé. Il paraît qu'elle descend de N. Maussion, secrétaire de François 1er. Cette famille a produit des hommes distingués dans la marine et dans la magistrature. Elle est alliée aux plus grandes maisons du royaume. *D'azur, au chevron d'or, accompagné en chef de deux étoiles d'argent, et en pointe d'un cyprès planté sur une montagne du même.*

MAUVESIN. *Voyez* FERRAND.

MAXIMY, en Dauphiné, famille anoblie pour services militaires, dans la personne de Michel Maximy, par lettres du mois de décembre 1654, vérifiées en 1658, et confirmées par arrêt du conseil royal du 16 de février 1669. *D'azur, au chevron d'argent, accompagné d'une étoile d'or en pointe; au chef cousu de gueules, chargé de deux étoiles d'or.*

DE MAY, seigneurs de Kerienetal, de Trotang, en Bretagne. Cette famille a été maintenue par arrêt de la chambre de la réformation de Bretagne, du 14 août 1669, sur preuves filiatives remontées à Edouard de May, sieur de Beauregard et de Guiriou, époux de Jeanne de Keroulguen, décédés tous deux avant l'an 1440. *D'argent, à deux fasces d'azur, accompagnées de six roses de gueules.*

DE MAY, vicomtes de Serches, seigneurs de Veaulaines, de Seigneurville, en Picardie. Cette famille a pour auteur Jean de May, de la ville d'Amiens, anobli par lettres de l'an 1387. Jean de May, écuyer, seigneur de Seigneurville, était châtelain de Crecy en 1458, et Gervais de May en 1510. *D'or, au chevron d'azur.*

DE MAY. Jean de May, seigneur de la Vergne, major du régiment de Picardie, précédemment mousquetaire de la garde du roi et aide-de-camp des armées, fut anobli pour ses services militaires au mois d'août 1646. *D'azur, à l'aigle d'or.*

DE MAY, seigneurs de Termont, de Marmaigne, de Fontafré, de la Védellerie, en Bourbonnais. Antoine de May, écuyer, seigneur de Salvert, près Montluçon, vivant en 1508, est l'auteur de cette famille, dont l'ancienneté remonte néanmoins à l'an 1431. Il fut père de Gilbert de May, écuyer, seigneur de la Védellerie, qui avait épousé, le 29 avril 1536, Marguerite Pelin, fille de noble homme Gabriel Pelin, sieur de Châteauvieux, avocat en parlement. Gaspard de May, écuyer, sieur de Termont, était premier capitaine des grenadiers au régiment de la Marche, et chevalier de l'ordre royal et militaire de Saint-Louis le 16 avril 1710. Cette famille subsiste dans M. de May de Termont, ancien colonel. *D'azur, à la fasce d'or, accompagnée de trois roses d'argent.*

DE MAYES, seigneurs de la Vilatelle, d'Hauteroche, etc., en Auvergne. Lors de la réception de Pierre de Mayes, écuyer, seigneur de la Vilatelle, comme page de la grande écurie du roi, le 30 mars 1710, cette maison produisit des titres qui justifièrent de sa filiation depuis Jean Mayes, vivant dès l'an 1400, lequel eut pour fils Grégoire Mayes, damoiseau. *D'or, à deux chevrons de gueules, accompagnés en chef de deux demi-vols d'aigle d'azur, abaissés.*

MAZADE, à Paris. Etienne Mazade, écuyer, conseiller-secrétaire du roi, maison et couronne de France, contrôleur en la chancellerie établie près la cour des comptes, aides et finances de Montpellier, pourvu de cet office le 27 octobre 1719, est l'auteur de cette famille. *D'azur, au chevron d'or, accompagné en pointe d'un lion du même, lampassé et armé de gueules; au chef de gueules, chargé d'un croissant d'argent, accosté de deux étoiles d'or.*

DU MAZET. *Voyez* IGONAIN.

DE MÉAULNE, marquis de Lancheneil, seigneurs des Aulnais', de Villeneuve, de Landeronde, de la Métairie, en Touraine, ancienne maison de chevalerie, originaire de la province d'Anjou, où est située la terre de son nom. Elle est connue depuis l'an 1078, et sa filiation est établie depuis Guillaume II, seigneur de Meaulne, du Clos et de la Bouillerie, vivant en 1392. Cette maison a donné un chevalier de l'ordre du roi, des gentilshommes ordinaires de la chambre, et des officiers dans divers corps. *D'argent, à la bande fuselée de gueules, accostée de six fleurs de lys de sable.*

MEAUX.

Liste des Gentilshommes convoqués à l'assemblée de la Noblesse du bailliage de Meaux, pour l'élection des députés aux Etats-Généraux en 1789.

D'Aguesseau de Fresnes, président.
De Vernon, secrétaire.
Clermont-Tonnerre,
Reilhac,
Corduan,
Montesquiou,
Quatresols de Marolles,
De la Marlière, commis-saires.
Du Coudray de Sancy.
De Chavigny.
D'Ossy.
De Sanois.
De la Chastre.
De la Myre-Mory.
Minjot.
Des Courtils.
Le Noir.
De Thomé.
Decan.
La Martelière.
Quatresols de la Hante.

De Constant.
De Mondollot.
De Montfort.
De Mont-Ferrant.
Du Jay.
Des Graviers de Berchiny.
Houdan.
Ménage.
Rochard.
Le Rahier de l'Herbay.
Ogier de Baulny.
De Rézy.
De Bretot.
Royer de Maulny.
Royer de Belon.
Huby.
De Maistre.
De Ricouart.
Boula de Sauvigny.
De Chavigny.
De la Marlière.
De Montesquiou.

DE MEFFREY, sieurs de la Poippe, en Dauphiné, famille qui remonte à Jean de Meffrey, compris comme noble dans une révision des feux d'Artamonan, de l'an 1458. Etienne, son fils, fut aussi compris, comme noble, dans deux autres révisions des années 1484 et 1485. *Parti, au 1 de gueules, au griffon d'or; au 2 de gueules, à la fasce d'or, chargée de trois flanchis de sable.*

MEJANÉS DE VEILLAC, D'ESCOMBETTES, DE PELLOR, DE RANDAN, etc., maison d'origine chevaleresque, de Rouergue, qui a formé plusieurs branches. Elle prouve depuis l'an 1100, et a fourni constamment des officiers distingués au service de nos rois. Sous Louis XIV, elle comptait vingt-deux officiers de son nom dans les armées. Elle a fait ses preuves pour les pages, pour les divers chapitres et écoles militaires ou maisons royales de Saint-Cyr, et pour le chapitre de Lyon.

Le chef de cette maison est :

Messire Jean-Jacques de Méjanés de Veillac, ancien chevau-léger, marié à Charlotte d'Aire de Mailhoc, en Albigeois, dont il a eu plusieurs enfants. Il a pour frères. Jean-François de Méjanés, ancien capitaine au régiment de Brie, marié à mademoiselle du Hamel, dont il a une demoiselle ;

Et Joseph-Paulin de Méjanés de Veillac, aumônier de Monsieur, frère du Roi, et ancien vicaire-général de Rhodès.

Armes : D'azur, au chevron d'or, accompagné de trois étoiles d'argent.

DE MÉJUSSAUME. *Voyez* du Gué.

MÉLAT, en Dauphiné. Jean et Pierre Mélat, frères, sont reconnus nobles dans deux révisions de feux de Saint-Simphorien d'Oson, des années 1408 et 1432. *D'argent, à trois pyramides de gueules, mouvantes du chef, terminées chacune d'une rose du même.*

DE MELET, seigneurs de Lambesque, de Maisonneuve, de Castelviel, etc., en Agénois. Pierre de Melet, écuyer, marié, le 18 juillet 1519, à Marguerite Puimagnhan, est le chef de cette famille, qui a fourni un chevalier de l'ordre royal et militaire de Saint-Louis, et qui s'est divisée en plusieurs branches. *D'azur, au cerf d'or.*

DE MELLET, seigneurs de la Vallée. Jean Mellet, seigneur de la Vallée, employé du comte d'Avaux, ambassadeur en Allemagne, fut anobli en 1640. *D'azur, à la bande ondée d'argent ; au lion de gueules, brochant, tenant un écusson d'azur, chargé d'une fleur de lys d'or.*

DE MELLET, marquis de Neuvic, comtes de Mellet, seigneurs de Saint-Pardoux, de Saint-Martial, etc., en Périgord, maison d'ancienne chevalerie, qui a pris. son nom d'une terre située au diocèse de Périgueux, à six lieues de cette ville et sur les confins du Limosin. Elle est connue depuis Bernard de Mellet, l'un des seigneurs qui assistèrent à la fondation de l'abbaye de Tonnay-Charente, et à la donation que Geoffroy de Tonnay-Charente en fit, l'an 1090, à l'abbaye de Saint-Jean d'Angely. La filiation est établie depuis Hugues de Mellet, damoiseau, vivant en 1333. Cette maison a produit plusieurs personnages recommandables, qui ont occupé des places distinguées à la cour et dans les armées. Jean de Mellet était panetier de la reine de Navarre, en 1543. Magdelon de Mellet fut choisi par la reine Catherine de Médicis, pour accompagner en Pologne le roi Henri III, son fils. A son retour en France, il fut fait gentilhomme ordinaire de la chambre de ce prince, et fut tué à la bataille de Coutras, en 1587. Bernard de Mellet, frère puîné du précédent, fut gentilhomme de la chambre du roi de Navarre, et colonel d'infanterie. Il commanda l'artillerie au siége de Rouen, se trouva à la bataille de Coutras, et fut tué au siége de Villebois. MM. de Sully et de Thou parlent avec éloge de ces deux frères. Cette maison compte en outre plusieurs officiers décorés, entr'autres un lieutenant-général des armées du roi, grand-croix de l'ordre royal et militaire de Saint-Louis. *Parti, au 1 d'azur, à trois ruches d'argent, qui est de* MELLET; *au 2 d'azur, au lion d'argent, couronné, lampassé et armé de gueules, qui est de* FAYOLLE. Devise : *Speculo et melle.*

MELUN ET MORET.

Liste des Gentilshommes convoqués à l'assemblée des bailliages de Melun et de Moret, pour l'élection des députés aux États-Généraux en 1789.

De Gouy-d'Arcy, président.

De Vauxblanc, secrétaire.

Le duc du Chatelet,

Le duc de Praslin,

De Bougainville,

Des Roches,

Freteau de Saint-Just,

De Guerchy,

De Gouy-d'Arcy,

Boudet, commissaires.

Bernard de Coubert.

De Chavigny.

De Bizemont.

Geoffroy de Charnois.

De Montmorin.

Des Aulnois.

D'Argens.

De Miton.

De Vaublanc.

Gitton de la Ribellerie.

La Barre de Carroy.

Du Pré de Saint-Maur.

Des Massues.

De Saint-Blancart.

Fraguier.

De Léry.

Du Tremblay de Rubelles.

Marié.

De la Gatinerie.

Marié de Bois d'Hyver.

Marié de Chanteloup.

De Bodesson.

De Valmanet.

De Chévry.

Morel de la Borde.

Moreau de la Rochette.

Moreau d'Olibon.

Du Lau d'Allemans.

De Blanchy.

De Beausse.

Jamin.

Jamin de Changea.

Du Pont de Compiègne.

Gillet de la Renommière.

Pajot.

Fontaine de Cramayel.

Agasse.

De Gassonville.

Hedelin.

Le Rayer.

De Neuville.

Boussier.

De Toulongeon.

D'Allard.

De Mauroy.

Le Feron.

Le chevalier de Compiègne.

MENAGE, famille ancienne du Maine, établie dans l'Anjou depuis le quatorzième siècle, où elle existe encore.

Elle a produit Mathieu Menage, chanoine théologal d'Angers, un des membres les plus renommés des conciles de Bâle et de Bourges, en 1432 et 1444; et Gilles Menage, auteur célèbre du siècle de Louis XIV, né à Angers en 1613.

Celui-ci s'étant fixé à Paris, il y attira un de ses parents, qui s'attacha au service du grand Condé, et obtint toute sa confiance.

Les deux arrières-petits-fils de ce dernier, François Joseph et Alexis-Emmanuel Menage formèrent deux branches de cette famille sous les noms *de Mondesir* et *de Pressigny.* Le premier, dont la postérité masculine est éteinte, fut pourvu de l'office de conseiller-secrétaire du roi, maison et couronne de France et de ses finances, le 20 avril 1735; et le second, qui a exercé la même charge, a été fermier-général, ainsi que son fils, Marie-François Menage de Pressigny, lequel a péri à Paris, avec ses confrères en 1794, laissant un fils, François-Guillaume de Pressigny : ce dernier a servi avec distinction dans l'artillerie de l'armée de Condé, et dans l'état-major de l'armée autrichienne. Il est aujourd'hui chef de bataillon, et chevalier de Saint-Louis et du Phénix de Hohenlohe.

La branche de cette famille, établie à Paris, est alliée, par les femmes, aux maisons de Bournel, de Brehan, de Moustier, de Puységur, d'Houdetot, de Chazeron, de Saint-Sevrin, d'Aragon ; de Pignatelli d'Egmont et Fuentès, de Breteuil, de Matignon, de Montmorency, etc. Elle a possédé le comté domanial de Crécy en Brie (par engagement), et les baronnies de Roise et de Bressolles, ainsi que les terres et seigneuries de la Chapelle de Benouville, de la Guillerie, etc., etc. *D'azur, au chevron d'or, accompagné en chef de deux croissants d'argent, et en pointe, d'une tour du second émail.* Supports : deux levrettes.

MENDE.

Liste des Gentilshommes du diocèse de Mende, qui, en 1789, ont signé le Mémoire sur le droit qu'a la Noblesse, de nommer ses députés aux États-Généraux du royaume dans les assemblées convoquées par bailliages et sénéchaussées.

Messieurs

De Montesquieu.
De Retz-Serviés.
Le comte de Retz.

De Borel.
De Cultures.
Le chevalier de Borel.

Le comte de Corsac du Fraisse.

De Volonzac-Malespina.

Le comte de Ligonnés.

De Sales.

Le baron de Servières.

Le comte de Montesquieu.

De Randon de Mirandol.

De Charpal.

De Moré de Chalus.

Le baron de Framond.

Le vicomte de Framond.

De la Barthe.

De Pineton.

Le vicomte de Chambrun.

D'Eymar.

Le chevalier de Rouville.

De Layrolle.

De Moriés.

Le Vienne de Brion.

D'Estrémiac.

De Limouze de la Barthe.

Du Villard.

Le marquis de Retz de Maleville.

L'abbé de Fujol de Vebron.

De Paul.

De Clarensac.

De Mabreton.

De Montgros.

De Renard.

Du Mazel.

Du Mazel, fils.

De la Motte.

De Sarrazin de Ladevèze.

De Cabut de la Fare.

De Fabre de Roqueval.

De Fabre de la Valette.

Le chevalier de Pagés-Pourcairés.

De Lescare-Saint-Denis.

De Relhan de Fontenelles.

Du Mallian.

De Miremont.

De Nogaret.

De Narbonne.

Le baron de Pagés.

Pourcairés.

Le baron de Montjesieu.

MENGIN, barons de Mengin, en Lorraine. Cette maison est distinguée par ses charges, ses alliances et une longue continuité de services militaires. Elle a formé plusieurs branches : 1°. les seigneurs de Maussard ; 2°. les seigneurs de Salabert ; 3°. les seigneurs de Fondragon, lesquelles branches sont toutes originaires de la Lorraine allemande, et comptent parmi leurs ancêtres, Nicolas de Mengin, président de la chambre des comptes de Lorraine, et ambassadeur auprès de l'empereur Charles-Quint, et de François Ier. et Henri II, notamment en 1541, pour conclure le mariage du duc François de Lorraine avec la princesse Christienne de Danemarck, nièce de cet empereur, conjointement avec Jean, comte de Salm, et Claude de Beauvau.

Nicolas de Mengin, issu de lui au quatrième degré, fut reçu conseiller secrétaire entrant au conseil du duc de Lorraine, par lettres du 28 décembre 1623 ; ensuite conseiller secrétaire d'état , et garde du trésor des chartes ; enfin ministre d'état (*dom Calmet, tom. II, pag. 544*). Il avait été envoyé, en 1659, en qualité de ministre plénipotentiaire de Charles IV, aux conférences de la paix des Pyrénées. En 1660, le duc de Lorraine l'envoya au roi d'Espagne, pour que ce monarque lui accordât la ville de Besançon pour son séjour, jusqu'à ce qu'il pût rentrer dans ses états. Le 18 février 1657, il avait été nommé exécuteur testamentaire de la duchesse Nicole, conjointement avec le duc François de Lorraine. Cette maison a donné des conseillers secrétaires d'état, et ministres des ducs de Lorraine, des gouverneurs de places, des ambassadeurs pour les mêmes souverains, et un grand nombre d'officiers supérieurs au service de France, décorés de l'ordre royal et militaire de Saint-Louis ; de plus, un grand bailli de la Flandre française. *D'azur, à la fasce d'or, sommée d'un griffon issant du même.*

DE MENOU, marquis de Menou, par érection du mois de juin 1697, maison d'ancienne chevalerie, qui a pris son nom d'une terre située au Perche. On trouve parmi ses premiers auteurs, Guillaume, seigneur de Menou et de Feuillet, vivant en 1121 ; Gervais de Menou, chevalier en 1209 ; et Nicolas de Menou, aussi chevalier, bailli de Sens en 1252. La filiation est établie depuis Simon de Menou, seigneur de Menou, l'un des chevaliers de la province du Perche, qui furent cités à l'armée que le roi Philippe, appelé le Hardi, mit sur pied en 1272. Il fut l'un des seigneurs qui formèrent le conseil de régence après la mort du roi Louis X. Cette maison a donné beaucoup de chevaliers et d'écuyers bannerets, des chambellans de nos rois, et des gentilshommes ordinaires de la chambre, des chevaliers de l'ordre de Saint-Michel, avant et depuis l'institution de celui du Saint-Esprit, cinq généraux et un grand nombre d'officiers de tous grades. Elle a fait les preuves de la cour en 1767. *De gueules, à la bande d'or.*

LE MERCIER. Jean le Mercier était conseiller de Paris en 1315. *D'or, au lion de sable, lampassé, armé et couronné de gueules.*

LE MERCIER DE MAISONCELLE. Louis le Mercier de Maisoncelle, chevalier de l'ordre royal et militaire de Saint-Louis, commandant pour le roi dans l'île de la grande terre de la Guadeloupe, fut anobli par lettres-patentes, données à Versailles par Louis XV, au mois d'avril 1734, pour services militaires importants rendus dans les îles de l'Amérique, et en récompense de la bravoure que lui et ses ancêtres ont également déployée en Europe, en diverses circonstances. *D'azur, au chevron d'argent, accompagné en chef de deux étoiles d'or, et en pointe d'un cœur du même.*

DE MERES, en Dauphiné, famille qui a pour auteur Gonon de Mères, vivant à Crussol en 1378. Cette famille ayant dérogé, Salomon de Mères obtint des lettres de réhabilitation datées du 17 avril 1657, et vérifiées par la cour des aides de Montpellier en la même année. *D'or, à la tour mazurée à dextre, le haut penchant à sénestre d'azur, maçonnée de sable, accompagnée en chef et en pointe d'un croissant d'azur; au chef de gueules, à la croix potencée d'or, cantonnée de quatre croisettes du même.*

DE MERGEY, seigneurs d'Araumesnil, des Forges de Vandœuvres, d'Urville et de Bayel-sur-Aube, en Champagne, et du Chastelard en Angoumois. Cette famille paraît tirer son nom de la terre de Mergey, dans l'évêché de Troyes, qui, à l'époque de la révolution, faisait partie du marquisat de Villacerf. Elle a été maintenue en Angoumois, sous le règne de Louis XIV, sur une preuve établie depuis 1512. *D'azur, à la croix potencée d'or, accompagnée de quatre croix besantées du même.*

DU MERLE, en Normandie. Cette maison, d'origine chevaleresque, s'est divisée en plusieurs branches : 1°. la branche aînée qui a fourni les seigneurs de Merle-Raoul, et barons de Messey, etc. ; 2°. celle des seigneurs de Préaux ; 3°. celle des seigneurs des Fourneaux ; 4°. celle des seigneurs de Boisbarbot, d'Orlec, de Blanchuisson et de Beauvilliers ; 5°. celle des seigneurs d'Auval ; 6°. celle des seigneurs de Laurigny, de la Salle, etc. ; 7°. enfin, celle des seigneurs du Plessis et de Saint-Germain. L'ancienneté de cette maison remonte à Melloc du Merle, seigneur du Merle-Raoul,

baron de Messey, de Gorron, de Saint-Julien de Foul-
con, seigneur de Couvrigny, de Chanhaulte et de
Médavy, qui épousa une demoiselle de la maison de
Nollent-de-Tancarville, et eut pour fils Foucaud ou
Foulques du Merle, Ier. du nom, chevalier, seigneur
du Merle-Raoul, baron de Messey, de Gorron, etc.,
seigneur, châtelain de Gacey, de Briouze. Ce dernier
fut fait maréchal de France en 1302, et mérita plusieurs faveurs qui lui furent accordées par le roi Philippe le Bel. Cette maison, également illustre par ses
alliances et par ses services, a produit, depuis, deux
gentilshommes ordinaires de la chambre du roi, un
chevalier de l'ordre de Saint-Michel, et plusieurs de
l'ordre royal et militaire de Saint-Louis, ainsi que différents officiers de tous grades. *De gueules, à trois
quintefeuilles d'argent.*

DES MERLIERS, seigneurs de la Longueville et de
Beauregard, sieurs de Boisvert, en Bretagne. Le plus
ancien de cette famille est Guion des Merliers, sieur de
Boisvert, qui avait pour femme Marie de Lorière, dont
est issu Jacques des Merliers, écuyer, seigneur de la
Longueville et de Boisvert, marié à Françoise du
Fresne, dame de la Molleraie, le 7 septembre 1605.
D'argent, à trois merlettes de sable.

DE MÉBY. *Voyez* DU FOS.

DE MESGRIGNY, seigneurs de Savoye, de Villebertin, etc., vicomtes héréditaires de Troyes, en Champagne, marquis de Vandœuvres, comtes de Blin, de
Marans, d'Aunay. Jean de Mesgrigny, Ier du nom, déclaré
noble, par le ventre, par sentence du bailliage de Troyes,
le 28 décembre 1487, est le plus ancien de cette famille. Il eut pour fils Jean de Mesgrigny, lieutenant-
général au bailliage de Chaumont, en Bassigny. La
Chesnaye donne néanmoins une généalogie de cette famille depuis Pierre de Mesgrigny, vivant en 1349. On
trouve dans cette maison, alliée à la branche qui a
produit le célèbre de Vauban, maréchal de France, plusieurs lieutenants-généraux et maréchaux de camp, un
chef d'escadre, et nombre d'officiers supérieurs et de
capitaines, décorés de l'ordre royal et militaire de Saint-
Louis. *D'argent, au lion de sable.*

LE MESNAGER, famille de Bretagne, anoblie en 1581, et qui, depuis l'an 1664, porte le nom de TA-NOUARN. *Voyez* ce dernier mot.

DE MESSEY, comtes et vicomtes de Messey, comtes de Mauvilly et de Braux, en Bourgogne. Cette maison est ancienne et distinguée par ses alliances et ses services militaires. Elle portait antérieurement au milieu du seizième siècle, le nom de *Vaugoulois*, écrit aussi *Vaugoulay*. Germain de Vaugoulois, écuyer, archer des ordonnances du roi, vivant en 1536 et en 1560, épousa Claudine de Messey, dame de Messey, fille de Jean de Messey, écuyer, seigneur de Sainte-Sabine, issue d'une maison d'ancienne chevalerie, connue depuis l'an 1255. Elle porta les biens de sa famille à Germain de Vaugoulois, et les descendants de ce dernier ont pris et perpétué jusqu'à nos jours le nom et les armes de Messey. *D'azur, au sautoir d'or.*

DE MEUDON, maison d'ancienne chevalerie, éteinte au quinzième siècle, qui tenait son nom d'un bourg situé en l'Ile de France, à deux lieues de Paris, et pareille distance de Versailles, et dont était Jean de Meudon, conseiller au parlement de Paris, en 1260; Robert de Meudon, chevalier, panetier du roi Philippe-le-Bel, en 1294; Henri et Jean de Meudon, maîtres de la vénerie du roi, en 1315 et 1346; Henri de Meudon, maître enquêteur des eaux et forêts de France, en 1335, et Jean de Meudon, en 1355. *Gironné d'or et de gueules.*

DE MEULENT. Robert de Meulent fut conseiller au parlement de Paris en 1298. *De sable, au lion d'argent.*

DE MEURDRAC, seigneurs de Greneville, de Sainte-Croix, de Cuves, en Normandie. Cette maison, ainsi que celle qui va suivre, ont une souche commune. Elles sont deux branches d'une ancienne race chevaleresque, séparées dans des siècles reculés, et elles remontent leur origine au tems des croisades. La branche de Greneville a fait les preuves de la cour en 1756. *De gueules, à deux jumelles d'or, sommées d'un léopard du même.*

DE MEURDRAC, seigneurs d'Amigny et de Boissey, maintenus le 22 août 1667. *De sable, à la fasce d'argent, accompagnée de six merlettes rangées du même.*

DE MEURDRAC, seigneurs de Flottemanville, du Coudray, de Val-Ferrault, maintenus par M. de Roissy, en 1598; famille anoblie par les francs-fiefs. *De gueules, à deux fasces d'or, accompagnées de neuf coquilles d'argent, 4, 2 et 3.*

DE MEURDRAC, seigneurs des Champs, des Mendinets, en Normandie. Thomas de Meurdrac, anobli pour services en 1598, est l'auteur de cette famille, maintenue le 18 juillet 1668. *De gueules, à la bande abaissée d'argent, surmontée à dextre d'une tête humaine contournée du même, et à sénestre d'un léopard lionné d'or.*

DE MEYRIE ou MEYARIE, sieurs de la Jassodière, en Dauphiné, famille connue depuis Etienne de Meyarie, nommé comme noble dans une révision de feux de l'an 1458. *D'argent, à l'aigle éployée de sable, membrée et becquée de gueules.*

DE MICHAL, seigneurs d'Orcières et de la Palu, etc., famille du Dauphiné, qui remonte à Edme de Michal, anobli, le 29 novembre 1579, par la charge de maître ordinaire en la chambre des comptes de Savoye. Edme de Michal, son fils, fut maintenu dans la possession de sa noblesse par arrêt du 4 juillet 1613. *De sinople, au coq d'argent, becqué, crêté et armé d'or.*

DE MICHEL, marquis de Brion, barons de Lastic et de Lodière, vicomtes de Fontverline, seigneurs du Roc, d'Aldy, le Viala, etc., dans la province de Languedoc, en Gévaudan. Cette famille a fourni plusieurs officiers généraux, parmi lesquels on trouve N... Michel du Roc, duc de Frioul, grand maréchal du palais; des magistrats et avocats généraux aux cours des aides de Cahors et Montauban; elle est entrée aux états de la province de Languedoc comme envoyée des barons et de la noblesse des états particuliers du pays de Gévaudan. Cette famille est alliée aux maisons de la Rochefoucauld, de Lastic, d'Apchier, de Châteauneuf-Randon, de Cabiron, de le Franc de Pompignan et de Seguin de Reyniès. *D'azur, au roc d'argent, surmonté d'une étoile d'or.*

MICHEL DE CAMBERNON, seigneurs de Cambernon, d'Isigny, de Camprond, de Murivaux, etc., en Normandie.

Thomas Michel, écuyer, sieur de la Michelière, homme d'armes des ordonnances du roi, est le plus ancien de cette famille. Il eut pour fils Jean Michel, qui servit le roi à la journée d'Azincourt. Il fut établi, par titres produits le 19 avril 1727, que la filiation de cette famille remontait à Guillaume Michel, écuyer, seigneur de Velli, qui fut maintenu dans l'exemption des tailles et autres impôts par jugement du sieur Ferrand le Gasgoing, lieutenant en l'élection de Coutances, le 28 septembre 1496, comme issu d'extraction noble. Cette maison a produit un chevalier de l'ordre du roi, un gouverneur de place et plusieurs capitaines. *D'azur, à la croix d'or, cantonnée de quatre coquilles du même.*

DES MICHELS DE CHAMPORCIN, en Provence. Cette famille a pour auteur Claude des Michels (fils de Guy des Michels), qui fut seigneur de Champorcin et de la Javie, par la donation que lui en fit, en 1456, noble Bertrand de Cornut, son beau-frère. Il fut père de Jacques de Michels, seigneur de Champorcin et de la Javie, qui, en conséquence de la susdite donation, fut anobli par lettres-patentes du duc de Calabre et de Lorraine, du 20 janvier 1456. La Chesnaye dit cette famille originaire du Piémont, et cite un Jean des Michels, juge-mage du comté de Piémont, vers l'an 1296. Elle a donné des officiers dans la cavalerie, l'artillerie et la marine. *D'azur, au cor de chasse d'or, adextré en chef d'une croisette de Lorraine du même, et sénestrée d'une épée d'argent.* Tenants : deux génies armés, l'un de l'épée, et l'autre du cor de chasse. Cimier : une croix de Lorraine. Devise : *Signo, manu, voce vincio.*

LE MIÈRE, seigneurs de Petitville, des Carreaux, en Normandie. Jacques le Mière, premier du nom, auteur de cette famille, fut échevin de Caen, l'an 1631.

Il eut pour fils Jacques II, et pour petit-fils Regnaud le Mière, écuyer, patron de Petitville, sieur des Carreaux, anobli par lettres du mois de juin 1697, confirmées par arrêt du conseil du 3 juin 1736. *D'argent, à deux lions affrontés de gueules; au chef d'azur, chargé d'un croissant d'or.*

LE MIÈRE, seigneurs de Chaumont, de Miraucourt, en Normandie. Guillaume le Mière, sieur de Soubrezan, reconnu noble par Montfaut, en 1463, avait pour bisaïeul Hugues le Mière, sieur de Carville et du Nors. Pierre le Mière, son arrière-petit-fils, sieur de la Ruaudière et de la Pinchonnerie, obtint, le 21 avril 1572, des lettres du roi Charles IX, portant relief de la dérogeance commise par Pierre le Mière, son père, registrées à la cour des aides de Rouen le 14 août 1574. *D'azur, au chevron d'or, accompagné de trois coquilles du même.*

DE MILHAU, famille originaire de Béziers. Jean Milhau, bourgeois de cette ville, maria Catherine, sa fille, le 16 mai 1638, avec Pierre-Paul Riquet, sieur de Bonrepos, entrepreneur du canal du Languedoc. Elle a acquis la noblesse par les priviléges du capitoulat de Toulouse, en 1707 et en 1713. *D'azur, à trois épis de mil empoignés d'or, accompagnés en pointe d'un croissant d'argent; au chef cousu de gueules.*

MILLET, famille ancienne de Paris, qui remonte à Jean Millet, secrétaire des rois Charles V et Charles VI, membre du conseil et secrétaire des commandements de Louis, duc d'Orléans, frère de Charles VI, décédé en 1396, anobli par lettres du 8 mars 1419. Elle a donné deux secrétaires des rois Charles V, Charles VI et Charles VII, dont un a été ambassadeur en Angleterre, en 1433; un gouverneur de Montfort-l'Amaury, en 1440; trois conseillers au parlement de Paris, en 1436, 1506 et 1557; un lieutenant aux gardes du corps du roi, en 1597; deux trésoriers des gardes; un trésorier de France à Soissons; deux conseillers du roi, receveurs généraux des finances du Bourbonnais, etc.; un évêque de Soissons, suffragant de Liége, en 1442. *Tranché d'or et d'azur, à l'étoile à huit rais de l'un à d'autre.* Devise : *Vidimus stellam in oriente.* Supports : deux griffons.

MILLETOT. Lettres de noblesse accordées au sieur Milletot, avocat au bailliage d'Auxois, par Louis XIII, en 1619. *Ecartelé, aux 1 et 4 d'argent, au lion de sable, tenant dans sa pate dextre une rose tigée et feuillée de gueules ; aux 2 et 3 d'argent, à trois petits dômes de gueules.*

MINARD, famille originaire du Bourbonnais. Antoine Minard, sieur de la Tour-Grollier et de Montgarnau, trésorier général de Bourbonnais et d'Auvergne, auditeur des comptes et châtelain de Ganat, en est l'auteur. Son fils, Antoine Minard, fut président à mortier au parlement de Paris, en 1544. Il fut tué d'un coup d'arquebuse, le 12 décembre 1559, en revenant du palais, par des Calvinistes. Cette famille est éteinte. *D'argent, au pont de gueules, à trois arches de sable, accompagné de six mouchetures du même, trois en chef, et trois sous les arches.*

DE MINIAC LA KERODAIS, en Medreac, l'une des plus anciennes maisons de Bretagne, dont on trouve les traces les plus honorables dans l'histoire de cette province : dès les *dixième et onzième siècles.* Elle y paraît dès lors avec tous les caractères de l'ancienne chevalerie. Elle a fourni des officiers de terre et de mer, très-distingués, au service de nos rois, *et la branche des Miniac, seigneurs de Chanbussau, de la Tonche-Morau, de la Fosse et de la Maison-Blanche,* a donné plusieurs magistrats au parlement de cette province. Elle est éteinte de nos jours, mais la branche aînée subsiste dans la personne de messieurs :

1° Pierre de Miniac la Kerodais, chevalier, né à Faverolles, le 28 février 1760. Il a pour fils :

Cirus-Amédée de Miniac, officier supérieur au service de la Grande-Bretagne.

2° Antoine de Miniac, né en 1765 ; il est père de quatre enfants, du nombre desquels est :

Alphonse de Miniac, au service du roi, dans le 6e régiment de la garde royale.

Armes de cette maison : De gueules, à l'aigle impériale, à deux têtes couronnées, et accompagnée de

II. 5

sept billettes, quatre en chef, trois en pointe, le tout d'argent.

LE MINTIER, seigneurs de le Hellec, en Bretagne. Jean le Mintier, écuyer, l'un des cent gentilshommes de la maison du roi, a été déclaré noble et issu d'ancienne extraction noble, par arrêt des commissaires du roi, en Bretagne, du 17 novembre 1668. Antoine le Mintier, écuyer, sieur de la Villeséon, et Marguerite le Mintier, sa femme, sont les auteurs de cette famille, qui remonte sa filiation jusqu'à l'année 1460. *De gueules, à la croix engrêlée d'argent.*

DE MIRANDOL, en Quercy et en Périgord, maison d'ancienne chevalerie, originaire du Quercy, où elle a possédé, jusqu'au commencement du dix-huitième siècle, la terre de son nom, située à une lieue de la ville de Martel. Elle compte parmi ses ancêtres, Gaillard de Mirandol, qui, suivant un acte de l'an 1000, dans lequel il est qualifié noble et puissant seigneur, fonda et fit bâtir l'église de Saint-Pierre de Gluges. On trouve encore des sujets de cette maison, en 1144, 1181, 1290, 1300, 1335, 1358, 1378, 1420, 1425 et 1459. La filiation est établie depuis Guillaume de Mirandol, écuyer, dont le fils Etienne de Mirandol, écuyer, seigneur de Mirandol, fit son testament le 20 février 1558. Cette famille a donné plusieurs officiers de tous grades. *D'argent, à l'aigle éployée de sable, becquée et membrée de gueules; au chef d'azur, chargé de trois étoiles d'or.*

MIREPOIX.

Liste des Gentilshommes du diocèse de Mirepoix, qui, en 1789, ont signé le Mémoire sur le droit qu'a la Noblesse, de nommer ses députés aux Etats-Généraux du royaume, dans les assemblées convoquées par bailliages et sénéchaussées.

Messieurs

Le marquis de Roquefort-Marquein.
Le marquis Denos-Montauriol.
Le baron de Capriol-Payra.
De Soubiran.
De Vendomois de Fontaines.

De Zebel-Durand.

De Zebel.

De Capriol.

De Bonnefoy-Pucheric.

Le chevalier de Gouzens de Fontaines.

Le commandeur de Barsa.

De Gouzens de Fontaines.

De Marion de Gaja.

De Laeger.

De Rocous d'Is de Saint-Amand.

Durand-Monestrol.

D'Holier.

De Chambes-Jouarre.

Le marquis de Puyvert.

De Fajac.

De Joannis-Gargas.

De Goty, baron de Larnade.

Le chevalier de Maurelhan.

De Simorre de Saint-Alban.

De Belot de la Digne.

De Roquette-Buisson.

De Belot de Saint-Sauveur.

Le baron de Serres.

Le comte de Peguilhan.

De Saint-Georges de Sibra.

Le Vicomte de Lasset.

Le comte de Tersac.

MIRON, seigneurs de Bonnes, du Tremblay, de l'Hermitage, de Chenailles et de Pont-le-Roy, en Orléanais et en Bourgogne, noble et ancienne famille, originaire de Catalogne, laquelle a produit des magistrats célèbres, des conseillers-d'état et un archevêque de Lyon, qui prononça à Saint-Denis l'oraison funèbre du roi Henri IV. *De gueules, au miroir arrondi d'argent, pommelé et cerclé d'or.*

MITTALIER, en Dauphiné, famille qui a pour auteur Claude Mittalier. Pierre Mittalier, son fils, fut maître ordinaire de la chambre des comptes de Grenoble. *D'azur, à trois pommes de pin versées d'or.*

DE MOGES, seigneurs de Préaux, marquis de Moges-Buron, par lettres-patentes, expédiées à Marly, au mois de mars 1725, portant la réunion et l'érection en marquisat des seigneuries de Saint-Georges, de Champin, de Ronde-Fougère, d'Ardène, de Moges et de Buron, en Normandie. Cette famille a pour auteur Jean de Moges, du lieu de Savenay, au bailliage de Caen, anobli en 1464. Elle a donné des maîtres des comptes, des conseillers au parlement de Rouen et au grand conseil, et des officiers dans divers corps. *De gueules, à trois aiglettes éployées d'argent.*

DE MOLINIER, sieurs de Fabrègues, en Dauphiné,

famille originaire de Rouergue, qui a pour auteur Bernard de Molinier, dont le fils, Pierre de Molinier vivait l'an 1530. *D'azur, au tau d'argent.*

DE MOLINIER DE LACAN, noblesse d'origine chevaleresque du Périgord, connue depuis Pierre de Molinier, chevalier, qui vivait en 1220. Elle a donné plusieurs officiers supérieurs. *D'argent, à deux colombes de gueules, posées sur un coupeau de montagne de sinople ; au chef de gueules, chargé de trois étoiles d'or.*

MOMAS DE BAUDÉAN, DE PARABÈRE, en Bigorre, illustre et ancienne maison de chevalerie, originaire de Béarn, et une des premières et des plus distinguées de ce pays, où elle est connue depuis Raribat de Momas, qualifié puissant chevalier, vivant vers l'an 980. Elle a formé deux branches distinctes : 1°. les barons de Baudéan, en Bigorre ; 2°. les comtes de Parabère et de Pardaillan, qui ont donné un maréchal de France, deux chevaliers du Saint-Esprit, et nombre de généraux et de personnages de marque. La maison de Baudéan s'est fondue, l'an 1414, dans celle de Momas, qui en a relevé le nom et les armes, par le mariage de Simonne, dame de Baudéan, avec Pierre de Momas. Plusieurs historiens ont confondu ces deux maisons de Baudéan. *Écartelé, aux 1 et 4 d'or, au pin arraché de sinople,* qui est de BAUDÉAN ; *aux 2 et 3 d'argent, à deux ours en pied de sable,* qui est de MOMAS.

DE MONCAU. *Voyez* GENTIL.

DE MONCROC. *Voyez* GRIPIÈRE.

MONÉRIE OU MONIER, sieurs de Portes, en Dauphiné, famille qui prouve sa filiation depuis Pierre de Monérie, conseiller au parlement de Grenoble, en 1533. Elle a donné un lieutenant au gouvernement de Valence, en 1575, et un autre de la ville de Pierrelatte. *D'argent, au chevron de sable, accompagné de deux étoiles du même en chef, et d'un lion de même, lampassé, armé et couronné de gueules en pointe ; au chef de gueules, chargé de trois besants d'or.*

DE MONGENET, à Vesoul, famille de docteurs en droit, qui, depuis l'an 1585, porte les qualifications nobles. Elle a été reçue à Malte, en 1787. Elle a donné trois lieutenants-généraux du bailliage de Vesoul, et trois conseillers au parlement de Besançon. *De gueules, au pégase d'argent, ailé d'or.*

DE MONGEOT, DE CHRISTON, seigneurs d'Hermonville, d'Aguillecourt, et de Bury, en Champagne. Cette famille prouve sa noblesse depuis Pierre Mongeot, qualifié écuyer, sieur de Saucourt, dans un acte passé le 5 décembre 1526. Elle a donné plusieurs capitaines et officiers supérieurs décorés de l'ordre militaire de Saint-Louis. *D'azur, à trois glands d'or, surmontés d'une coquille d'argent.*

MONIER, marquis et comtes du Castellet, en Provence, famille ancienne et distinguée par ses services militaires, qui remonte, par filiation, à Pons de Monier, vivant vers l'an 1460. Elle a donné nombre d'officiers de divers grades ; plusieurs chevaliers de l'ordre de Malte, un chef d'escadre des armées navales, grand-croix de Saint-Louis ; un contre-amiral, chef actuel de la maison, et deux capitaines de vaisseaux, décorés de l'ordre royal et militaire de Saint-Louis. *De gueules, au chevron d'or, accompagné de trois têtes d'aigle arrachées d'argent.*

DE MONS, seigneur de Cabreirolles, en Languedoc. Cette famille a pour auteur Jean de Mons, seigneur de Cabreirolles, mort le 11 février 1620. Elle a donné plusieurs officiers supérieurs et de divers grades, décorés de l'ordre royal et militaire de Saint-Louis. *D'azur, à trois mons d'or.*

DE MONSABERT. *Voyez* GOISLARD.

DE MONSPEY, comtes de Vallière, seigneurs de Luisandre, du Bessey, d'Arginy, de Tavernos, barons de Beost, marquis de Monspey, en Bresse et au Beaujolais, maison issue d'ancienne chevalerie, qu'une tradition dit originaire d'Angleterre, et établie en Bresse, depuis l'an 1319, dans la personne de Georges de Monspey, damoiseau. Cette maison a tenu un rang distingué à la cour et dans les armées des ducs de Savoie. Elle a donné des gentilshommes ordinaires de la cham-

bre de nos rois, et plusieurs officiers supérieurs dans
divers corps. *D'argent, à deux chevrons de sable ; au chef
d'azur.*

DU MONT, seigneurs du Mont, de Croix, de Beaulieu, de la Sollière, etc., dans les Pays-Bas. Cette
famille, originaire de la ville de Pontarlier, en Bourgogne, est issue, tant du côté paternel que maternel,
de familles les mieux qualifiées et des plus anciennes de
cette province. Elle se trouva transplantée dans les
Pays-Bas, où elle prit le parti des armes, dès l'année
1636, ainsi qu'il résulte des lettres-patentes du roi
d'Espagne, données à Madrid, le 11 novembre 1652.
D'autres lettres, du 14 août 1697, constatent que
Claude du Mont, seigneur du Mont, lieutenant-gou-
verneur, grand-bailli et capitaine des villes, châteaux
et châtellenies de Tourneheim, d'Andrevick et du pays
de Brédenarde, bailli des ville et pays de Chierves,
avait reçu l'autorisation de sa majesté catholique, tant
pour lui que pour ses descendants, de décorer d'une
couronne les armoiries de sa maison, au lieu d'un
bourlet. *D'azur, au sautoir d'or, accompagné de trois
molettes d'éperon du même, posées une en chef, et une
dans chaque flanc ; écartelé d'argent, au lion de sable
lampassé, armé et couronné d'or, et deux jumelles de
gueules, brochantes en bandes.*

DU MONT, seigneurs de Bainast et de Wignacourt,
en Picardie, famille dont était Antoinette du Mont,
fille de Jean, seigneur desdites terres, et de Françoise
Gonnet de Brequemesnil, mariée, le 8 mai 1622, à
Nicolas de Lestocq, écuyer, seigneur de Beaufort. *D'or,
à l'aigle éployée de sable.*

DU MONT, seigneurs de Lage-Rideau, en Limosin.
Cette famille a prouvé, lors de la dernière recherche,
depuis Pierre du Mont, vivant en 1555. *D'argent, à
la croix de sable.*

DE MONTAGU, sieurs de la Brière, de Montagu, etc.,
barons d'Aunou-le-Faucon, et marquis d'O, en basse
Normandie. Colas de Montagu, écuyer, seigneur de
Montagu, et Roberte le Valois, sa femme, vivants en
1496, eurent pour fils Galois de Montagu, sieur de

Montagu et d'Aunoy, lequel fut marié, le 14 août 1519, à Marguerite le Coutellier, avec laquelle il continua la descendance de cette maison, qui a donné des conseillers au parlement de Rouen, et un capitaine de vaisseau de la marine royale. *De sable, à trois mains d'extres d'argent.*

MONTAUBAN.

Liste des Gentilshommes du diocèse de Montauban, qui, en 1789, ont signé le Mémoire sur le droit qu'a la Noblesse, de nommer ses députés aux Etats-Généraux du royaume, dans les assemblées convoquées par bailliages et sénéchaussées.

Messieurs

Le baron de Verlhac.
Le marquis de Tauriac.
De Maichen.
De Puilauron.
Le baron du Bosquet.
Le baron de Prades.
Le marquis de Reypiés.
Le comte d'Escorbiac.
D'Escorbiac d'Ursaud.
De Cadars de Boutary.
Le comte de Preissac.

DE MONTBOISSIER. *Voyez* BEAUFORT.

DE MONTBRETON. *Voyez* MARQUET.

DE MONTBRUN, en Dauphiné, famille qui a pour auteur Aimé de Montbrun, qui fut fait chevalier l'an 1557, pour services militaires par lui rendus à la bataille de Cerisolles, à Renty et autres combats, et fut, ainsi qu'Antoine, son fils, au nombre des cent gentilshommes du roi. *D'azur, à la bande d'or, chargée de trois mouchetures d'hermine de sable.*

DE MONTCALM-GOZON, barons de Saint-Victor, de Gabriac et de Montclus, en Languedoc, titrés comtes et marquis de Montcalm, famille distinguée dans la robe et dans l'épée, anoblie par lettres du roi Charles VII, du mois d'avril 1439, dans la personne de Raymond de Montcalm, habitant de la ville de Milhau, maître en médecine et médecin de Jean IV, comte d'Armagnac et de Rhodès. Cette maison a donné un lieutenant-

général dés armées du roi, commandeur de Saint-Louis ;
dans la personne de Louis-Joseph, marquis de Montcalm, commandant en chef les troupes françaises dans
l'Amérique septentrionale, tué dans un combat donné
devant Quebec, en Canada, le 13 septembre 1756.
*Ecartelé, aux 1 et 4 d'azur, à trois colombes d'argent,
becquées et membrées de gueules ; aux 2 et 3 de sable, au
château à trois tours d'argent, maçonné de sable.*

DE MONTCLERA. *Voyez* GIRONDE.

DE MONT-D'OR, illustre et ancienne maison de
chevalerie du Lyonnais, dont l'ancienneté remonte à
l'an 895, au rapport de le Laboureur, dans ses Masures
de l'île Barbe. Elle est à la fois une des plus considérables de sa province, par ses possessions, ses alliances,
ses services militaires, et le rang distingué qu'elle tenait
parmi les barons et la haute noblesse, dès le douzième
siècle. Elle tient, par ses alliances, à plusieurs maisons
souveraines et princières. Elle remonte, par filiation,
à Otho de Mont-d'Or, qui, l'an 1150, vendit à Girin,
sénéchal de l'église de Lyon, une viguerie pour le prix
de deux cents marcs d'argent, et mille sous. Elle a
formé plusieurs branches: 1°. les seigneurs d'Hoirieu,
des Maisons et de Saint-Laurent, en Orléanais ; 2°. les
seigneurs de Châteauvieux ; 3°. les seigneurs de Mon-
tagrier et d'Ornaison ; 4°. les seigneurs de Chambost,
en Beaujolais, éteints ; 5°. les seigneurs de Rontalon,
éteints au commencement du quinzième siècle ; 6°. une
dernière branche établie à Colonges, éteinte vers l'an
1449. Cette maison a donné deux comtes de Lyon, en
1196 et 1514. *D'hermine, à la bande de gueules.*

MONTELIMART. *Voyez* DAUPHINÉ.

DU MONTET, baron de la Terrade, par ordonnance
royale du 28 juin 1818, accordée par S. M. Louis XVIII,
à François-Simon-Augustin du Montet de la Terrade,
premier président de la cour royale de Besançon, pour
récompenser sa conduite honorable et ses services ;
ancienne famille noble de Bourgogne, établie à Besançon.

Il appert par les titres qui nous ont été exhibés, que
cette famille a donné, depuis l'an 1529, sept capitaines

de cavalerie, deux gentilshommes de la maison du roi, un brigadier de ses armées, deux lieutenants d'hommes d'armes, deux lieutenants de dragons, deux autres de cavalerie, et quatre officiers tués au champ d'honneur. Elle a fourni des gentilshommes aux états-généraux de Bourgogne, en 1639, 1642, 1645, 1648, 1654, 1659, 1662, 1665, 1668, 1671, 1677, 1682, 1691, etc. *D'argent, au chef d'azur, chargé de trois fermaux d'or; l'ardillon en pal, la pointe en bas.* Devise : *Ferme et loyal.*

DE MONTFAUCON, seigneurs de Rogles, d'Auteville, de Belloc, etc., etc., en Languedoc, maison d'ancienne chevalerie, qui a pris son nom d'une terre située dans la généralité de Montpellier.

René de Montfaucon fut l'un des barons convoqués à Paris, par le roi, en 1225, à l'effet de concerter les mesures pour faire la guerre au comte de Toulouse et aux Albigeois. La filiation de cette maison est établie depuis Jacques de Montfaucon, damoiseau, seigneur de Roquetaillade, marié à Isabeau de Bruères, avant le 24 septembre 1480.

Charles de Montfaucon, seigneur de Rogles et Rose de la Bailie, qu'il épousa le 21 octobre 1526, ont continué la descendance de cette ancienne maison, qui a donné des officiers dans différentes armes et de divers grades. *Ecartelé, aux 1 et 4 de gueules, au faucon d'argent, posé sur une montagne du même; aux 2 et 3 de gueules, à trois chevrons d'or.*

DE MONTFORT, anciennement du surnom de *Marie*, famille originaire de Normandie, établie en Champagne. Elle s'est divisée en plusieurs branches : 1°. la branche aînée des seigneurs de Montfort, vicomtes de Villette ; 2°. celle des seigneurs de Villette ; 3°. celle des seigneurs de la Mandeville. La noblesse de cette famille remonte, par filiation suivie, à Denis Marie, écuyer, sieur du fief de Saint-Julien, père de noble homme Jean Marie, Ier du nom, écuyer, sieur des fiefs de Saint-Julien et de Noirville, etc., qui avait épousé, en 1456, demoiselle Catherine de la Haie. Cette maison a donné un maréchal de camp, un gentilhomme ordinaire de la chambre de sa majesté , plusieurs officiers supérieurs décorés de l'ordre du roi et de celui de Saint-Louis , et plusieurs capitaines. *Écartelé , aux 1 et 4 d'argent, à trois trèfles de gueules ; aux 2 et 3 de gueules , à la croix d'hermine , gringolée d'or.*

DE MONTGAUGER. *Voyez* GUAST.

DE MONTGERMONT. *Voyez* DROUET.

DE MONTGOMMERY , illustre et ancienne maison de Normandie , dont une branche est passée, sous Guillaume le Conquérant, en Angleterre. Il en est fait mention dans l'histoire des grands-officiers de la couronne, dans le Dictionnaire des Gaules et le dictionnaire de la noblesse , par la Chesnaye–des-Bois.

Jacques de Montgommery, seigneur de Lorges , dans l'Orléanais , fut l'un des plus vaillants hommes de son tems. Il rendit le nom de *Lorges* célèbre sous François Ier. Ce fut lui qui , en folâtrant avec ce prince , le blessa au menton avec un tison. Gabriel , comte de Montgommery, surpassa de beaucoup la réputation de son père , par sa valeur, ses talents militaires, et même par la fatalité qui , comme les vertus guerrières, semblait être un patrimoine attaché à cette famille. Le roi Henri II, dans un tournoi, donné le 29 juin 1559, à l'occasion du mariage de la princesse Élisabeth , sa fille , avec Philippe , roi d'Espagne , et dans lequel il l'emporta, par son habileté, sur tous les autres tenants , voulut rompre encore une lance avec le comte de Montgommery, alors capitaine des gendarmes écossais ; ce dernier, comme par pressentiment , s'en défendit plusieurs fois ; mais, forcé d'accepter , il blessa le roi un peu au-dessus de l'œil gauche ; ce prince mourut de cette blessure, le 10 juillet suivant. Pris dans Domfront, par Matignon, le 27 mai 1574, défendant cette ville pour les protestants , avec seulement cent cinquante hommes , et après la plus vigoureuse, mais inutile résistance , il fut condamné à avoir la tête tranchée, le 26 juin 1574. C'est ainsi que Catherine de Médicis vengea la mort de son époux, en faisant périr celui qui en était malheureusement l'auteur. Les circonstances aggravantes de la rebellion de Montgommery n'atténuèrent point les regrets qu'occasiona la mort tragique de ce grand capitaine, admiré même de ses ennemis. Il avait onze enfants, neuf garçons et deux filles, qui furent déclarés, par l'arrêt de sa condamnation, *vilains, intestables et incapables de posséder aucun office dans le royaume*. Lorsqu'on lui eut lu son jugement, Montgommery dit : *Faites savoir à mes enfants, que s'ils n'ont la vertu des nobles pour se relever de cet arrêt, je consens à son exécution.* (Art de vérifier les Dates, tome I, page. 652). *D'azur, au lion d'or, lampassé et armé d'argent.*

La branche des comtes d'Alençon portait : *Ecartelé, aux 1 et 4 de gueules, à trois coquilles d'or ; aux 2 et 3 de France pleins, quelquefois sur un fond de gueules.*

DE MONTHUCHON. *Voyez* GUESNON.

DE MONTIGNY. Simon de Montigny était conseiller au parlement de Paris, en 1315. *D'or, à l'écusson de gueules en abîme, accompagné de sept coquilles d'azur.*

DE MONTIGNY. *Voyez* LA GRANGE.

DE MONTILLET, seigneurs de Lordres, de Chavagnat, du Chastellard de Luyres, de Champdor et de Rougemont, en Bugey. Le nom de Montillet, Monteillet ou Montelier, était connu dès le douzième siècle ; mais cette famille ne prouve sa filiation que depuis Jacques Montillet, qualifié noble dans une reconnaissance d'héritages que noble Claudine Poenet, sa veuve, laissa aux abbé et couvent de Saint-Sulpice, le 17 mai 1479, au nom de ses trois fils, Nicolas, noble Thomas et Louis de Montillet. On trouve, dans cette famille, des conseillers au parlement, un maréchal de camp et un évêque. *Ecartelé, aux 1 et 4 d'azur, au chevron d'argent, surmonté d'un croissant du même,* qui est de MONTILLET ; *aux 2 et au 3 de gueules, à la bande ondée d'argent,* qui est de GRENAUD.

DE MONTLEZUN, maison des plus illustres et des plus anciennes du royaume, qui tire son nom d'un ancien château et chef-lieu du comté de Pardiac, en Gascogne. Elle est issue des comtes d'Astarac, et ces derniers des ducs héréditaires de Gascogne (1). La maison de Montlezun a pour auteur Bernard d'Astarac, surnommé Pélagos, comte de Pardiac, vers 1025, troisième fils d'Arnaud II, comte d'Astarac. Il fut père d'Oger Ier, comte de Pardiac, et ce dernier fut le cinquième aïeul d'Arnaud Guilhem de Montlezun, IIIe du nom, comte de Pardiac, mort en 1340, dont le fils aîné, Arnaud Guilhem IV, comte de Pardiac, mourut en 1389, n'ayant eu qu'un fils, mort en 1380. Dominique de Montlezun, fils naturel d'Arnaud-Guilhem III, comte de Pardiac, est l'auteur de toutes les branches de cette grande maison. Elles sont nombreuses : parmi celles qui subsistent ou qui sont éteintes, on compte, 1° les seigneurs et marquis de Saint-Lary ; 2° les comtes de Campagne, par érection du 24 mars 1661 ; 3° les seigneurs de Saint-Jean Pouge et de Scailles ; 4° les seigneurs de Montastruc, de Moncassin, de Miellan, de Castain, en Quercy ; 5° Les seigneurs de Caussade, de Carolles et d'Ossat ; 6° les seigneurs de Ligardes, marquis de Montlezun ; 7° les seigneurs de Busca ; 8° les seigneurs de Pressac et de la Briffe, en Languedoc ; 9° les seigneurs de Saint-Pessère, en Agenois. Cette maison a donné des sénéchaux de provinces, des capitaines d'hommes d'armes, des gouverneurs de places, des chevaliers de l'ordre du roi, des gentilshommes ordinaires de la chambre, des lieutenants-généraux, des maréchaux de camp, des brigadiers des armées, et un grand nombre d'officiers sur terre et sur mer, décorés de l'ordre royal et militaire de Saint-Louis. Elle a obtenu les honneurs de la cour, les 8 mai 1770, 15 mai et 12 novembre 1784, en vertu de preuves faites au cabinet des ordres du roi. *D'argent, au lion couronné de gueules, accompagné de neuf corbeaux, ou corneilles de sable, becqués et membrés de gueules.*

DE MONTLIVAULT. *Voyez* GUYON.

DE MONTMORILLON, barons d'Essanlay, en Bourgogne, maison d'ancienne chevalerie, qui a pris

(1) Voyez l'Histoire des Grands Officiers de la Couronne, tome II, par 226.

son nom d'une ville située au diocèse de Poitiers, sur les confins de la Marche, province où cette maison florissait dès la fin du dixième siècle. Un chevalier de Montmorillon ayant fait partie des croisades, fût fait prisonnier par le soudan Saladin, avec un chevalier d'Anglure, et un troisième chevalier dont le nom est demeuré inconnu. On rapporte qu'étant hors d'état de payer leur rançon, Saladin leur permit de retourner dans leur patrie, pour y chercher le prix de leur liberté, sous promesse, s'ils ne pouvaient y satisfaire, qu'ils reviendraient se constituer ses prisonniers ; ce qu'ils firent, ajoute-t-on, ne voulant pas ruiner leurs familles, ni incommoder leurs amis. Saladin, étonné de leur grand cœur et de leur probité, non-seulement leur rendit leur liberté, mais encore il les combla de présents, ne leur demandant, pour toute reconnaissance de ce bienfait, que de joindre à leur nom de baptême celui de Saladin : ce qui s'est observé dans les maisons d'Anglure et de Montmorillon. *D'or, à l'aigle éployée de gueules.* D'autres branches du même nom, séparées sans doute avant l'hérédité des armoiries, ont porté : *D'azur, à la croix engrêlée d'argent.*

DE MONTOISON, famille du Dauphiné, qui a pour auteur Pierre de Montoison, vivant l'an 1527. *D'azur, à la tour donjonnée de deux pièces d'argent, maçonnée de sable, perronnée de deux degrés, et accompagnée en chef d'un croissant d'or.*

DE MONTPAON. *Voyez* FAUR.

MONTPELLIER.

Liste des Gentilshommes du diocèse de Montpellier, qui, en 1789, ont signé le Mémoire sur le droit qu'a la Noblesse, de nommer ses députés aux États-Généraux du royaume, dans les assemblées convoquées par bailliages et sénéchaussées.

Messieurs

Le chevalier de Girard.
Le baron de Faugères.
De Gros de Besplas.

De Bosquat.
Le chevalier de Bosquat.
De Guilleminet.

De Saint-Martial.

De Portalès, marquis d'Es-
vignoles.

De Montlaur.

De Montlaur.

De Saugrat de Murlès.

De Massillian de Sanillac.

De Pitot de Launay.

De Ratte.

Le marquis de Gallière.

D'Aigrefeuille.

De Paul.

De Serres.

Deydé.

De Loys.

De Fesquet.

De Tourtoulon-Lassale.

De Boussairolles.

Duché.

De Boussairolles.

Le marquis d'Entraigues.

De Vinezac.

De Castillon de Saint.-
Victor.

De Lisle.

Le comte de Montfort.

De Campan.

De Belleval.

De Belleval.

De Masclary.

De Masclary.

De Poitvin du Bousquet.

De Faure.

Le chevalier de Montcalm.

De Bosquat.

De Bosquat de Ferrière.

Le marquis de Saint-Mau-
rice.

Le chevalier de Saint-Maurice.

De Saint-Aunés.

Le chevalier de Campan.

De Flaugergues.

De Perdrix.

De Cambacérès.

De Fabre.

De Pas de Beaulieu.

De Girard Roque.

De Poitevin.

De Solas.

Le comte de Ginestous.

Le chevalier de Ginestous.

Le marquis de Montlaur
Du Faur.

Durranc de Vibrac.

De Vibrac, fils.

Le chevalier de Vibrac.

DE MONTPEZAT. *Voyez* TRÉMOLET.

DE MONTRAVEL. *Voyez* TARDY.

DE MONTREUIL, en Normandie. Jacques de
Montreuil, sieur de la Charmanière, l'un des maréchaux-des-logis de la compagnie des gendarmes de la
garde ordinaire de sa majesté, mestre de camp de cavalerie, chevalier de l'ordre militaire de Saint-Louis,
et issu d'une famille qui avait toujours suivi la carrière
des armes, fut anobli par lettres-patentes de Louis XV,
au mois de novembre 1726, pour services militaires
distingués, s'étant trouvé au siége de Mons, en 1691,

au combat de Leuze, en 1692, au siége de Namur et à la bataille de Steinkerque, où il avait été blessé d'un coup de feu, en 1693, à la bataille de Nerwinde, où il avait eu deux chevaux tués sous lui. Blessé de deux coups de sabre à la tête dans cette dernière bataille, il n'en avait pas moins assisté au siége de Charleroi et d'Ath, en 1697. En 1702, la guerre ayant recommencé, il s'était trouvé à la bataille de Ramillies; en 1706, au combat d'Oudenarde; en 1708, à la bataille de Malplaquet; en 1709, au combat de Denain; en 1712, aux siéges et prises des places de Douai, du Quenoy et de Bouchain, dans la même campagne, et enfin à ceux de Landau et de Fribourg, en 1713. *D'or, à trois coqs de sable, crêtés et barbés de gueules.*

DE MONTRI. *Voyez* ALEXANDRE.

DE MONTRICHARD, maison d'ancienne chevalerie de Bourgogne, qui a pris son nom d'une terre et d'un château situés près de Migette, et qu'on présume, sur de très-fortes conjectures, être une branche puînée de l'illustre et ancienne maison de Scey. La maison de Montrichard, alliée aux plus considérables de Bourgogne, a formé dix branches, dont une seule subsistait au dix-huitième siècle, celle des seigneurs de Saint-Martin et de Frontenay. *De vair, à la croix de gueules.*

DE MONTROND, seigneurs du Plain-de-Baix, de Baix de la Bastie et de Veillerma, en Vivarais et en Dauphiné. Cette famille ancienne est connue dès l'an 1343, mais elle ne prouve sa filiation que depuis noble homme Lambert de Montrond, qui vivait avant l'an 1459, et qui eut pour fils noble Antoine de Montrond, 1er du nom, accordé le 4 juin de ladite année 1459, avec noble Marette de Pozols, de Pouzoles ou Pouzols. *D'or, au monde d'azur, surmonté d'une croix récroisetée de sable; au chef parti de gueules et d'azur; à deux croissants d'argent, accostés de deux mouchetures de sable mises en fasce.*

DE MONTS, seigneurs de Savasse, en Dauphiné, famille qui prouve son origine depuis Sébastien de Monts, qui testa l'an 1471. *Bandé d'or et de sable de huit pièces.*

DE MORAND, marquis du Mesnil-Garnier, barons de Ruppière, etc., en Normandie. Cette famille que la Chesnaye-des-Bois a entée sur une ancienne maison de *Morant*, en Normandie, et dont il donne une généalogie remontée à l'an 1245, a pour auteurs Thomas Morand, seigneur du Mesnil-Garnier, anobli en 1590, puis trésorier de l'épargne, et Gaspard Morand, son frère, anobli en 1594, trésorier des ponts-et-chaussées, auteur de la branche de Ruppière. *D'azur, à trois cormorans d'argent.*

DE MORARD D'ARCES, maison des plus anciennes et des plus distinguées du Dauphiné, qui a fait les preuves de la cour, en 1784, sur titres remontés à noble Guillaume Morard, qui rendit hommage au dauphin, en 1392, de biens situés dans le mandement d'Allevard. Ses descendants ont donné plusieurs officiers distingués. Guy Allard et Chorier donnent aux Morard une origine commune avec l'ancienne et illustre maison d'Arces, dont elle porte le nom et les armes. *D'azur, au franc canton d'or, sénestré d'une rose d'argent.*

MOREL. La maison de Morel, établie au commencement du treizième siècle, dans le Cambrésis, était dès ce tems-là renommée pour l'ancienneté de sa noblesse; il en est fait mention dans les chroniques de la ville de Guines, près Calais, que l'abbaye de Lisques a conservées en manuscrit; elles font descendre cette maison des sires de Fauquembergue, en Artois, lesquels étaient issus de Beaudouin Bras de Fer, en faveur de qui l'empereur Charles le Chauve érigea la Flandre en comté, l'an de grâce 863, lui donnant pour femme sa fille Judith, qu'il avait enlevée. Quoi qu'il en soit de cette origine, il est constant que lorsque Guillaume Morel vint en Cambrésis, étant nommé, par le roi Saint-Louis, capitaine du château de Walincourt, il était réputé d'une race ancienne; son épitaphe, qui se voit encore à Saint-Aubert de Cambrai, en fait foi; elle sera rapportée à son article; mais comme l'histoire ne nous a point transmis les noms de ses aïeux qui étaient établis dans l'Artois, cette généalogie commencera par ledit Guillaume, que nous appellerons premier du nom.

I. Guillaume MOREL, Ier. du nom, était, en 1226, capitaine (c'est-à-dire gouverneur), du château de Walincourt. Il fut seigneur de la Motte en Cambrésis. L'histoire de Cambrai, tom. II, pag. 810, en fait mention : il mourut âgé de soixante-quatorze ans, le 9 décembre 1260, et fut inhumé à Saint-Aubert de Cambrai, où l'on voyait encore avant la révolution l'épitaphe suivante :

D. O. M.

Splendidissimo Equiti GUILLELMO MOREL
Artesia Nobilitatem dedit,
Avorum sanguis fortitudinem invictam.
A Rege LUDOVICO VIII.
Prœclare gestis benemeritus,
A Rege LUDOVICO IX.
Castro Walincurtio préfectus est;
Obiit
Annum agens septuagesimum quartum;
Die nonâ mensis decembris anno Domini
MCCLX.

Il avait épousé Agnès *de Milly*, dont il eut Guy Morel, qui suit :

II. Guy MOREL, Ier. du nom, seigneur de la Motte, est aussi mentionné dans l'histoire de Cambrai, et sa sépulture est au même lieu que celle de son père. Il épousa Mahault d'*Euvillers*, dont il eut :

III. Guy MOREL, IIe. du nom, qui fut seigneur de la Motte-Vereignes, Villers-Guillain, Montigny, Lécalus et autres lieux. Il épousa Marie *Soudant*, dont il eut :

    1°. Guillaume Morel, IIe. du nom, seigneur de la Motte et de Montigny, tué à la bataille de Lécluse, en 1337 ;

    2°. Raoul Morel, qui suit ;

    3°. Pierre Morel, Ier. du nom, seigneur de Lécalus, aussi tué à la bataille de Lécluse, laissant des enfants qui se sont d'abord établis à Gand, et ensuite en Artois, où ils ont possédé entre

autres terres celle de Nédonchel, que Catherine Pardo leur avait apportée, et dont ils prirent le nom. Cette branche de Nédonchel est
connue très-imparfaitement, et elle est tombée
depuis dans la maison de Carnin.

IV. Raoul MOREL, seigneur de Vereignes, Villers-
Guillain, la Motte, Montigny et autres lieux, fut tué,
en 1346, à la bataille de Crécy ; il est mentionné dans
les chroniques de Guines, pour avoir accompagné,
aux tournois des noces de Philippe, duc d'Orléans, en
1344, le connétable Raoul de Brienne, comte d'Eu et
de Guines, lequel y perdit la vie. Il épousa Anne de
Courtenay, dont il eut :

> 1°. Charles-Gaspard Morel, reçu chanoine de Sen-
> lis en 1358 ;
> 2°. Philippe Morel, qui suit.

V. Philippe MOREL, Ier. du nom, seigneur de la
Motte, Montigny, Vereignes, Villers – Guillain et
autres lieux ; il épousa, en 1362, Jeanne *de Ghistelles*,
dont il eut :

VI. Robert MOREL, Ier. du nom, seigneur de la
Motte, Montigny, Vereignes, Villers – Guillain et
autres lieux, s'attacha à Philippe le Hardi, duc de
Bourgogne et comte de Flandre ; il était son grand
écuyer, lorsque ce prince l'envoya en ambassade à
Liége. Les chroniques de Liége vantent la magnificence
de Robert Morel, lequel, après la mort du duc de
Bourgogne, ayant dissipé tous ses biens, se retira dans
le Vermandois, et y mourut en 1406 ; il avait épousé
Jeanne *de Harchies*, dont il eut :

> 1°. Marguerite Morel, née, en 1389, à la cour
> du duc de Bourgogne, et tenue sur les fonds par
> la princesse ;
> 2°. Nicolas Morel, qui suit ;
> 3°. N..... Morel, religieuse.

VII. Nicolas MOREL, Ier. du nom, acquit, par deux
mariages, les terres de Poullencourt, d'Eissigny et de
Pertin ; il épousa, 1°. en 1425, Marie-Jeanne *de Flers*,

dont il n'eut point d'enfants ; 2°. en 1431, Marie *Branque*, de laquelle il eut :.

1°. Nicolas Morel, qui suit;

2°. Pierre Morel, IIe. du nom, seigneur de Pertin ̨ marié à Eléonore *de Cany*, dont plusieurs enfants, tous morts en bas âge.

VIII. Nicolas MOREL, IIe. du nom, seigneur de Poullencourt et d'Eissigny, épousa, en 1452, Jeanne *le Maire* de Parisifontaine, dont il eut :

1°. Philippe Morel, qui suit ;.

2°. Robert Morel, IIe. du nom, a fait la branche des seigneurs d'Ardouville et de Catheville, dont la postérité est rapportée ci-après, pag. 65 ;

3°. Parthe Morel, mariée, le 1er. mars 1479, à Pierre *Picot*, chevalier, seigneur dudit lieu.

IX. Philippe MOREL, IIe. du nom, seigneur de Cresmery, Poullencourt, Proyart, Becordel et autres lieux, était lieutenant d'une compagnie d'hommes d'armes des ordonnances du roi Charles VIII, à la bataille de Fournoue, le 6 juillet 1495. Ce prince lui ayant vu faire, dans cette journée, des prodiges de valeur, et cherchant à l'en récompenser d'une manière qui en perpétuât la mémoire, lui fit, en la ville de Lyon, le 14 janvier de la même année avant (1) Pâques, concession d'une fleur de lys d'or en ses armes. Le brevet, conçu en langue latine, contient ces paroles : (2)

CAROLUS Dei gratiâ Francorum, Neapolis, et Hierusalem Rex, dux Mediolani.

Universis, et singulis, præsentes litteras inspecturis notum facimus.

Quod cum Die sextâ Julii elapsi insignem..

Forti novi victoriam reportavimus; inter strenuos et fide~

---

(1) En ce tems-là l'année commençait à Pâques.

(2) Lors de la recherche des armoiries des nobles, Louis XIV, ayant fait surseoir, par un édit, à l'enregistrement de celles où étaient des fleurs-de-lys d'or, en champ d'azur, les descendants de *Philippe Morel* produisirent leur titre, et furent maintenus dans le privilége de cette concession, par arrêt du 19 mars 1700.

les milites nostros emicaverit potissimum dilectus miles noster PHILIPPUS MOREL, cataphractorum satellitum regali nostræ personæ vigilantium subcenturio, cujus maximæ fortitudinis, memoriam fieri perpetuam desiderantes æternum existimationis nostræ pignus, lilium presentavimus regium, ut quæ accepit ab avis insignia PHILIPPUS MOREL, hoc lilio imposterum decorentur. Datum Lugduni, die decimâ quartâ mensis Januarii ante Pascha, anno Domini MCDXCV.

Philippe, après la guerre d'Italie, se retira en la ville de Péronne, dont il accepta la majorité, et y mourut âgé de soixante-huit ans, le 8 novembre 1521 ; il épousa en premières nôces, le 14 juin 1483, Jeanne *le Convers*, et en secondes nôces Jeanne *le Fèvre de Sormont*. Il n'a point eu d'enfants de ce second mariage ; mais du premier lit sont issus :

1º. Baulde Morel, qui suit ;
2º. Fourcy Morel a fait la branche des seigneurs de Bécordel, rapportée ci-après, page 59.

X. Baulde MOREL, seigneur de Cresmery, Poullencourt et autres lieux, fut cause, en 1515, de la prise de Villefranche, par François Ier. Il était pour lors simple homme d'armes des ordonnances de S. M., dans la compagnie du duc d'Alençon, premier prince du sang, et beau-frère du roi ; il a été ensuite enseigne, et puis lieutenant de cette même compagnie. L'Histoire de France, par Du Haillant, en fait mention, le nommant par erreur Claude au lieu de Baulde ; il mourut, le 16 juillet 1535, âgé de cinquante-un ans. Il avait épousé, 1º. au mois de septembre 1509, Jeanne *de Montjan* ; 2º. en secondes nôces, en l'année 1517, Marguerite *Petit du Vergy*, fille de Guillaume Petit, seigneur du Vergy.

Du premier lit est issue :

Jeanne Morel, mariée à Christophe *de Lignières*, seigneur d'Elincourt en Valois.

Du second lit sont issus :

1º. Claude Morel, qui suit ;
2º. Jean Morel, religieux à Saint-Waast d'Arras, mort en 1555 ;

3°. Isabeau Morel, morte fille.

XI. Claude MOREL, Ier. du nom, seigneur de Cresmery, Poullencourt et autres lieux, né le 18 mars 1521, mourut le 18 octobre 1578 ; il avait épousé en premières nôces, le 9 novembre 1544, Françoise *de Lannoy* ; et en secondes nôces, en juin 1559, Madelaine *le Fèvre de Caumartin*, fille de Jean le Fèvre, seigneur de Caumartin, et de Jeanne aux Couteaux.

Du premier lit sont issus :

1°. Philippe Morel, qui suit ;
2°. Marguerite Morel, mariée à Philippe *le Caron*, seigneur d'Avesnes.

Du second lit :

1°. Marie Morel, morte fille ;
2°. Claude Morel a fait la branche des seigneurs de Boistiroux et Vindé, rapportée ci-après, page 57.

XII. Philippe MOREL, IIIe. du nom, seigneur de Cresmery, Poullencourt, Hebescourt, Foucaucourt et autres lieux, est cité dans le Recueil des Maisons illustres de Picardie, par La Morlière ; il mourut âgé de trente-quatre ans, le 18 juin 1587 ; il avait épousé, le 24 mai 1580, Marguerite *Louvel de Glisy*, dont il eut :

XIII. Claude MOREL, IIe. du nom, seigneur de Cresmery, Poullencourt, Hébescourt, Foucaucourt et autres lieux, né le 7 janvier 1582, mourut le 5 mars 1652 ; il avait épousé, le 14 janvier 1608, Catherine *de Collemont*, dont il eut :

1°. Claude Morel, IIIe. du nom, qui suit ;
2°. Louis Morel, seigneur de Poullencourt, né le 15 mars 1625, mort le 30 décembre 1676. Il épousa Marie *de Lessan* en 1662, dont il n'a eu qu'une fille, morte jeune ;
3°. Charles Morel, tige de la branche des seigneurs d'Hébescourt, rapportée ci-après, page 55 ;
4°. Adrien Morel a fait la branche des seigneurs de Foucaucourt, rapportée ci-après, page 56 :

5°. Marie Morel, mariée à François *du Fresne*, seigneur de Pagny ;

6°. Anne Morel, mariée à Florentin *Clarentin*, seigneur de Marcelet ;

7°. Catherine Morel, morte fille.

XIV. Claude MOREL, IIIe. du nom, seigneur de Cresmery, Poullencourt, La Houssoye, Hazin, Villambray et autres lieux, président du présidial d'Amiens, conseiller d'état par brevet de l'an 1658, est mort le 12 avril 1684, âgé de soixante-neuf ans ; il avait épousé, le 25 juin 1642, Jeanne *de Hérte de Huilles*, de laquelle il eut :

1°. Marguerite Morel, mariée à Guillaume *Mesnager*, seigneur de Courluisson ;

2°. Marie-Josephe Morel, mariée à Antoine *Berthe*, seigneur de Coursebonne ;

3°. Claude Morel, IVe. du nom, qui suit ;

4°. Jean Morel, seigneur de Poullencourt, capitaine de dragons, mort sans s'être marié, en 1686, et inhumé à Saint-André-des-Arcs, à Paris.

XV. Claude MOREL, IVe. du nom, seigneur de Cresmery, Poullencourt, La Houssoye, etc., né en mai 1646, mort avant son père, le 19 octobre 1681, a été président au présidial d'Amiens ; il épousa, le 22 août 1672, Marie-Marguerite *de Suyn*, fille de François de Suyn, seigneur des Briques, et de Marie Pequet, duquel mariage sont issus :

1°. Claude Morel, V^e. du nom, mort âgé de treize ans, le 14 février 1688 ;

2°. Nicolas Morel, IIIe. du nom, qui suit ;

3°. Jean Morel, seigneur de Poullencourt, né le 8 mai 1677, mort capitaine de cavalerie, le 31 janvier 1704, sans être marié ;

4°. Marie-Anne Morel, mariée à François *Thierry de Dours*, seigneur de Castel, brigadier des chevau-légers de la garde du roi.

XVI. Nicolas MOREL, IIIe. du nom, seigneur de Cresmery, Poullencourt et autres lieux, né le 27 août 1678, mort consul au Caire, le 12 février 1724, avait épousé, le 23 août 1712, Anne-Charlotte *de la Fon-*

taine-Solare, fille de Philippe *de la Fontaine*, comte de Solare, premier écuyer de madame la duchesse du Maine, et de Charlotte-Madelaine de Gaya, dont il eut :

1°. Claude Morel, VIe. du nom, seigneur de Cresmery, né le 5 mai 1713, directeur général des fermes à la Rochelle, lequel épousa, le 28 août 1744, Elisabeth *Gommier de la Gachetière*, veuve d'Honoré Robert d'Hérisson, seigneur de Lussan ; il n'en a pas eu d'enfants, et est décédé en 1771 ;

2°. Anne-Françoise-Christine Morel, née le 13 février 1715, morte le 5 mai 1716 ;

3°. Philippe-Jean-Baptiste Morel, né le 9 août 1716, mort le 26 mai 1718 ;

4°. Jean-Louis Morel, né le 30 septembre 1718, commissaire de la marine, à Brest, mort en Angleterre, sans enfants, vers 1768 ;

5°. Jean-Charles Morel, né le 5 octobre 1720, mort le 9 janvier 1721 ;

6°. Charlotte-Madelaine Morel, née le 19 octobre 1722, mariée à Nicolas *Fabry*, le 28 avril 1743 ;

7°. Joseph-Ptolomée Morel, né le 8 novembre 1723. Il a péri sur mer en 1743, sans avoir été marié.

Branche des seigneurs d'Hébescourt.

XIV. Charles Morel, seigneur d'Hébescourt, mourut dans sa quatre-vingtième année, le 7 février 1712. Il avait épousé, le 3 novembre 1663, Marguerite *Lucas*, fille de Guillain Lucas, seigneur d'Espaumenil, et de Marie Matissart, dont il eut :

1°. Louis Morel, capitaine dans Bouflers, mort sans être marié ;

2°. Charles Morel, mort sans avoir été marié ;

3°. François Morel, mort sans avoir été marié ;

4°. Marie-Catherine Morel, mariée à Jean *le Vasseur*, seigneur de Courtieux ;

5°. Marguerite Morel, mariée à Jean-Louis *Truduine*, seigneur de Dreuil-sur-Somme.

Branche des seigneurs de Foucaucourt.

XIV. Adrien MOREL, Ier. du nom, seigneur de Foucaucourt, né en 1634, mort le 22 avril 1702, épousa,
le 12 juillet 1677, Marguerite *Hémart du Tronquoy*,
fille de François Hémart, seigneur du Tronquoy, et de
Madelaine de Flesselle, dont il eut :

    1°. Adrien Morel, IIe. du nom, qui suit ;
    2°. François Morel, seigneur de Quennezy, qui
       épousa Marie – Françoise *Pinguet de Bellingant*,
       dont il eut Marie-Françoise Morel, née le 22
       novembre 1737 ; il est décédé sans postérité
       mâle, vers l'an 1750 ;
    3°. Louis Morel de Foucaucourt, prieur commen-
       dataire de la Barache-Gondouïn, mort en 1735;
    4°. Marie Morel, morte fille ;
    5°. Marguerite Marie Morel, mariée à Louis *Tassart*,
       seigneur de Belloy.

XV. Adrien MOREL, IIe. du nom, seigneur de Foucaucourt, né en 1669, épousa, en 1722, Françoise *le
Tellier de Saint-Victor*, dont il eut :

XVI. Jean-Claude MOREL, baron de Foucaucourt,
Ier. du nom, né le 1er. avril 1727, mort le 10 août
1817, épousa, le 28 avril 1760, Marie – Charlotte-
Pélagie *de Monet de la Mark de Bazentin*, dont il eut :

XVII. Marie-Jean-Edouard MOREL, baron de Foucaucourt, Ier. du nom, né le 15 mai 1772, mort le
1er. décembre 1813, chevalier de la Légion-d'Honneur,
lieutenant-colonel de l'état-major, épousa, le 3 février
1795, Louise-Alexandrine-Henriette *Aubé de Braquemont*, dont il eut :

    1°. Marie-Louis-Edouard Morel, qui suit ;
    2°. Henriette-Alexandrine-Clara Morel, née le
       12 mai 1800, mariée, le 27 juin 1817, à Paul-
       Emmanuel-Adolphe de Seze, chevalier de la
       Légion-d'Honneur, sous-préfet à Compiégne.

XVIII. Marie-Louis-Edouard MOREL, baron de Foucaucourt, IIe. du nom, ex-officier dans les mousque-

taires gris, né le 2 janvier 1798, actuellement existant et non encore marié.

Branche des seigneurs de Boistiroux et de Vindé.

XII. Claude MOREL, IIᵉ. du nom, seigneur de Bois-tiroux, capitaine, bailli et gruyer du château et châ-tellenie de Chaourse, né en 1564, mort en mars 1650, épousa, en 1596, Suzanne *de Ponsard*, née en 1570, et décédée en juillet 1650, dont il eut :

XIII. Claude MOREL, IIIᵉ. du nom, seigneur de Boistiroux, vicomte de Morel, premier président du conseil souverain d'Arches et Charleville, gratifié par les ducs de Mantoue, souverains de cette principauté, de l'érection d'un de ses fiefs en vicomté de son nom; et dans ses armes, d'un chef, à l'aigle de Mantoue à une seule tête et au vol abaissé de sable, sur champ d'argent.

Lors de la réunion de cette principauté à la France, il fut stipulé et déclaré, ainsi qu'il l'avait été et qu'il le fut ensuite pour tous les autres pays réunis ou conquis, que la noblesse conservait tous ses droits, titres et privilèges. Après cette réunion, Claude Morel, IIIᵉ du nom, fut conseiller d'état, intendant des frontières de Champagne et pays conquis, et lieutenant-général du bailliage de Sedan : il était né en 1598, et mourut le 12 avril 1665; il épousa, en 1630, Jeanne *Guérin*, morte le 6 juin 1655, dont il eut :

    1°. Marius-Basile Morel, qui suit ;

    2°. Poncette-Marie Morel, mariée à Charles-Simon *de Salabery* ;

    3°. Nicolas-Bernard Morel, docteur de Sorbonne, aumônier du roi, doyen de Sezannes;

    4°. Jeanne-Idelette Morel, fondatrice de la maison des religieuses de la Providence, à Charleville.

XIV. Marius-Basile MOREL, Iᵉʳ du nom, seigneur de Boistiroux, Vindé, le Meix, etc., vicomte de Morel, succéda aux charges et dignités de son père; né le 14 juin 1632, mort en 1686; il épousa, en décembre

II.   8

1660, Antoinette-Marie *Collart*, qui était née en 1646, et décéda le 25 mars 1726, et dont il eut :

1°. Pierre-Benoist Morel, qui suit ;

2°. Claude-Nicolas Morel, mousquetaire, puis conseiller au grand conseil, mort sans postérité ;

3°. Armand-Charles Morel, capitaine de cavalerie au régiment d'Anjou, mort sans postérité ;

4°. Jeanne Morel, mariée à Pierre de Montléart, marquis de Rumont ;

5°. Claude-Charlotte Morel, religieuse à l'abbaye d'Avenay.

XV. Pierre-Benoist MOREL, Ier. du nom, seigneur de Boistiroux, Vindé, le Meix, Courtavant, etc., vicomte de Morel, président en la cour des aides de Paris, né en 1675, mort le 14 avril 1735 ; il épousa, 1°. en 1703, Jeanne *Jacobé de Nauroy*, 2°. en 1724, Jeanne-Catherine-Angélique *de Lossandières*.

Du premier lit sont issus :

1°. Claire-Célenie Morel, mariée à Réné *Choppin d'Arnouville* ;

2°. Louise Morel, mariée à Augustin *le Pileur de Brevannes* ;

3°. Marie-Anne Morel, mariée en premières nôces à Antoine *Lefebvre de la Malmaison*, et en secondes nôces à Jean-Baptiste-Maximilien *Gon d'Argentlieu.*

Du second lit sont issus :

1°. Antoinette-Marie-Angélique Morel, mariée à Claude-François *Le Tellier*, brigadier des armées du roi ;

2°. Claire-Catherine Morel, morte fille en 1758;

3°. Claude-Pierre-Gaston Morel, maître des requêtes, mort sans postérité en 1759.

4°. Charles-François Morel, qui suit ;

5°. Marie-Angélique Morel, mariée à Simon-Jacques *le Vavasseur d'Hérouville*, maître des comptes à Paris.

XVI. Charles-François MOREL, Ier. du nom, vicomte

de Morel, seigneur de Boistiroux, Vindé, le Meix, Courtavant, et autres lieux, président en la cour des aides de Paris, né à Paris en 1728, mort le 1er. août 1762 ; il épousa, en mars 1758, Anne - Catherine *Paignon-Dijonval*, qui était née le 18 juillet 1737, et mourut le 26 janvier 1759, et dont il a eu :

XVII. Charles-Gilbert MOREL, IIe. du nom, vicomte de Morel, seigneur de Vindé, le Meix, le Bricot et autres lieux, conseiller au parlement de Paris, chevalier de la Légion-d'Honneur, créé pair de France le 17 août 1815, de l'Académie royale des sciences ; né à Paris le 20 janvier 1759 ; il épousa, le 1er. mai 1780, Marie-Rénée-Elisabeth *Choppin d'Arnouville*, qui était née à Paris le 23 février 1763, et dont il eut :

> Claire-Marie Morel, mariée au mois de janvier 1800 à Claude-Hypolite *Terray*.

Branche des seigneurs de Becordel et d'Attilly.

X. Fourcy MOREL, fils puîné de Philippe second, fut seigneur de Becordel, Proyart en partie, Attilly, Estraillier, Pomery, et autres lieux ; il naquit en 1486, et mourut lieutenant-général des bailliage et gouvernement de Péronne, Montdidier et Roye ; il épousa Françoise *du Walon*, fille d'Antoine du Walon, seigneur d'Attilly, et de Marguerite Petit : c'est cette Marguerite Petit qui épousa en secondes nôces Baulde Morel, frère aîné de Fourcy. De ce mariage sont issus :

> 1°. Philippe Morel, seigneur de Becordel, épousa Marguerite *de Montjan*, et mourut, sans enfants, le 14 janvier 1557 : il est inhumé à Saint-Jean de Péronne ;
>
> 2°. Antoine Morel, seigneur d'Attilly, épousa Antoinette *de Marle*, et ne laissa qu'une fille, morte en bas-âge ; il fut capitaine d'infanterie, et mourut en 1561 ;
>
> 3°. Fourcy Morel, IIe. du nom, aussi capitaine d'infanterie, épousa Eléonore *de l'Eau*, en faveur de laquelle il obtint, le 15 novembre 1562, un arrêt pour l'autoriser à porter des habille-

ments affectés alors aux seules personnes titrées ;
il mourut sans enfants ;

4º. Adrien Morel, qui suit.

XI. Adrien MOREL, Iᵉʳ. du nom, seigneur de Becordel, Proyart en partie, Attilly, Estraillier, Pomery et
autres lieux, fut lieutenant-colonel de Montmorency,
et mourut en 1606 ; il épousa, 1º. Jacqueline *Louvel-
Fontaine*, 2º. le 13 juin 1583, Marie *Hinsselin*, 3º. Marie *de Suisseval*.

Du premier lit sont issus :

1º. Jean Morel, qui suit :
2º. Elisabeth Morel, mariée à Simon *Carbonnel*,
    seigneur de Lassus, capitaine dans le régiment
    d'Hocquincourt ;
3º. Marie Morel, mariée à Jean *Piquet*, seigneur
    de Bonainvillers ;
4º. Eléonore Morel, mariée à Claude *Neufville*,
    seigneur de Misery.

Du second lit est issu :

Fourcy Morel, IIIᵉ. du nom, seigneur d'Attilly,
    capitaine dans Hocquincourt, mort, sans avoir
    été marié, le 8 novembre 1635.

XII. Jean MOREL, Iᵉʳ. du nom, seigneur de Becordel, Proyart en partie, Attilly, Estraillier, Misery, etc.,
mourut capitaine dans Montmorency en 1609 : il est
inhumé cloître Saint-Denis : il avait épousé, le 10 février 1599, Marguerite *Cozette d'Heryval*, fille d'Aubert
Cozette, seigneur d'Heryval, et de Marguerite Fournet,
dont il eut :

1º. Adrien Morel, IIᵉ. du nom, qui suit ;
2º. Jean Morel, IIᵉ. du nom, religieux-feuil-
    lant ;
3º. Adrienne Morel, mariée à Jean *d'Ainville*,
    seigneur de Marieux, conseiller au présidial
    d'Amiens ;
4º. Marie Morel, mariée à Jean *Coulet*, seigneur
    de Bussy ;
5º. Françoise Morel, religieuse aux dames de Mo-
    reaucourt.

XIII. Adrien MOREL, IIe. du nom, seigneur de Becordel, Proyart en partie, Attilly, Pomery, Misery,
Estraillier, Boncourt, Heryval, Lerigny, etc., né le
2 décembre 1607, mort le 30 août 1661, fut conseiller
au présidial d'Amiens ; il épousa, le 4 novembre 1633,
Agnès *de Heu*, fille d'Adrien de Heu, seigneur de
Conty, et de Marie Boulat, dont il eut :

> 1°. Adrien Morel, IIIe. du nom, qui suit ;
> 2°. Jacques Morel, Ier. du nom, qui a fait la
> branche des seigneurs de Boncourt, rapportée
> ci-après, page suivante ;
> 3°. Jean Morel, IIIe. du nom, seigneur du Rigny,
> épousa Françoise *Martine*, et mourut le 2 jan-
> vier 1697, laissant Jeanne-Françoise Morel,
> qui a été femme de Pantaléon *Pingré*, seigneur
> de Frigant ;
> 4°. Antoinette Morel, mariée à Joseph *d'Amiens*,
> seigneur de Behen ;
> 5°. Catherine Morel, mariée à Claude *le Corroyer*,
> seigneur du Perrou;
> 6°. Jacques Morel, religieux à Moreaucourt.

XIV. Adrien MOREL, IIIe. du nom, seigneur de Becordel, Attilly, Pomery, Bazentin-le-Grand, etc.,
conseiller du roi au présidial d'Amiens, né le 11 décembre 1634, et mort le 14 mars 1713, épousa, le
21 avril 1659, Jeanne-Colette *le Boucher d'Ailly*, fille
de Nicolas le Boucher, seigneur d'Ailly-le-haut-
Clocher, et autres lieux, et de Jeanne Thierry, dont il
eut :

> 1°. Adrien Morel, IVe. du nom, seigneur d'Attilly,
> né en 1660, mort en 1729, sans avoir été
> marié ;
> 2°. Jean-Baptiste Morel, né en 1664, décédé le
> 10 décembre 1690 ; il avait épousé, le 5 no-
> vembre 1689, Anne-Thérèse *de Sachy*, dont il
> eut :
>> Jean-Baptiste-Morel, mort le 11 août 1711,
>> âgé de vingt-un ans, sans avoir été
>> marié.
> 3°. Jacques Morel, qui suit ;
> 4°. Jeanne-Colette Morel, morte fille ;

5°. Jacqueline Morel, religieuse aux dames de Moreaucourt ;

XV. Jacques Morel, seigneur de Pomery, Misery, Estraillier, et autres lieux, conseiller du roi au présidial d'Amiens, né le 4 juillet 1668, et mort le 4 janvier 1715, épousa, 1°. le 25 novembre 1693, Diane-Catherine *le Carron*, fille de Gabriel le Carron et de Catherine Lestocq ; 2°. Louise *Romanet*.

Du premier lit, il n'a point eu d'enfants.

Du second lit sont issus :

1°. Louise Morel, religieuse aux dames de Moreaucourt, morte le 3 août 1709 ;

2°. Gilbert Morel, qui suit.

XVI. Gilbert Morel, seigneur de Becordel, Attilly, Pomery, Misery, Bazentin-le-Grand, Longueval, Lahetroye, etc., né le 2 mars 1707, conseiller au présidial d'Amiens ; il épousa, le 4 novembre 1740, Marie-Anne-Honorée *d'Amiens*, fille de Barthelemy d'Amiens, seigneur de Contay, Agnicourt et autres lieux, et de Marie-Anne Cornet, dont il eut :

1°. Marie-Anne-Catherine-Gilberte Morel, née le 20 août 1741 ;

2°. Elisabeth-Louise-Honorée Morel, née le 1er. novembre 1742.

Il est décédé, sans postérité mâle, en octobre 1763.

Branche des seigneurs de Boncourt.

XIV. Jacques Morel, Ier. du nom, second fils d'Adrien second, seigneur de Becordel et Attilly, fut seigneur de Boncourt, Proyart en partie, la Mottoye, et autres lieux ; il naquit le 2 février 1640, et mourut le 2 décembre 1692 ; il épousa, en 1565, Elisabeth *Eudel*, dont il eut :

1°. Jacques Morel, IIe. du nom, qui suit ;

2°. Adrien Morel, religieux à la Trappe, mort âgé de vingt-six ans, en juin 1695 ;

3°. Charles Morel, seigneur d'Hérival, dont la postérité sera rapportée ci-après, page 64.

4°. Louis Morel, connu sous le nom du chevalier d'Hérival, né le 26 octobre 1678, mort, en 1703, capitaine de dragons ;

5°. François Morel, religieux de Sainte-Geneviève ;

6°. Françoise Morel, religieuse aux dames de Saint-Julien ;

7°. Elisabeth Morel, morte fille.

XV. Jacques MOREL, II°. du nom, seigneur de Boncourt, Proyart en partie, Hangest, et autres lieux, né le 27 juin 1666, conseiller du roi au présidial d'Amiens, mort le 19 décembre 1697, épousa, le dernier janvier 1692, Anne-Thérèse *de Suchy*, veuve de Jean-Baptiste Morel, et fille de Jean de Sachy et de Catherine Fresne, dont il eut :

1°. Anne-Thérèse Morel, mariée à Guillain *du Val*, seigneur de Nampty, Courselette, de Salleux, etc. ;

2°. Jacques Morel, III°. du nom, qui suit ;

XVI. Jacques MOREL, III°. du nom, seigneur de Boncourt, Proyart en partie, Hangest et autres lieux, né le 5 mars 1695, mort le 17 juin 1763, épousa, le 15 juin 1726, Jeanne *de Mons*, fille de Joseph de Mons, seigneur d'Omermont, et de Jeanne Bocquillon, dont il eut :

1°. Jacques-François-de-Paule Morel, qui suit ;

2°. Jeanne-Thérèse Morel, née le 20 mai 1730, mariée à Jean *Godart de Saint-Germain*, capitaine au régiment de Condé, chevalier de Saint-Louis ;

3°. Marie-Cécile Morel, née le 5 décembre 1734, mariée à Louis-François *du Fresne*, mousquetaire noir, chevalier de Saint-Louis.

XVII. Jacques-François-de-Paule MOREL, IV°. du nom, seigneur de Boncourt, Proyart en partie, Hangest, et autres lieux, né le 17 août 1727, mort le 26 juin 1782, épousa, le 18 août 1766, Louise-Marie-Claire *d'Aumale*, dont il eut :

1°. Louis-François-de-Paule Morel, qui suit ;

2º. Jacques-Louis-Joseph Morel, tige des Morel de Puchévillers, rapportés ci-après, page suivante;

3º. Claire-Françoise Morel, née le 3 décembre 1769, mariée à Louis-Honoré *Lefévre*, seigneur de Villers-sous-Mareuil, chevalier de Saint-Louis.

XVIII. Louis-François-de-Paule MOREL, Iᵉʳ. du nom, seigneur de Boncourt, Proyart en partie, Hangest, et autres lieux, né à Amiens le 30 novembre 1767; entré au service du roi dans le régiment de Vivarais, en 1786, ancien capitaine d'infanterie; sorti de France le 4 août 1791, ayant servi dans l'armée des princes français, et ensuite, pendant près de cinq ans, dans le régiment de Castries, qui était alors au service d'Angleterre, et portait la cocarde blanche; rentré en France le 31 décembre 1801, et nommé par le roi chevalier de l'ordre royal et militaire de Saint-Louis, le 27 décembre 1814 : il épousa, le 11 août 1802, Louise-Marthe *du Passage*; de ce mariage sont issus :

1º. Marie-Louise-Jeanne-Pauline Morel, née à Sainte-Segrée, près Poix, en Picardie, le 27 novembre 1803;

2º. Louis-François-Olivier Morel, né *idem*, le 23 janvier 1805;

3º. Marie-Octavie Morel, née *idem*, le 11 octobre 1806, jumelle avec la suivante;

4º. Marie-Gabrielle-Claire-Mathilde Morel, née *idem*, et le même jour, jumelle de la précédente, morte le 9 janvier 1815;

5º. Alexandre-Marie-Jules Morel, chevalier de Boncourt, né *idem*, le 12 mai 1811.

Branche des seigneurs d'Hérival.

XV. Charles MOREL, seigneur d'Hérival et de la Mottoye, né en 1669, fils de Jaques Morel, seigneur de Boncourt, mourut le 21 avril 1715. Il avait épousé, le 25 novembre 1705, Marie-Hélène *le Vasseur de Neuilly*, fille de N..... le Vasseur, seigneur de Neuilly, et de Marie-Yolande Bertin, dont il eut :

1º. Louis-Joseph Morel, qui suit;

2°. Marie – Hélène Morel, née le 21 septembre 1717.

XVI. Louis-Joseph MOREL, seigneur d'Hérival et de la Mottoye, né en novembre 1706, épousa, le 21 octobre 1731, Marie-Marguerite *Pingré*, fille d'Augustin Pingré, capitaine au régiment de la marine, et de N...., dont il eut :

1°. Marie-Victoire Morel, née le 6 août 1733 ;
2°. Marie – Marguerite Morel, née le 13 mars 1736 ;
3°. Louis-Augustin Morel, né le 25 septembre 1737, mort en 1788, sans avoir été marié.

Branche des Morel de Puchévillers.

XVIII. Jacques-Louis-Joseph MOREL de Puchévillers, V°. du nom, né à Amiens le 28 octobre 1768, épousa, le 28 juillet 1799, Marie-Louise-Claire *Pohelle de Boves* ; de ce mariage sont issus :

1°. Marie-Louis-François-de-Paule Morel, né à Amiens le 31 mars 1800 ;
2°. Marie-Louis-Eugène-Hilaire Morel, né *idem*, le 4 mai 1801 ;
3°. Marie-Louise-Adélaïde-Sophie Morel, née *idem*, le 14 janvier 1806.

Branche des seigneurs d'Ardouville et de Catheville.

IX. Robert MOREL, II°. du nom, seigneur d'Eissigny, et depuis d'Hardouville et de Catheville, second fils de Nicolas Morel, II°. du nom, seigneur de Poulencourt et de Jeanne le Maire de Parisifontaine, épousa, n 1486, Henriette *le Comble de Pouilly* : ce mariage 'engagea à s'aller établir en Normandie : il est mention e lui dans l'Histoire de Rouen. Il eut :

X. Pierre MOREL, III°. du nom, seigneur d'Ardouille, de Catheville, et autres lieux, épousa Marie *de la Rue*, dont il eut :

1°. Nicolas Morel, III°. du nom, qui suit ;

II.

2°. Réné Morel, reçu, en 1525, chevalier de Malte, lorsque l'ordre de Malte était résident à Viterbe, en Toscane.

XI. Nicolas MOREL, IIIe. du nom, seigneur d'Ardouville, de Catheville, et autres lieux, épousa Jeanne *Mailloc*, dont il eut :

    1°. Robert Morel, IIIe. du nom, seigneur d'Ardouville et de Catheville, épousa, 1°. Antoinette *d'Ailly de Riperville*, 2°. Adélaïde *de Soyecourt* : il est mort en 1609, sans avoir eu d'enfants ;

    2°. Péronne Morel, mariée à Gabriel *de Limoges*, écuyer, sieur de Renneville et de Saint-Jean ;

    3°. Adrien Morel, reçu chevalier de Malte en 1566, mort en 1580.

    4°. Louis Morel, reçu chevalier de Malte en 1581, mort commandeur de Ville-Dieu, en Drugesin, diocèse de Chartres.

Armes. Cette maison portait originairement : *D'azur, à trois glands d'or renversés, deux en chef et un en pointe; deux licornes pour supports ; pour cimier, une licorne naissante, avec la devise :* NESCIT LABI VIRTUS. *Philippe Morel, IIe. du nom, lieutenant d'une campagnie de cent lances, à la bataille de Fornoue, montra tant de valeur en la présence du roi Charles VIII, que ce prince, pour perpétuer sa mémoire, enrichit son écu d'une fleur de lys d'or, par concession du 14 janvier 1495, avant Pâques. Les descendants de Philippe ont toujours porté depuis, d'azur à la fleur de lys d'or, accompagnée de trois glands du même, posés comme dessus, avec mêmes supports, cimier et devise.*

La branche des seigneurs de Boistiroux et de Vindé, ajoute à ces armes *un chef d'argent, à l'aigle au vol abaissé de sable.*

BLASON DES ALLIANCES DE LA MAISON DE MOREL.

D'Ailly : De gueules, à deux branches d'alisier, passées en couronne d'argent ; au chef échiqueté de deux traits d'argent et d'azur.

D'Ainville : D'argent, au chef émanché de gueules ; à la bande d'azur, accostée de deux cotices du même.

D'Amiens : De gueules, à trois chevrons de vair.

D'Aubé de Braquemont : De gueules, à huit losanges d'argent en croix.

D'Aumale : D'argent, à une bande de gueules, char- gée de trois besants d'or.

Berthe : D'argent, à la bande de gueules, chargée de trois coquilles d'or.

Le Boucher d'Ailly : D'argent, au sautoir de sable, cantonné de quatre aiglettes du même.

Branque : De gueules, à la fasce d'or, accompagnée de trois besants d'argent.

De Cauy : D'or, à dix losanges de gueules, posés 4, 3, 2 et 1.

Carbonnel : D'azur, au chevron d'or, accompagné de trois coquilles du même.

Le Caron : D'argent, au lion de sable.

Le Carron : D'azur, à la fasce d'or, accompagnée de trois molettes du même.

Choppin : D'azur, à une pique d'argent, issante de la pointe de l'écu, futée d'or, et un cerf ailé et volant sur la pique aussi d'or; supports, deux levrettes colletées de gueules, bouclées d'or.

Clarentin : D'azur, au chevron d'or, accompagné en chef de deux étoiles, et en pointe d'une rose tigée du même.

Collart : D'argent, à deux étoiles en chef d'azur, et en pointe une tête de lion arrachée de sable.

Collemont : D'azur, à la fasce d'argent, chargée de trois tourteaux de sable et accompagnée de trois coquilles d'or.

Le Comble de Pouilly : D'azur, à une ancre, posée en pal, accostée de deux étoiles d'or.

Le Convers : D'argent, à trois ancolis d'azur, et en cœur une rame de sable.

Le Corroyer : D'azur, à trois palmes d'or.

Coulet : De gueules, à trois têtes de coq d'argent.

Courtenay : D'argent, à deux lions léopardés de sable.

Cozette : D'azur, à trois aigles d'or.

De l'Eau : D'azur, au chevron d'or, accompagné de trois molettes, deux en chef et une en pointe de même.

Eudel : D'azur, au chevron d'or, accompagné de trois demi-vols d'argent.

D'Euvillers : Écartelé d'argent et de gueules.

Fabry : D'azur, à la bande d'argent, chargée d'un épi de blé de sinople.

Le Fèvre de Caumartin : D'azur, à cinq fasces d'argent.

Le Fèvre de la Malmaison : D'azur, au chevron, accompagné en chef de deux étoiles, et en pointe d'une fleur de souci, feuillée et tigée, le tout d'or.

Le Fèvre de Sormont : De sable, au chevron d'argent, chargé de trois roses de gueules.

De Flers : D'argent, au chevron d'azur, accompagné en chef de deux oiseaux de gueules, et en pointe d'une rose du même tigée et boutonnée de sinople.

De la Fontaine-Solare : Bandé d'or et d'azur de six pièces, les bandes d'or échiquetées de gueules de trois tires.

Du Fresne : D'or, au chêne de sinople arraché.

Du Fresne : D'or, à un fresne de sinople.

Godart de Saint-Germain : De gueules, à la croix d'argent, cantonnée de quatre aiglettes éployées de sable.

Gommier : D'azur, au sautoir alezé d'or, surmonté d'une fleur de lys du même.

Gon d'Argenlieu : D'azur, à une aigle de profil et volante d'or.

Guérin : D'or, à trois lions de sable, armés, lampassés, et couronnés de gueules.

Ghistelles : De gueules, au chevron d'hermine.

De Harchies : D'or, à cinq bandes de gueules.

Hémart : D'argent, à trois fasces de sable.

De Herte : D'azur, à trois soucis d'or.

De Heu : D'or, à la croix denchée de sable, cantonnée de quatre trèfles de sinople.

Hinsselin : D'argent, au chevron d'azur, chargé d'une étoile d'or, et accompagné de trois branches de lin de sinople ; au chef de gueules, chargé de trois croisettes patées d'argent.

De Lannoy : D'argent, à trois lions de sinople, couronnés et armés de gueules.

De Lessan : D'azur, au sautoir d'or, cantonné de quatre limaçons d'argent.

Lignières : D'argent, à la croix ancrée de gueules.

De Limoges : D'argent, à six tourteaux de gueules.

De Lossandières : D'azur, à un arbre d'or, posé sur une terrasse de même.

Louvel : D'or, à trois hures de sanglier de sable, la défense d'argent.

Lucas : D'argent, à la fasce d'azur, chargée de trois glands d'or, et accompagnée de trois oiseaux de sinople.

Mailloc : De gueules, à trois maillets d'argent.

Le Maire : D'azur, à trois croissants d'or.

De Marle : D'argent, à la bande de sable, chargée de trois molettes d'argent.

Martine : D'argent, à trois merlettes de sable.

Mesnager : D'argent, au chevron de gueules accompagné de trois trèfles de sinople; au chef d'azur, chargé de trois merlettes d'argent.

De Milly : De sable, au chef d'argent.

De Monet de la Mark : Ecartelé, aux 1 et 4 de gueules, au lion ravissant d'or, et aux 2 et 3 d'azur; aux 3 tours de sable, accompagné en chef de 3 étoiles d'argent.

De Mons : D'azur, au chevron d'or, accompagné de deux molettes en chef, et en pointe d'une rose du même.

Montjan : D'or, fretté de gueules.

De Montléart : D'azur, à trois besants d'or, *aliàs* à 3 besants d'argent, avec la devise : *Fais que dois, advienne que pourra.*

De Nauroy : D'azur, à un fer de moulin d'or, accosté de deux épis de blé, tigés et feuillés, naissants d'une terrasse; et en chef, un lambel de trois pendants, le tout d'or.

Neufville : D'argent, au chevron de sinople, accompagné de trois tourteaux de gueules.

Paignon : D'azur, au paon marchant d'or; au chef d'argent, chargé de trois oignons de gueules.

Du Passage : De sable, à trois fasces ondées d'or.

Petit : D'azur, à l'aigle d'or, le vol abaissé, surmontée de deux étoiles du même.

Picot : D'or, au chevron d'azur, accompagné de trois fallots de sable, allumés de gueules; au chef du même.

Le Pileur : D'azur, au lion d'or; au chef d'argent, chargé de trois pélicans de sable.

Pingré : D'argent, à l'arbre de sinople, surmonté d'un oiseau de sable.

Pinguet : D'azur, à l'aigle diffamée d'argent, becquée et membrée d'or.

Piquet : D'azur, à la bande d'or, chargée de trois merlettes de sable.

De Ponsard : Fascé d'argent et de gueules.

Romanet : D'argent, au chevron de gueules, accompagné de trois branches de laurier de sinople.

De la Rue : D'argent, à trois fasces de gueules.

De Sachy : Echiqueté d'argent et de sable ; à la bordure d'azur.

De Saisseval : D'azur, à deux bars adossés d'argent.

De Salabery : Ecartelé, aux 1 et 4 d'or, au lion de gueules, aux 2 et 3 partis de Béarn, et de gueules à la croix pommée d'argent ; à la bordure d'azur, chargée de huit sautoirs d'argent.

De Sèze : De gueules, à une tour d'argent maçonnée de sable, figurant la tour du Temple, soutenue de fleurs de lys d'argent, et surmontée de deux étoiles d'or.

Soudant : D'azur, à la croix d'argent.

Soyecourt : D'argent, fretté de gueules.

De Suyn : D'argent, à une cygogne de sable, ayant le pied levé.

Tassart de Belloy : Ecartelé, aux et 1 4 de sable, à la bande d'argent, chargée de trois coquilles de gueules ; au chef d'or ; aux 2 et 3 d'argent, à trois aigles à deux têtes de sable.

Le Tellier de Saint-Victor : D'azur, au chevron d'argent, accompagné de trois roses du même.

Le Tellier : D'azur, à la fasce d'or, accompagnée de trois étoiles du même.

Terray : D'azur, à la fasce d'argent, chargée de cinq hermines de sable, la fasce accompagnée de trois croix trefflées d'or ; au chef du même, chargé d'un lion issant de gueules.

Thierry : D'azur, au chevron d'or, accompagné de trois étoiles du même.

Trudaine : D'or, à trois daims de sable.

Du Val : De gueules, au chevron d'or, accompagné de deux fers de lance, la pointe en bas en chef, et en pointe d'une molette du même.

Le Vasseur : De sable, à la fasce d'argent, au lion naissant, accompagné en pointe de trois croissants d'argent, posés deux et un.

Le Vasseur de Neuilly : D'argent, à la fasce de sable, sommée d'un lion issant, et accompagnée en pointe de trois croissants, deux et un du même.

Le Vavasseur d'Hérouville : D'azur, au chevron d'or, chargé de trois flammes de gueules.

Du Walon : D'azur, au chevron d'or, accompagné en chef de deux étoiles du même, et en pointe, d'un croissant d'argent, surmonté d'une croix d'or.

La présente généalogie a été faite et dressée en 1745, par M. Chevillard, ainsi qu'il conste du certificat ci-après.

Je soussigné Jacques – Louis CHEVILLARD, historiographe de France, et généalogiste ordinaire du roi, certifie avoir fait et dressé la présente généalogie *de la maison de Morel*, après avoir bien et duement examiné les contrats de mariage, extraits baptistaires, et autres titres qui m'ont été produits en bonne forme, et qui se rapportent aux pièces justificatives de la noblesse de cette maison, énoncée dans le Nobiliaire de Picardie.

Fait, en conséquence de l'arrêt du conseil du 26 février 1696, par M. HYEROSME BIGNON, à Paris, le 6 février 1745.

Signé J.-L. CHEVILLARD.

Cette même généalogie a été continuée et conduite jusqu'à cette présente année 1820, par les soins de M. de SAINT-ALLAIS et de M. de COURCELLES.

DE LA MORELIE. *Voyez* JARIGE.

MORET. *Voyez* MELUN.

DE MORETON, marquis de Chabrillant, par lettres-patentes du mois d'octobre 1674, registrées en la chambre des comptes de Grenoble, le 27 juillet 1676, maison ancienne et des plus distinguées du Dauphiné, que la tradition dit originaire d'écosse. Elle est connue en Dauphiné depuis le commencement du douzième siècle, et prouve une filiation suivie depuis Guillaume de Moreton, seigneur de la Pallu et de Saint-Paul, vivant en 1250. Cette maison a donné un chevalier de l'ordre du roi, capitaine des gardes de la porte, gentilhomme ordinaire de sa chambre, capitaine des cent hommes d'armes; des gouverneurs de provinces et de Château-Gaillard; des lieutenants de roi, en la province de Dauphiné; un premier écuyer et capitaine des gardes du prince de Conty; des maréchaux de camp des armées du roi, et nombre d'officiers supérieurs décorés de l'ordre royal et militaire de Saint-Louis. Elle a obtenu les honneurs de la cour, de 1767 à 1786, en vertu de preuves faites au cabinet des ordres du roi. *D'azur, à la tour crénelée de cinq pièces, sommée de trois donjons, le tout d'argent, maçonné de sable; à la pate d'ours d'or mouvante du quartier sénestre de la pointe, et touchant à la porte de la tour.*

DE MORGES-VENTAVON, seigneurs de Ventavon et de l'Espine, etc., famille issue de l'illustre maison de Bérenger, en Dauphiné, et qui a pour auteur Pierre de Bérenger, fils puîné de Bérenger, prince de Royan, qui substitua à son nom celui de Morges. *D'azur, à trois têtes de lion arrachées d'or, lampassées de gueules, couronnées d'or.*

DE LA MORRE, en italien *della Morra*, maison ancienne, distinguée par une longue série de services militaires et dans la haute magistrature, originaire du marquisat de Saluces, en Piémont, où elle possédait la seigneurie della Morra, dont elle tire son nom, et fixée en France depuis le milieu du seizième siècle. Elle remonte, par filiation, à Claude della Morra, qui vivait en 1458. Nicolas della Morra, dit de la Morre, son petit-fils, servit sous le marquis de Saluces, son souverain, qui embrassa le parti du roi François Ier., dans la guerre qu'il eut avec Charles-Quint, touchant la possession du duché de Milan. En 1536, Nicolas de la Morre était homme d'armes dans la compagnie du duc d'Alençon, frère du roi. Le marquis de Saluces ayant changé de parti, et pris celui de l'empereur Charles V, qui faisait le siége de Marseille, Nicolas de la Morre demeura attaché au service de France, et s'établit dans ce royaume, ayant porté les armes contre le marquis de Saluces. Depuis le même

Nicolas de la Morre, IIe. du nom, jusqu'à Jean-Baptiste-Marie-Bercaire de la Morre, qui forme le dixième degré, et qui a été créé *vicomte* héréditaire par lettres-patentes du 25 mai 1816, en récompense de son dévouement à la maison de Bourbon, et de trente-trois ans et demi de services militaires. Cette maison a donné nombre d'officiers de distinction, tous chevaliers de Saint-Louis, des premiers présidents de la cour des comptes de Bar, et des conseillers d'état. Elle a fourni plusieurs grands officiers de l'ordre de Saint-Hubert, et de nos jours un administrateur décoré de la grande croix. Plusieurs membres de cette famille ont scellé de leur sang leur attachement à la cause royale. Par lettres-patentes et diplômes accordés à diverses époques, cette maison a eu les titres de *comte*, de *vicomte* et de *baron*. *D'azur, à cinq chevrons d'argent*; couronne de marquis.

DU MOSNARD, seigneurs de Villefavart et de Saint-Martial, en Poitou. Suivant les titres produits par cette famille, en 1735 et 1737, sa filiation remonte à Jacques du Mosnard, écuyer, seigneur de Villefavart, marié à Paule de Ravenel, le 6 mars 1549, dont est issu François du Mosnard, écuyer, seigneur de Villefavart, marié, le 15 février 1571, avec Anne de Burges. *D'argent, à la fasce de gueules, accompagnée de trois aiglettes d'azur.*

DE LA MOTHE DE MARLEMONT, en Picardie; famille alliée, vers 1533, à la maison de la Mothe-Houdancourt. *D'azur, à trois étoiles d'argent.*

DE LA MOTTE, en Boulonnais. Jossine de la Motte fut mariée, vers l'an 1500, avec Guillaume le Marchand, écuyer, sieur de Roquethun. *D'azur, à trois quints d'argent, feuillés de gueules.*

DE LA MOTTE DU BREIL, en Bretagne. Yvon de la Motte, écuyer, seigneur du Breil, épousa, avant 1507, Jeanne de Champagné, fille de Jean de Champagné, chevalier, seigneur de la Montagne, et de Jeanne du Pontrouault. *D'argent, à quatre burelles de gueules, les deux premières ondées.*

MOUCHET, seigneurs de Comigny, de Beaumont, de Vauzelle, etc., en Bourgogne et en Charolais.

Cette famille fut maintenue dans sa noblesse, tant par arrêt du conseil d'état, et lettres-patentes du 30 avril 1608, que par ordonnance de M. Bouchu, commissaire départi à Dijon du 31 mai 1669; et en 1698, par M. Ferrand, maître des requêtes, et commissaire départi dans la même ville. D'après les titres produits, en juillet 1715, pour la réception, à Saint-Cyr, de Marie-Charlotte Mouchet, et en septembre 1716, pour l'admission, dans le même lieu, de Marie-Barbe-Antoinette-Louise-Françoise Mouchet, l'ancienneté de cette famille remonte à Guy Mouchet, damoiseau, vivant en 1305 et 1306; et sa filiation est prouvée depuis Guion Mouchet, chevalier, seigneur de Château-Roland, bailli, et juge enquêteur au pays de Charolais, lequel fut institué dans cet office le 21 octobre 1559, et eut pour fils Adrien Mouchet, écuyer, sieur de Sérigny, et du Pont, capitaine d'infanterie dans le régiment de Tavannes. Daniel Mouchet, sieur de Beluse, et seigneur de Château-Roland, était frère du précédent; il est l'auteur de la branche des seigneurs de Vauzelle. Cette maison a produit un maréchal de camp, et quantité d'officiers de divers grades, parmi lesquels plusieurs ont été tués ou blessés dans différents siéges ou batailles : on y trouve encore un chevalier de l'ordre du roi, et un de l'ordre militaire de Saint-Louis. *De gueules, à trois émouchets d'argent.*

DU MOUCHET DE LA MOUCHETIÈRE, au Perche et au pays Chartrain. Cette famille a pour auteur Péan Mouchet, vivant vers 1440. Cette famille a servi dans les bans et arrières-bans, et dans les compagnies d'ordonnances. *D'argent, à trois hures de sanglier de sable.*

MOUCHET. Guillaume Mouchet fut anobli au mois de mai 1390.

DE MOULINS DE ROCHEFORT, en Poitou et dans le Blésois. Cette famille, distinguée par de belles alliances et des services militaires, qui prouve sa filiation depuis Jean de Moulins, 1er. du nom, seigneur de

Rochefort, du Breuil, de Suilly, etc., secrétaire du roi en 1464, maire de la ville de Poitiers, et greffier du grand conseil, a donné un grand aumonier de France sous le roi François Ier, des gentilshommes de nos rois, et plusieurs officiers supérieurs, chevaliers de Saint-Louis. *D'argent, à trois croisettes ancrées de sable.*

MOULLART DE VILMAREST, barons de Torsy, seigneurs de Vilmarest, etc., en Picardie. Cette famille est connue dès avant l'an 1389, mais elle ne prouve sa filiation par titres que depuis Barthelemy Moullart, écuyer, seigneur de Beaumanoir, vivant avant l'an 1455, lequel eut pour fils Laurent Moullart, écuyer, sieur de Beaumanoir, marié à demoiselle Nicolle Thierry, le 24 juin 1479. Elle a produit des officiers qui ont servi avec distinction. *D'or, au lion de vair, lampassé et armé de gueules.*

DE MULINEN, en français de *Mellune*, une des plus anciennes familles de chevalerie de la Suisse, qui a été jusqu'à la révolution de 1798 une des six maisons qui avaient, avec celles d'Erlach, de Diesbach, de Watteville, de Boustetten et de Luternau, le droit de préséance dans le sénat de la république de Berne. Elle descend d'un seigneur de la Rhétie, qui a été la souche des comtes de Waudelbourg et Raperville, et des seigneurs de la haute Marche, près du lac de Walenstadt, dont le château de Mulinen était la résidence. Un de leurs descendants bâtit un second château de leur nom, en Argovie, non loin de celui de Habsbourg. Les Mulinen, des plus anciens vassaux des princes de ce dernier nom, se distinguèrent pendant plusieurs siècles par leur dévouement à l'auguste maison à laquelle ils avaient même l'honneur d'appartenir par des liens de parenté, et qui, de son côté, les combla de ses faveurs. Lorsque après le concile de Constance, l'Argovie, leur patrie, passa sous la domination des Suisses, une branche fut aggrégée au patriciat de Berne et s'y fixa. Elle a donné dès-lors à cette république, de vaillants guerriers et une longue succession de magistrats distingués. Trois Mulinen ont été envoyés extraordinaires de la confédération

suisse près des rois de France François Iᵉʳ, Henri III
et Louis XVIII. Cette famille a produit un vice-chan-
celier du Saint-Empire, un évêque, des chanoines dans
plusieurs hauts chapitres d'Allemagne, des chevaliers
de l'ordre Teutonique, de Saint-Jean de Jérusalem et de
l'écu de Saint-Georges. Elle remonte par actes à l'an
1150, et prouve de même sa filiation depuis Pierre,
avoyer de Brouk, en 1273, qui porta la bannière de
Habsbourg dans les guerres de l'empereur Rodolphe Iᵉʳ,
et périt en la défendant. Cette maison n'a jamais été
nombreuse ; elle ne subsiste plus que dans la personne
du comte Rodolfe de Mulinen, aujourd'hui ministre
plénipotentiaire de S. M. le roi de Wurtemberg, à la
cour de Baden, et dans celle de son cousin, le comte
Frédéric, avoyer de Berne, chevalier grand'croix de l'Ai-
gle-Rouge de Prusse, les fils et le petit-fils de celui-ci.

Une branche de cette maison suivit, dans le douzième
siècle, les comtes de Habsbourg, dans leur landgraviat
d'Alsace, et y bâtit le château de Mulin-heim ; c'est
d'elle que la célèbre maison de Mulenheim de Strasbourg dérive son origine ; elle est établie aujourd'hui
dans l'Ortenau.

Les Mulinen restés en Suisse portent pour armes :
D'or, à la roue de moulin de sable. Cimier : la même
roue d'or. Supports : deux cygnes. Devise : *Pura me mo-
vent*. Par concession de la maison d'Autriche, et en
mémoire des services rendus par leurs ancêtres, ils ont
le droit de croiser deux bannières aux armes de Habsbourg derrière leur écu.

DE MURAT. *Voyez* LESTANG.

DE MURINAIS. *Voyez* AUBERJON.

MUSNIER (LE ou DE), comtes de la Converserie et
d'Espinefort, en Boulonnais, maison ancienne, originaire de Bretagne, où elle est connue depuis le milieu
du treizième siècle, répandue successivement en Brie
et en Picardie. Elle a donné nombre de capitaines et
d'officiers supérieurs décorés de l'ordre royal et militaire de Saint-Louis. *De sinople, au lion d'or; au chef
d'argent, chargé de trois mouchetures de sable.*

MUSNIER. Guillaume Musnier, époux de N.... de la Forest, sœur de Pierre de la Forest, chancelier de France, fut anobli au mois de décembre 1352.

DE MUSSET, seigneurs de Pray et de la Thoise, de la Bonnaventure, de Pathay, marquis de Cogners, par érection de 1651, maison d'ancienne chevalerie.de la Beauce et du Vendômois, où elle tenait un rang distingué dès les douzième, treizième et quatorzième siècles. Elle établit sa filiation depuis Simon de Musset, seigneur de la Maisonfort, de l'Etang et de la ·Courtoisie, conseiller du duc d'Orléans et de Milan, maître en la chambre des comptes de ce prince, et lieutenant-général du gouverneur et bailli de Blois en 1461. Cette maison a donné des gentilshommes ordinaires de nos rois, un officier général, et plus de vingt officiers supérieurs et capitaines décorés de l'ordre royal et militaire de Saint-Louis. *D'azur, à l'épervier d'or, chaperonné, longé et perché de gueules.*

DE LA MYRE, maison d'ancienne chevalerie, originaire de Guienne, qui, dès l'an 1031, tenait un rang distingué parmi les plus considérables de cette province, du Languedoc et du Quercy. On trouve des sujets isolés de ce nom en 1031, 1160, 1171, 1189 et 1226; mais la filiation est prouvée par titres depuis Pierre de la Myre, chevalier, vivant en 1271. Depuis cette époque, elle n'a cessé de suivre les armes. Elle a donné un capitaine de cinq cents hommes de pied gascons, qui suivit Charles VIII en Italie, et se signala à la bataille de Fornoue, ainsi que son fils, qui en commandait alors cinquante, et depuis cent; des gouverneurs de places, un maréchal de camp, et nombre d'officiers de tous grades, chevaliers de l'ordre royal et militaire de Saint-Louis. Elle s'est divisée en plusieurs branches : 1°. les seigneurs de la Motte-Séguier, de Douazac et de Montbrison, éteints en 1765; 2°. les barons d'Hangest, seigneurs châtelains d'Avenescourt, comtes et vicomtes de la Myre; 3°. les comtes de la Myre-Mory, dont est issu M. l'évêque du Mans; 4°. les vicomtes de la Myre-Mory.

Cette maison a joui des honneurs de la cour le 21 juin

1782, en vertu de preuves faites au cabinet des ordres du roi. *Ecartelé, aux 1 et 4 d'azur, à trois aiglettes au vol abaissé d'or, becquées, membrées et diadêmées de gueules, aux 2 et 3 d'or, à la bande de gueules, accompagnée en chef de trois merlettes de sable, et en pointe de deux tourteaux d'azur.*

N.

NAJAC, ville de Rouergue, sur la rive gauche de l'Aveiron, à trois lieues de Villefranche, a donné son nom à une maison d'ancienne chevalerie qui florissait dès le onzième siècle. Pierre de Najac souscrivit un acte d'acquisition faite en Albigeois par Bernard Aton, vicomte de Beziers, vers l'an 1109. Gausbert de Najac vivait en 1152 et 1162; Guillaume-Bernard de Najac, en 1208. On trouve Nicolas de Najac, capitoul de Toulouse en 1390, 1418 et 1425, et un Hugues de Najac, qui remplit la même charge en 1412, 1420, 1425 et 1428. Ces deux personnages furent anoblis par lettres-patentes du mois de mai 1416, et paraissent être les véritables auteurs de la famille qui fait l'objet de cet article. Elle subsistait en quatre branches avant la révolution : 1°. les seigneurs de Polhan, 2°. les seigneurs d'Elpy; 3°. les seigneurs de la Bruguière et de Bournazel; 4°. les seigneurs de Saint-Sauveur. *D'azur, au château à trois tours d'argent, celle du milieu supérieure, maçonné de sable, et sommé d'une aigle éployée du même émail.*

DE NAJAC. *Voyez* GINESTE.

NAM, hameau en Franche-Comté, au bailliage d'Ornans, a donné son nom à une très-ancienne et très-illustre maison de chevalerie, éteinte depuis plusieurs siècles. Jean de Nam, chevalier, mourut en 1340. Jean de Nam, archevêque de Vienne, transféré à Paris, mourut en 1427. *De gueules, à la bande d'or, accostée de deux cotices du même.*

NANCY.

Liste des Gentilshommes convoqués à l'assemblée du bail-
liage de Nancy, pour l'élection des Députés aux Etats-
Généraux en 1789.

Messieurs

De Boufflers.
Le comte de Ludres.
De marquis de Latier.
De Moulon.
Le président de Collenel.
Le président du Montet.
D'Hurdi.
De Bouteiller.
Husson.
D'Ubexi.
Du Mesnil.
De Rennel.
De Jobart, commissaires.
Vaultrin, secrétaire de l'ordre.
Le chevalier de Boufflers.
Des Bourbes.
Baudinet de Courcelles, pour le fief de Préville.
De Seichamps.
Le comte d'Ourches, pour Ourches et autres lieux.
Hames de Dommartin.
De Roguier, chevalier doyen de la chambre des
    comptes.
Le comte de Lupcourt, pour son comté de Lupcourt.
De Saint-Blaise, représenté par M. de Germiny.
De Ladoubart.
Le comte d'Hoffelize, cordon rouge.
De Magneinville père.
Harmand de Bénaménil, chevalier conseiller du parle-
    ment.
D'Hame, chevalier conseiller de la chambre des
    comptes.
De Rolland, avocat-général du parlement.
De Vigneron de Lozanne, pour les fiefs de Malleloy et
    Clévent.
Chailly de Belle-Croix.

Chailly de Dommartin.

De Germiny, pour lui et pour M. du Magnoux.

De Saint-Germain, par M. de Jobard.

De Macdermott.

Lambert de Balhyhier, par M. de Macdermott.

Le marquis des Salles, par M. le comte d'Hoffelize, cordon rouge.

Le comte des Salles, par M. le comte d'Hoffelize.

Le chevalier de Bassompierre, représenté par M. de Bouvier.

     Ces trois derniers pour la terre d'Essey et autres.

Le prince de Beauvau, par M. le comte de Lupcourt, pour Fléville.

Le comte de Fontenoy, pour le comté de Fontenoy.

Le marquis de Latier, pour Frouard.

Poirot de Valcourt, commissaire des guerres.

Le marquis de Ludres, pour Froloy.

Micque d'Heillecourt, représenté par M. d'Hames, pour Heillecourt.

Le comte de Bourcier, pour Houdemont.

Le comte de Rennel, pour un fief.

Mengin de la Neuville, lieutenant-général du bailliage, par M. de la Neuville fils.

De Croismare, pour Lenoncourt par le comte François de Toustain, capitaine de cavalerie.

Le chevalier d'Hoffelize, représenté par M. de Canon, chevalier de Ville, maréchal de camp.

Sonini, représenté par M. de la Lance, ancien officier au régiment de Lorraine, pour Manoncourt.

Dame Protin de Vulmont, douairière de M. de Vernon, représentée par M. Millet de Casenove.

Raulin de Maxéville, pour Maxéville.

Le comte du Houx de Dombasle, pour lui et M. de Fontenelle de Sarneville.

D'Adhémar, pour un fief à la Neuve-Ville.

De Venette.

Le marquis de Raigecourt.

Le comte du Bois de Riocourt, chevalier conseiller-d'état, premier président de la chambre des comptes.

Le comte Remoncourt.

Le comte de Rutant, pour Saulxure.

Le comte de Bouillé.

Le comte de Ludres, pour Richarménil et autres lieux.

Le baron de Richard, par M. de Seichamps.

Les héritiers de M. Barbara dè Marizot, représentés par le comte de Reims,

Antoine de Vandœuvre.

Le baron de Fisson du Montet, chevalier-président du parlement, pour le fief du Montet.

Le chevalier de Watronville.

Le chevalier de Watronville, le jeune, par M. de Watronville de Richambeau.

De Sivry, chevalier, président à Mortier du parlement, seigneur de Remicourt et Villiers-lès-Nancy.

Pérennet du Magny, par M. de Macdermott.

De Chastenois, par M. le comte de Reims, ancien officier aux gardes françaises.

De Rouot, chevalier, président à Mortier du parlement.

Renauld du Bexy, chevalier, conseiller du parlement.

Le marquis de Vaubécourt, par M. le marquis de Ludres, pour Custine.

De Carle.

Le comte de Custine d'Aufflance.

Desmarets, l'aîné.

De Saint-Rémy.

Le marquis du Hautoy.

Guilbert.

De Fremenery.

De Thomassin, chevalier, conseiller en la chambre des comptes.

Magnien de Serrières.

Le chevalier de Helnoncourt.

De Vassimont de Mettendal, chevalier de Saint-Louis.

De Lombillon.

Le baron de Vallée.

Roxard de la Salle fils.

Du Mesnil, avocat.

Michel.

Chailly père.

Chailly fils.

Grand-Jean de Bouzanville, avocat.

De Stack de Roncourt.

De Friant d'Alincourt, officier au régiment de Forez.

Le vicomte de Montureux.

De Reboucher.

Richard de Lesse.

De Thomassin du Chamois.

De Vigneron de Lozanne, chevalier, conseiller du parlement.

Lé Clerc de Vrainville, chevalier, conseiller de la chambre des comptes.

Le comte d'Hédival.

Anthoine de Bacourt, chevalier de Saint-Louis, ancien capitaine de cavalerie.

Cachedenier de Vassimont, chevalier, conseiller du parlement.

Bona.

Anthoine fils, procureur-général en survivance de la chambre des comptes.

De Manèsy, maire royal de Nancy.

De Magnienville fils.

Richard.

Sirejean, avocat du roi.

Le comte de Bouzey.

Le Geay, chevalier, conseiller de la chambre des comptes.

Le Febvre de Montjoie, chevalier, président de la chambre des comptes.

De Rouot, ancien officier au régiment de Lorraine.

Le comte Elliot.

Le baron de Canon.

Le marquis de Ville-sur-Illon.

Le comte de Léviston.

De Sivry fils.

Chevalier, conseiller du parlement.

Le chevalier de Reste.

De Silly, capitaine dans le régiment de Bourbonnais, pour lui et pour M. du Mesnil d'Haville, chevalier de Saint-Étienne.

Du Jard de Fléoville.

De Mercy, ancien officier au régiment royal Roussillon.

Lefebvre, l'aîné.

Riston.

Rozières, l'aîné.

De Braux.

De Maud'huy, chevalier, avocat-général à la chambre des comptes.

Jadelot, avocat.

Didier, chevalier de Saint-Louis.

Marizien, père, trésorier de l'empereur.

Rouot de Fossieux, chevalier de Saint-Lazare.

D'Hurt, chevalier, conseiller à la chambre des comptes.

Le vicomte de Crevecœur.

Le Febre, le jeune.

Sirejean du Reclus.

Guilbert du Pixérécourt.

Jadelot, professeur en médecine.

Guillaume, professeur en droit.

Thibaut de Montbois, chevalier, conseiller en la chambre des comptes.

Gauvain, avocat.

Rozières, le jeune.

De Moulon, chevalier, conseiller de la chambre des comptes de Metz.

Husson.

Thiriet.

Le comte de Gircourt.

De l'Isle de Moncel.

Du Mas, recteur de l'université.

Du Mas fils, professeur en droit.

Le chevalier le Febvre d'Holvetz.

De la Barollière.

Billiard de Chéville, lieutenant-colonel de cavalerie.

De Marcol, chevalier, conseiller du parlement.

Mathieu, seigneur du vicomté de Dombasle.

Sirejean, avocat.

De Magny père, chevalier, conseiller de la chambre des comptes.

Rébour.

Le marquis d'Heudicourt de Lenoncourt.

Friant d'Alincourt, officier au régiment de Lorraine, pour lui et pour M. d'Alincourt, pour le fief de Ville en Vermois.

De Rancé, chevalier conseiller de la chambre des comptes.

Guerre de Saint-Odille.

Le chevalier de Watronville.

Des Marets.

Le baron de Vassimont, chevalier, conseiller du parlement.

Le comte de la Noue.

Guillaume de Rogeville, chevalier, conseiller du parlement.

De Barville.

Huin de Raville.

Du Jard.

Fourier de la Borde.

Grandjean, avocat,

Vaultrin.

Anthoine, l'aîné.

De Bouvier, chevalier, conseiller de la chambre des comptes.

Le baron de Feriet.

Chardin.

Thibault.

De Feydeau.

Le comte de Mérigny.

Le comte de Vidampierre, l'aîné.

De Bréjot.

Le comte de Drouville.

Le comte de Rennel fils.

De Macdonnell.

De Busselot de Dommartin.

De Garaudé, chevalier, conseiller du parlement.

De Guilbert, le jeune.

De Montmort, ancien officier aux grenadiers de France.

Le baron de Gellenoncourt.

Le comte de Vierme.

Le comte de Cardon de Vidampierre, maréchal de camp.

De Roguier fils, chevalier, conseiller du parlement.

Le comte de Toustain de Viray, maréchal de camp, seigneur du fief de Barthelemont.

De Ferriet, capitaine commandant d'artillerie.

Le chevalier de Barbarin, lieutenant colonel d'un régiment provincial.

Drouot de Saint-Mard.

De Gellenoncourt jeune.

Gérard d'Hannoncelles, chevalier, conseiller du parlement.

Le comte Du Bois de Riocourt, chevalier, conseiller du parlement.

Fourier de Hincourt, chevalier, conseiller du parlement.

Le chevalier de Lallement.

Le comte de Montluc, capitaine au régiment du roi.

De Collenel, chevalier, président à Mortier du parlement.

Domgermain, ancien capitaine d'infanterie.

Vaultrin Saint-Urbain.

Durival, de l'académie de Nancy.

Thibaut d'Abaumont, chevalier de Saint-Louis.

Le marquis de Fussez, bailli de Bourmont.

Marizien fils, substitut du parlement.

Vallet, pour le fief de Villey.

Bertinet, procureur du roi du bailliage de Nancy.

Bouteiller, chevalier, conseiller du parlement.

Bugnot de Farémont, chevalier, ancien officier aux
gardes lorraines.

De Malartic, lieutenant de Roi, à Nancy.

Le comte de Chamissot, maréchal de camp.

Le comte Louis de Chamissot, capitaine de chasseurs.

Du Homme, officier.

Gauthier, chevalier, conseiller de la chambre des
comptes.

Le marquis d'Ourches de Tantonville.

Le chevalier do Jobart, chevalier de Saint-Louis.

Mengin de la Neuville fils, chevalier, conseiller du
parlement.

Millet de Chevers, chevalier, conseiller du parlement.

Le comte de Bourcier de Montureux.

Breton de la Cour, professeur en droit.

DE NANTERRE, maison qui paraît tirer son nom
du bourg de ce nom près Paris, au sentiment de la
Chenaye-des-Bois. Jourdain de Nanterre était, en
1315, notaire au châtelet de Paris. Jean de Nanterre,
depuis lequel on a la filiation de cette maison, éteinte
depuis long-tems, est qualifié prévôt de Poissy dans
un compte de 1335. *D'argent, à trois fasces ondées
d'azur.*

DE NANTES, en Dauphiné. Cette famille fut anoblie, pour services militaires, dans la personne de Claude

de Nantes, par lettres du mois d'août 1664, vérifiées par arrêt du 7 décembre suivant, et confirmées en 1668. *D'argent, à la licorne d'azur, chargée sur l'épaule senestre d'une fleur de lys d'or.*

DE NANTES, en Provence. Cette famille a pour auteur François de Nantes, seigneur de Pierredon et de Maillane, reçu trésorier-général de France en la généralité de Provence, le 17 mai 1732. *De gueules, au navire d'or, voguant sur une mer d'argent.*

NANTIER, en Normandie, famille qui lors de la recherche a fait preuve de quatre degrés de noblesse. *D'azur, au lion d'or, sur une terrasse du même.*

NARBONNE.

Liste des Gentilshommes du diocèse de Narbonne, qui, en 1789, ont signé la mémoire sur le droit qu'a la noblesse de nommer ses députés aux Etats-Généraux du royaume, dans les assemblées convoquées par bailliages et sénéchaussées.

Messieurs

Le marquis de Gléon.
Le baron de la Brosse de Fabrezan.
De Seigneuret de Cesseras.
Le baron de la Rédorte.
Le comte d'Auderic.
Le vicomte d'Auderic.
Le vicomte de Chefdebien d'Armissan.
Le Gros-d'Homps.
Le baron de Thésan.
D'Exéa.
Le baron de Gailhac de la Gardie.
De Pailloux de Cascastel.
De Pailloux de Castelmaure.
De Saint-Jean, baron de Bouisse.

De Massia de Treilles.
De Mage.
de Casteras.
Dax de Cessale.
De Banne de d'Avéjan.
De Banne de la Roque.
D'Aubermesnil.
De Montredon.
De Caragulhe.
Le chevalier de Montredon.
De Martrin de Donos.
De Lort de Mialhe.
Le chevalier de Vignier.
Le marquis d'Oms.
Le comte de Fosières-Gélon.
Le marquis du Pac-Bellegarde.

De Sarrieu.

De Martres de Sarrieu.

De Cassaignau de Saint-Gervais.

De Madaillan.

De Cazamajour.

De Cassaignau-Brasse.

Le chevalier de Casteras.

D'Hélie.

D'Auberjon de la Chevalinière.

De Belvezer.

Le chevalier de Saint-Pierre.

De Lasset d'Escuillens.

Du Puy de Pauligne.

De Cassaignau.

De Ferroul.

De Negré.

Le baron de Saint-Benoit.

De Negré de Villetritouts.

D'Auriol de Lauraguel.

De Bault-Saint-Couat.

D'Ustou d'Arsse.

D'Ustou de Villeréglan.

De Rouvairolis de Ville-dieu.

De Rouvairolis de Saint-Hilaire.

De Mouisse.

Le chevalier de Chefde-Bien.

DE NARCILLAC. *Voyez* PANDIN.

DE NATTES, seigneurs d'Estagnol, de Nadaillan, de la Calmontie, en Languedoc et en Barrois. Cette famille a pour auteur Bérenger Nattes, bourgeois de Rhodez, auquel le roi Charles V donna des lettres d'anoblissement au mois de mars 1369. Cette famille a été maintenue le 15 juillet 1669, et a donné des officiers supérieurs décorés de l'ordre royal et militaire de Saint-Louis. *D'azur, à trois nattes d'or.*

DE NATUREL, seigneurs de Courcelles, de la Plaine, de Baleurre, etc., en Bourgogne, famille séparée, dès 1480, en deux principales branches, et qu'une tradition dit originaire d'Italie. Etienne Naturel, seigneur de Courcelles, est l'auteur de cette famille. Il eut pour fils Mathias Naturel, seigneur de la Plaine et de Courcelles, marié à Jaquemette Germanet, et fut institué héritier de Philbert Naturel, chancelier de l'ordre de la Toison-d'Or, par testament du 5 juillet 1529. Guillaume Naturel, frère de Mastries, fut prévôt de Salins. *D'or, à la fasce d'azur, accompagnée de trois merlettes de sable.*

NAU, à Paris. Claude Nau de la Boisselière, secrétaire ordinaire de la chambre du roi, employé par la reine d'Ecosse en qualité de secrétaire d'état et des finances, envoyé par elle en Espagne, son agent en Écosse, conseiller en son conseil, et intendant de ses affaires, fut anobli par lettres du mois de mai 1605, registrées en 1606 et en 1738. *Écartelé, aux 1 et 4 d'argent, à la rose de gueules, tigée de sinople ; aux 2 et 3 de gueules ; à la licorne d'argent; sur le tout d'azur ; au chevron d'or, accompagné en chef de deux étoiles, et en pointe d'un croissant, le tout du même.*

NAU, seigneurs des Arpentis, famille issue d'un lieutenant-général au présidial de Tours, anoblie par les charges du parlement de Paris au commencement du dix-huitième siècle. *D'azur, à cinq trangles d'or, et en chef une flamme du même.*

NAU, en Bretagne. Jean Nau, sieur de la Ville-grouet, fut d'abord débouté de sa noblesse par arrêt du 27 mai 1669; mais cet arrêt fut annulé et il fut déchargé de l'amende et déclaré noble d'extraction par autre arrêt du 21 mars 1671. *D'azur, au lion d'argent, couronné d'or, lampassé et armé de gueules, tenant une épée d'argent.*

NAU, seigneurs de l'Estang, en Anjou. Cette famille a formé deux branches. L'une a pour auteur Jean Nau, premier du nom, sieur des Cordaix, maréchal-des-logis du roi, fils de Jean Nau, sieur du Ruau, contrôleur et maréchal-des-logis des rois Henri III et Henri IV, lequel était fils de Claude Nau, et petit-fils de Jean Nau, l'un et l'autre contrôleurs de la maison des rois François Ier. et Henri II ; lequel Jean Nau, premier du nom, fut anobli conjointement avec Claude et Abraham Nau, ses grands oncles, et Jean Nau, cousin germain de son père, aussi maréchaux-des-logis de la maison du roi, enfants et petits enfants de Louis Nau, capitaine, entretenu en Piémont en 1556, et encore avec François Nau, cousin germain dudit Jean Nau, et gendarme de la compagnie de M. le duc de Vendôme, par lettres données à Montpellier au mois de septembre 1632. Cette famille a été maintenue par M. Voisin de la Noiraie, intendant de Touraine, le 6 août 1667. *De gueules, à la gerbe d'or, soutenue de deux lionceaux affrontés du même.*

NAUDIN, famille de Champagne, qui depuis environ l'an 1500 a quitté son nom pour prendre celui de *Villemor*, d'une terre qu'elle possédait alors. *Voyez* VILLEMOR.

NAUTONNIER DE CASTELFRANC, en Languedoc. Cette famille a été maintenue par M. de Bezons, intendant en Languedoc, le 18 septembre 1669, sur filiation remontée à Pierre Nautonnier, seigneur de Castelfranc, terre dont il rendit hommage le 9 novembre 1514. *D'azur, au navire d'argent; au chef d'or, chargé de trois croisettes de gueules.*

DE NAVAILLES. *Voyez* ESCLAUX.

DE NAVIER, seigneurs de la Berlière, de Saint-Florent, de Greville, et autres lieux, en Beauvaisis et en Lorraine, famille originaire de la ville de Toul, où elle est connue depuis l'an 1444, et prouve sa filiation depuis l'an 1502. *D'or, au vaisseau de sable, voguant sur une mer de sinople, équipé et pavillonné de gueules, ayant la grande voile chargée d'une croisette de Lorraine d'or.*

NAVIER. Le capitaine Stef Navier fut anobli par lettres de Charles III, duc de Lorraine, du 14 octobre 1585. *D'or, à la poule au naturel, tenant un rameau de chêne à trois branches de sinople, et posée sur une terrasse du même.*

DE NAYLIES, famille originaire du Languedoc, qui a pour chef actuel Joseph-Jacques de Naylies, ancien capitaine au régiment Dauphin, officier supérieur des gardes du corps de MONSIEUR, chevalier des ordres royaux de Saint-Louis et de la Légion-d'Honneur, non marié. *D'azur, au dauphin d'or, menacé d'une flèche tombante du même: au chef d'argent, chargé de trois molettes de sable.*

NÉEL, seigneurs de Sainte-Marie-l'Aumont, en Normandie. Cette famille a pour auteur Pierre Néel, sieur de Fontenay, de Virey et de Tierceville, vivant en 1539, époque à laquelle remonte sa filiation, et qui fut marié à Catherine de la Vigne, le 19 avril 1559. François Néel, seigneur de Tierceville, chevalier de l'ordre du roi, gentilhomme ordinaire de sa chambre, capitaine de cinquante hommes d'armes de ses ordonnances et gouverneur de Coutances, était fils du précédent. Il épousa Jeanne d'Angerville, le 12 août 1599. *D'argent, à trois bandes de sable ; au chef de gueules.*

NEMOURS.

Liste des Gentilshommes convoqués à l'assemblée du bailliage de Nemours, pour l'élection des députés aux États-Généraux en 1789.

Messieurs

De Noailles, président.
La Tour du Pin-Gouvernet, secrétaire.
D'Averton.
Arthaud, commissaire.
De Caraman, commissaire.
Du Lau d'Allemans, commissaire.
Amiot, commissaire.
Ferra de Rouville, commissaire.
Giblot de Saint-Georges.
De Guerville.
Bouvier de la Mothe.

Mousselard.
De Nuchèze.
De Popincourt.
Pillerin de Frauvert.
Pillerin de la Grandmaison.
De Rougé, commissaire.
Ricier.
De Voisines.
Hédelin.
Hédelin du Tertre.
Colin de Saint-Marc.
Bodequin.

NERET, seigneurs de Sery, en Valois. Cette famille a pour auteur Denis Neret, échevin de Paris en 1592. Il rendit, avec trois de ses fils, des services signalés au roi Henri IV, lors de la reddition de Paris à ce prince. L'un des descendants de Denis Neret, nommé Noël-François Julien, seigneur de Sery, fut anobli en considération des mêmes services de ses ancêtres, par lettres du mois de juillet 1753. Cette famille a donné plusieurs personnages distingués dans la magistrature. *D'azur, au lion d'or ; au chef cousu de gueules, chargé d'un épi de blé d'or.*

LE NEUF., seigneurs de Tourneville, de Sourdeval et de Montenay, en Normandie, famille ancienne, qui établit sa filiation depuis l'an 1451. Elle fut condamnée à quatre mille livres d'amende, le 24 septembre 1666 ; mais ayant depuis justifié de sa qualité, elle fut maintenue le 11 septembre 1667. *De gueules, à trois coussins d'or.*

DE NEVET, maison d'origine chevaleresque de la province de Bretagne, où elle florissait dès la fin du treizième siècle. Elle a été maintenue dans sa noblesse d'extraction et dans la qualité de chevalier par arrêt de la chambre de la réformation de Bretagne, du 20 mars 1669. Elle a donné des officiers généraux de terre et de mer. *D'or, au léopard morné de sable.*

NEVEU. Robert-Neveu était conseiller au parlement de Paris en 1298. *D'azur, à trois cygnes d'argent, colletés d'or.*

DE NEYRET, en Dauphiné, famille issue de Guillaume de Neyret, trésorier général de France en la généralité de Grenoble. *D'azur, à trois bandes d'or.*

NICOLAÏ, barons de Sabran, en Languedoc, marquis de Goussainville, en l'Ile de France. Cette maison, que d'éminents services, dans l'état militaire et la magistrature, ont placée au rang des plus distinguées du royaume, remonte, par filiation, jusqu'à noble Gui Nicolaï, vivant en 1239, trisaïeul de noble Jean Nicolaï, 1er du nom, seigneur de Saint-Marcel et de Saint-Victor, qualifié *nobilis vir Joannes Nicolai dominus loci Sancti Marcelli*, dans un titre du 11 octobre 1469. Ce Jean Nicolaï fut conseiller au parlement de Toulouse. Il accompagna le roi Charles VIII à Naples, et fut chargé, par sa majesté, de négociations importantes auprès des princes d'Italie. Après la conquête de Naples, il fut nommé chancelier de ce royaume. Louis XII le confirma dans cette dignité, et le qualifia même de cousin, dans plusieurs lettres qu'il lui écrivit. Ayant été rappelé en France par ce dernier prince, il fut nommé par lui, en récompense de ses services, premier président de la chambre des comptes, le 5 octobre 1506. Cette charge est devenue presque héréditaire dans cette illustre famille, où l'on compte en outre un maréchal de France, plusieurs généraux, des colonels, deux mestres de camp de dragons, un premier écuyer de la grande écurie, ainsi que plusieurs officiers de divers grades, et un pair de France. *D'azur, à la levrette d'argent courante, ayant un collier de gueules, bordé d'or, et l'anneau du même.*

NICOLAS DE LA COSTE, dans le vicomté de Turenne, famille originaire du Périgord, qui a pour auteur noble Léonard de Nicolas, Ier du nom, écuyer, sieur de Laval, dont le fils, noble Jean de Nicolas, écuyer, sieur de Laval, fut marié avec demoiselle Anne de la Faye, le 23 février 1610. *D'azur, au lion d'or, lampassé, armé et couronné de gueules, tenant de la pate dextre une épée d'argent.*

NICOLAU, en Languedoc et à Lyon. L'auteur de cette famille est Etienne Nicolau, maire et lieutenant de roi de Poussan, en Languedoc, né le 1er octobre 1670, et marié, le 4 janvier 1692, à demoiselle Jeanne Gourdon. Il fut fait capitoul de la ville de Toulouse, le 18 décembre 1734, charge qui transmit la noblesse à ses descendants. Il eut pour fils Pierre Nicolau, écuyer, seigneur de Poussan, trésorier général de la ville de Lyon. *D'azur, au coq d'or, posé sur une terrasse d'argent, mouvante de la pointe de l'écu, et surmonté de trois cannettes de sable, dans un bateau d'argent.*

NICOLE, en Dauphiné, famille originaire de Savoie, qui a pour auteur noble Humbert Nicole, bourgeois de Montmélian, marié, le 3 janvier 1547, à Bonne de Crescherel, lequel eut pour fils noble Claude Nicole de Crescherel, sieur de la Place, avocat au souverain sénat du duché de Savoye. *Coupé d'azur et d'argent, au phénix aussi coupé d'or et d'azur, les ailes étendues, becqué, armé et couronné de gueules, son immortalité du même.*

DU NIEVRE, seigneurs de Martercy, en Dauphiné, famille qui prouve son origine depuis Jousserand du Nievre, dont le fils Aimar du Nievre rendit hommage au Dauphin, l'an 1390, d'une directe qu'il possédait au lieu de Tressin. Cette famille ayant dérogé pendant un certain laps de tems, Gaspard du Nievre obtint des lettres de réhabilitation dans sa noblesse, datées du 2 octobre 1642, vérifiées par arrêt de la cour des aides de Vienne, le 12 mars 1648. *D'azur, semé de croisettes tréflées, au pied fiché d'or; au griffon et à la cotice de gueules, brochants sur le tout.*

NISMES.

Noms des Gentilshommes convoqués à l'assemblée de la sénéchaussée de Nismes, pour l'élection des députés aux Etats-Généraux, en 1789.

Messieurs

Le marquis de Fournés, sénéchal.

Le comte de Forbin.

De Courtois.

Le marquis de Caladon de Mialet.

Le baron d'Albignac.

De la Bonne.

De Possac-Genas.

Le baron de la Baulme.

Le baron de la Reiranglade.

Le marquis de Sumène.

De Bargetton.

Le comte Charles d'Agoult.

Le marquis de Fontanille.

Le vicomte de Suffren Saint-Tropez.

De Gévaudan.

Le comte de Digoine.

De Ville-Perdrix.

De Gonet.

De Teissier de Meirières.

Le chevalier de Catellan.

De Cabrières, neveu.

Le marquis de la Fare-Alais.

Le marquis de Baudan la Boissière.

De Favantine de Montredon.

D'Escombiés.

Ferry de la Combe.

Le baron d'Aigalliers.

Allut.

Le marquis de Piolenc.

De Biarges.

Le vicomte d'Alais-Montalet.

Le marquis de Mandajors.

De Jean de Saint-Marcel.

De Firmas de Periés.

Du Claux.

Randon de Grolier.

D'Ortet de Tessan.

De Caveirac

Le comte du Long.

Le marquis de Gaste.

De Carrière.

De Mesnard.

De la Gardiolle.

Del Puech de Beaulieu.

De Solier, chevalier de Saint-Louis.

De Solier, officier dans Bassigny.

Le baron de Sahune.

De Gilles de Ribas.

De Thomassy.

De la Melouse.

D'Azemar.

D'Aigalliers de Brouzet.

Le baron de Calvières.

Le duc de Melfort.

Le chevalier de la Fare-Alais.

Le marquis de Ginestous.

Le marquis d'Assas.

Le chevalier de Valory.

Dampmartin.

De Croy.

Le comte de la Linière.

Le chevalier d'Esperiés.

Le comte de Caladon de la Nuège.

Le marquis de Clauzonette.

Rouveirié de Cabrières.

De Forton.

De Montfort.

De Merez.

De Roche-Salel.

De Vergèzes d'Aubussargues.

De Lenoir.

Roussel, père.

Roussel, fils.

Le chevalier de Digoine.

De la Roque.

Del Puech de Laumède.

La Cour de Montcam.

De Salvayre, baron d'Aleyrac.

De Themines.

De Sauzet du Mailet.

De Salvayre de Monfort.

Du Puy d'Aubignac.

Gasque de la Motte.

De Langlade-Charenton.

De Roubins.

Du Cluseau de Chabreuil.

De Montval.

De Boisleve.

Le comte de la Tour du Pin-Gouvernet.

De Langlade, neveu.

De Lascours.

De Besson.

De Pascal.

De Broche d'Escombe.

De la Cour.

De Langlade.

De Broche, chevalier de Saint-André.

Le marquis de Guibert de la Rostide.

Le comte de Vaulx.

Le marquis de Cornillon.

Des Roches Saint-Amand.

Le marquis de Porcellet.

De Brueys.

Le chevalier de Brueys.

Daunant de Serignac.

Le chevalier de la Gorce.

Le comte de Gabriac.

De la Bruyère.

De la Roquette.

De Saint-Florent.

De Saint-Michel Saint-Florent.

Le baron de Fontarèche.

Le comte de Vanel de l'Ile-Roi.

De Verot.

Drôme.

De Castelnau de Montredon.

D'Autun du Masandriou.

Le chevalier Aubry.

De Brunel de la Bruyère.

Le comte de la Tour du Pin.

De Roys de Saint-Michel.

D'Amphoux.

Le vicomte d'Audé d'Alzon.

Le baron d'Olivier Merlet, père.

Le baron d'Olivier Merlet, fils.

De Pelet.

Le baron de Verfeuil.

D'Entraigues de Cabane.

D'Izarn.

Le chevalier Dalgues.

De Broche de Cruviès.

Hostalier, baron de Saint-Jean.

De Rochemore, baron d'Aigremont.

Le baron d'Agrain.

Le chevalier de Tourtoulon.

Le comte de Villevielle.

De Saumane.

De Raffin.

De Genas.

D'Alizon.

De Clauzonne, baron de Ledenon.

De Roy Desports.

Le vicomte de Rochemore.

Fornier de Mayrard.

De Pouzillac.

Le comte d'Assas Montdardier.

Le comte de Ginestous Dégravières.

Le chevalier de la Grange.

Des Roches de Genouillac.

De la Rochette.

Le baron de Ledenon.

De Saint-Hyppolite.

D'Aigalliers de Jovy.

De Novy.

De Beaumont de Barras.

Des Ours de Calviac.

De Gueydon.

Barbier, comte de Rochefort.

D'Ayrolles de Pommier.

Le baron de Marguerittes, secrétaire de l'ordre.

DE NOAILLAN ET NOAILHAN, en Guienne, une des plus antiques races chevaleresques de cette province, qui tire son nom de la terre de Noailhan, dépendante de l'apanage des comtes de Comminges, branche des vicomtes de Soules-Louvigny, rameau mérovingien, et qui de tout tems en porta les armes, c'est-à-dire celles de Toulouse.

Cette maison puissante était alliée à celle des sires d'Albret, dès le treizième siècle. Aude de Noailhan, dame d'Estussan, qui testa en 1303, fille d'Amanieu de Noailhan, chevalier, et de Marthe d'Albret avait épousé noble de Melignan, chevalier, seigneur de Trignan, d'Estaussan et de Pouy-sur-Losse.

La branche de cette maison possédant les terres de Casteljaloux, Buzet, le Fréchou, etc., s'est fondue dans celle de Grossoles-Flamarens, à laquelle elle porta la terre de Buzet. Une autre branche des seigneurs de Réaux s'est éteinte dans la race chevaleresque des comtes de Narbonne-Lara, seigneurs d'Aubiac, en 1642, et dans celle des Melignan, seigneurs de Trignan, Blaize de Noailhan n'ayant eu que deux filles, Jeanne et Claire de Noailhan, de son mariage avec noble demoiselle Marguerite de Castillon, de la maison de Castillon-Mauvesin, laquelle étant veuve, épousa en secondes noces messire Jean-Jacques de Montesquiou, seigneur de Saintrailles. Des deux branches, 1° des seigneurs de Ville-Neuve, Lamezan, etc., 2° de la Terrade, Pouy-sur-Losse, Bégué, etc., existent des descendants qui perpétuent cette antique race, dont les seigneurs étaient qualifiés nobles et puissants messires, chevaliers, comtes, etc.

Armes : De gueules, à la croix évidée, cléchée et pommetée d'or, *qui est de Toulouse.*

DE **NOBLET**, en Beauce et en Berry. Nicolas de Noblet et Germaine de la Porte sont les auteurs de cette famille. Ils eurent pour fils Fabien de Noblet, écuyer, seigneur de Villermont, lequel épousa Marguerite des Moulins, le 12 mai 1551. *De gueules, au chevron d'or, et à la gerbe de blé du même, posée sous le chevron.*

DE **NOBLET**, en Mâconnais, marquis de Noblet d'Anglure, par érection du mois de mai 1715, comtes de Chennelette, par érection du mois de juillet 1730, famille ancienne et distinguée, qui remonte par filiation à Jean Noblet, Ier du nom, damoiseau, seigneur de Fournet et du Mont de France, vivant le 16 décembre 1439. Elle a donné un capitaine de deux cents hommes de guerre, en 1586, plusieurs officiers distingués, entr'autres un maréchal de camp, et des chevaliers de l'ordre royal et militaire de Saint-Louis. *D'azur, au sautoir d'or.*

DU **NOD** DE **CHARNAGE**, en Franche-Comté, famille dont l'auteur, François-Ignace du Nod de Charnage, avocat au parlement de Besançon, ancien recteur et professeur de droit en l'université de la même ville, connu par divers ouvrages de jurisprudence, et par l'histoire du comté de Bourgogne, fut anobli par lettres-patentes du mois de juillet 1737, et par les mêmes lettres, obtint le surnom de Charnage.

De gueules, à la fasce d'argent, accompagnée de trois bezants d'or, et par concession : *écartelé d'azur, à la croix d'or, accompagnée en chef de deux étoiles du même*, qui sont les armes d'une ancienne famille du nom de CHARNAGE.

NOEL, famille du Languedoc, anoblie par le capitoulat dans la personne de Pierre Noël, capitoul de Toulouse, en 1597. Son arrière-petit-fils, Michel Noël, fut maintenu en conséquence des priviléges de cette charge, le 30 septembre 1669. Une branche de cette famille, connue sous le nom de Courgerenne de Buchères et de Verrières, etc., subsiste en Champagne. *D'azur, la colombe d'argent, portant au bec un rameau d'olivier de sinople, accompagnée en chef de trois étoiles d'or.*

NOEL, seigneurs de Voulzy, en Champagne. Antoine Noël, sieur de Voulzy, a produit au mois d'octobre 1667, devant M. de Caumartin, les titres justificatifs de sa noblesse, remontés avec filiation à Jérôme Noël, son bisaïeul, écuyer, sieur de Cernay, intendant de la maison de Marie, reine d'Ecosse, déclaré noble de race, par sentence de l'élection de Reims, contre les habitants d'Epernay, le 12 avril 1560. On ne voit pas que cette production ait été admise. *D'azur, au chevron d'or, accompagné de trois alérions d'argent.*

DE LA NOGARÈDE, seigneurs de la Garde, de Saint-Germain, de Calbert, etc., en bas Languedoc, maison d'ancienne chevalerie, qui paraît avoir pris son nom d'une terre située dans le pays de Foix. Sausanem de la Nogarède est nommé dans un acte touchant Roger Bernard, comte de Foix, de l'an 1265. Jacques de la Nogarède, procureur du roi, en Lauraguais, vivant en 1440, pourrait être père d'Antoine de la Nogarède, depuis lequel la filiation est établie. Antoine eut pour fils Jean de la Nogarède, Ier du nom, sieur de la Garde, habitant du Mas de la Nogarède, qui fut marié, le 11 juillet 1552, à Gabrielle de Leuze, et qui eut pour fils Jean de la Nogarède, seigneur de la Garde, co-seigneur de Saint-Germain de Calbert, marié à Madeleine d'Airebaudouze, le 3 janvier 1590. *Fascé d'argent et de gueules de huit pièces.*

II.   13

NOGENT, maison autrefois des plus nobles et des plus puissantes de la province de Champagne, qui tire son nom de la ville de Nogent, en Bassigny, jadis prevôté d'une grande étendue, dont dépendaient trente-huit villages, à l'époque de la révolution.

Les premiers áctes connus de cette maison, qui sont à partir de l'an 1066, prouvent, d'une manière évidente, qu'elle a une origine commune avec la maison de Choiseul, puisque l'une et l'autre concourent à la fondation et à la dotation du prieuré de Varennes, sous l'invocation de saint Gengoul, auteur présumé de la maison de Choiseul.

Cette maison de Nogent n'a point quitté la province d'où elle tire son origine ; elle est aujourd'hui séparée en deux branches, celle d'Eclances, et celle d'Humbeauville. *De gueules, au chevron d'argent.*

DU NORGUÈS DE CASTELGAILLARD, famille originaire de la Navarre, fixée dans la province de Guienne depuis le commencement de l'an 1500, et formant, pendant onze générations, une suite non interrompue de militaires distingués. Les titres filiatifs de cette famille furent déposés à la chancellerie, à l'époque où, sur leur ancienneté, sa majesté voulut bien accorder à Jean du Noguès de Castelgaillard, émigré, ancien capitaine de grenadiers au régiment de Forez, chevalier de Saint - Louis, le titre héréditaire de vicomte, par ordonnance du 15 février 1817. Les lettres-patentes en ont été scellées le 19 avril de la même année. *D'azur, au chevron d'or, accompagné de trois fers de lances d'argent.* Couronne de vicomte. Cimier : un dextrochère tenant trois lys naturels. Devise : *Liliorum amore viget.*

DE NOINVILLE. *Voyez* DUREY.

NOIR, sieurs de Lancin, de Bourcieu, etc., en Dauphiné, famille qui a pour auteur Pierre Noir. Jean Noir, son fils, épousa, l'an 1458, Catherine de la Maladière. *De gueules, à la bande denchée d'argent.*

DE NOLIVOS, marquis de Nolivos par lettres-patentes du mois d'octobre 1782, registrées le 17 décembre suivant ; maison ancienne et distinguée, originaire de la province de Béarn. Elle a donné un lieutenant-général des armées du roi, cordon rouge, gouverneur de la Guadeloupe et de Saint-Domingue. Il eut trois oncles, qui périrent aux armées, dans des grades supérieurs. Antérieurement, cette famille a donné un écuyer du roi Henri IV. Gedéon de Nolivos, ancien capitaine au régiment de Mestre-de-camp, dragons, chevalier de l'ordre royal et militaire de Saint-Louis (frère de Pierre, marquis de Nolivos, ancien major du régiment de Bourbon, dragons, vivant à Sauveterre), a eu sept enfants, dont deux moururent en bas âge ; les autres furent :

1°. Gedéon de Nolivos, élevé à l'école royale militaire de Fontainebleau, tué à la bataille de Raab, au mois de juin 1809 ;

2°. Paulin de Nolivos, élevé à Fontainebleau. Il fit trois campagnes en Espagne, où il a donné des preuves de talent et de courage, y fut décoré de la croix de la Légion-d'Honneur à dix-huit ans, et fut tué, chef de bataillon, à la bataille de Leipsick, en 1813, n'ayant alors que vingt-deux ans ;

3°. Armand de Nolivos, élevé à Fontainebleau, tué à Smolensk, lors de la retraite de Moscou ;

4°. Félix de Nolivos, } vivants.
5°. Adèle de Nolivos, }

Armes : De sable, à trois os de mort d'argent, l'un au-dessus de l'autre.

LE NORMAND D'ETIOLES, DE TOURNEHEM, à Paris, famille originaire de l'Orléanais, qui a pour auteur Jean le Normand, conseiller du roi, grenetier ancien aux greniers à sel d'Orléans et de Baugency, dont le fils, Charles le Normand, écuyer, conseiller-secrétaire du roi, maison couronne de France et de ses finances, fut pourvu de cet office le 30 novembre 1679, charge attributive de noblesse. Charles-Guillaume le Normand de Tournehem, seigneur d'Etioles, chevalier d'honneur au présidial de Blois, épousa, l'an 1741, Jeanne-Antoinette Poisson, dont il fut séparé de corps et de biens lorsque cette femme devint la maîtresse de Louis XV, connue alors sous le nom de duchesse-marquise de Pompadour. *Ecartelé de gueules et d'argent ; à quatre rocs d'échiquier de l'un en l'autre.*

NORMANVILLE, fief de hautbert, situé au bailliage de Caux, qui a donné son nom à une illustre et ancienne maison de chevalerie, subsistante en deux branches ; 1°. les seigneurs de Foucart et d'Auffy ; 2°. les seigneurs des Heberts et des Bordes. Elles comptent parmi leurs ancêtres, Raoul de Normanville, mentionné parmi les vingt-cinq barons qui prétèrent serment de fidélité au roi Jean Sans-Terre, en 1205. On trouve encore des sujets de cette maison en 1236, 1308, 1343, 1369, 1391, 1482, 1527, etc., etc. Elle a donné des chevaliers de l'ordre du roi, des gentilshommes ordinaires de la chambre, et plusieurs officiers de marque. *D'azur, à trois merlettes d'or.*

NOTAIRE, sub. masc., officier dépositaire de la foi publique, qui garde les notes et minutes des actes que les parties passent devant lui. Il y a eu en France des notaires dès le commencement de la monarchie : le roi avait ses notaires ou secrétaires qui expédiaient les actes de sa chancellerie ; mais ce fut saint Louis qui érigea le notariat en titre d'office, et les premiers notaires de cette espèce furent ceux qu'il créa pour les châtelets de Paris, d'Orléans et de Montpellier.

On remarque en France plusieurs notaires qualifiés écuyers dans les actes de leur exercice ; et le notaire noble de race, dans les pays de droit écrit, portait le titre de *nobilis vir*. On voit aussi dans un compte particulier de la recette ordinaire de Troyes, finissant à la Madelaine 1356, qu'on attribue à Henri Breton, tabellion de Montigny, la qualité de monsieur et personne noble.

Nostradamus, dans sa Chronique de Provence, rapporte que Guillaume Pumeiran, notaire de la ville d'Arles, reçut, à cause de la dignité de sa charge, les hommages des gentilshommes de Gonesse, l'an 1258, sous le règne de Charles Ier., roi de Sicile et comte de Provence. Antérieurement, tous les notaires étaient nobles en Provence, en exécution de l'ordonnance de l'empereur Frédéric Barberousse, qui, l'an 1257, adressa un édit très-exprès, à Roger, roi de Sicile, pour défendre l'exercice de notaire aux non-nobles, ces deux princes voulant que les notaires fussent de bonne condition et de sang noble : ce sont les propres termes.

Nostradamus, qui écrivait en 1613, ajoute que depuis quatre-vingts ou cent ans, l'office de notaire étant devenu vénal, les défenses faites aux non-nobles d'être notaires, avaient cessé d'être en vigueur, ce qui n'empêchait pas qu'une partie des gentilshommes de Provence ne descendît de notaires, qui avaient rang entre les barons et nobles du pays. On peut citer, parmi les maisons qui ont exercé le notariat en Provence, celles de Caraciol, de Pontevez, de Tressemanes, de Ruffi, de Lauris, de Joannis, de Matharon, de Guiramand, de Tholon de Sainte-Jaille, de Domban, de Littera, de Sinmer, etc., la plupart issues d'anciennes races de chevalerie.

Dans l'histoire des Siéges de Naples, écrite par Salmunté du tems de la reine Jeanne, comtesse de Provence, les notaires sont qualifiés gentilshommes. On voit aux archives de la chambre des comptes, à Aix, des lettres de cette princesse, portant réglement et institution de notaires dans ses états de Naples, Sicile, Provence, Anjou, Piémont, etc., où il est dit que les notaires jouiront de la noblesse personnelle et de toutes ses prérogatives.

En Dauphiné, en Bretagne, en Berry, en Orléanais et en d'autres provinces, l'exercice du notariat, ne dérogeait point à la noblesse. Il n'y dérogeait pas nonplus en l'Ile de France, en Picardie et en Normandie. Un arrêt du conseil d'état du 22 mars 1666, et un réglement du conseil privé, du 4 juin 1668, portent que les notaires, en Provence, depuis l'année 1560, sont censés avoir dérogé et exercé une profession roturière ; mais on pense que ces décisions ne sont fondées que sur la prétention qu'avaient plusieurs notaires de tirer leur extraction noble de leur office, comme si cette fonction de notaire eut dû anoblir, ce qui n'a jamais été.

L'édit de Louis XIV, donné à Nancy, au mois d'août 1673, vérifié au parlement de Paris, le 7 septembre, et à la cour des aides, le 7 décembre de la même

année , a décidé formellement la question de la compatibilité de la noblesse, avec les fonctions de notaires ,
en faveur des notaires au châtelet de Paris. Les notaires
des châtelets d'Orléans et de Montpellier, qui , comme
ceux de Paris , avaient le titre de conseillers du roi, et
jouissaient des mêmes privilèges et prérogatives que
ceux attribués aux notaires de la capitale , sont , sous le
rapport de la compatibilité de la noblesse avec leur
office, sur la même ligne que les notaires de Paris.

Il ne peut être problématique, si la noblesse est
compatible avec l'état de notaire. On a demandé si la
prérogative résultante de l'édit de 1673 s'étend sur les
notaires de provinces. Des fonctions nobles par elles-
mêmes, au sein de la capitale, ne peuvent cesser de
l'être, parce qu'elles s'exercent en province. *Etat de
la Magistrature en France, imprimé en 1788 , pag.* 366.

NOTTRET DE SAINT-LYS, famille noble, originaire de Champagne, qui se trouve représentée par
messire Jean-Baptiste Nottret de Saint-Lys, né au
château de Ripont, département de la Marne, le 7 octobre 1787, élève gradué de l'université de France ,
ès-lettres, ès-sciences, et en droit ; chevalier de l'ordre
royal de la Légion-d'Honneur, de l'ordre noble de
Saint-Hubert de Bar, et du mérite civil et militaire du
Lion de Holstein, ex-officier supérieur, ancien mousquetaire noir, officier des chasses et de la louveterie
royale aux Ardennes ; fils de messire René-Louis
Nottret de Saint-Lys, écuyer du roi, seigneur de
divers lieux. *D'azur, au lion d'or ; au chef cousu de
gueules, chargé d'un croissant d'argent, accosté de deux
étoiles du second émail.*

NOURY. François Noury, négociant à Orléans, né
en cette ville en 1771, nommé premier adjoint à la
mairie de ladite ville, par ordonnance de sa majesté
du 10 janvier 1816, capitaine des grenadiers de la garde
nationale, reçut de sa compagnie, le 8 juillet de la
même année, une riche épée, avec l'emblème de la
surveillance, comme adjoint à la mairie, de la force,
comme capitaine, et du commerce, comme négociant.
Il a été l'un de ceux qui ont le plus puissamment con-
tribué à l'organisation de cette garde, aujourd'hui

l'une des plus belles et des mieux exercées du royaume. Pendant l'interrègne, il refusa d'accepter le grade qu'on lui offrit dans la réorganisation de la garde, se refusa également de voter comme membre du collége d'arrondissement. En récompense de ses nombreux et signalés services, notamment pendant l'émigration, et de son dévouement à la cause royale, il a été anobli, par ordonnance du roi, en date du 8 décembre 1816, et lettres-patentes du 17 janvier 1817, enregistrées à la cour royale d'Orléans, le 5 février même année. *Parti, au 1 d'or, au caducée de sable; au 2 de sinople, au lion d'argent, tenant une épée du même.* L'écu timbré d'un casque taré de profil, orné de ses lambrequins.

NOUY, en italien *Novi*, famille noble très-ancienne, originaire de la ville de Novi, et transplantée en France depuis près de trois siècles. Plusieurs membres de cette famille se sont distingués dans les guerres du Piémont, et on les trouve dans les rôles du tems, indistinctement sous le nom de Novi, de Nouy ou du Nouy. *De sable, à la vierge d'argent, couronnée d'or; au chef échiqueté de gueules d'or.*

NOZEROY, petite ville en Franche-Comté, située sur une hauteur, au bas de laquelle passe la rivière d'Ain, à quatre lieues sud-est de Salins, paraît avoir donné son nom à une ancienne maison de chevalerie, dont étaient Jean et Poinsard de Nozeroy, chevaliers, décédés avant 1370 et 1381. *De gueules, à trois pigeons d'argent, membrés de gueules.*

DE NUCHÈZE, maison d'ancienne chevalerie, originaire du Poitou, et répandue successivement dans les provinces de la Marche, l'Angoumois, le Bourbonnais, l'Anjou et le Maine. Elle réunit aux caractères de la plus haute antiquité, l'avantage bien plus précieux encore de constater son existence depuis douze générations, par une longue série de services utiles au prince et à la patrie. Un grand nombre de seigneurs de cette maison ont assisté nos rois de leurs bras et de leurs conseils. Elle compte des chevaliers et écuyers bannerets, des capitaines de cent et cinquante hommes d'armes des ordonnances, un grand nombre de chevaliers de l'ordre du roi, des chambellans et gentilshommes ordinaires de la chambre, des gouverneurs de provinces et de places de guerre, un vice amiral de France, etc. Elle a donné plusieurs chevaliers et commandeurs à l'ordre souverain de Saint-Jean de Jérusalem, un grand prieur d'Aquitaine en 1559, et à l'église un évêque et comte de Châlons.

La maison de Nuchèze s'est constamment alliée aux familles les plus anciennes et les plus illustres des provinces, où elle s'est répandue. Par l'alliance contractée au commencement du seizième siècle, par Pierre de Nuchèze, chevalier, seigneur de Baudiment, avec Charlotte de Brisay, cette maison a l'honneur de descendre en ligne féminine des deux branches royales de Valois et de Bourbon, dans la personne de Louis de Bourbon, comte de Roussillon, et de Jeanne de Valois, fille légitimée du roi Louis XI, père et mère de Suzanne de Bourbon, comtesse de Roussillon, aïeule de Charlotte de Brisay.

Cette famille s'est divisée en plusieurs branches : 1°. les seigneurs de Nuchèze et de la Roche-Vineuse, éteints au milieu du quinzième siècle; 2°. les seigneurs de Baudiment, éteints vers 1635; 3°. les barons des Francs et de Bussy, éteints vers le milieu du dix-septième siècle; 4°. les seigneurs de Batresse et de la Brûlonnière, éteints peu avant 1665; 5°. les seigneurs du Plessis, d'Anlezy, comtes de Nuchèze par lettres-patentes de 1637, registrées en 1640, existants. Elles ont toutes pour auteur commun Guillaume de Nuchèze, chevalier, seigneur de Nuchèze, qui fit l'acquisition du fief de Sanson, par acte de 1320, et fit encore diverses autres acquisitions en 1329. Il subsiste encore plusieurs branches de cette maison en Poitou. *De gueules, à neuf molettes d'éperon à cinq rais d'argent, l'écu en bannière.* Supports : deux lions. Cimier : un léopart lionné.

O.

D'OBERLIN, barons de Mittersbach, famille ancienne, connue en Croatie depuis la fin du treizième siècle. Elle a passé dans le duché de Neubourg, en haut Palatinat, où la branche aînée possédait encore la baronnie de Nabieck et de Spielberg, donnant séance aux états, à l'époque de la dernière dévastation de cette partie de l'Allemagne par les armées françaises en 1798. La branche cadette s'est établie dans le landgraviat d'Alsace. Cette maison a été aggrégée à la noblesse de l'empire par diplôme de l'empereur Léopold Ier, du 25 mars 1697, accordé à Jean-Thiébaud d'Oberlin de Mittersbach, second du nom, grand échanson et chambellan de la cour princière, épiscopale et souveraine de Passaw, en 1693, grand bailli du comté de Konigstettein, en basse Autriche. Cette famille a donné plusieurs chefs de Croates; un commandant de la ville et forteresse de Benfelden, en Alsace, célèbre par la vigoureuse et savante défense de cette place contre l'armée suédoise, commandée par le fameux feld-maréchal Gustave Horn, qu'il obligea, après deux mois d'efforts inutiles, d'abandonner le siége; des grands baillis d'épée de Benfeld, de Rastadt, de Kuppenheim, de Konigstettein et de Château-Thierry; plusieurs officiers supérieurs, entr'autres un maréchal de camp décoré de l'ordre royal et militaire de Saint-Louis, et de l'ordre royal de la Légion-d'Honneur. *Écartelé, aux 1 et 4 d'argent, au demi-vol d'aigle, celui du premier tiercé en fasce de gueules, d'argent et de sable; celui du second tiercé de même de sinople, d'argent et de gueules; aux 2 et 3 de sinople, à une porte de ville d'or, posée sur deux boulets du même; sur le tout de sinople, à la licorne saillante d'argent, issante du bas de l'écu.* Casque de chevalier, orné de ses lambrequins, surmonté d'une couronne d'or de marquis. L'écu sommé d'un vol d'aigle, qui fait les deux demi-vols de l'écu. Cimier: un Croate issant, la main senestre appuyée sur la hanche, et tenant de la main dextre un badelaire levé; habillé à dextre de sable, à sénestre de sinople, bordé et boutonné d'or, ceint d'une écharpe de gueules, frangée d'or, le chef couvert d'un bonnet de gueules, rebrassé d'argent, orné d'une émeraude et d'une plume de héron.

ODDE-BONIOT, sieurs de Prebois, de la Franconière, etc., en Dauphiné, et seigneurs de Rochemore et de Cheilan, en Languedoc. Cette famille fut anoblie par Guillaume Artaud de Montauban, seigneur de Luz, l'an 1323. Facius, Claude et Antoine Odde,

sont compris comme nobles dans une révision des feux
de Trièves de l'année 1484. *D'azur, à une tête de lion.
d'or, et deux roses d'argent en pointe.*

ODIN, sieurs de Janeyrac et de la Bastie, famille
du Dauphiné, qui prouve sa filiation depuis Joffrey
Odin, vivant en 1483. François Odin comparut, comme
noble, à l'assemblée de l'arrière-ban convoqué en 1542,
pour le bailliage de Vienne, devant Guy de Maugiron,
lieutenant de roi. *De sable, à trois casques d'argent.*

D'OFFAY, en Picardie, famille qui a été maintenue dans sa noblesse le 26 mai 1667, et dont la filiation
remonte à Jean d'Offay, écuyer, sieur de Baurepaire,
de Gretz et de Rieux, au bailliage d'Amiens, vivant en
1498, lequel eut pour fils Philippe d'Offay, écuyer, qui
transigea, le 4 octobre 1520, avec Isabeau d'Offay, sa
sœur, sur les différents qu'ils avaient entr'eux relativement au partage de la succession de Marie de Boufflers,
leur mère, morte veuve de leur père. *D'azur, à deux
bandes d'or, accompagnées de trois larmes d'argent.*

D'OILLIAMSON, marquis d'Oilliamson par érection de 1739, et de Saint-Germain, en Normandie,
maison d'ancienne extraction, originaire d'Écosse, où
elle est connue par filiation depuis Duncan Williamson,
chevalier, qui, l'an 1381, épousa Alix de Kentall. Il
fut le trisaïeul de Thomas Williamson, qui passa en
France sous le règne de Charles VIII, en 1495, et était
en 1502, l'un des soixante-dix-sept archers écossais de
la garde du corps du roi Louis XII. Depuis son établissement en France, le nom de cette maison a éprouvé
des variantes occasionées par la difficulté de le prononcer conformément aux langues écossaise et anglaise.
Ainsi on le voit orthographié indistinctement dans les
titres Willanson, Oillenson, Ouillenson, Ocillanson,
Eoillianson, et enfin Oilliamson, qui est l'orthographe
généralement suivie depuis soixante ans. Cette maison a
obtenu les honneurs de la cour en 1775, en vertu de
preuves faites au cabinet de l'ordre du Saint-Esprit.
Elle a donné quatre chevaliers de l'ordre du roi, et plusieurs officiers généraux et supérieurs décorés de l'ordre
royal et militaire de Saint-Louis. *D'azur, à l'aigle
éployée d'argent, becquée et membrée d'or, posée sur un*

baril du même, cerclé d'argent. Devise : *Venture and win.* En français : *Hazard et gain.*

D'OISELET, barons d'Oiselet, seigneurs de Clervaux, de la Villeneuve, etc., en Franche-Comté. Le comte Etienne de Bourgogne ayant appris qu'il était parent, dans les degrés prohibés, de Béatrix de Châlons, sa femme, la quitta sans faire prononcer la nullité de son mariage. Il épousa Blandine de Cicon, d'une illustre maison de Franche-Comté : il en eut un fils, nommé Etienne. Les deux mariages furent ensuite déclarés nuls ; le second, parce qu'il avait été contracté avant que la nullité du premier fût prononcée ; mais Jean, né du premier, et Etienne, né du second, furent déclarés légitimes, à cause de la bonne foi où étaient leurs père et mère dans le tems de leur naissance. L'aîné fut la tige de la maison de Châlons. Etienne eut pour apanage le château d'Oiselet, dont il prit le nom. Il reçut aussi de son père des fiefs très-considérables par leur étendue et leurs priviléges. Il eut encore la suzeraineté de tous les fiefs de Franche-Comté en avant de son château de Traves. Jean de Châlons, son frère, lui assura de nouvelles richesses. Un grand nombre de chartes prouvent sa légitimité. Il y en a une, entr'autres, dans laquelle son père prend son consentement pour traiter avec Alix de Dreux.

Telle est l'origine de la maison d'Oiselet, qui, pendant une longue suite de générations, s'est montrée digne de sa source. Elle a formé plusieurs branches, toutes éteintes, après avoir fait les plus illustres alliances. La principale a porté des biens immenses dans la maison de la Baume. Elle avait le titre de prince de Cantecroix.

Armoiries. Jean de Châlons : *De gueules, à la bande d'or.* Etienne d'Oiselet, son frère : *De gueules, à la bande vivrée d'or.*

D'OISELET. *Voyez* OYSELET.

OLIVIER, à Paris et en Nivernais, seigneurs du Puy et de Beaujarry, famille qui a pour auteur Charles Olivier, conseiller du roi, greffier des commissions extraordinaires du conseil, et greffier civil et criminel de la cour des aides, duquel est issu Gabriel Olivier, écuyer, qui succéda à son père dans les mêmes offices, et épousa demoiselle Anne-Magdelaine Chabrey, le 15 août 1676. *D'azur, à l'olivier d'or, mouvant d'un croissant du même, et surmonté de trois étoiles d'or.*

OLIVIER, sieur du Clos, ci-devant capitaine de navire, fut anobli par lettres-patentes en forme de charte, données à Fontainebleau au mois de septembre 1726, pour services, et fut décoré de l'ordre de Saint-Michel par autres lettres du 8 novembre de la même année. *D'or, à l'olivier de sinople, mouvant d'une terrasse de sable, accompagné en chef de trois étoiles de gueules.*

DE L'OLIVIER, sieurs de Reottier, en Dauphiné, famille anoblie, pour services militaires, dans la personne de Claude de l'Olivier, par lettres du mois de janvier 1607, vérifiées par arrêt du parlement le 14 août 1608. *D'or, à un lion de gueules, tenant une branche d'olivier de sinople.*

OLLIER, sieurs de Champfort, en Dauphiné. Cette famille prouve sa filiation depuis Antoine Ollier, anobli par le dauphin Louis, et compris comme noble dans une révision de feux de l'an 1458. *D'azur, au chevron d'argent, accompagné d'un lion d'or, lampassé de gueules en pointe; au chef d'or, chargé d'une étoile de gueules.*

D'OLLIÈRES. *Voyez* GEORGE.

OLYMANT DE KERNEGUÈS, seigneurs de Launay, de Kerneguès, etc., en basse Bretagne. Yves Olymant, premier du nom, qualifié noble dans un acte du 16 novembre 1551, épousa demoiselle Louise Blonzure, laquelle devenue veuve, vivait encore le 8 août 1573, et de ce mariage sont issus Pierre, Jean et Guillaume Olymant. Cette famille a donné plusieurs officiers distingués. *D'argent, à deux fasces de gueules; au chef de sable.*

ONFFROY ou HONFROY, fief de Hautbert, dans

le comté d'Eu, qui a donné son nom à une ancienne maison de chevalerie de la haute Normandie. Elle florissait dès l'an 1096, époque à laquelle un seigneur de cette maison, fils de Rodolphe, entreprit, avec d'autres chevaliers normands, le voyage de la Terre-Sainte, et se signala au siége de Salerne, en Italie, que ces chevaliers prirent lors de leur passage. Cette maison a, depuis cette époque, suivi constamment le parti des armes, où elle compte nombre d'officiers supérieurs distingués par leurs services et décorés de l'ordre royal et militaire de Saint-Louis. Elle tient directement, par ses alliances, aux plus anciennes maisons de Normandie. *D'argent, au chevron de gueules, accompagné de trois trèfles de sinople.* Couronne de marquis. Supports : deux lions.

ONFROY, dans la même province, généralité de Caen, famille anoblie en 1594. *D'or, à la bande d'azur.*

ONFROY, au comté d'Eu. *D'argent, au lion de gueules ; au soleil levant d'or.*

D'ORAISON. L'auteur de la critique du Nobiliaire de Provence, dit positivement que cette maison s'est éteinte, par mâles, en 1450, dans la personne de Pierre d'Oraison, seigneur de Venterol, et qu'elle n'a plus subsisté que dans la maison *de Aqua.* Les deux familles d'Oraison à Digne et à Marseille (les seigneurs de Clumans) sont entées, dit le même historien, par des actes d'une filiation supposée. « On leur a donné le nom d'Oraison, parce qu'ils étaient originaires d'Oraison, au diocèse de Digne. Ignace d'Oraison se flattant de cette illustre descendance, refusa les lettres de noblesse qui lui furent offertes par le cardinal Mazarin, pour récompense de quelques services rendus à l'état comme député à la cour par la communauté de Marseille ; il demanda en remplacement le titre de conseiller d'état ordinaire, etc. » L'ancienne baronnie d'Oraison, en Provence, fut érigée en marquisat par lettres de Henri III, données au mois de mars 1588, enregistrées au parlement d'Aix le 12 octobre 1589, en faveur de François de Laigue, baron d'Oraison, chevalier de l'ordre du roi, capitaine de cinquante hommes d'armes de ses ordonnances, grand sénéchal de Provence, *en considération*, portent ces lettres, *de l'ancienneté de sa noblesse et de ses services dans les guerres tant au dedans qu'au dehors du royaume, où il n'avait jamais épargné ni sa personne ni ses biens, et de ce qu'il s'était entremis en plusieurs importantes affaires concernant le bien de la couronne.* « C'était, dit Nostradamus, un seigneur de beaucoup de mérite et de valeur, aimant également les armes et les livres, qu'il savait fort honorablement manier en tems de guerre et de paix. » Il était fils d'Antoine de Laigue et de Marthe de Foix, de la très-illustre maison de ce nom, petit-fils d'Antoine-Honoré de Laigue et de Catherine de Clermont-Lodève, sœur du cardinal François-Guillaume de Clermont, et nièce du cardinal Georges d'Amboise, premier ministre sous Louis XII, arrière-petit-fils de Philibert de Laigue (*de Aqua*) et de Louise d'Oraison, héritière de sa maison.

Ce Philibert de Laigue, conseiller et premier chambellan du roi Réné, comte de Provence, fut un des tenants au magnifique tournoi que dressa et maintint ce prince en 1446, proche Saumur, en Anjou, rapporté en entier par la Colombière, dans son Théâtre d'honneur et de chevalerie, chapitre IV. Le même Philibert et Philippe de Lenoncourt ouvrirent un autre tournoi à Tarascon, où les fêtes furent célébrées les 2, 4 et 6 juin 1449, en présence du roi, de la reine, et de toute la cour. On en trouve la description à la fin du tome III de l'Histoire générale de Provence, par l'abbé Papon. *De gueules, à trois fasces ondées d'or.*

D'ORGES, seigneurs de Villeberny, en Bourgogne, maison d'ancienne chevalerie, qui a donné un évêque de Châlons-sur-Saône, en 1416, lequel fut depuis archevêque de Rouen. *D'azur, au lion couronné d'or, armé et lampassé de gueules.*

D'ORGLANDES, barons de Prétot, comtes de Briouse, illustre et ancienne maison de chevalerie, de la province de Normandie, qui a pris son nom d'une terre située au diocèse de Coutances, à deux lieues de Valogne, dont elle remonte la possession au onzième siècle. M. Clérot, de l'académie de Rouen, avance que cette maison sort des anciens seigneurs de Reviers, alliés aux ducs de Normandie. Quoiqu'il en soit, la maison d'Orglandes établit sa filiation depuis Geoffroi d'Orglandes, chevalier, vivant en 1125. Elle a donné des chevaliers et écuyers bannerets, des capitaines d'hommes d'armes, des chevaliers de l'ordre du roi, avant l'institution de celui du Saint-Esprit, des gentilshommes ordinaires de la chambre, et nombre d'officiers de tous grades. *D'hermine, à six losanges de gueules.*

D'ORLÉANS DE RÈRE, maison d'ancienne chevalerie, originaire de l'Orléanais, où elle est connue depuis le onzième siècle. Elle prouve une filiation suivie depuis Godefroi d'Orléans, écuyer, sieur de Rère, vivant en 1366; mais bien que les degrés antérieurs à cette époque, ne se lient pas avec ceux qui ont été connus depuis, il n'en est pas moins avéré que plusieurs chevaliers de cette maison s'étaient déjà distingués aux croisades, dans le douzième siècle, et qu'elle compte un bouteiller de France, dès l'an 1106, des chevaliers, en 1148, parmi lesquels on distingue un chevalier banneret, un commandant d'armée, en 1204, et un gouverneur de Sicile, en 1282. Elle a produit cinq chevaliers de l'ordre du roi; trois gentilshommes ordinaires de la chambre; un capitaine de cent chevau-légers, en 1595; un capitaine et un lieutenant de cinquante hommes d'armes des ordonnances, en 1579 et en 1597; un premier écuyer de l'écurie du roi, en 1573; deux gouverneurs et capitaines de Romorantin, en 1574 et 1588; deux gouverneurs de la ville et forteresse de Villeneuve-le-Roi, en 1593 et 1612, et un chambellan ordinaire du roi, en 1582. Cette maison, outre le tronc principal, a encore formé trois autres branches: les seigneurs de Villechauve, les seigneurs de Tracy et les seigneurs du Plessis de Rère. *D'argent, à trois fasces de sinople, accompagnées de sept tourteaux de gueules, 3 et 3 entre les fasces, et 1 en pointe.* La branche de Crecy, dont on ignore la jonction, porte: *D'argent, à trois fasces de sinople, accompagnées en chef de trois tourteaux de gueules.*

D'ORO, marquis de Pontonx, en Guienne, au diocèse de Dax, famille ancienne, qui établit sa filiation depuis Guassaren, seigneur d'Oro, élu maire de la ville de Dax, au mois d'août 1400. Cette famille a donné un chevalier de l'ordre du roi et plusieurs capitaines. *Ecartelé, aux 1 et 4 d'azur, au lion d'or, lampassé et armé de gueules ; aux 2 et 3 palés d'or et de gueules ; sur le tout d'argent, à l'aigle éployée de sable, becquée et armée de gueules.*

ORRY, comtes de Vignory, seigneurs de la Chapelle, en Champagne, famille qui a pour auteur Charles Orry, mari de Madeleine le Cosquino, lequel eut pour fils Jean Orry, comte de Vignory, seigneur de la Chapelle et de Fulry, né le 4 septembre 1652, qui fut successivement conseiller-secrétaire du roi, maison, couronne de France et de ses finances, envoyé extraordinaire en Espagne, en 1701 et 1702, chevalier de l'ordre du roi, en 1706, et président à mortier, au parlement de Metz, le 27 juin de cette dernière année. Le même Jean Orry fut honoré, à diverses époques, d'emplois importants par sa majesté très-chrétienne, qui lui confia l'administration de ses finances, et la surintendance générale de ses troupes et armées. Cette famille a donné beaucoup de magistrats distingués et plusieurs capitaines de cavalerie. *De pourpre, au lion d'or, gravissant un rocher d'argent, mouvant du côté droit de l'écu.*

D'ORVILLE, seigneurs d'Anglure, en Normandie. Guillaume d'Orville, 1er du nom, sieur de la Trinité et de Pommeraie, auteur de cette famille, avait épousé Etiennette du Marchais, avant le 20 novembre 1420. Il eut pour fils Guillaume d'Orville, IIe du nom, écuyer, sieur de la Bunelière, marié, le 15 avril 1508, à Henriette Chalaine. Cette famille a donné plusieurs officiers de tous grades, dont deux sont morts au service du roi. *De sable, au lion d'argent, lampassé et armé de gueules.*

D'OSTREL DE LIERRE, chevaliers, barons du Val, vicomtes de Lierre, comtes de Saint-Venant, famille ancienne de l'Artois, dont la filiation remonte à Hugues d'Ostrel, anobli par le roi, au mois de mars 1481, aïeul de Jean d'Ostrel de Lierre, chevalier, seigneur de Lierre et de Nédon, baron du Val, qui épousa noble dame Marie d'Olhain, dame de Freffay, d'Auchel, de la Cauchie et de Merle, le 30 mars 1544. Jacques d'Ostrel de Lierre, baron du Val, seigneur de Lierre, etc., et fils du précédent, était capitaine d'une compagnie de cinquante hommes d'infanterie walonne au service d'Espagne, gouverneur et grand-bailli des villes et bailliage de Lillers et Saint-Venant. Il épousa, le 19 octobre 1574, Marguerite de Mailly. Cette famille a donné des officiers supérieurs et autres, qui ont servi dans les armées de sa majesté très-chrétienne. *D'azur, à trois dragons d'or, langués de gueules, et posés de profil*, qui est D'OSTREL; *écartelé d'argent, à deux bandes d'azur*, qui est de LIERRE.

OUDAN, en Champagne. L'auteur de cette famille est Jacques Oudan, écuyer, seigneur de Montmarson et de Feuillet, mort revêtu de l'office de conseiller-secrétaire du roi, maison, couronne de France et de ses finances, dans lequel il avait été reçu le 1er août 1648. Il eut pour fils Nicolas Oudan, écuyer, seigneur de la Cressonnière, qui fut maintenu dans sa noblesse, au mois de septembre 1667, par M. le Fevre de Caumartin, commissaire départi en Champagne. *D'azur, au chevron d'or, accompagné en chef de deux roses du même, et en pointe d'un lion aussi d'or.*

OUDET D'ANGECOURT, seigneurs de Luzy et de la Neuville, famille originaire de Lorraine, établie en Champagne. Pierre Oudet, surintendant de la maison d'Estoyes de l'illustre maison d'Anglure, en Champagne, avait été anobli par le roi François Ier. Claude Oudet, son fils, épousa demoiselle Jeanne Norry ou Noury, qui vivait encore le 28 septembre 1609. De cette alliance il eut trois enfants : Edme, Pierre et Théodore Oudet, reconnus nobles et maintenus dans les prérogatives de noblesse par lettres du duc de Lorraine, données à Nancy, le 18 novembre 1608. *D'azur, au chevron d'or, accompagné en chef de deux annelets cordonnés d'argent, et en pointe d'un lion morné du même.*

D'OURCHES, comtes d'Ourches, marquis de Tantonville, par érection de 1763, maison d'ancienne chevalerie, qui tire son nom d'une terre située en

Champagne, aux frontières de la Lorraine. A tous les caractères de la plus haute noblesse, elle joint l'avantage d'avoir constamment tenu un rang distingué à la cour et dans les armées des ducs de Bar et de Lorraine, et d'avoir contracté des alliances avec les plus illustres maisons de France. Elle a donné des conseillers et chambellans ; des capitaines d'hommes d'armes ; des conseillers d'état ; des maîtres d'hôtel des ducs de Lorraine ; un grand fauconnier des Vosges ; un premier gentilhomme de la chambre du roi de Pologne ; plusieurs généraux au service de France ; un commandeur et des chevaliers de l'ordre royal et militaire de Saint-Louis. *D'argent, au lion de sable, lampassé, armé et couronné de gueules.*

D'OUROUER. *Voyez* GRIVEL.

D'OUVILLE, noblesse d'origine chevaleresque, de la province de Normandie. Robert d'Ouville, chevalier, comparut au ban de la noblesse du bailliage de Rouen, convoqué en 1272. *D'or, au lion de gueules.*

D'OUVILLE, sieur du Val, etc., ancienne famille de Normandie, qui paraît être une branche puînée de la précédente. *D'or, au lion issant de gueules.*

D'OUVILLE, seigneurs d'Ouville, en l'élection de Valogne, famille ancienne. *D'azur, à trois étoiles d'argent.*

D'OUVILLE, barons de la Ferté-Fresnel, famille ancienne de Normandie, qui a été maintenue le 6 février 1667. *D'or, à cinq cotices de gueules.*

OUVRELEUIL, famille anoblie dans la personne de Pierre Ouvreleuil, écuyer, sieur d'Attainville, conseiller-secrétaire du roi, maison, couronne de France et de ses finances, honoraire. Ses armoiries furent réglées, le 22 novembre 1667, ainsi qu'il suit : *Écartelé au 1 et 4 d'azur, à la fasce d'or, chargée d'un tourteau de gueules, et surmontée de trois étoiles d'or ; aux 2 et 3 de gueules, un chevron d'argent, surmonté d'une étoile d'or et accompagné de trois quintefeuilles d'argent ; sur le tout d'argent, à la bande d'azur, chargée à l'ex-*

trémité du chef d'un soleil d'or, et à la pointe d'un œil humain, ajouré d'or, regardant le soleil.

OYSELET DE CHEVROZ, à Besançon, famille anoblie, vers la fin du dernier siècle, par une charge de conseiller au parlement.

OZANNE, famille éteinte de Franche-Comté, qui avait été anoblie par lettres du 18 juillet 1616. D'azur, à trois colonnes d'argent.

OZILLARD DE VILLEMANZY, noblesse consacrée par la charte, avec le titre légal de comte, dans la personne du comte de Villemanzy, lieutenant-général des armées du roi, grand officier de la Légion-d'Honneur, commandeur de l'ordre de Saint-Henri de Saxe, pair de France, du 4 juin 1814.

P.

PACIUS, en Dauphiné, famille originaire de Bérigac, dans l'état de Venise, dont le vrai nom est de la Paix, de Pace. Melchior de Pace était le bisaïeul de Jules Pacius, premier professeur royal de l'université de Valence, homme célèbre en tout genre d'érudition, qui mourut en 1635. Il avait épousé Elisabeth Venturine, dont il eut Pol Pacius et Jacques Pacius, qui ont fait chacun une branche ; du premier sont nés, Alexandre et Pierre Pacius, et de l'autre, Jules-César et Louis Pacius. Coupé, au 1 d'azur, à la colombe essorante d'argent, tenant en son bec un rameau d'olivier de sinople ; au 2 bandé d'argent et de sinople, à la trangle de gueules, brochante sur le tout.

DE PAGÈS DE COPONS, seigneurs de Saint-Jean de Pla-de-Corps, en Roussillon, famille originaire de Catalogne, dont l'Armorial général donne la filiation depuis illustre Gariderich Pagès, seigneur de Saint-Jean de Pla-de-Corps, marié, en 1600, avec Paule Valgornère d'Elsbons, D'or, à deux merles affrontés de sable.

Il existe une famille de Pagès, seigneurs de la Caltière et de la Fallière, au pays d'Aunis, qui était en

relations de parenté avec la précédente. Mais comme
elle prétend descendre de Raymond Pagès, capitoul
de Toulouse, en 1489, il est plus probable qu'elle appartient à l'une des familles de Languedoc que nous
allons rapporter.

PAGÈS, seigneurs d'Assas. Cette famille remonte à
Guillaume Pagès, damoiseau, capitoul de Toulouse,
en 1324. Elle a été maintenue par jugement de M. de
Bezons, du 20 septembre 1669. *De gueules, au chef
d'argent.*

PAGÈS, seigneurs de Mauren, de Rodailles, en
Bourgogne, famille originaire de Languedoc, maintenue par M. Bouchu, le 14 juin 1669, sur preuves
remontées à François Pagès, seigneurs de Vitrac,
vivant en 1537. *Ecartelé, aux 1 et 4 de gueules, au
lion d'argent; aux 2 et 3 d'argent, au chef de gueules.*

PAGÈS, barons de Porcairès, par érection du mois
de décembre 1647, seigneurs de Roque-d'Ols en Languedoc, maison issue d'ancienne chevalerie, qui a, pour
premier auteur connu, Pierre Pagès, vivant en 1350,
père de Jean Pagès, damoiseau, qui testa le 20 août
1393. *D'argent, à trois chevrons de gueules, accompagnés
en chef de deux roses du même.*

PAILLOT DE LOYNES, DE SAINT-LÉGER, en
Champagne. Pierre Paillot, ancien maire de la ville de
Troyes, et procureur du roi en l'élection et grenier à
sel de la même ville, obtint du roi, le 31 mars 1718,
des lettres-patentes qui le relevèrent de la dérogeance
commise par Pierre Paillot, son père, et Pierre Paillot,
son aïeul, et le confirmèrent dans son ancienne noblesse, à cause des services signalés rendus à Henri IV,
par Jean Paillot, son grand-oncle, premier échevin de la
ville de Troyes; lesquelles lettres remontent l'ancienneté
de cette famille à Antoine Paillot, écuyer, 5e. aïeul de
Pierre, en faveur duquel elles furent données, qui fut
tué, en 1443, en allant au secours de la ville de Dieppe,
assiégée par les Anglais. Pierre Paillot obtint décharge
du bailli de Troyes, le 18 juin 1526, de la somme de
deux sous six deniers, à laquelle il avait été cotisé
pour le droit de *jurée*, comme noble par le ventre. Fran-

çois Paillot, fut maintenu dans la noblesse utérine, par sentence du 25 mai 1582, et Jean Paillot, par arrêt de la cour des aides, du 28 septembre 1621. (La Roque.) Cette famille est distinguée par ses alliances et par une longue continuité de services militaires *D'azur, au chevron d'argent, surmonté d'une étoile d'or, et accompagné de trois feuilles d'orme du même; au chef de gueules, chargé de trois couronnes d'or.*

PAIRIE et PAIRS DE FRANCE. Quelques recherches que les savants aient faites jusqu'à nos jours, il ne leur a pas été possible de fixer l'époque de l'institution de la pairie de France (1). La rapporter à Hugues Capet, à Charlemagne ou à Pepin, c'est, comme l'a remarqué le Gendre, chanoine de l'église de Paris (dans son Histoire de France), ne pas connaître notre histoire. Il n'est fait nulle mention des pairs de France avant le règne de Louis VII, dit le Jeune, qui monta sur le trône en 1137. D'ailleurs, suivant le même historien, au commencement de la troisième race de nos

---

(1) Les pairs sont beaucoup plus anciens dans les Gaules que ne l'est la pairie réelle. Les Francs ayant conquis ce pays, il ne se trouva parmi eux, que deux ordres de personnes libres : les ecclésiastiques et les nobles. Le peuple, et la plupart des bourgeois des villes étaient serfs ; un grand nombre de ces derniers ayant obtenu successivement leur affranchissement de leurs suzerains, soit en récompense de quelque action éclatante, soit en reconnaissance de quelque service éminent, on leur donna le nom de *pairs bourgeois*, parce qu'ils étaient tous égaux en dignité, *pares*. C'était un privilége de la nation franque de ne pouvoir y être jugé que par ses pairs. Ces pairs bourgeois, que l'on a depuis nommés *tiers-état*, ne firent corps avec la monarchie que long-tems après que les seigneurs leur eurent accordé le droit de communes. Ce fut en vertu de ce droit que les pairs bourgeois eurent le pouvoir d'élire des maïeurs, des maires, des échevins et des jurés, qui devinrent les juges naturels des autres bourgeois, (leurs *pairs*, c'est-à-dire leurs pareils), dans les affaires civiles et de police.

La *pairie* était une dignité attachée à la possession d'un fief qui donnait droit d'exercer la justice conjointement avec ses *pairs*, ou pareils, dans les assises du fief dominant, soit pour les affaires contentieuses, soit par rapport à la féodalité.

Tout fief avait des pairies, c'est-à-dire d'autres fiefs mouvants de lui; et les possesseurs de ces fiefs servants, censés

rois, les villes de Laon, de Beauvais, de Langres, de Noyon et de Châlons-sur-Marne, n'appartenaient point à leurs évêques.

Mathieu Paris, auteur anglais, qui écrivait sous le règne de saint Louis, est le premier historien que nous connaissions, qui ait parlé des pairs de France : ils sont, dit-il, les premiers officiers de la couronne, établis pour régler les plus importantes affaires du gouvernement ; il se trompe en ce qu'il confond les pairs de France avec les grands officiers de la couronne, mais son erreur n'empêche pas qu'il n'ait fait mention des *pairs* de France.

Quelques écrivains ont prétendu que c'est Louis le Gros qui a institué les douze pairs de France, et assurent qu'ils parurent, pour la première fois, au couronnement de Louis le Jeune, son fils, qu'il fit sacrer à Reims, en 1131, par le pape Innocent II, durant la tenue du concile ; mais il paraît impossible que cela soit ainsi, et encore moins ce qu'on ajoute, que ce fut apparemment à la prière de ce souverain pontife, que

---

égaux entr'eux, composaient la cour du seigneur dominant, et jugeaient, avec ou sans lui, toutes les causes dans son fief. On trouve, dès le tems de Lothaire, un jugement rendu en 929, par le vicomte de Thouars avec ses pairs, pour l'église de Saint-Martin de Tours.

Le comte de Champagne avait sept pairs ; celui de Vermandois, six ; le comte de Ponthieu avait aussi les siens, et il en était de même dans chaque seigneurie : cette police des fiefs forma le second âge du droit de la pairie, laquelle, depuis cette époque, devint réelle ; c'est-à-dire que le titre de pair fut attaché à la possession d'un fief de même valeur que celui des autres vassaux.

Il se forma, dans la suite, trois ordres ou classes ; savoir, de la religion, des armes et de la justice. Tout officier royal devint le supérieur et juge de tous les sujets du roi, de quelque rang qu'ils fussent. Mais dans chaque classe, les membres du tribunal supérieur conservèrent le droit de ne pouvoir être jugés que par leurs confrères, et non par les tribunaux inférieurs qui ressortissaient devant eux. De là vint cette éminente prérogative qu'avaient les *pairs de France*, de ne pouvoir être jugés que par la cour du parlement, suffisamment garnie de *pairs*, parce qu'alors le parlement était considéré comme la cour des pairs, c'est-à-dire le tribunal seul compétent pour juger les pairs du royaume.

Louis honora du titre de pairs de France les six prélats qu'il préfera pour cette dignité ; car il est constant que le comté de Langres, par lequel l'évêque de
cette ville devint pair, et qui ensuite a été érigé en
duché, ne fut donné à l'église de Langres qu'en 1179,
selon l'acte qui est rapporté dans le Gallia Christiana ;
et par conséquent, dit un fameux critique (l'abbé des
Thuilleries), les six pairs ecclésiastiques n'existaient
pas en 1131. Il n'est pas moins vrai aussi que Henri III,
roi d'Angleterre et duc de Normandie, ne se trouva
pas au même sacre ; ce qui résulte d'une lettre de ce
prince au pape Innocent II, laquelle est dans le Spé-
cilége du P. d'Acheri, tom. II, pag. 457, par conséquent les six pairs laïcs ne se trouvèrent pas tous à
cette cérémonie. D'ailleurs, il est dit dans les historiens du tems, qu'au sacre de Philippe Auguste Guillaume de Champagne, archevêque de Reims, et oncle
maternel du roi, fit cette cérémonie, assisté des archevêques de Tours, de Bourges et de Sens, et ces mêmes
historiens ne font nulle mention des pairs de France.

Favin pense que la pairie fut instituée par le roi
Robert, « qui inventa comme un grand conseil secret
» d'état, composé de six ecclésiastiques et de six grands
» seigneurs détempteurs de Bourgogne, Aquitaine,
» Normandie, Flandre, Champagne et Tolose, les
» honorant du titre de pairs. Cette institution, dit-il,
» est rapportée sous l'année 1020, la vingt-quatrième
» année de son règne ». Favin n'appuie cette opinion
d'aucune autorité, et d'ailleurs il n'a pas fait réflexion
qu'il n'y avait point alors six pairs ecclésiastiques,
puisque, comme il a déjà été dit, l'évêque de Langres
relevait encore du duc de Bourgogne, sous le règne de
Louis VII, et que ce fut ce roi qui engagea le duc de
Bourgogne à unir le comté de Langres à l'évêché, pour
que l'évêque relevât du roi, dans le dessein qu'avait ce
monarque, de faire sacrer son fils Philippe Auguste,
et de rendre cette cérémonie mémorable par la convocation des douze pairs (le président Hénault).

On remarque qu'au sacre de Philippe V, en 1316,
les rangs n'étaient rien moins que réglés comme ils le
sont aujourd'hui. Ce fut par le jugement du monarque
que l'évêque de Beauvais y eut le pas sur celui de Langres. La comtesse d'Artois assista à ce sacre en qualité

de pair, et soutint avec les autres la couronne du nouveau roi, qui était son gendre. Une autre comtesse d'Artois fit encore la fonction de pair en 1364, au sacre de Charles V. Cela prouve que tous les pairs y étaient invités indifféremment, et que tous y pouvaient encore faire les mêmes fonctions.

En 1179, Philippe Auguste fut sacré et couronné à Reims, du vivant de Louis le Jeune, son père, qui attribua la prérogative du sacre, jusqu'alors indécise, au siége de Reims, en considération de ce que le cardinal de Sabine, son beau-frère, en était archevêque. Les pairs prirent séance à cette cérémonie. Henri, roi d'Angleterre, y assista comme duc de Normandie ; et Philippe, comte de Flandre, y porta l'épée royale comme pair de France : c'est la première fois que les comtes de Flandre aient pris ce titre.

Nous pourrions rapporter plusieurs autres cérémonies ou fonctions, où les pairs se sont trouvés en qualité de pairs de France ; mais cela ne répandrait pas plus de clarté sur la matière que nous traitons. Il n'existe nulle part des preuves certaines, qui fixent le premier établissement des pairies, et on ne trouve point de lettres de création de pairies des anciens pairs : c'est parce qu'ils se l'étaient faite eux-mêmes. Cependant, on croit pouvoir fixer le commencement de la pairie en France au dixième siècle ; mais en même tems il est à propos de se rappeler ce que nous avons déjà dit, que les pairs sont plus anciens en France que la pairie : celle-ci, dit le Laboureur, n'a commencé d'être réelle de nom et d'effet que lorsque les fiefs ont commencé d'être héréditaires et patrimoniaux, au lieu que les pairs étaient juges, dans tous les tems, de leurs concitoyens. Cela semble d'autant plus vrai, que lorsque les villes eurent acquis le droit de communes, elles qualifièrent en plusieurs lieux, et particulièrement en Picardie, leurs juges du nom de pairs-bourgeois. Or, l'usurpation des fiefs commença sous les derniers rois de la seconde race, ou de la race carlovingienne, et il paraît que cette usurpation fut approuvée, confirmée, ou du moins consentie lors de l'avénement de Hugues Capet à la couronne, c'est-à-dire vers l'an 989.

Nous pouvons donc inférer, ou du moins présumer, que les pairies et les fiefs ont une origine commune.

Ce fut cette introduction de seigneuries, inconnues jusqu'alors, qui porta une atteinte funeste à l'autorité royale. Vignier semble expliquer cela assez clairement. « Avant Louis le Bègue (mort en 879), tout était
» presque domaine royal..... Le roi faisait la part à ses
» sujets, comme bon lui semblait ; mais sous Charles
» le Simple (mort en 939), on vit la France distribuée
» en sept grandes et principales provinces..... et en plu-
» sieurs moindres et petits comtés, dont les uns dépen-
» daient des sept plus grandes, comme fiefs subalternes,
» ainsi que les comtés de Touraine, d'Anjou, de Blois et
» autres semblables de la comté de France, ce qui me fait
» soupçonner être la cause, pourquoi les comtes d'Anjou
» ne tinrent lieu, entre les pairs depuis Hugues Capet,
» les comtes de Champagne, pour raison de leur comté
» de Tours.... Quant aux grandes provinces, la pre-
» mière et principale des sept, fut celle qu'on disait
» de France et de Paris.... ; de sorte que si Hugues
» Capet se fût avisé de donner le duché de France à
» aucun de ses enfants, sans le réunir et incorporer au
» domaine royal, nous eussions eu sept pairs, parce
» qu'il y avait eu sept grands et principaux princes
» auparavant. » (Nicolas Vignier, dans sa Bibliothèque historiale.)

Outre ces pairs laïcs, le roi avait des pairs ecclésiastiques, au lieu que l'on ne voit pas que les autres pairs de France eussent des pairs ecclésiastiques, mais ils avaient presque tous plus de pairs laïcs que le roi : ces pairs étaient les juges des justices des seigneurs, et il en fallait au moins deux, ayant leur seigneur à leur tête, pour rendre un jugement : le seigneur qui n'avait point de pairs, en empruntait de son chef-seigneur. Beaumanoir, dans ses Coutumes de Beauvaisis, remarque que les seigneurs ne pouvaient pas assister au jugement du procès où ils étaient parties. Les pairs de France voulurent en vain faire valoir ce droit contre le roi, qui assistait à ces jugements, et qui y devait assister, parce qu'en défendant ses droits, il défendait ceux de l'état. (Le président Hénault).

Les douze plus anciens pairs de France connus, furent ceux qui assistèrent, sous Louis VII, au sacre du roi Philippe-Auguste, le 1er. novembre 1179, dans l'ordre suivant :

Pairs laïcs.

Le duc de Bourgogne ; Hugues III.

Le duc de Normandie ; Henri le Jeune, roi d'Angleterre.

Le duc de Guienne ; Richard d'Angleterre, frère du précédent.

Le comte de Champagne ; Henri Ier.

Le comte de Flandre ; Philippe d'Alsace.

Le comte de Toulouse ; Raymond.

Pairs ecclésiastiques.

L'archevêque duc de Reims ; Guillaume de Champagne.

L'évêque duc de Laon ; Royer de Rosay.

L'évêque duc de Langres ; Manassés de Bar.

L'évêque comte de Beauvais ; Barthelemi de Moncornet.

L'évêque comte de Châlons ; Gui de Joinville.

L'évêque comte de Noyon ; Baudouin.

Dans la suite, les rois de France ayant réuni les grands fiefs héréditaires à leur couronne, et voulant illustrer des familles de leur royaume qui avaient rendu d'éminents services et à leur personne et à l'état, érigèrent de nouvelles pairies, et en augmentèrent le nombre à leur volonté.

Ainsi la pairie devint la première dignité de l'état.

Les pairs furent alors les grands du royaume ; ils composaient la cour du roi, c'est-à-dire son premier tribunal, que, par cette raison, on appelait la cour des pairs. Depuis que le parlement et la cour du roi ont été unis, le parlement a toujours été considéré comme la cour des pairs.

Anciennement, les femelles étaient exclues des fiefs par les mâles, mais elles y succédaient à leur défaut, lorsqu'elles étaient rappelées à la succession par leurs père et mère ; elles succédaient même ainsi aux plus grands fiefs, et en exerçaient toutes les fonctions.

Les pairs furent créés pour soutenir la couronne, comme les électeurs ont été établis pour le soutient de l'empire ; c'est ainsi que le procureur-général s'en expliqua les 19 et 26 février 1410, en la cause des archevêques et archidiacres de Reims.

Nos rois faisaient souvent signer des chartes et ordonnances par les pairs, soit pour les rendre plus authentiques, soit pour avoir leur consentement aux dispositions qu'ils faisaient de leur domaine, et aux réglements qu'ils publiaient, lorsque leur intention était que ces réglements eussent aussi leur exécution dans les terres de leurs barons ou pairs.

Mais la principale cause pour laquelle les pairs de France ont été institués, a été pour assister le roi de leurs conseils dans ses affaires les plus difficiles, et pour l'aider à rendre la justice dans sa cour, de même que les autres pairs de fiefs y étaient obligés envers leur seigneur. Les pairs de France étaient juges naturels des nobles du royaume en toutes leurs causes réelles et personnelles.

Les pairs se tenaient près de la personne du roi, lorsqu'il tenait ses états-généraux; et comme ils étaient les plus anciens et les principaux membres du parlement, ils y avaient entrée, séance et voix délibérative en la grand'chambre, et aux chambres assemblées, toutes les fois qu'ils jugeaient à propos d'y venir, n'ayant pas besoin, pour cela, de convocation ni d'invitation.

La place des pairs aux audiences de la grand'chambre était sur les hauts siéges à la droite.

L'âge pour la séance des pairs laïcs au parlement, était fixé à vingt-cinq ans.

Aux lits de justice, les pairs laïcs précédaient les évêques-pairs.

Au sacre du roi, les pairs faisaient une fonction royale; ils y représentaient la monarchie, et y paraissaient avec l'habit royal, et la couronne en tête; ils soutenaient tous ensemble la couronne du roi, et c'étaient eux qui recevaient le serment que le monarque faisait d'être le protecteur de l'église et de ses droits, et de tout son peuple.

Outre ces fonctions, qui étaient communes à tous les pairs, ils en avaient encore chacun de particulières au sacre; c'est ce que nous allons rappeler.

Fonctions des six anciens Pairs ecclésiastiques au sacre de nos rois.

1º. L'archevêque duc de Reims a la prérogative de sacrer et couronner le roi, et de l'oindre de l'huile de la Sainte-Ampoule ;

2º. L'évêque duc de Laon porte la Sainte-Ampoule au sacre du roi ;

3º. L'évêque duc de Langres porte le sceptre, et sacre le roi en l'absence de l'archevêque de Reims ;

4º. L'évêque comté de Beauvais porte et présente le manteau royal ;

5º. L'évêque comte de Châlons porte l'anneau royal ;

6º. L'évêque comte de Noyon porte la ceinture ou baudrier.

L'archevêque de Paris, duc de Saint-Cloud, était pair ecclésiastique ; mais le rang de cette pairie se réglait par celui de son érection, qui date seulement de 1622.

Fonctions des six anciens Pairs laïcs.

1º. Le duc de Bourgogne ; il portait la couronne royale et ceignait l'épée au roi.

2º. Le duc de Guienne ; il portait la première bannière carrée.

3º. Le duc de Normandie ; il portait la seconde bannière.

4º. Le comte de Champagne ; il portait l'étendard de guerre.

5º. Le comte de Toulouse ; il portait les éperons.

6º. Le comte de Flandre ; il portait l'épée du roi.

Les pairies qui succédèrent aux anciennes furent d'abord érigées en faveur des enfants de France et des princes du sang, pour leur servir d'apanage, sous la réserve toutefois de réversion à la couronne. C'est dans le seizième siècle, sous Louis XII et François Iᵉʳ, que la pairie commença à être communiquée à des personnes qui n'étaient point du sang royal ; et c'est en-

core dans le même siècle, sous Henri II, qu'il fut déclaré que cette dignité ne serait transmissible que dans
la ligne directe et masculine. Quelques années plus
tard, sous Charles XI, les demandes d'érection de terre
en fiefs de dignité s'étant multipliées, ce prince, pour
ralentir l'empressement de ceux qui sollicitaient de pa-
reilles faveurs, ordonna, par un édit du mois de juillet 1566, que toute érection de terre en duché, marquisat ou comté, emporterait à l'avenir la condition
qu'à défaut d'hoirs et successeurs mâles du titulaire nés
de lui en légitime mariage, la terre érigée en l'un ou
l'autre de ces titres serait et demeurerait mise et incor-
porée au domaine du roi. Cet édit se trouve confirmé
par l'art. 279 de l'ordonnance de Blois du mois de mai
1579 ; mais ces dispositions restèrent sans exécution,
ainsi que l'édit de 1582, qui rendait toutes les pairies
personnelles. Cependant il est certain qu'il y a eu anciennement des pairies personnelles ; et même nos rois
ont, à diverses époques, conféré temporairement la dignité de pair à quelques gentilshommes, pour assister,
en cette qualité, à de grandes solennités. Nous en avons
plusieurs exemples. Je n'en citerai qu'un. En 1429,
Georges de la Trémouille, qui avait été gouverneur de
Charles VII, fut fait pair pour le sacre et couronnement de ce prince seulement, et sa pairie finit avec
cette auguste cérémonie (*de Laigue*).

C'est par des lettres-patentes que nos rois érigent,
quand il leur plaît, des terres en duchés et en pairies,
et non par des brevets, comme le pensent bien des gens.
En effet, il n'est pas un seul exemple de duché ou de
pairie qui ait été érigé par brevet. On présume, avec
raison que les premiers pairs laïcs n'ont été créés, ou
plutôt qualifiés tels que par l'usage ; que cela s'est fait
sur la fin de la seconde race de nos rois, et que les
pairs créés par lettres-patentes sont de la troisième
race.

Si l'on nous demande à quoi servent les brevets dont
il est si souvent fait mention à propos de cette matière,
nous répondrons que ces brevets sont des actes signés
du roi et d'un de ses secrétaires d'état, par lesquels
S. M. « voulant faire connaître l'estime et affection
» particulières qu'elle a pour le sieur*** par des marques
» d'honneur qu'elle ne donne que rarement, lui ac-

» corde les mêmes honneurs et entrées au Louvre , et
» d'autres avantages dont il a joui à cause de son duché,
» nonobstant la cession qu'il en avait faite au sieur ***,
» son fils aîné, voulant qu'il en jouisse de la même
» manière qu'en ont joui et jouissent les ducs auxquels
» S. M. a accordé pareille grâce ; et pour témoignage
» de sa volonté, S. M. (dit le secrétaire d'état) m'a
» commandé d'expédier le présent brevet, qu'elle a
» signé de sa main, et fait contre-signer par moi
» conseiller d'état et de ses commandements et fi-
» nances , etc. »

On voit, par l'extrait du brevet que nous venons de
rapporter, que le roi ne se sert point de cet acte pour
ériger une terre en duché, mais seulement pour accorder les honneurs à ceux que S. M. honore d'une estime
et affection particulières.

Ce n'est pas seulement à des seigneurs qui ont donné
la démission de leurs duchés-pairies que le roi accorde
les mêmes honneurs et entrées en cour et autres avantages dont ils jouissaient, s'ils conservaient leurs duchés-
pairies, il les accordait aussi quelquefois par de pareils
brevets à des seigneurs qui n'avaient ni duchés ni pairies.

La formule du serment que prêtaient les ducs et pairs
lorsqu'ils allaient pour la première fois prendre séance
au parlement, était celle qui suit. Le premier président
leur disait : « Vous jurez et promettez de bien et fidèle-
» ment servir, assister et conseiller le roi en ses très-
» hautes, très-grandes et importantes affaires, et pre-
» nant séance en la cour, y rendre justice aux pauvres
» comme aux riches, garder les ordonnances, tenir les
» délibérations de la cour closes et secrètes, et en tout
» vous comporter comme un bon, sage, vertueux et
» magnanime duc et pair de France doit faire. ». Le
pair répondait : « Je le jure et le promets. » *Expilly.*

Les pairs de France qui n'étaient pas de la maison
royale et qui possédaient d'anciennes pairies, prétendaient autrefois précéder les princes du sang dont la
pairie était nouvellement érigée. Cette question se pré-
senta au sacre de Henri II, qui adjugea par provision ,
par sa déclaration du 15 juillet 1547 , la préséance à
François de Lorraine, duc de Guise, et à François de
Clèves, duc de Nevers, sur Louis de Bourbon, prince
du sang et duc de Montpensier, parce que les pairies de

Guise et de Nevers étaient plus anciennes que celle de
Montpensier ; mais cela fut réparé bientôt après, et l'on
trouve dans les registres du parlement les séances des
2 juillet 1549, 12 février 1551, 23 et 25 juin et 25 juillet 1561, et 17 mai 1563, dans lesquelles le même duc
de Montpensier et les autres princes du sang sont placés
avant les ducs de Guise et de Nevers. Enfin, Henri III
décida cette question en faveur des princes du sang par
un édit précis, donné à Blois au mois de décembre
1576, registré au parlement le 8 janvier suivant ; et
depuis ce tems, tous les princes du sang précèdent, en
tous lieux et en toutes cérémonies, tous les princes et
autres grands du royaume (État général de la France,
par le comte de Waroquier, 1789, tome II, pages 1
et 2).

Parmi les autres actes anciens et nombreux de la
puissance royale sur la pairie et les pairs de France, ou
contenant quelques dispositions qui y soient relatives,
on remarque l'ordonnance du roi Jean, du mois de décembre 1363 ; celle de Charles VII, du 12 avril (après
Pâques) 1452 ; les déclarations de Louis XI, des 13 octobre 1463 et 14 décembre 1464 ; celles de Henri IV,
du mois de septembre 1596 et du 15 avril 1610 ; la déclaration de Louis XIV, du 5 mai 1694, et notamment
le célèbre édit de ce prince, donné à Marly au mois de
mai 1711, enregistré le 21 du même mois, portant réglement général pour les duchés-pairies. On va le rapporter comme étant un document historique, et comme
ayant alors réglé toutes les difficultés qui s'étaient éle-
vées entre les titulaires, touchant les rang et préséance.

Edit du roi portant réglement général sur les duchés-pairies, du mois de mai 1711.

Louis, etc.

Art. 1er. Les princes du sang royal seront honorés et
distingués, en tous lieux, suivant la dignité de leur
sang et l'élévation de leur naissance ; ils représenteront
les anciens pairs de France aux sacre des rois, et auront
droit d'entrée, séance et voix délibérative en nos cours
de parlement à l'âge de quinze ans, tant aux audiences

qu'au conseil, sans aucune formalité, encore qu'ils ne possèdent aucune pairie.

2. Nos enfants légitimés, et leurs enfants et descendants mâles qui posséderont des pairies, représenteront pareillement les anciens pairs aux sacres des rois, après et au défaut des princes du sang, et auront droit d'entrée et voix délibérative en nos cours de parlement, tant aux audiences qu'au conseil, à l'âge de vingt ans, en prêtant le serment ordinaire des pairs, avec séance immédiatement après lesdits princes du sang, conformément à notre déclaration du 5 mai 1694, et ils précéderont tous les ducs et pairs ; et en cas qu'ils aient plusieurs pairies et plusieurs enfants mâles, leur permettons (en se réservant une pairie pour eux) d'en donner une à chacun de leursdits enfants, si bon leur semble, pour en jouir par eux aux mêmes honneurs, rang, préséance et dignité que ci-dessus, du vivant même de leur père.

(Les dispositions de cet article ont été révoquées par l'édit du mois d'août 1718. Voyez encore, sur le même sujet, les édits et déclarations de juillet 1714, 23 mai 1715, 10 mai 1716, juillet 1717, 26 août 1718 et 26 avril 1723.)

3. Les ducs et pairs représenteront aux sacres les anciens pairs, lorsqu'ils y seront appelés au défaut des princes du sang et des princes légitimés qui auront des pairies ; ils auront rang et séance entre eux, avec droit d'entrée et voix délibérative, tant aux audiences qu'au conseil de nos cours de parlement, du jour de la première réception et prestation de serment en notre cour de parlement de Paris, après l'enregistrement des lettres d'érection, et seront reçus audit parlement à l'âge de vingt-cinq ans, en la manière accoutumée.

4. Par les termes d'hoirs et successeurs, et par les termes d'ayant-cause, tant insérés dans les lettres d'érection ci-devant accordées, qu'à insérer dans celles qui pourraient être accordées à l'avenir, ne seront et ne pourront être entendus que les enfants mâles descendants de celui en faveur de qui l'érection aura été faite, et que les mâles qui en seront descendus de mâle en mâle, en quelque ligne et degré que ce soit.

5. Les clauses générales insérées ci-devant dans quelques lettres d'érection de duchés-pairies, en faveur de femelles, et qui pourraient l'être en d'autres à l'avenir, n'auront aucun effet qu'à l'égard de celle qui descendra et sera de la maison et du nom de celui en faveur duquel les lettres auront été accordées, et à la charge qu'elle n'épousera qu'une personne que nous jugerons digne de posséder cet honneur, et dont nous aurons agréé le mariage par des lettres-patentes qui seront adressées au parlement de Paris, et qui porteront confirmation du duché en sa personne et descendants mâles, et n'aura, ce nouveau duc, rang et séance que du jour de sa réception audit parlement, sur nosdites lettres.

6. Permettons à ceux qui ont des duchés et pairies, d'en substituer à perpétuité le chef-lieu, avec une certaine partie de leur revenu, jusqu'à 15,000 livres de rente, auquel le titre et dignité desdits duchés et pairies demeurera annexé, sans pouvoir être sujet à aucunes dettes ni détractions, de quelque nature qu'elles puissent être, après que l'on aura observé les formalités prescrites par les ordonnances pour la publication des substitutions; à l'effet de quoi dérogeons, au surplus, à l'ordonnance d'Orléans et à celle de Moulins, et à toutes autres ordonnances, usages et coutumes qui pourraient être contraires à la présente disposition.

7. Permettons à l'aîné des mâles descendant en ligne directe de celui en faveur duquel l'érection des duchés et pairies aura été faite, ou, à son défaut ou refus, à celui qui le suivra immédiatement, et ensuite à tout autre mâle de degré en degré, de les retirer des filles qui se trouveront en être propriétaires, en leur en remboursant le prix dans six mois, sur le pied du denier vingt-cinq du revenu actuel, et sans qu'ils puissent être reçus en ladite dignité, qu'après en avoir fait le paiement réel et effectif, et en avoir rapporté la quittance.

8. Ordonnons que ceux qui voudront former quelques contestations sur le sujet desdits duchés et pairies, et des rangs, honneurs et préséance accordés par nous auxdits ducs et pairs, princes et seigneurs de notre

H.   17 royaume, seront tenus de nous représenter, chacun en particulier, l'intérêt qu'ils prétendent y avoir, afin d'obtenir de nous la permission de le poursuivre et de procéder en notre parlement de Paris pour y être jugés, si nous ne trouvons pas à propos de les décider par nous-mêmes ; et en cas qu'après y avoir renvoyé une demande, les parties veuillent en former d'autres incidemment, ou qui soient différentes de la première, elles seront tenues pareillement d'en obtenir de nouvelles permissions, et sans qu'en aucun cas ces sortes de contestations et de procès puissent en être tirés par la voie des évocations.

9. Voulons que notre cousin le duc de Luxembourg et de Piney ait rang, tant en notre cour de parlement de Paris, qu'en tous autres lieux, du 22 mai 1662, jour de la réception du feu duc de Luxembourg, son père, en conséquence de nos lettres du mois de mars de l'an 1661, et que les arrêts rendus le 20 mai 1662 et 13 avril 1696, soient exécutés définitivement, sans que notredit cousin puisse prétendre d'autre rang, sous quelque titre et prétexte que ce puisse être ; et à l'égard du marquis d'Antin, voulons pareillement qu'il n'ait rang et séance que du jour de sa réception, sur les nouvelles lettres que nous lui accorderons.

10. Voulons et ordonnons que ce qui est porté par le présent édit pour les ducs et pairs, ait lieu pareillement pour les ducs non pairs, en ce qui peut les regarder. Si donnons en mandement, etc.

Voyez DUCHÉS-PAIRIÉS, où l'on a donné quelques détails sur la pairie et la chronologie des terres érigées en duchés-comtés ou baronnies-pairies.

DE LA PAIRIE ACTUELLE.

Extrait de la Charte constitutionnelle (1814).

LOUIS, par la grâce de Dieu, roi de France et de Navarre, à tous ceux qui ces présentes verront, *salut*.

En même tems que nous reconnaissions qu'une constitution libre et monarchique devait remplir l'attente de l'Europe éclairée, nous avons dû nous sou-

venir aussi que notre premier devoir envers nos peuples
était de conserver, pour leur propre intérêt, les droits
et les prérogatives de notre couronne ; nous avons
espéré qu'instruits par l'expérience, ils seraient con-
vaincus que l'autorité suprême peut seule donner, aux
institutions qu'elle établit, la force, la permanence
et la majesté dont elle est elle-même revêtue ; qu'ainsi,
lorsque la sagesse des rois s'accorde librement avec le
vœu des peuples, une charte constitutionnelle peut
être de longue durée ; mais que, quand la violence
arrache des concessions à la faiblesse du gouvernement,
la liberté publique n'est pas moins en danger que le
trône même. Nous avons enfin cherché les principes de
la charte constitutionnelle dans le caractère français,
et dans les monuments vénérables des siècles passés.
Ainsi nous avons vu, dans le renouvellement de la
pairie, une institution vraiment nationale, et qui doit
lier tous les souvenirs à toutes les espérances, en réu-
nissant les tems anciens et les tems modernes.

De la Chambre des Pairs.

Art. 24. » La chambre des pairs est une portion es-
» sentielle de la puissance législative.

25. » Elle est convoquée par le roi en même tems
» que la chambre des députés des départements. La ses-
» sion de l'une commence et finit en même tems que
» celle de l'autre.

26. » Toute assemblée de la chambre des pairs qui
» serait tenue hors du tems de la session de la chambre
» des députés, ou qui ne serait pas ordonnée par le roi,
» est illicite et nulle de plein droit.

27. » La nomination des pairs de France appartient
» au roi ; leur nombre est illimité ; il peut en varier les
» dignités, les nommer à vie, ou les rendre héréditaires
» selon sa volonté.

28. » Les pairs ont entrée dans la chambre à vingt-
» cinq ans, et voix délibérative à trente ans seulement.

29. » La chambre des pairs est présidée par le chan-
» celier de France, et, en son absence, par un pair
» nommé par le roi.

30. » Les membres de la famille royale et les princes

» du sang sont pairs par le droit de leur naissance ; ils
». siégent immédiatement après le président, mais ils
» n'ont voix délibérative qu'à vingt-cinq ans.

· 31. » Les princes ne peuvent prendre séance à la
» chambre que de l'ordre du roi exprimé, pour chaque
» . session, par un message, à peine de nullité de tout
» ce qui aurait été fait en leur présence.

32. » Toutes les délibérations de la chambre des
» pairs sont secrètes.

33. » La chambre des pairs connaît des crimes de
» haute trahison et des attentats à la sûreté de l'état,
» qui seront définis par la loi.

34. » Aucun pair ne peut être arrêté que de l'auto-
» rité de la chambre, et jugé par elle en matière cri-
» minelle.

47. » La chambre des députés reçoit toutes les pro-
» positions d'impôt ; ce n'est qu'après que ces propo-
» sitions ont été admises, qu'elles peuvent être portées
» à la chambre des pairs.

48. » Aucun impôt ne peut être établi ni perçu,
» s'il n'a été consenti par les deux chambres, et sanc-
» tionné par le roi.

50. » Le roi convoque chaque année les deux cham-
» bres ; il les proroge, et peut dissoudre celle des
» députés des départements; mais dans ce cas, il doit
» en convoquer une nouvelle dans le délai de trois
» mois.

53. » Toute pétition, à l'une ou à l'autre des cham-
» bres, ne peut être faite et présentée que par écrit. La
» loi interdit d'en apporter en personne à la barre ».

*Ordonnance du Roi qui affecte à la chambre des pairs de
France le palais du Luxembourg, et contient plusieurs
dispositions relatives à cette chambre, du 4 juin 1814.*

LOUIS, par la grâce de Dieu, roi de France et de
Navarre, à tous ceux qui ces présentes verront, *salut.*
Voulant pourvoir à ce que la chambre des pairs de
France soit environnée, de son entrée en fonctions,
de tout ce qui peut annoncer à nos sujets la hauteur
de sa destination,

Nous avons déclaré et déclarons, ordonné et ordonnons ce qui suit :

Art. 1er. Le palais du Luxembourg, et ses dépendances, telles quelles seront par nous désignées, sont affectés à la chambre des pairs, tant pour y tenir ses séances, y déposer ses archives, que pour le logement des officiers, ainsi que le tout sera par nous réglé et établi.

2. La garde du palais de la chambre des pairs, celle de ses archives, le service de ses messagers d'état et huissiers, sont sous la direction d'un pair de France choisi par nous, sous la dénomination de grand référendaire de la chambre des pairs.

3. Il résidera au palais, et ne pourra s'en absenter sans notre permission expresse, transmise par le chancelier de France.

4. Le grand référendaire de la chambre des pairs transmettra à ses membres les lettres de convocation, d'après nos ordres contresignés par l'un de nos secrétaires d'état, et visé par le chancelier de France.

5. Il apposera le sceau de la chambre à tous les actes émanés d'elle, et aux expéditions de ceux déposés dans les archives.

6. Ses fonctions seront révocables à notre volonté.

7. Conformément à l'article 29 de la Charte constitutionnelle, le comte Barthélemy est nommé vice-président de la chambre des pairs, pour en exercer les fonctions jusqu'à ce qu'il ait été par nous autrement dit et ordonné.

8. Conformément à la présente déclaration, le comte de Sémonville est nommé grand référendaire de la chambre des pairs.

Donné à Paris, le 4 juin, l'an de grâce 1814.

Ordonnance sur l'hérédité de la pairie, du 19 *août* 1815.

LOUIS, par la grâce de Dieu, roi de France et de Navarre, à tous ceux qui ces présentes verront, *salut :*

Voulant donner à nos peuples un nouveau gage du prix que nous mettons à fonder, de la manière la plus stable, les institutions sur lesquelles repose le gouver-

-nement que nous leur avons donné, et que nous re-gardons comme le seul propre à faire leur bonheur; convaincu que rien ne consolide plus le repos des états que cette hérédité de sentiments qui s'attache, dans les familles, à l'hérédité des hautes fonctions publiques, et qui crée ainsi une succession non interrompue de sujets, dont la fidélité et le dévouement au prince et à la patrie sont garantis par les principes et les exemples qu'ils ont reçus de leurs pères.

A ces causes, usant de la faculté que nous nous sommes réservée par l'article 27 de la Charte,

Nous avons déclaré et déclarons, ordonné et ordonnons ce qui suit :

Art. 1er. La dignité de pair est et demeurera héréditaire de mâle en mâle, par ordre de primogéniture, dans la famille des pairs qui composent actuellement notre chambre des pairs.

2. La même prérogative est accordée aux pairs que nous nommerons à l'avenir.

3. Dans le cas où la ligne directe viendrait à manquer dans la famille d'un pair, nous nous réservons d'autoriser la transmission du titre dans la ligne collatérale qu'il nous plaira de désigner ; auquel cas le titulaire, ainsi substitué, jouira du rang d'ancienneté originaire de la pairie dont il se trouvera revêtu.

4. Pour l'exécution de l'article ci-dessus, il nous sera présenté incessamment un projet d'ordonnance portant réglement, tant sur la forme dans laquelle devra être tenu le registre matricule, où seront inscrites, par ordre de dates, les nominations de pairs qu'il nous a plu ou qu'il nous plaira de faire, que sur le mode d'expédition, et sur la forme des lettres-patentes qui devront être délivrées aux pairs, en raison de leur élévation à la pairie.

5. Les lettres-patentes délivrées en exécution de l'article ci-dessus, porteront toute collation d'un titre sur lequel sera instituée chaque pairie.

6. Ces titres seront ceux de baron, vicomte, comte, marquis et duc.

7. Nous nous réservons, suivant notre bon plaisir, de changer le titre d'institution des pairies, en accordant un titre supérieur à celui de la pairie originaire.

8. Notre président du conseil des ministres est chargée de l'exécution de la présente ordonnance.

Donné à Paris, au château des Tuilleries, le 19 août de l'an de grâce 1815, et de notre règne le vingt-unième.

Ordonnance du Roi relative aux formes d'admission dans la chambre des pairs, de ceux de ses membres qui y sont appelés par droit d'hérédité, du 23 mars 1816.

Louis, par la grâce de Dieu, roi de France et de Navarre, à tous ceux qui ces présentes verront, *salut.*

Voulant, à l'exemple des rois nos prédécesseurs, pourvoir à tout ce qui peut rehausser la pairie héréditaire créée par notre ordonnance du 19 août 1815, nous avons jugé qu'il importe que ceux qui sont appelés à la pairie par leur naissance, soient, avant d'être admis à l'honneur d'exercer leurs droits, reconnus dignes d'en remplir les hautes et importantes fonctions.

En conséquence, nous avons ordonné et ordonnons ce qui suit :

Art. 1er. Le décès d'un pair arrivant, son successeur à la pairie se pourvoira près de nous pour obtenir notre agrément, à l'effet de poursuivre sa réception.

2. Il présentera ensuite sa requête à la chambre des pairs ; elle sera accompagnée des actes établissant son droit à la pairie, ainsi que d'une liste de douze pairs choisis par lui pour lui servir de garants.

3. La requête et les pièces seront remises aux archives : il en sera fait mention sur les registres.

4. La requête présentée à la chambre des pairs sera lue dans une de ses plus prochaines séances : il sera nommé, par la voie du sort, une commission de trois membres, à l'effet de procéder à la justification des titres justificatifs.

5. Sur le rapport fait par un des membres de la commission, et les titres étant jugés valables par la chambre, il sera choisi, par la voie du sort, six pairs, sur les douze portés dans la liste présentée par le nouveau pair.

6. Le président interrogera les six pairs séparément,

et leur demandera de déclarer, sur leur honneur, si le nouveau pair est digne d'être admis à prêter serment et à prendre séance.

7. Sur leur déclaration affirmative, unanime et signée d'eux, de laquelle il sera rendu compte à la chambre par le président, la chambre fixera un jour pour la réception du nouveau pair, et il y sera procédé conformément à l'article 78 du réglement intérieur (1).

8. En cas que leur déclaration ne soit pas unanime, le président en rendra compte à la chambre, et la réception du nouveau pair pourra être ajournée.

9. Aucune des dispositions ci-dessus ne saurait porter préjudice au droit d'hérédité et de successibilité à la pairie.

10. Notre secrétaire d'état au département des affaires étrangères, président du conseil des ministres, est chargé de l'exécution de la présente ordonnance.

Donné à Paris, le 23 mars, l'an de grace 1816, et de notre règne le vingt-unième.

Ordonnance du Roi sur la formation des Majorats à instituer par les pairs, du 25 août 1817.

LOUIS, par la grace de dieu, roi de France et de Navarre, à tous ceux qui ces présentes verront, *salut.*

Suivant l'article 896 du Code civil (2), les biens

---

(1) Art. 78. » Au jour déterminé, immédiatement après la
» lecture du procès-verbal, le président annonce que le nou-
» veau pair demande à être admis. Deux membres désignés par
» le président, vont recevoir le nouveau pair, et rentrent
» avec lui, précédés de deux huissiers. Le président ordonne
» au garde des registres, de lire les lettres de nomination.
» Après cette lecture, pendant laquelle le nouveau pair se
» tient debout, il prête serment, et va prendre place parmi
» les autres pairs.

» Ce serment est celui qui a été prêté dans la séance royale
» du 4 juin 1814, et qui est conçu dans les termes suivants :
» Je jure d'être fidèle au roi, d'obéir aux lois du royaume,
» et de me conduire en tout comme il appartient à un bon et
» loyal pair de France.

(2) Art. 896. » Les substitutions sont prohibées, néanmoins

libres, formant la dotation d'un titre héréditaire que nous aurions érigé en faveur d'un chef de famille, peuvent être transmis héréditairement. Il nous appartient, soit pour récompenser de grands services, soit pour exciter une utile émulation, soit pour concourir à l'éclat du trône, d'autoriser un chef de famille à substituer ses biens libres pour former la dotation d'un titre héréditaire que nous aurions érigé en sa faveur, et la transmissibilité de ces biens et de ce titre à son fils né ou à naître, et à ses descendants en ligne directe de mâle en mâle., par ordre de primogéniture. Prenant ces dispositions en considération, et les rapprochant de celle de la charte constitutionnelle, relatives à l'érection d'une chambre des pairs, et de notre ordonnance du 19 août 1815, nous avons reconnu que l'institution de la pairie héréditaire rendait nécessaire l'établissement des majorats autorisés par les lois du royaume dans les familles honorées de cette dignité, afin d'assurer à perpétuité, à ceux qui seront successivement revêtus de la pairie, les moyens de la soutenir convenablement, comme il appartient aux membres du premier corps de l'état.

A ces causes, nous avons résolu de n'appeler dorénavant à la dignité de pair de France, que ceux qui auront préalablement institué dans leur famille un majorat qui puisse devenir la dotation héréditaire de leur titre, ne doutant pas d'ailleurs que les pairs actuels ne s'empressent, ainsi que nous les invitons, pour le plus grand avantage de l'état, de la pairie et de notre service, à former de semblables majorats, toutes les fois que la disponibilité et la situation de leurs biens le comporteront.

En conséquence, vu l'article 896 du Code civil et notre ordonnance du 19 août 1815,

Nous avons ordonné et ordonnons ce qui suit :

Art. 1er. A l'avenir, nul ne sera par nous appelé à

» les biens libres formant la dotation d'un titre héréditaire
» que le roi aurait érigé en faveur d'un prince ou d'un chef de
» famille, pourront être transmis héréditairement, ainsi qu'il
» est réglé par l'acte du 30 mars 1806 et par celui du 14 août
» suivant.

la chambre des pairs, les éclésiastiques exceptés, s'il n'a, préalablement à sa nomination, obtenu de notre grâce l'autorisation de former un majorat, et s'il n'a institué ce majorat.

2. Il y aura trois classes de majorats de pairs : ceux attachés au titre de duc, lesquels ne pourront être composés de biens produisant moins de trente mille francs de revenu net ; ceux attachés aux titres de marquis et de comte, qui ne pourront s'élever à moins de vingt mille francs de revenu net, et ceux attachés aux titres de vicomte et de baron, lesquels ne pourront s'élever à moins de dix mille francs de revenu net.

3. Les majorats de pairs seront transmissibles à perpétuité, avec le titre de la pairie, au fils aîné, né ou à naître, du fondateur du majorat, et à la descendance naturelle et légitime de celui-ci, de mâle en mâle et par ordre de primogéniture, de telle sorte que le majorat et la pairie soient toujours réunis sur la même tête.

4. Il ne pourra entrer dans la formation des majorats de pairs que des immeubles libres de tous priviléges et hypothéques, et non grevés de restitutions, en vertu des articles 1048 et 1049 du Code (1), et des rentes sur l'état, après toutefois qu'elles auront été immobilisées.

5. Les effets de la création des majorats des pairs, relativement aux biens qui les composent, les formes de l'autorisation nécessaire pour l'aliénation de ces biens et du remploi de leur prix, seront et demeu-

---

(1) Art. 1048. » Les biens dont les pères et mères ont la fa-
» culté de disposer, pourront être par eux donnés, en tout ou
» en partie, à un ou plusieurs de leurs enfants, par acte entre-
» vifs ou testamentaires, avec la charge de rendre ces biens aux
» enfants nés et à naître, au premier degré seulement desdits
» donataires. »
Art. 1049. » Sera valable, en cas de mort sans enfants, la
» disposition que le défunt aura faite par acte entrevifs ou tes-
» tamentaire, au profit d'un ou plusieurs de ses frères ou
» sœurs, de tout ou en partie des biens qui ne sont point ré-
» servés par la loi dans sa succession, avec la charge de rendre
» ces biens aux enfants nés et à naître, au premier degré seu-
» lement, desdits frères ou sœurs donataires. »

reront réglés, conformément aux dispositions des lois
et réglements actuellement en vigueur sur la matière
des majorats.

6. Toute personne qui voudra former un majorat,
adressera à cet effet une requête à notre garde des
sceaux de France.

L'affaire sera suivie, et les justifications nécessaires
auront lieu dans les formes et de la manière prescrite
par les lois et réglements précités. .

7. Les actes de constitution de majorats seront, par
les ordres de notre chancelier de France, président de
la chambre des pairs, sur la présentation de l'instituant
et sous la surveillance du grand référendaire, transcrits
sur un registre qui sera tenu à cet effet, et déposé dans
les archives de la chambre des pairs.

8. Les droits d'enregistrement et de transcription
seront perçus d'après les bases établies par le décret du
24 juin 1808.

9. Les membres actuels de la chambre des pairs qui
désireront instituer un majorat dans leur famille, ainsi
que nous les y invitons, procéderont à cette institution,
en se conformant aux règles prescrites par la présente
ordonnance.

10. En ce cas seulement, le majorat de chaque titre
de pairie pourra être formé successivement et par
parties, par les divers titulaires qui se succéderont audit
titre, jusqu'à ce qu'il ait été élevé au minimum fixé
par la présente ordonnance, pour la classe à laquelle
il appartiendra.

11. Notre président du conseil des ministres, et notre
garde des sceaux, ministre – secrétaire d'état de la
justice, sont chargés de l'exécution de la présente
ordonnance.

Donné à Paris, au château des Tuileries, le vingt–
cinquième jour du mois d'août de l'an de grâce 1817,
et de notre règne le vingt–troisième.

*Ordonnance du Roi sur la délivrance des lettres-patentes
portant collation des titres de pairie, du 25 août 1817.*

Louis, par la grâce de Dieu, roi de France et de
Navarre, à tous ceux qui ces présentes verront ; salut :

Vu l'article 4 de notre ordonnance du 19 août 1815, Nous avons ordonné et ordonnons ce qui suit :

Art. 1er. Notre garde des sceaux de France, ministre-secrétaire d'état au département de la justice, fera expédier, par notre commission du sceau, aux membres de la chambre des pairs, sur la demande qui lui en sera faite par le ministère d'un référendaire au sceau, les lettres-patentes portant institution du titre de pair de France, créé en leur faveur.

2. Ces lettres-patentes seront rédigées sur parchemin, selon le modèle qui est joint à la présente, contre-signées par notre garde des sceaux, visées par le président de notre conseil des ministres, et scellées du grand sceau.

3. Elles contiendront :

1°. La date de l'acte portant nomination de l'impétrant à la pairie, et les motifs de cette nomination, s'il en a dénoncés en cet acte ;

2°. Le titre affecté par nous à la pairie érigée en faveur de l'impétrant, et qui déterminera son rang dans la chambre ;

3°. La concession du droit exclusif de placer leurs armoiries sur un manteau d'azur, doublé d'hermine, et de les timbrer d'une couronne de pair ou bonnet d'azur, cerclé d'hermine, et surmonté d'une houppe d'or.

4. Ces lettres-patentes seront transcrites en entier sur un registre spécialement consacré à cet usage, et qui demeurera déposé aux archives de la commission du sceau. Il en sera fait mention du tout sur lesdites lettres-patentes par le secrétaire du sceau.

5. Ces lettres-patentes seront, à la diligence tant de notre procureur-général que de l'impétrant, et sur le réquisitoire du ministère public, publiées et enregistrées à la cour royale et au tribunal de première instance du domicile de l'impétrant. Les greffiers de ces cours et tribunaux feront mention, sur l'original des lettres, de la publication à l'audience et de la transcription sur les registres. Elles seront en outre insérées au bulletin des lois. Les frais de publication et d'enregistrement seront à la charge de l'impétrant.

6. Elles seront données en communication à la

chambre des pairs par notre garde des sceaux ; il lui sera donné acte de cette communication.

7. Elles seront ensuite transcrites en entier sur le registre-matricule en parchemin, intitulé livre de la pairie ; paraphé sur le *recto* par notre chancelier de France, président de la chambre des pairs, et sur le *verso* par le grand référendaire. Ce registre sera ouvert par un procès-verbal de vérification, contenant le nombre des pages et l'usage du livre : ce procès-verbal sera dressé par notre dit chancelier et le grand référendaire. Le livre sera clos au bas de la dernière page, en la même forme.

8. Le livre de la pairie sera déposé aux archives de la chambre des pairs : le grand référendaire en aura la garde, et certifiera les expéditions qui seront délivrées des pièces qui y seront transcrites.

9. Tout pair de France sera tenu d'adresser au grand-référendaire expédition, en bonne forme, des actes de l'état civil qui le concerneront, ou ses descendants directs, ou les appelés à la pairie dont il est titulaire, selon l'ordre légitime de succession. En cas de minorité d'un pair, cette obligation est imposée au tuteur du père mineur.

Ces actes seront transcrits sur un registre tenu à cet effet, sur la surveillance du grand-référendaire, et déposés aux archives de la chambre.

10. Dans toutes les cérémonies publiques et réunions civiles ou administratives, un pair de France qui aura été invité, en sa qualité de pair, et qui sera revêtu de l'habit de pair, prendra toujours, et sur toute personne, la droite de l'autorité, qu'elle quelle soit, qui aura la préséance.

11. Il est enjoint à tous les officiers publics de ne donner aux pairs de France d'autres qualifications ou titres honorifiques que ceux auxquels ils ont droit en vertu des lettres-patentes portant institution de leur titre de pairie.

12. Le fils d'un duc et pair portera de droit, le titre de marquis ; celui d'un marquis et pair, le titre de comte ; celui d'un comte et pair, le titre de vicomte ; celui d'un vicomte et pair, le titre de baron ; celui d'un baron et pair, le titre de chevalier.

Les fils puinés de tous les pairs porteront, de droit, le titre immédiatement inférieur à celui que portera leur frère aîné.

Le tout sans préjudice des titres personnels que lesdits fils de pair pourront tenir de notre grâce, ou dont ils seraient actuellement en possession, en exécution de l'art. 71 de la charte.

13. Lorsque la chambre des pairs sera appelée à siéger en notre présence royale, et dans les autres occasions solennelles seulement, il sera préparé dans le lieu habituel de ses séances, ou dans celui destiné à la réunion de ses membres, des places ou bancs séparés pour chaque ordre de titres. Les pairs également titrés se placeront sur le même banc, selon l'ordre de leur promotion ou de l'ancienneté de leur titre.

14. Le premier de tous les bancs sera destiné aux princes de notre sang. Les pairs ecclésiastiques occuperont, de droit, les premières places des bancs où ils seront appelés en vertu du titre qui leur est conféré par nos lettres-patentes d'institution.

15. Notre président du conseil des ministres et notre garde des sceaux, ministre secrétaire d'état de la justice, sont chargés de l'exécution de la présente ordonnance.

Donné à Paris, au château des Tuileries, le vingt-cinquième jour du mois d'août de l'an de grâce 1817, et de notre règne le vingt-troisième.

Modèle de lettres-patentes du titre de pairs de France.

LOUIS, par la grâce de Dieu, roi de France et de Navarre, à tous ceux qui ces présentes verront, *salut.*

Par l'article 27 de la charte constitutionnelle, nous nous sommes réservé la nomination des pairs de France, et nous avons élevé, par notre ordonnance du à la dignité de pair de France, notre

En conséquence, et en vertu de cette ordonnance, notre s'étant retiré pardevant notre garde des sceaux de France, ministre secrétaire d'état au département de la

justice, afin d'obtenir de notre grâce les lettres-patentes
qui lui sont nécessaires pour jouir de l'institution de
. son titre de pairie, nous avons, par ces présentes, signées de notre main, déclaré que la pairie de notredit
                                    est et demeure insti-
tuée sous le titre héréditaire de   que
nous lui avons conféré et conférons, pour en jouir par
lui et ses descendants directs, naturels et légitimes, de
mâle en mâle, par ordre de primogéniture, ou par la
ligne collatérale qu'il nous a plu ou qu'il nous plaira
d'y appeler.

Ordonnons que notredit   prendra
rang à la chambre des pairs parmi les   ;
lui permettons de se dire et qualifier
dans tous actes et contrats, tant en jugements que dehors ; voulons qu'il soit reconnu partout en ladite
qualité ; qu'il jouisse des honneurs attachés à ce titre,
et que tous les officiers publics le qualifient en outre,
en tous actes et contrats le concernant et dans lequel
il interviendra, de *très-noble et très-illustre pair de
France.*

Concédons à lui et à ses successeurs le droit de placer
ses armoiries telles qu'elles se comportent
            sur un manteau d'azur, doublé d'her-
mine, et de le timbrer d'une couronne de pair ou bonnet d'azur, cerclé d'hermine, et surmonté d'une houppe
d'or.

Chargeons notre garde des seaux, ministre secrétaire
d'état au département de la justice, de donner communication des présentes à la chambre des pairs, et d'en
surveiller l'insertion au bulletin des lois.

Mandons à nos procureurs généraux près nos cours
royales, et à tous autres nos procureurs près les tribunaux de première instance sur les lieux, de faire enregistrer et publier les présentes en l'audience de la cour
royale ou du tribunal de notredit
et partout où besoin sera ; car tel est notre bon plaisir,
et afin que ce soit chose ferme et stable à toujours,
notre garde des sceaux y a fait apposer notre sceau, en
présence de notre commission du sceau, et nous y
avons apposé notre seing royal.

Donné à   etc.

Ordonnance du roi sur l'expédition des lettres-patentes des titres de pairie, du 31 août 1817.

Louis, par la grâce de Dieu, roi de France et de Navarre, à tous ceux qui ces présentes verront, *salut.*

Vu nos ordonnances du 19 août 1815 et du 25 août 1817 ;

Voulant pourvoir à la prompte expéditon des lettres-patentes portant institution des titres de pairie qu'il nous a plu créer et instituer dans la descendance directe, masculine et légitime des membres actuels de la chambre des pairs.

Nous avons ordonné et ordonnons ce qui suit :

Art. 1er. Les lettres-patentes qui seront expédiées en vertu de nos ordonnances aux pairs de France dont les noms suivent, porteront institution du titre de duc. En conséquence ce titre sera et demeurera uni à la pairie dont nous les avons pourvus, et ils en jouiront eux et leurs successeurs à ladite pairie, ainsi que de tous les droits, honneurs et prérogatives qui y sont attachés, savoir :

Le cardinal de Talleyrand-Périgord,
Le cardinal de la Luzerne,
Le cardinal de Bayane,
Le cardinal de Bausset,
Le duc d'Uzès,
Le duc d'Elbœuf,
Le duc de Montbazon,
Le duc de la Trémouille,
Le duc de Chevreuse,
Le duc de Brissac,
Le duc de Richelieu,
Le duc de Rohan,
Le duc de Luxembourg,
Le duc de Gramont,
Le duc de Mortemart,
Le duc de Saint-Aignan,
Le duc de Noailles,
Le duc d'Aumont,
Le duc d'Harcourt,
Le duc de Fitz-James,
Le duc de Brancas,
Le duc de Valentinois,
Le duc de Duras,
Le duc de la Vauguyon,
Le duc de la Rochefoucauld.
Le duc de Clermont-Tonnerre,
Le duc de Choiseul,
Le maréchal duc de Coigny,
Le prince de Talleyrand (1),
Le duc de Croï,

_____

(1) La dignité de pair du royaume et le titre de prince dont est revêtu le prince de Talleyrand, sont, à défaut de descen-

Le duc de Broglie,
Le duc de Laval-Montmo-
    rency,
Le duc de Montmorency,
Le duc de Beaumont,
Le duc de Lorges ,
Le duc de Croï d'Havré ,
Le duc de Polignac ,
Le duc de Levis ,
Le duc de Maillé ,
Le duc de Saulx-Tavannes,
Le duc de la Force,
Le duc de Castries ,
Le prince de Poix,
Le duc de Doudeauville ,
Le prince de Chalais,
Le duc de Serent ,
Le maréchal duc de Ta-
    rente ,
Le maréchal duc de Ra-
    guse,

Le maréchal duc de Reg-
    gio ,
Le maréchal duc de Val-
    my,
Le maréchal duc de Fel-
    tre ,
Le prince de Wagram ,
Le duc d'Istrie ,
Le prince de Bauffremont ,
Le maréchal duc de Bel-
    lune,
Le duc de Caylus,
Le duc de Dalberg ,
Le duc de Montebello,
Le duc de Crillon ,
Le duc de la Châtre ,
Le duc de Damas-Crux,
Le duc de Narbonne-Pelet,
Le duc de Massa ,
Le duc d'Avaray.

2. Les lettres qui seront expédiées , en exécution de
nos ordonnances , aux pairs de France dont les noms

---

dants mâles issus de lui , déclarés transmissibles , et après son
décès passeront, avec les rang , honneurs et prérogatives y attachés , à son frère M. le comte Archambaud-Joseph de Talleyrand-Périgord, et à la descendance directe, légitime et naturelle , de mâle en mâle , par ordre de primogéniture de son
dit frère. (Ordonnance du Roi du 25 décembre 1815, bull. 54,
7e. série , n°. 324.)

   Le même comte Archambaud-Joseph de Talleyrand-Périgord, prendra, en avancement d'hoirie , le titre de duc
de Talleyrand. (Ordonnance du Roi du 28 octobre 1817,
bull. 180, n° 3002)

   Un décret du Roi des Deux-Siciles , inséré dans le Moni-
teur du 12 janvier 1818 , n. 12, porte que le prince de Talleyrand est nommé duc de Dino , et que le titre de ce duché
sera porté dès à présent par son neveu et héritier le comte
Edmond de Périgord , pour être par lui transmis à son successeur immédiat lorsqu'il sera appelé à prendre les titres dont il
jouit en France.

II.   19

-suivent, porteront institution du titre de marquis. En conséquence, ce titre sera et demeurera uni à la pairie dont nous les avons pourvus, et ils en jouiront eux et leurs successeurs à ladite pairie, ainsi que des -droits, honneurs et prérogatives qui y sont attachés, savoir :

Le marquis d'Harcourt,

Le marquis de Clermont Gallerande,

Le marquis d'Albertas,

Le marquis d'Aligre,

Le marquis de Boisgelin,

Le marquis de Boissy du Coudray,

Le marquis de Bonnay,

Le marquis de Brézé,

Le comte Victor de Caraman,

Le marquis de Chabannes,

Le marquis de Gontaut-Biron,

Le marquis de la Guiche.

Le marquis de Grave,

Le marquis d'Herbouville,

Le marquis de Juigné,

Le marquis de Louvois,

Le marquis de Mortemart,

Le marquis de Mathan,

Le marquis d'Osmond,

Le marquis de Raigecourt,

Le marquis de Rougé,

Le marquis de la Roche-Jacquelein,

Le marquis de Rivière,

Le marquis de la Suze,

Le marquis de Talaru,

Le marquis de Vence,

Le marquis de Vibraye,

Le maréchal comte Gouvion-Saint-Cyr,

Le comte Barthélemy,

Le maréchal comte de Beurnonville,

Le comte Barbé de Marbois,

Le comte Chasseloup-Laubat,

Le comte d'Aguesseau,

Le comte de Fontanes,

Le comte Garnier,

Le comte de Jaucourt,

Le comte la Place,

Le comte de Maleville,

Le comte de Pastoret,

Le maréchal comte Pérignon,

Le comte de Semonville(1),

Le comte Maison,

Le comte Dessole,

Le comte Victor de La-Tour-Maubourg,

Le maréchal comte de Vioménil.

Le comte de Clermont-Tonnerre,

---

(1) Les rang, titre et qualité de pair du royaume, accordés par le roi à M. de Semonville, seront transmis héréditairement au comte Louis-Désiré de Montholon, son beau-fils, dans le cas où M. de Semonville, titulaire actuel, viendrait à décéder sans postérité mâle, naturelle et légitime. (Ordonnance royale du 8 novembre 1815).

Le comte de Lally Tollendal (1),
Le comte de Lauriston,
Le comte de Mun,
Le comte de Nicolaï,

Le comte de la Tour du Pin Gouvernet,
Le vicomte Olivier de Vérac.

3. Les lettres-patentes qui seront expédiées, en vertu de nos ordonnances, aux pairs de France dont les noms suivent, porteront institution du titre de comte. En conséquence, ce titre sera et demeurera uni à la pairie dont nous les avons pourvus, et ils en jouiront eux et leurs successeurs à ladite pairie, ainsi que des droits, honneurs et prérogatives qui y sont attachés, savoir :

M. de Clemont Tonnerre, ancien évêque de Châlons-sur-Marne;
Le comte Bourlier, évêque d'Evreux,
L'abbé de Montesquiou (2),
M. Cortois de Presigny, ancien évêque de Saint-Malo,
Le comte Abrial,
Le comte de Beauharnais,
Le comte de Beaumont,
Le comte Bertholet,

Le comte de Canclaux,
Le comte Cholet,
Le comte Colaud,
Le comte Cornet,
Le comte d'Aboville,
Le comte Davous,
Le comte de Mont,
Le comte de Croix,
Le comte d'Embarrère,
Le comte de Père,
Le comte d'Estutt de Tracy,
Le comte d'Haubersart,
Le comte d'Hedouville,

(1) Les rang, titre et qualité de pair du royaume, accordés par le roi à M. de Lally-Tollendal, seront transmis héréditairement, à M. Henri Raimond, comte Patron d'Aux de Lescout, gendre de M. de Lally-Tollendal, dans le cas où ce dernier viendrait à décéder sans postérité mâle, naturelle et légitime; et alors M. d'Aux s'appellerait le marquis d'Aux-Lally, et joindrait dans son écussson, à ses propres armes, celles de son beau-père. (Ordonnance royale du 13 décembre 1815, bull. 50, n°. 304.)

(2) Les rang, titre et qualité de pair du royaume, accordés par le roi à M. l'abbé de Montesquiou, seront transmis héréditairement à M. le vicomte de Montesquiou-Fezenzac, son neveu. (Ordonnance royale du 12 septembre 1817, bull. 174, n°. 2774.)

Le comte Dupont,

Le comte Dupuy,

Le comte Emmery,

Le comte de Gouvion,

Le comte Herwyn de Nevèle,

Le comte Klein,

Le comte de la Martillière,

Le comte Lanjuinais,

Le comte le Couteulx de Canteleu,

Le comte le Brun de Rochemont,

Le comte le Mercier,

Le comte le Noir la Roche,

Le comte de Monbadon,

Le comte Péré,

Le comte Porcher de Richebourg,

Le comte Sainte-Suzanne,

Le comte de Saint-Vallier,

Le maréchal comte Sérurier,

Le comte Soulés,

Le comte Shée (1),

Le comte de Tascher,

Le comte de Vaubois,

Le comte de Vernier,

Le comte de Villemanzy,

Le comte Vimar,

Le comte de Volnay,

Le comte Curial,

Le comte de Vaudreuil,

Le comte Charles de Damas,

Le comte Charles d'Autichamp,

Le comte de Boissy d'Anglas,

Le comte de la Bourdonnaye de Blossac,

Le comte de Brigode,

Le comte de Blacas,

Le comte du Cayla,

Le comte de Castellane,

Le comte de Choiseul - Gouffier,

Le comte de Contades,

Le général comte Compans,

Le comte de Durfort,

Le comte d'Ecquevilly,

Le comte François d'Escars.

Le comte Ferrand,

Le comte de Ferronays,

Le comte de Gand,

Le comte de Gantheaume,

Le comte d'Haussonville,

Le comte de Machault d'Arnouville,

Le comte Molé,

---

(1) Le titre de pair du royaume et celui de comte dont est revêtu M. Shée, sont déclarés transmissibles, et après son décès passeront, avec les rang, honneurs et prérogatives y attachés à son petit-fils, Edmond d'Alton de Lignières, né, le 1er. juin 1810, de Jacques Wulfran, baron d'Alton, et de Françoise Shée, aujourd'hui sa veuve. Edmond d'Alton de Lignières est autorisé à joindre à son nom propre celui de son aïeul maternel, et à prendre dès à présent le titre de baron sous la dénomination de baron d'Alton-Shée de Lignières, en attendant qu'il recueille l'effet des précédentes dispositions. (Ordonnance du roi du 26 décembre 1815, bull. 55, n°. 339.)

Le comte de Mailly,

Le comte du Muy,

Le comte de Sainte-Mau-
re-Montausier,

Le comte de Noé,

Le comte d'Orvilliers,

Le comte Jules de Poli-
gnac,

Le comte Ricard,

Le comte de la Roche-
Aymon,

Le comte de Saint-Roman,

Le comte de Rully,

Le comte de Sabran,

Le comte de Suffren-Saint-
Tropez,

Le comte de Saint-Priest,

Le comte Auguste de Tal-
leyrand,

Le comte Lynch,

M. de Sèze.

4. Les lettres-patentes qui seront expédiées, en vertu de nos ordonnances, aux pairs de France dont les noms suivent, porteront institution du titre de vicomte. En conséquence, ce titre sera et demeurera uni à la pairie dont nous les avons pourvus ; et ils en jouiront eux et leurs successeurs à ladite pairie, ainsi que des droits, honneurs et prérogatives qui y sont attachés, savoir :

Le vicomte de Chateau-
briand,

Le vicomte Mathieu de
Montmorency,

Le vicomte de Bouchage,

M. le Peletier de Rosam-
bo,

M. Christian de Lamoi-
gnon,

M. Emmanuel Dambray.

5. Les lettres-patentes qui seront expédiées, en vertu de nos ordonnances, aux pairs de France dont les noms suivent, porteront institution du titre de baron. En conséquence, ce titre sera et demeurera uni à la pairie dont nous les avons pourvus, et ils en jouiront eux et leurs successeurs à ladite pairie, ainsi que des droits, honneurs et prérogatives qui y sont attachés, savoir :

Le baron Boissel de Mon-
ville,

Le baron de la Rochefou-
cauld,

Le baron Séguier,

Le chevalier d'Andigné,

M. Morel de Vindé.

6. Pour cette fois seulement, les lettres-patentes

portant institution de titre de pairie ne seront soumises qu'aux droits suivants.

	Droit du sceau.	Droit de référendaire.
De duc . . .	200 f.	75 f.
De marquis . .	150	50
De comte. . .	100	50
De vicomte . .	100	50
De baron. . .	50	25

7. Notre président du conseil des ministres, et notre garde des sceaux de France, ministre et secrétaire d'état au département de la justice, sont chargés de l'exécution de la présente ordonnance.

Donné à Paris, en notre château des Tuileries, le trente-unième jour du mois d'août de l'an de grâce 1817, et de notre règne le vingt-troisième.

Membres de la Chambre des Pairs de France.

M. le chancelier de France, président (messire Charles-Henri Dambray, chevalier, grand-officier-commandeur de l'ordre du Saint-Esprit.)

MONSIEUR, frère du Roi . . . . } fils de France.
S. A. R. le duc d'Angoulême. . . . . }

S. A. S. le duc d'Orléans. . . . . . . }
S. A. S. le duc de Bourbon, prince } Princes du de Condé . . . . } sang.

Nominations de Messieurs les Pairs de France.

Du 4 juin 1814.

Messieurs

Le cardinal duc de Talleyrand-Périgord.

Le cardinal duc de la Luzerne.

Le comte de Clermont-Tonnerre, ancien évêque de Châlons.

Le duc d'Uzès.

Le duc d'Elbœuf.

Le duc de Montbazon.

Le duc de la Trémoïlle.

Le duc de Chevreuse.

Le duc de Brissac.

Le duc de Richelieu.

Le duc de Rohan.
Le duc de Luxembourg.
Le duc de Gramont.
Le duc de Mortemart.
Le duc de Saint-Aignan.
Le duc de Noailles.
Le duc d'Harcourt.
Le duc de Fitz-James.
Le duc de Brancas.
Le duc de Valentinois.
Le duc de Duras.
Le duc de la Vauguyon.
Le duc de la Rochefoucauld.
Le duc de Clermont-Tonnerre.
Le duc de Choiseul.
Le maréchal duc de Coigny.
Le prince duc de Talleyrand.
Le duc de Croï.
Le duc de Broglie.
Le duc de Laval-Montmorency.
Le duc de Montmorency.
Le duc de Beaumont.
Le duc de Lorges.
Le duc de Croï-d'Havré.
Le duc de Polignac.
Le duc de Lévis.
Le duc de Maillé.
Le duc de Saulx-Tavannes.
Le duc de la Force.
Le duc de Castries.
Le prince duc de Poix.
Le duc de Doudeauville.
Le prince duc de Chalais.
Le duc de Sérent.
Le maréchal duc de Tarente.
Le maréchal marquis de Gouvion-Saint Cyr.
Le maréchal duc de Raguse.

Le maréchal duc de Reggio.
Le comte Abrial.
Le marquis de Barthelemy.
Le cardinal duc de Bayane.
Le comte de Beauharnais.
Le comte Beaumont.
Le comte Berthollet.
Le maréchal marquis de Beurnonville.
Le marquis de Marbois.
Le comte Bourlier, évêque d'Evreux.
Le marquis de Chasseloup-Laubat.
Le comte Cholet.
Le comte Colaud.
Le comte de Cornet.
Le comte d'Aboville.
Le marquis d'Aguesseau.
Le comte Davous.
Le comte de Mont.
Le comte de Croix.
Le comte d'Embarrère.
Le comte Depère.
Le comte d'Estutt de Tracy.
Le comte d'Haubersart.
Le comte d'Hédouville.
Le comte Dupont.
Le comte Dupuy.
Le comte Emmery.
Le marquis de Fontanes.
Le marquis Garnier.
Le comte de Gouvion.
Le comte Herwyn de Nevèle.
Le marquis de Jaucourt.
Le comte Klein.
Le comte de la Martillière.
Le comte Lanjuinais.
Le marquis de la Place.
Le comte le Couteulx de Canteleu.
Le comte le Brun de Rochemont.

Le comte le Mercier.

Le comte le Noir la Roche.

Le marquis de Maleville.

Le comte de Monbadon.

Le marquis de Pastoret.

Le comte Péré.

Le maréchal marquis de Pérignon.

Le comte de Richebourg.

Le comte de Sainte-Suzanne.

Le comte de Saint-Vallier.

Le marquis de Semonville.

Le maréchal comte Sérurier.

Le comte Soulès.

Le comte Shée.

Le comte de Tascher.

Le maréchal duc de Valmy.

Le comte de Vaubois.

Le comte Vernier.

Le comte de Villemanzy.

Le comte de Vimar.

Le comte de Volney.

Le marquis Maison.

Le marquis Dessolle.

Le marquis Victor de la Tour-Maubourg.

Le maréchal duc de Feltre.

Le comte Curial.

Le maréchal marquis de Vioménil.

Le comte de Vaudreuil.

Le marquis d'Harcourt.

Le marquis de Clermont-Gallerande.

Le comte Charles de Damas.

Du 17 août 1815.

Le marquis d'Albertas.

Le marquis d'Aligre.

Le duc d'Aumont.

Le comte Charles d'Autichamp.

Le duc d'Avaray.

Le cardinal duc de Bausset.

Le prince duc de Wagram.

Le duc d'Istrie.

Le comte de Boissy-d'Anglas.

Le marquis de Boisgelin (Bruno).

Le comte de la Bourdonnaye-Blossac.

Le marquis de Boissy du Coudray.

Le baron Boissel de Monville.

Le marquis de Bonnay.

Le marquis de Brézé.

Le comte de Brigode.

Le comte de Blacas.

Le prince duc de Bauffremont.

Le maréchal duc de Bellune.

Le marquis de Clermont-Tonnerre.

Le duc de Caylus.

Le comte du Cayla.

Le comte de Castellane.

Le vicomte de Châteaubriand.

Le comte de Choiseul-Gouffier.

Le comte de Contades.

Le duc de Crillon.

Le marquis Victor de Caraman.

Le marquis de Chabannes.

Le duc de la Châtre.

Le général comte Compans.

Le comte de Durfort.

Le vicomte Emmanuel Dambray.

Le duc de Damas-Crux.

Le baron d'Andigné.
Le duc de Dalberg.
Le comte d'Ecquevilly.
Le comte d'Escars.
Le comte Ferrand.
Le comte de la Ferronays.
Le comte de Gand.
Le marquis de Gontaut-Biron.
Le marquis de la Guiche.
Le marquis de Grave.
L'amiral comte Gantheaume.
Le comte d'Haussonville.
Le marquis d'Herbouville.
Le marquis de Juigné.
Le marquis de Lally-Tolendal.
Le duc de Montébello.
Le marquis de Louvois.
Le vicomte Christian de Lamoignon.
Le marquis de la Tour-du-Pin-Gouvernet.
Le marquis de Lauriston.
Le comte de Machault d'Arnouville.
Le marquis de Mortemart.
Le comte Molé.
Le marquis de Mathan.
Le comte de Mailly.
Le vicomte Mathieu de Montmorency.
Le marquis de Mun.
Le comte du Muy.
Le comte de Sainte-Maure-Montausier.
L'abbé comte de Montesquiou.
Le marquis de Nicolaï.
Le comte de Noé.
Le duc de Narbonne-Pelet.
Le comte d'Orvilliers.

Le marquis d'Osmond.
Le comte Jules de Polignac.
Le marquis de Raigecourt.
Le baron de la Rochefoucauld.
Le marquis de Rougé.
Le marquis de la Roche-Jacquelein.
Le général comte Ricard.
Le marquis de Rivière.
Le comte de la Roche-Aymon.
Le comte de Saint-Roman.
Le comte de Rully.
Le vicomte le Peletier-Rosambo.
Le comte de Sabran.
Le comte de Sèze.
Le baron Séguier.
Le comte de Suffren-Saint-Tropez.
Le marquis de la Suze.
Le comte de Saint-Priest.
Le marquis de Talaru.
Le comte Auguste de Talleyrand.
Le marquis de Vence.
Le marquis de Vibraye.
Le marquis Olivier de Vérac.
Le baron Morel de Vindé.

Du 17 septembre 1815.

Le comte Lynch.

Du 20 avril 1816.

Le comte Cortois de Pressigny.

Du 10 juillet.

Le duc de Massa.

II.

20

Du 23 juin 1817.

Le vicomte du Bouchage.

Du 31 janvier 1818.

Le comte de Cazes.

Du 15 septembre.

Le comte de Greffulhe.

Du 5 mars 1819.

Le maréchal duc d'Albu-
féra.
Le marquis d'Angosse.
Le comte d'Argout.
Le marquis d'Aragon.
Le marquis d'Aramon.
Le baron de Barante.
Le comte Beker.
Le comte de Bastard.
Le comte Belliard.
Le comte Raymond de Bé-
renger.
Le maréchal duc de Coné-
gliano.
Le comte Claparède.
Le comte Chaptal.
Le marquis de Catellan.
Le duc de Cadore.
Le comte Colchen.
Le comte Cornudet.
Le maréchal duc de Dant-
zick.
Le comte Daru.
Le baron du Breton.
Le vicomte Digeon.
Le comte d'Arjuzon.
Le comte Dejean.
Le marquis de Dampierre.
Le maréchal prince d'Eck-
mülh.

Le duc d'Esclignac.
Le comte Germain.
Le comte de Germiny.
Le comte de Gramont
d'Aster.
Le comte Félix d'Hunols-
tein.
Le vicomte d'Houdetot.
Le maréchal comte Jour-
dan.
Le comte la Forest.
Le comte de la Cépède.
Le comte de la Tour–Mau-
bourg.
Le baron de Montalembert.
Le comte Maurice-Mathieu.
Le baron Mounier.
Le comte Mollien.
Le comte de Montalivet.
Le comte de Marescot.
Le comte de Montesquiou.
Le comte de Pontécoulant.
Le duc de Plaisance.
Le marquis de Pange.
Le comte Pelet de la Lo-
zère.
Le comte Portalis.
Le comte Reille.
Le comte Ruty.
Le comte Rapp.
Le comte Rampon.
Le comte de Sparre.
Le marquis de Saint-Si-
mon.
Le comte de Sussy.
Le maréchal duc de Trévise.
Le marquis de Talhouet.
Le comte Truguet.
Le comte Verhuell.
Le comte de la Villegontier.

Du 21 novembre 1819.

Le comte Clément de Ris.

Le comte Dédelay-d'Agier.

Le comte Fabre de l'Au-
de.

Le comte de Gassendi.

Le duc de Praslin.

Le comte de Casa-Bianca.

Le comte de Ségur.

Le comte de Valence.

DE PALHASSE, seigneurs et barons de Salgues, de Reveillon, etc., en Quercy, famille divisée en deux branches, qui a pour auteur Etienne Palhasse, qualifié *noble et égrège personne* dans un acte du 18 avril 1505, lequel fut lieutenant-général de la sénéchaussée de Rouergue, par commission du 2 novembre 1495, et fut nommé syndic et député, pour le Quercy, aux états-généraux de Tours, le 6 septembre 1487. Noble Jean, fils du précédent, obtint, le 15 mai 1543, les provisions de conseiller-avocat du roi en la ville de Figeac, et fut marié avec demoiselle Antoinette de Bonal. Cette famille a donné plusieurs conseillers-avocats du roi en la ville de Figeac, et des officiers de divers grades. *D'or, à trois chevrons d'azur.*

DE PAMPELUNE, en Champagne. Cette famille a produit, devant M. de Caumartin, intendant de cette province, au mois de décembre 1663, ses titres justificatifs de noblesse, et a été déclarée noble sur les mêmes titres remontés avec filiation à maître Guillaume de Pampelune, licencié ès-lois, enquêteur et examinateur au bailliage et siége présidial de Troyes, qui, par sentence du bailli de la même ville, du 9 avril 1554, fut déclaré noble et issu de noble race et lignée, après avoir fait preuve littérale et vocale d'être issu et descendu de Jean Pampelune et Peronnelle, sa femme, anoblis par lettres de Thibaut, roi de Navarre, comte de Champagne, du mois de janvier 1267, confirmées par le roi Charles VI, au mois de septembre 1396. Les faits contenus dans cette sentence ne sont appuyés que sur de simples allégations. *D'argent, à trois étoiles de gueules ; au croissant d'azur en cœur.*

PANDIN, marquis de Narcillac, seigneurs du Treuil, en Limosin. Cette famille a pour auteur Jean Pandin, écuyer, seigneur de Beauregard, qui obtint

un arrêt du conseil d'état du roi, rendu contradic-
toirement le 27 juillet 1667, par lequel il fut maintenu, ainsi que Pascal Pandin, son fils, dans la qualité de noble et d'écuyer, depuis Jean Pandin, son
trisaïeul, écuyer, seigneur de Beauregard, vivant avant
le 28 mars 1526. *D'azur, à trois pals d'argent ; au
chef cousu de gueules, chargé de deux fasces d'or ; à la
bande du même, brochante sur le tout.*

DE PANISSE. *Voyez* DE MARC.

‹ PAPE, seigneurs de Saint-Auban, en Dauphiné:
Cette famille a pour auteur Jean Pape, époux de
Catherine Aimar, et père de Gui Pape, historien
estimé par ses savants ouvrages ; lequel acquit la terre
de Saint-Auban, le 29 novembre 1439, et fit son
testament le 27 juillet 1472. *D'azur, à la croix
d'argent.*

DE PARABÈRE. *Voyez* MOMAS.

DU PARC, ancienne et illustre maison de chevalerie
de la province de Bretagne. Elle compte un des chevaliers du combat des *trente* ; un grand et premier
chambellan ; plusieurs capitaines de cent hommes
d'armes ; des gouverneurs de places ; un maître de l'artillerie ; deux chevaliers de l'ordre du Roi, avant la
création de l'ordre du Saint-Esprit ; trois généraux,
et nombre d'officiers supérieurs. Les terres de Locmaria
et le Guerrand, dans le diocèse de Treguier, furent
unies et érigées en marquisat, en mars 1637, par
lettres enregistrées à Rennes, le 19 janvier 1639, pour
récompense de services, en faveur de Claude du Parc.
(*Voyez* le Tableau généalogique et hist. de Waroquier,
tom. IV, pag. 291). La maison du Parc, en 1789,
possédait le marquisat d'Annebault (*voyez* ledit Waroquier, tom. V, pag. 23). Les châtellenies du Parc et
de la Motte du Parc sont situées dans la commune de
Gourray, près Jugot, en Bretagne. Cette maison a
obtenu les honneurs de la cour, le 11 juin 1788, en
vertu de preuves faites au cabinet des ordres du roi, avec
le titre de comte. *D'argent, à trois jumelles de gueules,*
que la branche descendante des barons d'Ingrande écartèle *aux 2 et 3 d'or, à deux fasces d'azur, accompagnées*

de neuf merlettes de gueules ; au franc canton d'her-mine, qui est de PAYNEL. Supports : un lion et un aigle. Devise : *Vaincre ou mourir.* Cri de guerre : *Honour.*

. PARCHAPPE DE VINAY, sieurs du Château et du Fresne, en Champagne. Cette famille s'est divisée en sept branches. Elle a pour premier auteur Jean Par-chappe, Ier du nom, écuyer, sieur d'Aulnay-aux-Planches et du Fresne. Il fut anobli par lettres du roi Henri IV, données à Châlons, au mois d'août 1592, pour services importants rendus à ce prince, notam-ment au siége d'Epernay, où il se trouvait avec quatre de ses fils, dont un fut tué auprès de la personne de sa majesté, dans la même année 1592. Robert, Mem-non, Toussaint et François Parchappe sont les auteurs des deuxième, troisième, quatrième et cinquième branches. Un autre François et Louis Parchappe sont les auteurs des sixième et septième. Cette famille a produit des magistrats distingués, des officiers de tous grades, dont deux décorés de l'ordre royal et militaire de Saint-Louis, et des gouverneurs de places de guerre. Plusieurs de ces officiers ont été blessés ou sont morts dans diverses batailles. *D'azur, au chevron d'or, accom-pagné de trois colombes d'argent, becquées et armées de gueules.*

DE PÂRIS, à Paris. Louis Pâris, administrateur de l'hôpital général, épousa Marguerite Thomas, dont il eut Nicolas de Pâris, né le 10 mai 1657, reçu le 5 juillet 1686, conseiller du roi, substitut du procureur général. Louis-Nicolas de Pâris, son fils, fut reçu conseiller-correcteur des comptes, le 17 juin 1740. Il eut un fils unique mort à Florence, en 1772, et une fille morte en 1757. *De sinople, à l'ancre d'argent ayant le trabs croisetté, surmontée de deux étoiles du même émail.*

PARIS DE MONTMARTEL, marquis de Brunoy, comtes de Sampigny, barons d'Agonville, par érection du 2 mars 1730, famille originaire du Dauphiné, anoblie au dix-septième siècle. *D'or, à la fasce d'azur, chargée d'une pomme du champ, tigée de sinople.*

PARIS, famille de Paris. Henri de Pâris fut élu

échevin de cette ville en 1461. *D'azur, à trois têtes de chiens épagneuls d'argent.*

DE **PARIS**, seigneurs de Forfery, très-ancienne famille originaire de Champagne, qui a produit, devant M. de Caumartin, intendant de cette province, au mois de septembre 1667, depuis Jean de Pâris, écuyer, seigneur de Boissy, vivant le 22 mai 1492. Ce Jean est sans doute le même qu'on trouve qualifié licencié en lois et en décrets, conseiller du roi et bailli de Châlons, en 1473. *D'azur, à la tour d'or; au lambel du même, chargé de trois roses de gueules.*

PARIS, seigneurs de Branscourt, vicomtes de Machault, en la même province. Cette famille a produit, devant l'intendant de Champagne, au mois de décembre 1667, depuis Robert de Pâris, écuyer, seigneur de Branscourt et du Pasquis, époux de Jeanne le Tartier, et père de Jean de Pâris, écuyer, seigneur des mêmes lieux, marié, le 9 décembre 1546, avec Marie Braux. *De gueules, au sautoir denché d'or, cantonné de deux quintefeuilles et de deux besants du même.*

DE **PARIS** DE **PHILIPPIÈRES**, famille noble de Nivernais. *Écartelé, aux 1 et 4 d'argent, au chevron de gueules, accompagné en pointe d'une fleur de lys du même; aux 2 et 3 d'argent, au lion d'azur.*

PARISOT, sieurs de Santenogès, de Senailly, de Montroyer et de Plesmont. Didier Parisot, écuyer, sieur de Santenogès et de Senailly, auteur de cette famille, comparut au rang des nobles, à la rédaction de la coutume de Sens, en novembre 1555. Il eut pour fils Hubert Parisot, écuyer, sieur de Montroyer. Cette famille a donné deux capitaines, ainsi que d'autres officiers de divers grades, dont plusieurs ont été tués ou blessés dans les batailles de Steinkerque et de Rocoux. *D'azur, au lion d'argent et une étoile du même, posée au premier canton.*

DE **PARNY**. *Voyez* DE FORGES.

PASCAL, seigneurs de Colombier, de Malatrait et de Satolas, etc., en Dauphiné, famille qui remonte sa filiation à Michel Pascal, dont le fils, Pierre Pascal, seigneur de Colombier, épousa, vers l'an 1509, Bonne de Brunel. Les branches de Malatrait et de Colombier se sont fondues dans les maisons de la Poype-Saint-Julien et d'Alleman. *D'azur, au singe accroupi d'or ;* la branche de Colombier portait : *de sable, au singe d'or.*

DE PASCHALIS. *Voyez* GUILHEM.

PASSERAT DE SILANS, famille qui a pour auteur Louis Passerat, de Chatillon, en Michaille, anobli par lettres de Philibert-Emmanuel, duc de Savoye, du 18 septembre 1567. *D'azur, à la fasce d'or, chargée d'un lion léopardé de gueules, et accompagné en pointe de deux vols de passerat d'argent.*

PATRY, en Normandie. Il a existé dans cette province une maison d'ancienne chevalerie, connue dès l'an 1066. Jean et François Patry, de la généralité de Caen, furent anoblis en 1471. Gui-René Patry, de la paroisse de Mutrecy, Bernardin, Pierre et Jean ont été condamnés à l'amende, lors de la recherche des faux nobles, en 1667. Ils avaient obtenu un arrêt de maintenue, en 1606, sur pièces qui ont été reconnues fausses. Néanmoins les mêmes Guillaume, Jacques, François, Charles-Noël et Gui, frères, ont été maintenus par arrêt du 1er. septembre 1667. Philippe Patry, sieur de Douville, en l'élection de Verneuil, fut également condamné lors de la recherche. *De gueules, à trois quintefeuilles d'argent.*

DE PAVIOT, sieurs de Vaunavey, en Dauphiné ; famille connue depuis Jean de Paviot, qui vivait en 1384. Elle prouve son ascendance depuis Jean Paviot, secrétaire du parlement de Dauphiné, mort avant l'an 1462. *D'azur, à un griffon d'argent, langué de gueules ; à la bande du même, chargée de trois étoiles d'or, brochante sur le tout.*

DE PAYAN, comtes Palatins, comtes de Viviers, seigneurs de la Garde-Pariol, dans le comtat Venaissin et en Dauphiné. Cette famille, divisée en plusieurs branches, a été maintenue dans son ancienne noblesse, en 1670, par M. de Bezons, intendant de Languedoc, sur des titres qui prouvent sa filiation depuis noble homme Philibert de Payan, lequel fit son testament le 26 août 1495, et eut pour fils noble Perrin de Payan, auquel il légua, ainsi qu'à ses autres enfants, cinquante florins payables lors de leur mariage. Noble François de Payan est chef de la seconde branche; noble Benjamin-François est chef de la troisième, et Jean de Payan est chef de la quatrième. Cette maison a donné un gentilhomme de la grande fauconnerie du roi, en 1633, plusieurs officiers supérieurs, des chevaliers de Saint-Louis, un brigadier des armées, en 1745, plusieurs capitaines de différentes armes, et d'autres officiers distingués. *D'azur, au chevron d'or, accompagné de trois molettes du même.*

DEL PEIROU-DE-BAR, seigneurs de Bar de Garel, etc., famille du vicomté de Turenne, en Limosin, qui eut pour auteur noble Antoine del Peirou, orthographié aussi del Peyroux, connu par une déclaration qui lui fut donnée, le 23 avril 1540, d'une maison située dans la ville d'Avignon. On ignore le nom de sa femme, mais il eut pour fils noble Martin del Peirou, seigneur de Bar, de Garel et de Jarrigueux, qui épousa, le 9 juin 1582, Anne du Bac. L'un des descendants de cette famille était aide-major de brigade des chevau-légers de la garde du roi, et chevalier de l'ordre royal et militaire de Saint-Louis, le 1er mai 1738. *De gueules, à la bande d'or; au chef cousu d'azur, chargé de trois étoiles d'or.*

DE PÉLAFOL DE LAVALDENS, en Dauphiné. Cette famille a pour auteur Pierre de Pélafol, qui testa l'an 1434. Bertrand, son fils, est compris comme noble dans une révision de feux de l'an 1458. *D'or, au lion de gueules.*

PELET, seigneurs du Bus et de la Suzoye, en Artois. Cette famille, qui a formé deux branches, a pour auteur Jean Pelet, écuyer, sieur de Leuzeux ou de Louzeux et de Mirogis, marié avec demoiselle Catherine Cahault, dont il eut Lambert Pelet, écuyer; sa filiation est remontée au quinzième siècle, d'après les titres qui furent produits, en 1666, à M. Colbert, intendant d'Amiens, de Soissons et d'Artois. Les seigneurs de la Folie et de Chimencourt ont formé la seconde branche de cette famille, dont un des membres, Jacques Pelet, rendit au roi Henri IV des services si considérables, qu'ils lui valurent un don de ce prince le 10 juin 1596. *D'azur, à la fleur de lys d'or, et à la bordure engrêlée du même.* Cimier : une lance avec un croissant d'or au bout. Supports : deux lions.

PELLAS DE MAILLANE, seigneurs de Maillane et de Milles, en Provence. Jean de Pellas, écuyer, coseigneur de Maillane, sieur de Milles, conseiller du roi, général des monnaies au département de Provence, en 1698, était père de Jean-Joseph de Pellas, aussi écuyer, seigneur des mêmes lieux, son successeur dans les mêmes charges. Jean-Joseph de Pellas fut fait, en outre, chevalier de l'ordre du roi et comte de la cour de Latran et du palais apostolique, en 1728. *De gueules, au lion d'or, couronné d'argent, foulant aux pieds trois croissants du même, au chef d'argent, chargé de trois étoiles de gueules.*

PELLETIER DE LA GARDE, famille très-ancienne, établie au comtat Venaissin et en Dauphiné, représentée par Joseph de Pelletier, marquis de la Garde, ancien capitaine de dragons, chevalier de Saint-Louis, père de deux fils. L'aîné, le comte Louis, est établi dans son château près de Carpentras (Vaucluse), où cette famille est domiciliée depuis plusieurs générations.

Le comte Auguste, admis comme son frère, au service du roi régnant lors de son avénement au trône, a servi plus tard en Russie. Passé au service de France en 1815, après avoir été commandant militaire du département du Gard, il fut nommé, en 1816, ministre du roi en Bavière, où il réside encore en cette qualité.

Le marquis Joseph de la Garde fut convoqué à Vizilles comme seigneur d'Aspremont dans le Gapençois. Ayant refusé de signer les opérations de cette assemblée, on n'y trouvera pas sa signature originale. Son nom est sur toutes les listes comme syndic de la noblesse du Gapençois. Emigré peu après avec sa famille, il a servi dans l'armée des princes sous les ordres du duc de Bourbon.

Avec sa fortune, il a perdu ses archives, ce qui lui

en restait ayant été brûlé à Malte, où l'avaient emporté ses fils, chevaliers de cet ordre.

Il est entré lui-même page du roi Louis XV, grande écurie, en 1768, le 1er. janvier.

Son père l'avait été pendant la minorité du même roi ; il en sortit pour être capitaine de cavalerie au régiment de Lambesc. Il n'en reste de preuve que sa lettre de réception, datée de Guise, en 1723.

Son aïeul l'avait aussi été du roi Louis XIV, et il servit dans la marine royale.

La généalogie de cette famille remonte, par filiation, à Claude Pelletier, père de Cathelin, et aïeul de Léon Pelletier, qui servit en Provence dans la compagnie d'armes du comte de Suze en l'arrière-ban convoqué sous François Ier, en 1515. Les principales alliances de cette maison sont avec celles de Beaumont d'Autichamp, de Chabestan, de Rouvigliasc, de Soubirats, de Guillerme, de Vassadel, de Tulles de Villefranche, d'Astuaud, de Castellane, de Fougasse, etc., etc. *D'azur, à la bande d'or, accompagnée de trois molettes d'éperon d'argent ; au chef d'or, chargé d'un lambel à cinq pendants de sable.* Couronne de marquis. Supports : deux lions.

LE PELLEY, seigneurs de Mennetot, du Bois, etc., en Normandie, famille anoblie par les francs-fiefs postérieurement à la recherche de Montfaut, qui eut lieu en 1463. *D'argent, au pal de sable, accosté de deux demi-vols de gueules ; au chef d'azur.*

LE PELLEY, seigneurs de Baugy, de Saint-Loup, en la même province, famille anoblie en 1578. *D'azur, à trois casques d'argent, panachés d'or.*

PELOURDE, seigneurs de la Monnaye, en Berry. La Thaumassière dit que cette famille remonte à l'an 1266. Philippe Pelourde, bourgeois de Bourges, épousa Jacquette Chambellan, d'une ancienne famille de marchands de cette ville. Elle était veuve de lui, et remariée avant le 29 août 1396, avec Jean ou Jeannin de Bar, valet de chambre de Jean de France, duc de Berry. *De gueules, à l'aigle éployée d'or, cantonnée de quatre croisettes recroisetées et fichées du même.*

DU PELOUX, famille du Dauphiné, qui remonte

sa filiation à Guignes Peloux, dont le fils, Pierre Peloux, vivait en 1536. *D'argent, à un sautoir dentelé d'azur.*

du PELOUX- CLERIVEAU, en Dauphiné, famille anoblie dans la personne d'Imbert du Peloux, par lettres de l'an 1598, vérifiées l'année suivante. *De sable, à la fasce d'or, accompagnée de deux besants d'argent en chef, et d'un croissant du même en pointe.*

PENE DE LA BORDE, DE VAUBONNET ET DE SAINT-LOUIS, en Provence et en Normandie. L'orthographe du nom de cette famille, divisée en trois branches, varie dans les titres et documents, où il est écrit Pene, Penne, de Pene, de Penne, de la Pene et de la Penne, et même souvent Pena, de Pena et de Penna. On trouve un Hugues Pena, ou de Pena et de Penna, originaire de la ville de Moustiers, en Provence, qui, en l'an 1264, était secrétaire des conseils de Charles de France, comte d'Anjou et de Provence, depuis roi de Naples et de Sicile sous le nom de Charles Ier. Néanmoins la filiation de cette famille ne remonte qu'à Alban ou Aubain Pene ou de la Pene, connu par un contrat de vente qui lui fut fait à Draguignan, dans lequel il est qualifié noble Alban de la Peyne. Il ne vivait plus le 17 juin 1559. On remarque parmi ses descendants un ingénieur en chef, brigadier des armées; huit autres ingénieurs très-distingués, dont trois décorés de l'ordre royal et militaire de Saint-Louis; des officiers de terre et de mer de divers grades. Charles Penna, ingénieur du roi, Pierre Penna, sieur de Saint-Louis, ingénieur des camps et armées, et Jacques Penna, capitaine à la garde des forçats de l'hôpital du roi, obtinrent des lettres de relief de noblesse, du 26 février 1685. *D'azur, au demi-vol d'argent, accompagné de trois grenades d'or, tigées et feuillées du même, ouvertes de gueules, posées deux aux flancs de l'écu, et la dernière à la pointe, à la fleur de lys aussi d'or, posée en chef.*

PENFENTENYOU DE CHEFFONTAINES, maison issue d'ancienne chevalerie de Bretagne, où elle est connue depuis Hervé de Penfentenyou, qui, l'an 1310, souscrivit un accord passé entre Hervé de Léon, seigneur de Noyon, et les moines de Rellec. La filiation est établie depuis Jean de Penfentenyou, vivant vers 1450. Cette maison a été maintenue dans son ancienne extraction, et le chef de la branche aînée dans la qualité de chevalier par trois arrêts de la chambre de la réformation de Bretagne, des 12 août 1669, 4 septembre 1670, et 23 mars 1671. *Burelé d'argent et de gueules.*

DE PERDRIX, seigneurs de la Baume des Arnauds et des Marches, en Dauphiné. Cette famille fut anoblie par le dauphin Louis, par lettres du 5 avril 1454, vérifiées au parlement le 2 mai de la même année, dans la personne de Pierre de Perdrix, habitant de Die. *D'azur, à trois perdrix d'or.*

LE PERENNO, famille de Bretagne, qui a formé deux branches : la branche des seigneurs de Peuvern et celle des seigneurs de Kerduel. Elle prouve sa filiation depuis Guillaume le Peronno, ou le Peronnou, premier du nom, qui se trouvait inscrit au rang des nobles sous le rapport de la paroisse de Bérie, dans un livre de réformation de l'évêché de Vannes, en janvier 1426, et qui avait épousé Olive Jouan. Guillaume le Perenno, deuxième du nom est issu de cette alliance ; il transigea, le 12 mai 1475, pour la succession de sa mère, avec Guillaume le Tanel, petit-fils de Jean le Tanel ou Tanet, premier mari de cette même Olive Jouan. *D'azur, à la fleur de lys d'argent, accompagnée de trois poires d'or, tigées et feuillées du même.*

DE PERET. Cette maison, établie dans la ville de Fons, en Querci, province dont elle est originaire, est une branche de l'ancienne famille de Peret, résidant au village de Peret, paroisse de Lissac, et prouve une filiation noble depuis le milieu du quatorzième siècle. Elle a contracté de belles alliances, et a été maintenue dans sa noblesse d'extraction, le 29 janvier 1699, par le commissaire chargé par le roi de la recherche des faux nobles. Elle a produit beaucoup d'officiers et de capitaines, ainsi que des chevaliers de Saint-Louis. *Parti, d'argent au poirier de sinople ; au chef d'azur, chargé de trois étoiles d'argent,* qui est DE PERET; et *d'or, à l'arbre de sinople, au chef d'azur, chargé de deux fleurs de lys d'or,* qui est DE BOISSEL DE LA SALLE. Devise : *Digne et loyal.* Supports : deux limiers.

DES PÉRICHONS. *Voyez* GEMIER.

DE PERISSOL, seigneurs d'Allières, en Dauphiné. Laurent de Perissol, auteur de cette famille fut président au parlement de Grenoble ; en la chambre de l'édit. Samson de Perissol, son fils, a possédé la même charge. *De gueules, semé de fleurs de lys d'or ; à la cotice d'argent, brochante sur le tout ; au chef cousu d'azur, chargé d'un soleil d'or.*

DE PERNAN. *Voyez* GEDOYN.

PERRACHON, seigneurs du Collet et de Monte-Croix, en Dauphiné, famille qui a pour auteur Marc Perrachon, pourvu d'un office de conseiller au parlement dans la chambre de l'Edit, par lettres du 3 avril 1639, mort en 1664. Une autre branche de cette famille fut anoblie, par lettres du mois de décembre 1653, dans la personne de Jacques Perrachon, jurisconsulte et célèbre avocat au parlement de Grenoble, puis conseiller d'état. *Coupé d'azur et d'or ; à l'autruche de l'un à l'autre.*

DE PERRAULT DE JOTEMPS, DE FEUILLASSE, DE LA MOTTE-MONTREVOST, au pays de Gex et en Bourgogne, maison d'origine chevaleresque, qui prouve sa descendance de Collin Perrault, écuyer, en Bretagne, diocèse de Rennes, vivant en 1390. Elle compte des militaires distingués, un grand-maître des eaux et forêts de la Bourgogne, un président de la chambre des comptes de Paris, etc., etc. La branche aînée s'établit, en 1537, dans le pays de Gex, à cause du schisme de religion ; elle réside encore de nos jours dans cette province. Elle est alliée aux Gribaldi (1) de Farges (des comtes de Chiéri, en Piémont), aux Gento, aux Sergier, aux Jotemps. Ses membres ont de tout tems été considérés comme de très-anciens gentilshommes. Les titres que nous a produits le chef de la branche aînée de cette famille nous obligent de rectifier ici l'erreur commise dans le Dictionnaire véridique de la

_____

(1) Les Gribaldi sont alliés à la maison de Savoie. Vespasien Gribaldi, archevêque de Vienne, en Dauphiné, en 1569, l'un des consécrateurs de saint François de Salles en 1602, était de cette maison.

noblesse, tome II, page 308, où l'on a séparé les maisons de Perrault de Montrevost et de Perrault de Feuillasse, comme étant deux familles distinctes, tandis qu'il est prouvé, par les mêmes titres, que ce sont deux branches sorties d'une même souche, et portant les mêmes armoiries, savoir : *Parti, au 1 d'azur, à la croix patriarcale d'or, accompagnée en pointe de trois annelets du même ; au 2 d'azur, à trois bandes d'or.*

La branche ainée a le titre de *comte* par substitution de messire Alexandre-Michel, comte de Jotemps de Daillens, seigneur haut-justicier de Poully, Pregnins, Crozet, etc., au pays de Gex, gouverneur du château de Montmeillan et des forteresses de Vaud, pour le duc Emmanuel-Philibert de Savoie, en 1571. Elle écartèle des armes des Jotemps, ses aïeux maternels, qui sont *de gueules, au chevron d'or.* Couronne de comte. Deux lions pour supports. Cette branche est représentée par messire Joseph-Hyacinthe-Victor Perrault-Ruthet de Feuillasse, comte de Jotems, chevalier de l'ordre de Saint-Jean de Jérusalem, et par son frère, messire Alexandre-Gaspard Perrault-Ruthet de Feuillasse, chevalier de Jotemps, ancien officier de marine, marié et ayant un fils.

PERRET, en Dauphiné. Guigues-Faure Perret fut anobli, pour services militaires, par lettres du mois de février 1644, vérifiées au parlement de Grenoble, et confirmées par arrêt du conseil royal, du 24 avril 1670. Il contribua, par son courage et sa valeur, au gain de la bataille de Rocroy. *D'azur, à la bande d'argent, chargée de trois pates d'aigle de sable.*

PERRIN, à Arles, en Provence. Cette famille a été anoblie par Louis XIV, au mois de mars 1653, dans la personne de Jacques Perrin, père de N... Perrin, conseiller du roi et lieutenant particulier au siège d'Arles. *D'azur, au chevron d'or ; au chef d'argent, chargé de trois roses de gueules.*

PERRIN, seigneurs de Précy, du Lac, famille originaire du Dauphiné, d'où les guerres de religion la firent s'expatrier au milieu du seizième siècle. Elle vint s'établir en Bourgogne, où elle subsiste encore de nos jours. Elle compte un lieutenant-général grand-croix de l'ordre de Saint-Louis dans la personne du comte de

Précy, qui commandait l'armée royale à Lyon, en 1793 ; plusieurs officiers de divers grades, des maîtres des requêtes et deux intendants à Orléans. Elle s'est divisée en plusieurs branches existantes. *D'or, à la colonne de gueules, chargée de trois fleurs de lys d'argent, et sénestrée d'un lion du second émail.*

DE PERRIN DE BRASSAC, maison d'ancienne chevalerie de Languedoc, où elle est connue par filiation et possession de terres seigneuriales, depuis le commencement du douzième siècle, et qui joint à l'avantage de la plus haute ancienneté celui de la constater par une longue continuité de services militaires, et par des alliances avec tout ce qu'il y a de plus distingué dans l'ordre de la noblessse de Languedoc. Ses titres remontent son ascendance à

I. Deodat DE PERRIN, seigneur de la Balme (1), qui, au mois de mai 1116, fit donation de son corps, et de plusieurs de ses biens, à l'église de Saint-Geniès de Palama. Il épousa Huguette *de Beauregard*, laquelle consentit, avec Raimond, son fils aîné, et Guillaume de Perrin, son frère, l'acte d'une vente faite à Henri de Cabanis, de toutes leurs propriétés dans les lieux de Fromentès et de Mirabel, la septième férie du mois de juillet 1150. Les enfants de Deodat et de Huguette de Beauregard sont :

1°. Raimond, dont l'article suit ;
2°. Arnaud de Perrin, ⎫ qui confirmèrent l'acte de
3°. Lamech de Perrin, ⎭ 1116 ;
4°. Guillaume de Perrin, qui confima l'acte de 1116, et consentit celui de 1150.

II. Raimond DE PERRIN, Ier. du nom, seigneur de la Balme, consentit la donation faite par son père, l'an 1116, à l'église de Saint-Geniès de Palama. Par acte des ides de mai 1133, Aimeric, vicomte de Narbonne, lui inféoda les masages de Ginestet et de Falgairolles. Raimond de Perrin fit, le 6 des calendes de septembre 1158, un acte d'engagement à Bertrande Forelle, de

---

(1) *La Balme*, en Languedoc. Cette seigneurie est demeurée dans la maison de Perrin jusqu'à la fin du quatorzième siècle.

toutes ses propriétés dans le château de Lunas, et les villages de Lunas et de Diane ; passa un bail à fief, conjointement avec Rixende *d'Arlos*, sa femme, et Guillaume de Perrin, leur fils aîné ; passa un autre acte semblable consenti par les mêmes, d'une maison sise dans le masage de Ginestet, en faveur de Pierre Titrerii, en date des ides de mai 1162. Raimond Ier. eut les enfants qui suivent :

1°. Guillaume, qui continue la lignée ;
2°. Hugues de Perrin ;
3°. Ermessende de Perrin, mariée à Ermengaud de Saint-Amit, vivants en 1178.

III. Guillaume DE PERRIN, Ier. du nom, seigneur de la Balme, transigea, par acte de la sixième férie de novembre 1178, avec Ermessende de Perrin, sa sœur, femme d'Ermengaud de Saint - Amit, au sujet des successions de Raimond de Perrin et de Rixende d'Arlos, leurs père et mère ; fit, conjointement avec Garsendis, sa femme, un engagement de fief à Pierre de Rouis, par acte du mois d'octobre 1190, et fit donation de divers biens sis aux lieux de Ginestet et de Falgairolles, à l'abbaye de Valmagne, la septième férie du mois de mars 1195. Ses enfants furent :

1°. Pictavin de Perrin, qui suit ;
2°. Radulphe de Perrin, ⎫
3°. Guillaume de Perrin, ⎬ vivants en 1225.

IV. Pictavin DE PERRIN, chevalier, seigneur de la Balme, confirma la donation faite par son père, à l'abbaye de Valmagne, l'an 1195 ; acquit, conjointement avec Radulphe de Perrin, son frère puîné, le masage de Falgairolles, de Pierre d'Avaune, par acte du 12 des calendes de juillet 1225 ; Raimond de Perrin, son fils, fit, en son nom, la troisième férie du mois de décembre 1234, un acte de bail de fiefs honorifiques, sis en la paroisse de Saint-Martin de Vinay, à Déodat de Luppé. Pictavin avait épousé *Bertre*, dont il eut :

1°. Raimond II, dont l'article suit ;
2°. Pierre de Perrin, ⎫ vivants au mois de mai
3°. Arnaud de Perrin, ⎬ 1292 ;
4°. Pons de Perrin, seigneur de Puech, qui se croisa sous le roi saint Louis, et fut tué au siége de Saint-Jean d'Acre, en Palestine. Il est

rappelé dans le testament de Raimond II, de 1292. Il laissa deux fils, Pierre et Béringuier, auxquels Guillaume II, seigneur de la Balme, substitua ses biens au défaut de ses enfants, par son testament de 1309.

V. Raimond DE PERRIN, IIe. du nom, chevalier, seigneur de la Balme et de Vairac, est connu par l'acte du mois de décembre 1234, rapporté sur le degré de son père. L'an 1283, Raimond de Perrin eut ordre de se trouver à Bordeaux, en chevaux et armes avec les gens de sa suite, pour accompagner Philippe le Hardi à la guerre (1). Il servit dans l'expédition du roi de Majorque en 1386 (2), et fit son testament le 12 des alendes de mai 1292, dans lequel il rappelle ses frères, Pectavin, son père, et Bertre, sa mère, ainsi que Béatrix *de Montclar*, sa femme; Angel de Mons, femme de noble Guillaume de Perrin, son fils aîné, qu'il institue son héritier universel, lui substituant ses autres fils dans l'ordre de primogéniture. Ces enfants sont :

1°. Guillaume II, dont l'article suit;
2°. Arnaud de Perrin, ⎫ mentionnés dans le testa-
3°. Déodat de Perrin, ⎪ ment de Guillaume de
4°. Hubert de Perrin, ⎬ Perrin, leur frère, du
5°. Bertre de Perrin, ⎭ mois d'août 1309.

VI. Guillaume DE PERRIN, IIe. du nom, damoiseau, seigneur de la Balme et de Vairac, fit, en présence de son père, le 3 des calendes de mars 1260, un acte de déçime, d'une maison située au faubourg de Carcassonne, en faveur de Pierre Amiel. A la fin du mois de septembre 1306, Guillaume de Perrin fut l'un des douze barons de la vicomté de Narbonne, qui servirent d'assesseurs à Jean d'Aunet, sénéchal de Carcassonne, qui condamna à mort les huit consuls de Carcassonne, pour crime de lèze-majesté. Guillaume II fit son testament aux ides d'août 1309, dans lequel il fit mention de son père Raimond de Perrin et de

<hr />

(1) Histoire générale de Languedoc, par D. Vaissète, tome IV. page 41.
(2) *Ibid.*, page 58.

Béatrix de Montclar, sa mère, d'Angel *de Mons*, sa femme, et de tous ses frères ; fait des legs à Arnaud, Raimond et Pons, ses enfants, et institue son héritier universel noble Aimeric de Perrin, avec substitution à ses autres ; et à leur défaut, à nobles Pierre et Béren-guier de Perrin, ses cousins germains. Il est rappelé dans le contrat de mariage d'Aimeric, son fils aîné, mentionné au degré suivant. Ses enfants furent :

1°. Aimeric, dont l'article suit ;
2°. Arnaud de Perrin, ⎫
3°. Raimond de Perrin, ⎬ vivants en 1309.
4°. Pons de Perrin, ⎭

VII. Aimeric DE PERRIN, chevalier, seigneur de la Balme et de Vairac, épousa, 1°. Géralde *de Voisins ;* 2°. le 3 mai 1338, Requière *de Castelnau,* fille de no-ble Bérenguier de Castelnau, damoiseau, seigneur de Saint-Gervais. Il reçut une reconnaissance féodale de Jacques Cayssel, le 4 novembre 1351, et était gouver-neur de la ville de Lautrec pour Gaston de Foix, lors-que ce prince lui fit donation, le 26 septembre 1356, d'une maison sise dans la même ville, en considéra-tion des services à lui rendus par ledit Aimeric de Perrin, qui l'avait suivi dans la guerre que Jean le Bon, roi de France, avait faite à Édouard, roi d'Angle-terre. Aimeric de Perrin fit son testament le 16 mai 1358, dans lequel il rappelle ses deux femmes, et nomme les enfants qu'il en avait eus ; savoir :

Du premier lit :

1°. Hubert de Perrin, seigneur de la Balme et de Vairac, auquel son père fit une donation, qu'il confirma par son testament de 1358 ;

Du second lit :

2°. Pierre de Perrin, dont l'article suit ;
3°. Arnaud de Perrin, seigneur de la Roque, ma-rié avec Raymonde *de Rabastens,* et père de Pons de Perrin, vivant le 4 juin 1388.

VIII. Pierre DE PERRIN, 1er. du nom, damoiseau, épousa, par contrat du 22 septembre 1364, Fleur *de Cabanac,* fille de noble Guillaume de Cabanac, chevalier, et de Thorine de Pons, dame de Sorgues ; fut institué héritier par égale part, avec Arnaud de Perrin, son frère, par le testament d'Aimeric de Perrin, leur père, du 16 mai 1358, et fit le sien le 4 juin 1388, dans lequel il rappelle ledit Aimeric, Fleur de Cabanac, sa défunte femme, et ses enfants ; savoir :

1°. Pierre de Perrin, qui continue la lignée ;

2°. Jacquette de Perrin, légataire de son père, le 4 juin 1388, religieuse à Saint – Benoît de la Salvetat.

IX. Pierre DE PERRIN, IIe. du nom, damoiseau, épousa, par contrat du 13 février 1386, noble Bérengère *de Roches*, fille de noble Pons de Roches, damoiseau. Elle est nommée dans le testament de Pierre Ier, du 4 juin 1388, par lequel Pierre II est institué son héritier universel, et dans le testament de ce dernier du 18 octobre 1432, où sont mentionnés leurs enfants :

1°. Galhan, dont l'article suit ;

2°. Sicard de Perrin, moine de Saint – Pons de Thomières ;

3°. Fleur de Perrin, femme de noble Pierre *de Bonne*.

X. Galhan DE PERRIN, damoiseau, institué héritier universel de son père, le 18 octobre 1432, avait épousé, par contrat du 5 juillet 1405, noble Guiraude *de la Font*, fille de noble Sicard de la Font, seigneur de Ferréroles, laquelle fit son testament le 5 septembre 1458, où elle se dit veuve en secondes noces dudit Galhan de Perrin ; fait mention de ses enfants, de ceux de Catherine, sa fille, et de ceux de Pons de Perrin, son fils aîné. Les enfants de Galhan de Perrin et de Guiraude de la Font, sont :

1°. Pons, dont l'article suit ;

2°. Catherine de Perrin, mariée à N. *de Montagut*, et mère de Raimond de Montagut, légataire de Guiraude de la Font, son aïeule maternelle, le 5 septembre 1458 ;

3°. Jeanne de Perrin.

XI. Pons DE PERRIN, seigneur de la Roque et de la

Roquette, épousa, par contrat du 9 mai 1437, Raimonde *des Guillots*, fille de noble Bérenguier des Guillots, seigneur de Ferrières. Il rendit hommage au comte
de Foix, le 23 mars 1452, reçut une quittance de dot
de Catherine de Perrin, sa fille, le 29 janvier 1454,
et fut institué héritier universel de Guiraude de la
Font, sa mère, le 5 septembre 1458. Il fit son testament le 29 décembre 1465, dans lequel il fait mention
de Raimonde des Guillots, sa femme, et déclare avoir
de ladite dame deux cents moutons d'or, à elle donnés
par seigneur et révérend père en Christ Bérenguier des
Guillots, archevêque d'Auch, son grand-oncle ; fait
des legs à ses enfants, et fait mention d'Halix de Hautpoul, sa belle-fille, épouse de noble Isarn de Perrin,
qu'il institue son héritier, lui substituant ses autres
enfants ; savoir :

1º. Isarn, dont l'article suit ;

2º. Sicard de Perrin, auteur de la branche des
seigneurs du Bus, en Picardie, rapportée en son
rang ;

3º. Catherine de Perrin, légataire de Guiraude de
la Font, son aïeule, en 1458, et de son père
en 1465, était mariée, avant le 29 janvier 1454,
avec Antoine *de Loubens de Villeneuve*, époque
où elle donna une quittance de dot à Pons de
Perrin, son père ;

4º. Rixende de Perrin, 5º. Jeanne de Perrin, légataires de Guiraude de la Font, leur aïeule, le 5 septembre 1458, et de Pons de Perrin, leur père, le 29 décembre 1465, la première religieuse bénédictine au monastère de Vielmur.

XII. Isarn DE PERRIN, damoiseau, seigneur de la
Roque et de la Roquette, épousa, par contrat du 6
février 1463, noble Alix *d'Hautpoul*, fille de Jean
d'Hautpoul, seigneur d'Hauterive, rendit hommage
au comte de Foix, le 18 mai 1476, et fit son testament le 24 novembre 1498, dans lequel il rappelle sa
femme et ses enfants ; savoir :

1º. François, dont l'article suit ;

2°. Raimond de Perrin, héritier en partie de son
père, en 1498 ;

3°. Jean de Perrin,
4°. Simon de Perrin,
5°. Béatrix de Perrin,
6°. Thorine de Perrin,

légataires d'Isarn de Perrin, leur père, par son
testament du 24 octobre
1498 ; la dernière, veuve
du seigneur de Floren-
tin.

XIII. François DE PERRIN, Ier. du nom, écuyer, seigneur de la Roque et de la Fabrié, fut institué avec
Raimond de Perrin, son frère, héritier par égale part
de tous ses biens, le 24 octobre 1498. Il épousa, par
contrat du 2 mai 1499, Laurence *de Lautrec*, fille de
noble Hugon de Lautrec, seigneur de la Fabrié ; servit au ban et arrière-ban l'an 1530 ; fit son testament
le 28 octobre 1540, et ne vivait plus le 21 novembre
1541. Ses enfants furent :

1°. François II, dont l'article suit ;
2°. Louis de Perrin, qui vivait le 21 novembre
1541 ;
3°. Georgette de Perrin, religieuse à Prouille.

XIV. François DE PERRIN, IIe. du nom, seigneur de
la Fabrié et de la Roque, transigea, le 21 novembre
1541, avec Louis de Perrin, son frère, sur le partage
de la succession de leur père, et servit au ban la même
année. L'an 1562, françois de Perrin était capitaine-
commandant de Saint-Juéry. Il avait épousé, le 17
octobre 1540, noble Astrugue *de la Roque* ou *de la
Roche*, qui fit son testament le Ier. septembre 1604.
François de Perrin avait fait le sien le 26 juin 1586,
dans lequel il nomme tous ses enfants ; savoir :

1°. Louis, dont l'article suit :
2°. Pierre de Perrin, auteur de la branche dite des
seigneurs de Moulaires ;
3°. Charles de Perrin, auteur de la branche des
seigneurs de Lengari, rapportée en son lieu ;
4°. Alexis de Perrin, qui fonde la branche des
seigneurs de Montpignier et de Brassac, mentionnée plus loin ;
5°. Astrugue de Perrin, vivante en 1586 ;
6°. Jeanne de Perrin, mariée, avant le 26 juin 1586,
à N..... *de Lalger*.

. XV. Louis DE PERRIN, Ier. du nom, *seigneur de la Roque et de la Bessière* (1), *de la Fabrié, de la Trape* (2), capitaine de cavalerie, par commission du 15 juin 1580, fut institué héritier universel de François de Perrin, IIe. du nom, son père, le 26 juin 1586; fit son testament le 8 juillet 1606, et transigea avec Alexis et Charles de Perrin, ses frères, touchant l'hérédité de leur père, le 5 décembre 1608. Il avait épousé, par contrat du 7 octobre 1571, Gabrielle *de la Caze*, fille de noble Audinet de la Caze, seigneur de la Trape et de la Bessière, et de Catherine de la Pallu. De ce mariage *sont issus* :

1°. Jean, dont l'article suit :

2°. Esther,
3°. Madelaine,
} légataires de leur père, le 8 juillet 1606. La première, mariée le 11 avril 1613, avec Jean *de Nupces*, seigneur de Rouffiac.

XVI. Jean DE PERRIN, chevalier, seigneur de la Bessière et de la Roque, sénéchal de la ville et du comté de Castres, par lettres du roi du 6 septembre 1612, puis capitaine de cavalerie, *sous les ordres du duc de Rohan*, par commission du 26 juin 1621. Il avait épousé, par contrat du 16 janvier 1614, Isabeau *de Narbonne*, fille de Jean de Narbonne-Caylus, baron de Faugères, de Lunas et de Rocozel, et d'Antoinette du Caylar d'Espondeilhan. Jean de Perrin fut fait sénéchal de la ville et du comté de Castres, en 1618. Il fit un testament mystique le 16 juillet 1630, et vivait encore le 5 octobre 1638. Ses enfants furent :

1°. Jean de Perrin, qui périt au combat d'Elne, en Roussillon, en 1668;
2°. Alexis, dont l'article suit;
3°. Louis de Perrin, maintenu en 1670;

---

(1) *La Bessière*, seigneurie en Languedoc, au diocèse de Castres, généralité de Toulouse. On y compte soixante-quatorze feux.

(2) *La Trape*, au diocèse de Rieux, à cent quarante-sept lieues de Paris. On y compte cent dix feux et environ quatre cent quatre-vingt-quinze habitants.

4°. Toinette,
5°. Marguerite, } légataires de leur père, le 16
6°. Esther, } juillet 1630.

XVII. Alexis DE PERRIN, Ier. du nom, chevalier, seigneur de la Bessière et de la Roque, capitaine de cavalerie, par commission du 26 juin 1621, épousa, par contrat du 5 octobre 1638, Claire de *Durfort de Castelbajac*, fille de messire Godefroy de Durfort, marquis de Castelbajac, premier baron de Bigorre, et d'Isabeau d'Astarac. Il obtint un jugement de la chambre souveraine des francs fiefs, le 17 septembre 1658, et fut maintenu dans sa noblesse, avec Louis de Perrin, son frère, le 4 janvier 1670. Sa veuve fit son testament le 29 décembre 1699. De ce mariage sont issus :

1°. Louis, dont l'article suit ;
2°. Henri de Perrin, seigneur de la Tour, capitaine au régiment de Navarre ;
3°. Michel de Perrin, qui fonde le rameau de la Bessière Bar-le-Duc, ci-après ;
4°. Augustin de Perrin,
5°. Marguerite de Perrin, religieuse,
6°. Marie-Marguerite,
7°. Isabeau de Perrin,
} légataires de Claire de Durfort de Castelbajac, leur mère, le 29 décembre 1699.

XVIII. Louis DE PERRIN DE DURFORT, IIe. du nom, chevalier, seigneur de la Bessière, de la Trape, etc., épousa, par contrat du 8 mars 1692, Rose de *la Vaisse*, dont il eut un fils et deux filles ;

1°. Alexis II, dont l'article suit ;
2°. N..... de Perrin, épouse de M. d'*Assier de Pomerols* ;
3°. N..... de Perrin, religieuse au monastère de Fargues, en la ville d'Albi.

XIX. Alexis DE PERRIN DE DURFORT, IIe. du nom, chevalier, seigneur de la Bessière, de la Trape, de Bonneval (1) et autres lieux, épousa, en 1748, Marie-

_____

(1) *Bonneval*, au diocèse d'Albi. On y compte cent dix-neuf feux.

Elisabeth *de Prudhomme de Saint-Maur*, dont il eut un fils :

XX. Louis DE PERRIN DE DURFORT, IIIe du nom, chevalier, seigneur de la Bessière, de la Trape et de Bonneval, né le 16 février 1749, vivant. Cette branche ajoute à son nom de Durfort, en vertu d'une clause testamentaire de Claire de Durfort de Castelbajac.

Rameau de la Bessière Bar-le-Duc.

XVIII. Michel DE PERRIN, chevalier, connu sous le nom de *chevalier de la Bessière*, troisième fils d'Alexis Ier, et de Claire de Durfort de Castelbajac, servit pendant cinquante-trois ans dans le régiment de Rouergue, dont vingt-trois en qualité de lieutenant-colonel, et mourut le 8 décembre 1735, étant lieutenant-commandant pour le roi à Villefranche de Conflans, et chevalier de l'ordre royal et militaire de Saint-Louis. Il avait épousé, par contrat du 18 février 1709, Charlotte *du Jard de Montarlot*, fille de noble Jean-Claude du Jard, seigneur de Montarlot, de Larré, Pierrecourt, etc., et de dame de Tricornot. Il avait fait son testament le 16 janvier 1733. Ses enfants furent :

1°. Louis, dont l'article suit ;
2°. Henri de Perrin, chevalier de l'ordre royal et militaire de Saint-Louis, major au régiment de Rouergue ;
3°. Alexis de Perrin, prêtre et chanoine de Castres;
4°. Jean-François de Perrin, capitaine de grenadiers au régiment de Rouergue, chevalier de l'ordre royal et militaire de Saint-Louis, mort sans postérité ;
5°. Jeanne-Marie de Perrin, religieuse aux dames Annonciades de Farges, à Albi.

XIX. Louis DE PERRIN, IIe du nom, chevalier, sieur de la Bessière, né le 6 décembre 1712, lieutenant-colonel au régiment de Rouergue, en 1760, chevalier de l'ordre royal et militaire de Saint-Louis, avait épousé, par contrat du 1er janvier 1755, Jeanne *de Vassart*, dame d'Ancemont, fille de N.... de Vassart, seigneur d'Ancemont et de

Tanois, chevalier de Saint-Louis, et de dame N.... de Rozeau. De ce mariage sont provenus :

1°. Nicolas-Charles-Louis de Perrin de la Bessière, seigneur d'Ancemont, près de Verdun-sur-Meuse, qui n'a laissé que deux filles, mariées : il a servi en qualité de lieutenant dans le régiment de Normandie ;

2°. Jean, dont l'article suit ;

3°. Henriette de Perrin, née le 27 juillet 1762, mariée à M. le baron de Plunkett, chambellan d'un prince d'Allemagne ; puis lieutenant des gardes de la porte du roi, décédé ;

4°. Pauline-Dorothée de Perrin, née en 1764, élevée à l'abbaye royale de Saint-Cyr ; puis mariée à M. Fournier, officier de cavalerie, mort victime de la révolution.

XX. Jean DE PERRIN DE LA BESSIÈRE, né le 22 novembre 1758, élevé à l'école royale militaire, était lieutenant-général civil de Bar, à l'époque de la révolution. Il avait épousé N.... de Phinfe de Saint-Pierre-Mont, du comté de Bar, dont il a eu deux fils :

1°. N.... de Perrin, mort lieutenant dans les guerres qui ont précédé la restauration ;

2°. N.... de Perrin, officier dans une légion.

Seigneurs de Lengari.

XV. Charles DE PERRIN, Ier. du nom, troisième fils de noble François de Perrin, IIe. du nom, seigneur de à Fabrié et de la Roque, et de dame Astrugue de la Roque, fut fait légataire de son père, le 26 juin 1586, et transigea avec Louis et Alexis de Perrin, ses frères, à raison de la succession paternelle, le 5 décembre 1608. Il avait épousé, par contrat du 31 janvier 1590, François de Lacam, dame de Lengari. Il rendit deux hommages et dénombrements, les 27 octobre 1600 et 15 novembre 1613. Il est mentionné dans l'ordonnance de maintenue du 24 janvier 1670, rapportée plus bas. Il eut cinq fils :

1°. Guillaume, dont l'article suit ;

2°. François de Perrin, auteur de la branche des seigneurs de Cabrilles et de la Brassaguié, rapportée ci-après ;

3°. Louis de Perrin, seigneur de la Marquisié, mort au service ;

4°. Charles de Perrin, seigneur de la Perrine, marié, le 12 avril 1646, avec Antoinette *de la Treilhe*. Il fut maintenu dans sa noblesse le 4 janvier 1670 ;

5°. Olivier de Perrin, chanoine du chapitre de Lautrec.

XVI. Guillaume DE PERRIN, III°. du nom, seigneur de Lengari, épousa, par contrat du 8 octobre 1628, Hélène *d'Heriteri*, à laquelle Louis et Charles de Perrin, ses beaux-frères, donnèrent quittance portant accord de légitime et subrogation, en faveur de ladite Hélène d'Heriteri, du 4 mai 1643. Guillaume de Perrin avait, le 8 avril 1641, transigé avec les mêmes, touchant la succession de leurs père et mère. Il avait servi sous la charge du maréchal de Schomberg, de M. de Clermont et du baron d'Ambres, ainsi qu'il appert de quatorze lettres missives de ces seigneurs, du 17 novembre 1631 au 3 août 1642. Ses enfants furent :

1°. Charles, dont l'article suit ;

2°. Olivier de Perrin, seigneur de Baulens (1), marié, le 19 février 1659, avec Hélène de Grandis, mort sans postérité. Il avait été maintenu, avec Charles, son frère, le 4 janvier 1670 ;

3°. Trois demoiselles non mariées, dont Claire et Marie, existantes le 21 février 1658.

XVII. Charles DE PERRIN, II°. du nom, seigneur de Lengari et de Malacam, fut émancipé par son père, le 21 avril 1654, et épousa, le 26 du même mois, Diane *de Landes de Saint-Palais*, qui testa, les 7 novembre 1691 et 12 août 1699. Charles Perrin fit un accord avec

---

(1) *Baulens*, seigneurie au pays de Lomagne, diocèse de Condom, parlement de Toulouse. On y comptait trois feux et cinquante-trois belluges de feux.

Olivier, son frère, et Claire et Marie, ses deux sœurs,
le 21 février 1658, et fut maintenu dans sa noblesse le
18 août 1684. Il eut de son mariage :

1°. Guillaume de Perrin, marié, en 1684, avec
Marguerite *de Rate de Cambous*, dont il n'eut
point d'enfants ;
2°. Marc-Antoine, dont l'article suit ;
3°. Olivier de Perrin, archidiacre de Saint-
Baudille.

XVIII. Marc-Antoine DE PERRIN, seigneur de la
Marquisié et de Lengari, capitaine, puis major au
régiment de Vivarais, chevalier. de l'ordre royal et
militaire de Saint-Louis, né le 25 février 1672, acquit,
conjointement avec Olivier, le 27 septembre 1699, une
métairie de Guillaume de Perrin, leur frère aîné. Il
épousa, par contrat du 27 janvier 1710, Madelaine *de
Rate de Cambous*, petite-fille de Marc-Antoine de Rate,
seigneur de Cambous, et d'Anne de Beaux-Hostes
d'Agel. De ce mariage sont issus :

1°. Guillaume-Hyacinthe, dont l'article suit ;
2°. Marguerite de Perrin, religieuse à Lille d'Abi-
geois ;
3°. Catherine-Claire de Perrin, mariée, par contrat
du 21 mai 1739, à Jérôme *de Bénavent-Rodez*,
chevalier, seigneur de Cabannes et de Cabrilles,
capitaine au régiment de Champagne, infanterie,
chevalier de Saint-Louis, fils de François de
Bénavent-Rodez, et de Marguerite de Basset.

XIX. Guillaume-Hyacinthe DE PERRIN DE LA MAR-
QUISIÉ, seigneur de Lengari, né le 8 juin 1713,
lieutenant au régiment du roi, dragons, épousa, par
contrat du 8 mars 1740, noble Catherine *de Roux*. Il
rendit hommage et dénombrement le 5 juillet 1745, et
mourut sans enfants mâles, n'ayant eu qu'une fille :

Madelaine-Thérèse-Elisabeth de Perrin de la Marquisié, mariée, par contrat du 13 juin 1769,
à son cousin Antoine de Perrin, seigneur de la
Brassaguié.

Seigneurs de Cabrilles et de la Brassaguié.

XVI. François DE PERRIN, IIIᵉ du nom, seigneur de la Perrinie et de Mazières (1), second fils de noble Charles de Perrin, seigneur de Lengari, et de Françoise de la Cam, épousa, par contrat du 19 avril 1613, Marie *de Solomiac*, *aliàs de Solignac.* Il fut institué légataire de son père, Charles de Perrin, par son testament du 13 mars 1626, et par son codicille du 2 juillet 1633. François de Perrin reçut deux lettres, les 17 novembre 1631 et 3 juillet 1637, du maréchal de Schomberg, commandant la province de Languedoc, pour servir dans l'armée du roi, contre les Espagnols; il périt, le 29 septembre 1637, à la défense de Leucate, assiégé par les Espagnols. Sa veuve fit faire l'inventaire de ses biens le 12 octobre 1637, et fit son testament le 27 février 1685. Leurs enfants furent :

1°. Jacques, dont l'article suit ;
2°. Claude de Perrin, mort jeune ;
3°. Françoise de Perrin, mariée à Étienne *Pagès*, seigneur de Roque d'Ols, fils de Pierre Pagès, baron de Porcairès, gentilhomme ordinaire de la chambre du roi.

XVII. Jacques DE PERRIN, seigneur de Cabrilles, épousa, 1°. par contrat du 18 mars 1665, Hélène de *Morlas*, fille de Jacques de Morlas, seigneur de la Garde et de la Cam, et de Flore de Bertrand ; 2°. par contrat du 13 avril 1679, Esther *de Batigue*, dame de la Grèse. Il passa un accord, le 28 mars 1666, avec Charles de Morlas, seigneur de la Cam et de Caudenat, son beau-frère, et fut maintenu dans sa noblesse le 4 janvier 1670. Ses enfants furent,

Du premier lit :

1°. Guillaume, dont l'article suit ;

Du second lit :

2°. Joseph de Perrin de Cabrilles, seigneur de

---

(1) *Mazières*, seigneurie située dans l'élection de Castres.

Varagne (1), marié, par contrat du 16 août 1713, à Françoise de Batigue, baronne de Cestayrols. De ce mariage sont issus :

a. Jacques-Joseph de Perrin de Cabrilles, seigneur et vicomte de Varagne, baron de Cestayrols (2) et des états d'Albigeois, seigneur de Cabrilles et de Montdragon (3), marié, en 1755, avec N.... *de Goudon de Málviez*, dont il a eu une fille unique, mariée à messire Maurice-Lambert *de Brunet de Castelpers*, marquis de Villeneuve, baron de la province de Languedoc, en 1777, dont postérité ;

b. Olivier de Perrin, capitaine au régiment d'Artois, tué à l'affaire de l'Assiette, en 1747 ;

c. Alexandre de Perrin, tué au service, avec le même grade de capitaine ;

d. Jacques-Pierre de Perrin, lieutenant, tué à la bataille de Dettingen, le 28 juin 1743 ;

e. Charles-Etienne de Perrin, capitaine d'infanterie, chevalier de l'ordre royal et militaire de Saint-Louis, marié à N.... *de Juges de Brassac* ;

f. Etienne-Charles de Perrin, lieutenant d'infanterie, marié à N.... *du Cros de Lautrec* ;

g. François-Honoré de Perrin, chanoine du chapitre de Castres ;

h. Marguerite de Perrin, mariée à Pierre *de Bayard* ;

i. Charlotte de Perrin, religieuse à Prouille ;

j. Marie-Françoise de Perrin.

---

(1) *Varagne*, seigneurie en Languedoc, au diocèse de Saint-Papoul, à cent quarante-sept lieues de Paris, proche le canal royal. On y compte soixante-quatre feux, ou environ deux cent quatre-vingt-cinq habitants.

(2) *Cestayrols*, ancienne baronnie qui donnait entrée aux états d'Albigeois. Elle est située à deux lieues deux tiers ouest-nord-ouest d'Albi. On y compte cent quatre-vingt-dix feux.

(3) *Montdragon*, seigneurie en Languedoc, sur la rivière de Dadou, au diocèse de Castres, à trois lieues sud d'Albi. On y compte cent quarante-trois feux.

3°. Etienne de Perrin, commandant du deuxième bataillon de Chartres, chevalier de Saint-Louis, mort sans alliance ;

4°. Marie de Perrin ;

5°. Françoise de Perin.

XVIII. Guillaume DE PERRIN, IIIe. du nom, seigneur de Cabrilles et de la Brassaguié, épousa, par contrat du 13 février 1700, noble Hélène *de Barrau*, qui partagea avec noble Jean-Antoine de Barrau, son frère, le 30 mars 1705. Guillaume de Perrin partagea avec ses frères et sœurs des deux lits, le 10 avril 1717, et avait fait son testament le 8 octobre 1706, par lequel il avait institué noble Jean-François de Perrin son héritier universel. Ses enfants furent :

1°. Jean-François, qui suit ;

2°. Jean de Perrin, vivant le 4 juin 1729, testa le 17 mai 1770.

XIX. Jean-François DE PERRIN, seigneur de Cabrilles et de la Brassaguié, officier au régiment de Champagne, né le 15 août 1701, épousa, par contrat du 9 janvier 1742, Eléonore *de Bénavent de Salles*, des comtes de Rodez. Il consentit une obligation avec Hélène de Barrau, sa mère, veuve de Guillaume de Perrin, son père, le 19 mars 1725, et fit une vente de fiefs, conjointement avec noble Jean de Perrin, son frère, le 4 juin 1729. Il eut pour fils :

1°. Jean-Antoine, dont l'article suit ;

2°. Jérôme de Perrin, mort jeune.

XX. Jean-Antoine DE PERRIN, chevalier, comte de Lengari, seigneur d'Algans (1), de Montouliers (2) et de la Brassaguié, né le 19 août 1744, chevalier de

_____

(1) *Algans*, seigneurie en Languedoc, au diocèse de Lavaur, généralité de Toulouse. On y compte quatre-vingt-cinq feux.

(2) *Montouliers*, seigneurie située en Languedoc, au diocèse de Saint-Pons, généralité de Montpellier, près du canal royal, à quatre lieues sud-sud-est de Saint-Pons. On y compte cinquante-six feux.

l'ordre royal et militaire de Saint-Louis, épousa, par contrat du 13 juin 1769, Madelaine-Thérèse-Elisabeth *de Perrin*, dame de Lengari, sa cousine, fille unique de Guillaume Hyacinthe de Perrin de la Marquisié, seigneur de Lengari, et de Catherine de Roux. Il fut institué héritier universel de Jean de Perrin, son oncle paternel, du 17 mai 1770, assista à l'assemblée des trois états d'Albigeois, au mois de juin 1775, représentant sa cousine, baronne de Cestayrols, et rendit hommage le 18 novembre 1785. Ses enfants furent :

1°. Marie-Jean-Antoine-Guillaume, qui suit ;
2°. Charles-François-Olivier, chevalier de Perrin, servit d'abord dans la marine ; dans l'émigration, il devint capitaine des hussards de Mirabeau, chevalier de l'ordre royal et militaire de Saint-Louis. Il servit utilement la cause royale à la rentrée, et fut nommé commandant de l'île de Corse. Dans les cent jours, il accompagna monseigneur le duc d'Angoulême en Espagne. Ce prince, à son retour en France, l'a nommé colonel et commandant de la place de Mont-Louis. Il a épousé Fanny *Cotton*, dame anglaise, dont il a quatre demoiselles ;
3°. Marie-Madelaine-Eléonore-Hyacinthe-Justine-Françoise de Perrin, mariée à M. *Sudre* ;
4°. Anne-Charlotte-Etiennette-Hyacinthe-Aglaé de Perrin, mariée à messire Isidor *de David de Beauregard*, chevalier de Saint-Jean de Jérusalem, qui a fait ses caravanes sur les galères de l'ordre.

XXI. Marie-Jean-Antoine-Guillaume, vicomte DE PERRIN, chef d'escadron du vingt-troisième régiment de chasseurs, chevalier de l'ordre royal et militaire de Saint-Louis, servit en qualité de chef d'escadron dans les hussards de Mirabeau, dans l'émigration, sous les ordres du prince de Condé. Il a épousé Elisa *Mathesson*, dame anglaise, dont il a eu :

1°. Olivier de Perrin ;
2°. Guillaume de Perrin.

Seigneurs de Montpignier et de Brassac.

XV. Alexis DE PERRIN, Ier. du nom, seigneur de Montpignier (1), quatrième fils de noble François de Perrin, seigneur de la Fabrié et d'Astrugue de la Roque, épousa, par contrat du 27 novembre 1601, noble Claude de Brassac, dame de Montpignier, qui fit son testament le 6 février 1609, par lequel elle fait des legs à Marquise, Marguerite et Claire, ses trois filles de son premier mari noble du Puy, seigneur de la Fraisse, et à Jeanne et Astrugue de Perrin, ses filles de son second mari Alexis de Perrin, et institua son héritier universel à charge de porter les noms et armes de sa maison (de Brassac-Montpignier), noble Louis de Perrin, son fils, avec substitution à noble Alexis de Perrin, son mari, et successivement à Jeanne et Astrugue de Perrin, ses filles. Alexis de Perrin avait été institué principal héritier de sa mère Astrugue de la Roque, par son testament du Ier. septembre 1604, avait fait un accord avec Charles et Louis de Perrin, ses frères, à raison de leurs droits successifs, le 5 décembre 1608; il rendit un hommage et dénombrement le 15 novembre 1613, dans lequel son fils Louis est dit héritier, portant nom et armes de noble Claude de Brassac. Ses enfants furent :

    1°. Louis, dont l'article suit ;

    2°. Jeanne de Perrin, mariée, par contrat du 12 avril 1620, avec Jacques *de Bonne*, seigneur de Gourgade et de Missècle, fils de Baltazard de Bonne, seigneur de Marguerites et de Missècle. Ledit Baltazard de Bonne donna, le 22 décembre 1620, quittance de la somme de neuf mille liv. donnée en dot à Jeanne de Perrin, femme de son fils ;

    3°. Astrugue de Perrin, religieuse au monastère

---

(1) *Montpignier*, seigneurie en Languedoc, au diocèse de Castres, généralité de Toulouse, située dans les montagnes, entre les rivières d'Agout et de Dadou. On y compte cinquante-quatre feux.

de la Salvetat, transféré dans la ville de Lautrec ;

XVI. Louis DE PERRIN-BRASSAC, seigneur de Montpignier, capitaine d'infanterie au régiment de Mœurs, par commission du 31 juillet 1632, servit en cette qualité dans l'armée du maréchal de Schomberg. Il avait épousé, par contrat du 3 novembre 1630, Françoise *de Ranchin*, fille de noble Jacques de Ranchin, conseiller au parlement de Toulouse, et de Suzanne de Grefeuille. Il rendit hommage au roi le 5 mars 1639, et vivait encore avec son épouse le 22 août 1674, qu'ils furent déchargés du droit de franc-fief. Ses enfants furent :

1°. Alexis II, dont l'article suit ;

2°. Jean de Perrin, seigneur de Montmille, mort sans enfants le 2 mars 1675. Il avait épousé N.... *d'Alari* ;

3°. Pierre de Perrin, seigneur de la Valette (1), puis de Montpignier, en 1670, terre qu'il légua à son petit-neveu Pierre-Alexis de Perrin. Il fut maintenu dans sa noblesse avec Jean de Perrin, son frère, le 4 janvier 1670. Il avait épousé Esther *de Rotolp*, dont il n'eut point d'enfants, fille d'Antoine de Rotolp, seigneur de la Devèse et de Farguetes, et de Susanne Espérandieu ;

4°. Françoise de Perrin ;

5°. Claudine de Perrin, religieuse au monastère de Rodez.

XVII. Alexis DE PERRIN, IIᵉ. du nom, épousa, par contrat du 26 octobre 1659, noble Louise *le Roy*, fille de Jean le Roy, seigneur de Sionac et de la Fabrié, et d'Antoinette de Perrin. Elle épousa en secondes noces, le 7 mai 1667, noble Melchior du Lac, et passa un accord, le 22 mai 1668, avec Louis de Perrin, seigneur de Montpignier. Ils eurent pour fils unique Godefroy de de Perrin, qui suit :

XVIII. Godefroy DE PERRIN-BRASSAC, né en 1663,

---

(1) *La Valette*, terre et seigneurie dans l'élection de Castres.

épousa, par contrat du 8 juillet 1692, Suzanne *de Mauzy*, mourut en 1693, et est rappelé dans le contrat de mariage de Pierre-Alexis de Perrin, son fils unique, qui suit, du 14 août 1714.

XIX. Pierre-Alexis DE PERRIN-BRASSAC, seigneur de Montpignier, en vertu de la donation que lui en fit son grand-oncle Pierre de Perrin, seigneur de la Valette, par son testament du 15 janvier 1713, fut cornette de la compagnie de Sainte-Maure, deuxième régiment de dragons de Languedoc, par brevet du 14 décembre 1707; épousa, 1°. par contrat du 14 août 1714, Gabrielle *d'Alari*, dont il n'eut point d'enfants; 2°. par contrat du 29 septembre 1757, noble Victoire de *Capriol de Puechassaut*. Il fit son testament le 11 septembre 1768, dans lequel il nomme et lègue les enfants qu'il eut de ce second mariage, savoir:

1°. François, dont l'article suit.;

2°. Joseph de Perrin-Brassac, prêtre, ancien prieur de Saint-André, déporté en Espagne, et depuis sa rentrée en France nommé curé du canton de Lautrec.;

3°. Jacques-François de Perrin-Bressac, lieutenant au régiment de Barrois, en 1791, mort en émigration;

4°. Antoinette-Victoire de Perrin-Brassac, religieuse aux dames de Prouillée, décédée.

XX. François, vicomte DE PERRIN-BRASSAC-MONT-PIGNIER, chevalier de l'ordre royal et militaire de Saint-Louis, entra, le 19 septembre 1775, sous-lieutenant dans le régiment de la marine infanterie, où il fut fait lieutenant par brevet du 1er. avril 1779; passa capitaine dans le régiment d'Auxerrois, dédoublement de la marine, par commission du 1er. décembre 1780; a fait toute la guerre de l'Amérique, se rangea sous les drapeaux de monseigneur le prince de Bourbon, et quitta le service lors de l'insurrection de son corps. Toutefois, le lendemain de l'arrestation de Louis XVI à Varennes, il émigra, et lors du licenciement, il s'attacha au général de Beaulieu, en qualité d'aide-de-camp, et il a rempli plusieurs missions importantes et secrètes pour la cause du Roi. Il a été fait chevalier de Saint-Louis en 1817. Il a épousé, 1°. par contrat du 10 avril 1788, Elisabeth *de Chardon-Watronville*, fille de N... de Chardon, baron de Watronville; 2°. le 27 septembre 1794, Anne *de la Ramée*. Il a eu pour enfants:

Du premier lit :

1°. N.... de Perrin-Brassac, qui a péri sur le champ de bataille lieutenant au deuxième régiment de chasseurs d'infanterie légère, le 22 janvier 1809;

Du second lit :

2°. Victoire de Perrin-Brassac, née le 5 décembre 1795.

Armes : De gueules, à trois fascès d'or.

Seigneurs du Bus, en Picardie.

XII. Sicard DE PERRIN, second fils de Pons de Perrin, seigneur de la Roque et de Raymonde des Guillots de Ferrières, fut fait légataire de Guirande de la Font, son aïeule, le 5 septembre 1458, et de Pons de Perrin, son père, le 29 décembre 1465. Il épousa, par contrat du 29 janvier 1484, Antoinette *du Puy d'Albi*, et fit son testament le 20 décembre 1510, dans lequel il nomme ses trois fils, savoir :

1°. Pierre de Perrin ;
2°. Garnier de Perrin, qui continue la lignée ;
3°. Antoine de Perrin, dont on ignore la destinée.

XIII. Garnier DE PERRIN, second fils de Sicard, passa en Picardie avant l'an 1510, et y épousa, 1°. Jacqueline *de Lannoy*, dont il n'eut point d'enfants, 2°. le 22 juillet 1527, Florence *de Parent*, dont il eut deux fils :

1°. Jean, dont l'article suit :
2°. Pierre de Perrin, homme d'armes de la compagnie du comte de Vaudemont.

XIV. Jean DE PERRIN, Ier. du nom, seigneur du

Bus (1) et de Mareuil (2), épousa, par contrat du 12 janvier 1547, Geneviève *de Moussy*, dont il eut :

1°. Walerand, dont l'article suit ;

2°. Nicolas de Perrin ;

3°. Marie–Rénée de Perrin, mariée à Pierre *d'Ar-gilliers*, seigneur d'Insuals.

XV. Walerand DE PERRIN, seigneur du Bus et de Mareuil, épousa, le 15 juillet 1574, Jossine *de Han-gest*. De ce mariage sont issus :

1°. Jean, dont l'article suit ;

2°. Louis de Perrin du Bus, reçu chevalier de Saint-Jean de Jérusalem, au grand prieuré de France, le 20 août 1692 ;

3°. Jacquette de Perrin, religieuse à Beaucamp.

XVI. Jean DE PERRIN, IIe. du nom, seigneur du Bus et de Mareuil, épousa, le 17 octobre 1612, Claude *de Lancry de Bains*, dont postérité.

Armes de cette branche : De gueules, à la bande d'or, chargée de trois lionceaux de sable.

BLASON DES PRINCIPALES ALLIANCES DE LA MAISON DE PERRIN-BRASSAC.

D'Argilliers : D'or, à la fasce de gueules, accompagnée de trois trèfles du même.

D'Assier : D'or, à trois bandes de gueules.

De Bayard : D'azur, au chef d'argent, chargé d'un lion issant de gueules ; au filet d'or, brochant sur le tout.

De Bénavent-Rodez : Ecartelé, aux 1 et 4 de gueules,

---

(1) *Le Bus-Maubert*, en Picardie, au diocèse de Beauvais, élection de Clermont, intendance de Soissons. On y comptait un seul feu.

(2) *Mareuil et la Molte*, en Picardie, au diocèse de Beauvais, intendance d'Amiens, élection de Montdidier, à trois lieues nord de Compiègne. On y compte cent trente-huit feux.

au lion d'or ; aux 2 et 3 d'argent, à trois bandes de gueules ; au chef d'azur, chargé d'un lambel d'or.

De Bonne : De gueules, à la bande d'or, chargée d'un ours de sable.

De Brassac : D'or, à trois cornets de sable, enguichés de gueules.

Capriol : Parti, au 1 d'azur ; à la chaîne d'or en pal ; au 2 d'argent, à trois mouchetures d'hermine de sable.

De Castelnau : D'azur, au château à trois tours d'argent, maçonné de sable.

La Caze : D'or, à la bande d'azur ; à la bordure de gueules.

Chardon – Watronville : D'azur, à trois chardons d'or.

David de Beauregard : Ecartelé, aux 1 et 4 d'azur, à la harpe d'or ; aux 2 et 3 d'azur, au sautoir d'or, cantonné de quatre étoiles du même.

Durfort : D'argent, à la bande d'azur.

Goudon : D'azur, à la fasce d'argent, accompagnée en chef d'un cheval, accosté de deux étoiles ; le tout du même.

Des Guillots : Parti, au 1 de gueules, à une demi-fleur de lys d'or ; au 2 d'azur, à l'étoile d'argent.

De Hangest : D'argent, à la croix de gueules, chargée de cinq coquilles d'or.

Hautpoul : D'or, à deux fasces d'azur, accompagnées de six coqs de sable.

Du Jard : D'azur, à l'aigle d'argent.

De Juges : D'azur, à l'olivier d'argent, arraché d'or, accosté d'un croissant et d'une étoile du nom.

De Lancry de Bains : D'or, à trois ancres de sable.

Landes de Saint-Palais : D'azur, à la bande d'or, chargée de trois tourteaux du champ, et accompagnée en chef de trois croissants d'argent, et en pointe d'un cygne sur une rivière du même.

De Lannoy, en Picardie : Echiqueté d'or et d'azur.

De Latger : D'azur, au lion d'or ; au chef cousu **de** gueules, chargé de trois besants d'argent.

De Lautrec : De gueules, au lion d'or.

De Loubens : D'azur, au loup ravissant d'or.

De Mons : D'azur, à trois monts d'or.

De Montagut : De gueules, à la tour donjonnée d'un double donjon d'argent.

De Monclar : De gueules, au miroir d'argent, arrondi et pommeté d'or ; à la bordure d'azur, semée de fleurs de lys d'or.

De Morlas : D'azur, à la licorne saillante d'argent.

De Moussy : Ecartelé d'or et de gueules.

De Narbonne : De gueules plein.

De Nupces : D'azur, à deux chevrons d'or, accompagnés en chef de deux étoiles d'argent, et en pointe d'un croissant du même.

Pagès : D'argent, à trois chevrons de gueules, accompagnés en chef de deux roses du même.

Parent : De gueules semé de trèfles versés et supportés de croissants d'argent ; au franc canton de gueules, chargé d'une coquille d'or, accostée de deux pals d'argent.

De Prudhomme : D'azur, à trois tours d'argent.

Du Puy : D'azur, au lys à six feuilles d'or.

Rabustens : D'azur, au lion d'or, lampassé et armé de gueules.

De Ranchin : D'azur, à la fasce d'or, accompagnée en chef de trois étoiles du même, et en pointe d'un puits d'argent, maçonné de sable.

De la Rate de Cambous : D'azur, à trois étoiles d'argent.

De Roches : D'azur, à la bande d'or, chargée d'un lion de sable, lampassé et armé de gueules, et accompagnée de deux rochers d'argent.

De la Roque : De gueules, à trois roses d'or.

De Roux : De gueules, à six mouchetures d'hermine d'argent.

Solomiac : De gueules, au chef d'or.

De la Treilhe : D'or, au cep de vigne de sable ; au chef de gueules, chargé d'un lion issant d'or, lampassé et armé de gueules.

De Vassart : De gueules, au chevron d'or, accompagné de trois fleurs de lys d'argent.

De Voisins : D'argent, à trois fusées accolées de gueules.

PERROT, en Dauphiné. Cette famille a pour auteur Antoine Perrot, qui fut pourvu d'un office de maître ordinaire en la chambre des comptes de Dauphiné par lettres du 26 décembre 1606, et reçu par arrêt du 15 mai 1607. *D'azur, au tronc d'arbre arraché d'or ; au chef d'argent, chargé de deux têtes de maure affrontées de sable, sourcillées et bandées d'argent.*

DU PERROUX. *Voyez* GONTIER.

DU PERTUIS, vicomtes de Baons-le-Comte, dans le pays de Caux, en Normandie, seigneurs de la Franchise, etc., dans le Vexin français. Cette famille a pour auteur Pierre du Pertuis, Ier. du nom, écuyer, seigneur de la Franchise et de la Goulardière, qui eut pour fils Jean du Pertuis, seigneur temporel des mêmes seigneuries de la Franchise, au pays de Gisors et de la Goulardière, près Châtillon-sur-Loing, écuyer de l'écurie du roi, et homme d'armes du nombre des cent gentilshommes de la garde du corps de sa majesté, en 1471. Ce Jean du Pertuis avait épousé demoiselle Claude de Chantemelle, dame d'Eragny, le 3 juin 1467. Leurs descendants ont constamment suivi le parti des armes ; ils ont donné un lieutenant-général des armées du roi, un colonel et plusieurs autres officiers de divers grades. *D'azur, à trois écussons d'argent.*

DU PEYROUX, maison ancienne et distinguée, originaire de la province de la Marche, où sont situés une terre et un château, dont elle tire son nom. Elle est connue, avec les qualifications chevaleresques, depuis l'an 1097, et établit sa filiation depuis le commencement du quinzième siècle. Elle a formé plusieurs branches : 1°. les seigneurs de la Spouze, de Manaly, etc., éteints en 1756 ; 2°. une branche qui passa en Hollande, puis en Suisse ; 3°. les seigneurs de la Barge et de Salmagne, en Auvergne ; 4°. les marquis des Granges, seigneurs de la Forêt et de la Lande-Fonteny, en Berry ; 5°. les seigneurs des Mazières ; 6°. les seigneurs de Sauzet, de la Tour du Bouex, en Berry ; 7°. les seigneurs de la Croisette et des Ecures, en Bourbonnais ; 8°. les seigneurs de Sourdoux, de Buxière, etc. ; 9°. les seigneurs de Saint-Martial, en la haute Marche. Toutes ces branches ont suivi le parti des armes, et ont donné une longue série d'officiers de tous grades, la plupart décorés de l'ordre royal et militaire de Saint-Louis. *D'or, à trois chevrons d'azur ; au pal du même, brochant sur le tout.*

DE PHILIBERT, seigneurs de Venterol et de Saint-Romain, en Dauphiné. Cette famille a pour auteur François de Philibert, anobli pour services militaires, par lui rendus au combat de Pontcharra, par lettres du mois de décembre 1592. Cette famille a fourni plusieurs officiers supérieurs. *D'azur, au chevron d'or, accompagné de deux roses d'argent en chef, et de trois étoiles du même en pointe, mal-ordonnées.*

PICOT, famille d'origine chevaleresque, sortie de l'Ecosse, et établie en Bretagne depuis le quinzième siècle.

Olivier Picot, chef de cette famille en France, est nommé dans deux montres et revues générales des nobles de l'archidiaconé de Dinan, des 15 juin 1477, et 8 janvier 1479.

Pierre Picot, son fils, marié à Denise Rolland, dame de la Barbotaie, a été compris, en 1481, au rôle des nobles, et tenant fiefs de la ville de Saint-Malo.

Cette famille, distinguée par ses alliances et ses services, s'est divisée en plusieurs branches : celle des seigneurs de Closrivière, celle des seigneurs de Beauchesne, et celle des seigneurs de Préménil. Elle a fourni un grand nombre d'officiers de tous grades, et de chevaliers de Saint-Louis.

La branche des seigneurs de Beauchesne perpétue seule la race.

Bernard-François Bertrand, marquis de Picot, né en 1734, après avoir servi long-tems dans la marine, a été, pendant vingt ans, gouverneur pour le roi à Mahé, dans l'Inde, puis otage de sa majesté Louis XVI. Il a épousé Louise-Catherine Cudel de Villeneuve, ancienne chanoinesse-comtesse du chapitre noble de Saint-Martin de Salles, en Beaujolais, mariée depuis, en secondes noces, à Mathurin-Jules-Anne Micault, chevalier de la Vieuville, lieutenant-colonel de cavalerie , chevalier de Saint-Louis , ancien écuyer de la reine , épouse de Louis XVIII , et fondateur de l'asile royal de la Providence , à Paris.

Etiennette-Elisabeth-Jeanne-Athénaïs-Ursule de Picot, fille unique du même Bernard-François-Bertrand de Picot , a épousé Jean-Baptiste-Pierre Jullien de Courcelles, issu d'une ancienne famille, originaire de Bourgogne. (*Voyez* JULLIEN).

Jean-Marie Picot , né en 1735 , a épousé Elisabeth-Charlotte-Gillette Loquet de Granville , et à laissé pour fils :

1°. Michel-Jean , comte de Picot , chevalier de Saint-Louis , marié à Aménaïde de Fontenay ;
2°. Charles-Michel , baron de Picot , aussi chevalier de Saint-Louis , marié à Victoire de la Houssaye , issue d'une ancienne famille de Bretagne ;
3°. Charles-César , chevalier de Picot , seigneur du Bois-Feuillet et de Troguendy , marié à N.... de Larmandy.

Armes : D'azur à trois haches d'argent , posées en pal deux et une ; écartelé d'argent à trois léopards de gueules l'un au-dessus de l'autre.

DE LA PIERRE DE FREMEUR , marquis de Fremeur , famille originaire de Bretagne , qui a donné un lieutenant-général des armées du roi , commandant pour S. M. dans l'île de Minorque , où il est décédé le 2 avril 1759. *D'or , à deux fasces de gueules.*

DE LA PIERRE DE SAINT-HILAIRE. Cette famille tire sa noblesse de l'office de secrétaire du roi , dont fut pourvu , le 5 mai 1689 , Antoine-Joseph de la Pierre , sieur de Saint-Hilaire , conseiller du roi , et secrétaire en la cour de parlement de Metz. *De sinople , à la bande bretessée d'argent , accompagnée de deux lionceaux du même , lampassés , armés et couronnés de gueules.*

DU PILHON , seigneurs de Bouvières , de Chaudebonne , de l'Esterlon , etc. , en Dauphiné , famille qui a formé deux branches. Henry du Pilhon , vivant l'an

II. 25

1418, était petit-fils d'Odilon, du Pilhon et de Jordane de Pofols, etc. Ce dernier était fils de Guillaume-du Pilhon, auteur de cette famille. *D'argent, au lion de sable, lampassé, armé et vilené de gueules.*

DE PILLES. *Voyez* d'ANDRÉE et GIRONDE.

PILLON. Antoine Pillon, conseiller du roi, élu en l'élection de Péronne, contrôleur du domaine du roi au bailliage d'Amiens, en la maréchaussée de Picardie, eut, entr'autres enfants, de Marie Baudouin, Catherine Pillon, mariée, le 29 août 1644, à Jacques du Mons, écuyer, sieur d'Hédicourt. *D'azur, au chevron d'or, accompagné en chef de deux étoiles, et en pointe d'un lion, le tout du même.*

DE LA PIMPIE DE GRANOUX, famille de Languedoc, au diocèse de Viviers, maintenue lors de la recherche de 1666, et depuis par arrêt de la cour des comptes, et par arrêt du conseil d'état, le roi y étant du 24 septembre 1778, en sa noblesse immémoriale et d'ancienne extraction, comme ayant, aux termes des déclarations du roi, et arrêts du conseil, remonté sa preuve par de-là l'année 1560, sans principe ni anoblissement connu. Elle a fourni des officiers de terre et de mer, des chevaliers de Saint-Louis, un page de Monsieur, frère de Louis XIV, un brigadier des armées du roi, titrés en divers actes et brevets, du dix-huitième siècle, de comtes et de barons.

L'auteur du Nécrologe des hommes célèbres, imprimé chez Desprez en 1774, en sa Notice sur le chevalier de Solignac, secrétaire des commandements du roi de Pologne, et secrétaire perpétuel de l'académie de Nancy, s'exprime en ces termes :

« Pierre-Joseph de la Pimpie, chevalier de Solignac, » né à Montpellier, descendait d'une famille dont l'o-» rigine se perd dans la nuit des tems, établie ancien-» nement en Bourbonnais; elle se transplanta, vers le » seizième siècle, en Vivarais, etc. »

Armes : Parti au 1 d'azur, à une fasce d'or, surmon-tée d'un levrier d'argent; au chef cousu de gueules, chargé à trois étoiles d'or ; au 2 d'azur à trois fleurs de lys d'or ; au levrier passant d'argent.

DU PIN, en Poitou, famille d'ancienne chevalerie, connue en Normandie, dont elle est originaire, avant l'an 1100, et y tenant, parmi la noblesse, un rang distingué, dès le tems de la conquête de l'Angleterre par le duc Guillaume, sous la bannière des comtes de Meullent qu'elle y suivit, et avec lesquels elle y fit ou signa plusieurs dotations pieuses aux religieux du Dunstaple, au comté de Bedfort et autres ; établie en Poitou, à la suite du roi Jean. Elle y possède sans interruption les terres de la Guérivière et de Courgé, depuis 1356. En 1430, elle a formé les branches de du Pin de Vérinas, de Bussières-Boffy, Saint-Barban, etc., en basse Marche ; celle de la Coste-Mézières, de Lari, etc., dans le Maine ; celle des Bâtiments de Bessac ou Beissat de Saint-Cyr, de Chaillac, dans le Limosin. Demoiselle Marie du Pin de Saint-Barban de Vérinas, fut présentée et agréée au nombre des demoiselles de la maison de Saint-Louis, fondée par le roi à Saint-Cyr, en date du lundi 7 septembre 1711, sur preuves faites par M. d'Hozier. Demoiselle Rénée-Françoise du Pin de Lari, agréée de même dans la même maison royale, le lundi 15 février 1712. Demoiselle Marie-Louise du Pin des Bâtiments de Bessac, aussi agréée dans la maison royale le 9 août 1746. Noble Pierre-Réné du Pin-Guérivière, reçu chevalier de justice au grand prieuré d'Aquitaine, dans l'ordre de Malte, le 16 novembre 1776 ; depuis profès et capitaine des vaisseaux de la religion. Noble Jean-François du Pin-Guérivière, reçu dans le même ordre de Malte, chevalier de justice, le 9 mai 1777, depuis colonel des chasseurs de l'ordre, capitaine des vaisseaux du roi, chevalier de Saint-Louis. *D'argent, à trois bourdons rangés de gueules.* Couronne de marquis. supports : deux lions. Devise : *Fidem peregrinans testor.*

DE PINETON DE CHAMBRUN, seigneurs de l'Empery, de Récoulétes, etc., en bas Languedoc. Jacques Pineton de Chambrun, vivant avant le 3 mars 1593, est l'auteur de cette famille. Il eut pour fils Pierre Pineton de Chambrun, Ier du nom, qualifié chevalier &

seigneur de Lempery, de Récouléte, de Pommiers et des haut et bas Villars, et aussi bailli et gouverneur pour le roi des villes et mandements de la Canourgues et de Nogaret. L'ancienneté de cette maison remonte à l'an 1491, suivant une ordonnance de M. Bazin de Bezons, commissaire départi à Montpellier, du 29 janvier 1669. On compte dans cette famille plusieurs officiers supérieurs décorés de l'ordre royal et militaire de Saint-Louis. *Ecartelé, aux* 1 *et* 4 *d'azur, trois pommes de pin versées d'or*, qui est DE PINETON ; *aux* 1 *et* 4 *d'argent, à l'aigle de sable, le vol abaissé*, qui est DE GRANGERS.

DE PINIEUX. *Voyez* DU BOUEXIC.

DE PIOLENC, seigneurs de Servas et de la Motte, en bas Languedoc. Cette famille, suivant une ordonnance de M. Bazin de Bezons, commissaire départi dans la province de Languedoc, remonte son ancienneté à l'an 1365. Jean de Piolenc, capitaine d'une compagnie de deux cents hommes de guerre à pied, dans le régiment de la Roche, était mort avant le 20 juin 1585. Il eut pour fils Antoine de Piolenc, et avait épousé Claude Mezerat. *De gueules, aux six épis de froment d'or ; à la bordure engrêlée du même émail.*

PIOT DE COURCELLES, en Champagne. Eloy Piot de Courcelles, de la ville d'Arcis-sur-Aube, fut anobli au mois de décembre 1744. *D'azur au chevron d'or, accompagné de trois glands tigés et feuillés du même.*

PITOIS, seigneurs de Montholon Chaudenay, d'Estoulle, etc., marquis de Quincize, par lettres du 17 juin 1749, en Bourgogne et en Nivernais, maison d'ancienne chevalerie, connue dès l'an 1243. Jean Pitois, chevalier, seigneur de Monthelon ou de Montholon, n'était encore que damoiseau, lorsqu'il acheta, en 1334, d'Etienne de Mirmandes, damoiseau, la moitié de la dîme de Mirmandes. Quoiqu'il en soit, la filiation de cette famille ne remonte qu'à Jean Pitois de Monthelon, écuyer, qui fit un accord, en 1409, avec noble dame Catherine de Lespinace, dame de Vautouhot. Il mourut, ainsi que demoiselle Isabeau d'Essanley, sa femme, avant le 6 mai 1442, après avoir donné naissance à trois fils et à deux filles. On compte dans cette maison un gentilhomme de Monsieur, frère unique du roi, plusieurs magistrats et des officiers de divers grades. *D'azur, à la croix ancrée d'or.*

DE LA PIVARDIÈRE, seigneurs de Vinceuil, de Richelieu, de Guimont, etc., en Berri. Les titres que cette famille, divisée en deux branches, a produits à la cour des aides, en 1665, établissent sa filiation depuis noble homme Pierre de la Pivardière, écuyer, seigneur de Vinceuil, vivant vers l'an 1480. Son fils, noble homme Louis de la Pivardière, écuyer, seigneur des Chezeaux, etc., épousa, le 19 juin 1551, demoiselle Catherine de Salignac, devenue veuve peu de tems avant le 8 juin 1559. Germain de la Pivardière a formé la seconde branche de cette famille, qui a suivi de tout tems le parti des armes. *D'argent, à trois merlettes de sable.*

LA PLANCHE DE MORTIERES, seigneurs de Mervilliers et de Villiers, en Beauce, du Plessis, de Boinville, de Reignevillette, etc., en Gâtinais, famille distinguée par son ancienneté, ses alliances et ses services, qui a pour auteur Jean de la Planche, écuyer, seigneur de Saint-Gratien, marié en premières noces avec Jeanne Baron, dont il était veuf en 1499, et en secondes noces avec Catherine Compagnon, qui vivait encore en 1554. Etienne de la Planche, fils du précédent, écuyer, seigneur en partie de Saint-Gratien, fut, ainsi que son père, marié deux fois : la première, avec noble demoiselle Gabrielle Vincent, avant 1549, et la seconde, avec Hélène le Vigneron, le 11 décembre 1566, laquelle était veuve de lui le 20 février 1580. Il eut du premier lit Adam et Antoine de la Planche, dont il est sorti une longue suite de descendants qui ont formé plusieurs branches. Cette famille a constamment suivi le parti des armes, et a produit un gentilhomme ordinaire de la chambre du roi, en 1625 ; un colonel du régiment de Belsunce, en 1714, nommé ensuite maréchal-général des logis, camps et armées, en 1721 ; un major du régiment de Stoppa, en 1679 ; six capitaines et plusieurs autres officiers de divers grades. *D'azur, au chevron d'or ; au chef d'argent, chargé de trois merlettes de sable.*

DES PLANQUES, en Normandie. Guillaume des Planques, écuyer, sieur de Leissey, ci-devant mousquetaire du roi, fut maintenu dans sa noblesse, par arrêt du conseil d'état du roi, le 17 avril 1735, comme arrière-petit-fils de François des Planques, sieur de la Ramée, lieutenant-général en l'élection de Caen, anobli par lettres de Louis XIV, du mois de février 1652, confirmées à diverses époques. *D'azur, à la croix d'or, cantonnée de quatre pigeons du même.*

DU PLEIS. Luc du Pleis fut élu échevin de Paris, en 1434. *D'azur, au sautoir d'or, cantonné de quatre croisettes patriarcales d'argent.*

DU PLESSIS-RICHELIEU, illustre et ancienne maison qui tirait son nom d'une terre située en Poitou, et dont l'historien des Grands-Officiers de la Couronne, d'après André du Chesne, donne la filiation depuis Guillaume, Ier. du nom, seigneur du Plessis, de la Vervolière et autres terres, vivant en 1201. Ses descendants ont formé deux branches, 1°. les seigneurs du Plessis, éteints avant 1556; 2°. les ducs de Richelieu et de Fronsac, éteints dans la personne du célèbre Armand-Jean du Plessis, né à Paris le 5 septembre 1585, évêque de Luçon, sacré à Rome par le cardinal de Givry, le 17 avril 1607; secrétaire d'état en 1616; créé cardinal par le pape Grégoire XV, le 5 septembre 1622; principal ministre d'état, en 1624; chef du conseil du roi, grand-maître, chef et surintendant général de la navigation et du commerce de France, mort le 4 décembre 1642. Il avait un frère qui fut archevêque d'Aix et de Lyon, cardinal et grand-aumonier de France. Le cardinal, duc de Richelieu, ayant marié sa sœur, en 1603, avec René de Vignerot, seigneur de Pontcourlay, gentilhomme ordinaire de la chambre du roi, substitua les nom, armes et biens de sa maison à leurs descendants. Cette seconde race des ducs de Richelieu et d'Aiguillon, qui s'est perpétuée jusqu'à nos jours, a donné un maréchal de France, des lieutenants-généraux, maréchaux de camp des armées, des gouverneurs de provinces, des chevaliers du Saint-Esprit, des conseillers d'état, un général des galères, des premiers gentilshommes de la chambre, et un ministre secrétaire d'état des affaires étrangères, et président du conseil des ministres, nommé pair de France, le 4 juin 1814. *D'argent, à la croix de gueules, chargée en cœur d'un écusson d'argent, à trois chevrons de gueules.*

DE PLOVIER (DE BEAUX), en Dauphiné, au diocèse de Valence, famille ancienne qui prouve une filiation suivie depuis noble Jean de Beaux de Plovier, seigneur de Plovier et autres lieux, conseiller du roi, professeur en droit à l'université de Valence, par provisions du 10 juillet 1666; lequel rendit hommage à l'évêque de Valence, le 17 septembre 1698, de la terre de Plovier, possédée aujourd'hui par Jean-Fleury de Beaux de Plovier, écuyer, ancien aspirant au corps royal de la marine, chef actuel de cette famille. Philippe-Auguste de Beaux de Plovier de Villeneuve, capitaine de cavalerie, chevalier de Saint-Louis, servait avant la révolution, en qualité de lieutenant, dans le régiment d'Agénois. Dans l'émigration il a servi dans des corps nobles d'infanterie et de cavalerie de l'armée de Condé, où il reçut une blessure qui lui valut six ans d'exemption pour la croix de Saint-Louis. Marie-Maurice de Beaux de Plovier, chevalier de l'ordre royal de la Légion d'Honneur, est capitaine dans la légion de la Drôme. Il a fait onze campagnes en Allemagne et en Espagne, où il a eu le bras fracassé au siége de Burgos. *D'azur, à deux fasces d'or; au chef cousu de gueules, chargé de trois étoiles d'or.*

PLUSBEL DE SAULES, en Champagne. Cette famille remonte sa filiation jusqu'à Christophe Plusbel, écuyer, seigneur de Grenant, lieutenant particulier au bailliage de Langres, connu par un dénombrement qu'il donna de sa terre de Grenant, le 20 avril 1550. *D'azur, au chevron d'or, accompagné de trois marguerites d'argent.*

PLUVIÉ DE MÉNÉHOUARN, seigneurs de Kerdrého, etc. en basse Bretagne. Cette famille remonte sa filiation à Eon de Pluvié, compris avec Jean de Pluvié, son frère, au nombre des nobles de la paroisse de Ploémelec, dans un rôle de réformation de l'évêché de Vannes, daté du 10 mai 1427. De Jeanne de Lopriac, sa femme, Eon de Pluvié avait eu pour fils, noble homme Paen ou Payen de Pluvié, sieur de Kerdrého. Par un arrêt de la chambre, établie en Bretagne, en exécution des ordres du roi, pour la réformation de la noblesse, et rendu le 29 octobre 1670, Jean de Pluvié fut autorisé, ainsi que son fils aîné, à prendre la qualité de chevalier. *De sable ; au chevron d'or, accompagné de trois roses du même.*

DE PLUVINEL, en Dauphiné, famille dont l'origine remonte à Jean et Antoine de Pluvinel, frères, dont le premier fut premier écuyer du duc d'Anjou, chambellan du roi Louis XIII, et le second fut maître-d'hôtel du roi ; cette maison s'est alliée aux familles de Bellay-la-Combe, de Cardaillac-Marival, de Briçonnet, de Marion, de Briancourt et de Poix. *Ecartelé, aux 1 et 4 d'azur, au cavalier armé à cheval, tenant une épée haute d'or ; aux 2 et 3 d'azur ; au flambeau d'argent, posé en bande, la flamme en bas, d'or.*

POILLOT. De cette famille était Denis Poillot, seigneur de Lailly, d'abord conseiller au grand conseil, puis ambassadeur en Angleterre, en 1522, en faveur duquel le roi François Ier, créa un nouvel office de maître des requêtes ordinaire de son hôtel, dans lequel il fut reçu le 30 juin 1522. Il fut ensuite président au parlement de Paris, au mois d'octobre 1526, et mourut le 29 décembre 1534. *D'argent, semé de larmes de sable.*

. DE POISIEUX. *Voyez* GUÉRIN.

DE POLLIART DE LA CANE, famille connue dans le Bourbonnais depuis le seizième siècle. Marie Polliart fut mariée, vers l'an 1620, avec N.... de Crévecœur, seigneur de Pailly. *D'azur, au lion léopardé, couronné d'or ; au chef échiqueté d'or et de gueules.*

DE POLLOD, .seigneurs de Saint-Agnin.et de l'Isle-d'Abaux, etc., maison d'ancienne chevalerie du Dauphiné, qui prouve sa filiation depuis Louis de Pollod, qui fit le voyage de la Terre-Sainte, avec Eudes, fils aîné de Hugues IV, duc de Bourgogne, en 1279. Cette maison a donné plusieurs officiers supérieurs. *D'or, fretté de gueules.*

DE PONNAT, seigneurs de Gresse, de Vif, et sieurs du Merlay, de Combes, etc., famille noble du Dauphiné, dont l'origine remonte à Jean Ponnat, habitant de Serres, qui testa en 1491. Cette famille a donné plusieurs officiers au service de nos rois. *D'or, à trois têtes de paon arrachées d'azur.*

DE PONS, en Dauphiné, famille dont noble François Pons, Ier du nom, et sa femme N.... Baile de la Tour, qu'il avait épousée, en 1468, sont les auteurs. Noble André Pons, appelé dans la révision particulière du lieu de Saint-Martin de Quéyrière, faite le 25 septembre 1474, *nobilis Andreas Poncii*, est le fils du précédent, et a continué la descendance de cette famille, dans laquelle on trouve plusieurs magistrats et des officiers de divers grades. *Echiqueté d'argent et de sable, à l'écu en cœur d'azur, chargé deux lions d'or affrontés, tenant un cœur de gueules, surmontés de trois étoiles d'or, rangées en chef, et soutenus d'un croissant du même, posé à la pointe de l'écu.*

DU PONT, en Dauphiné. Claude du Pont, de Soyous, vivait en 1603. *D'azur, au sautoir d'argent, accompagné d'un croissant du même en chef, et d'un trèfle d'or en pointe, accosté de deux étoiles d'argent.*

PONTAILLIER, bourg en Bourgogne, sur la Saône, à cinq lieues de Dijon. La maison de ce nom, grande et illustre, tirait son origine d'Hugues, comte de Champagne, et d'Elisabeth de Bourgogne, qui déshérita, vers 1130, Eudes, son fils unique, tige de cette maison. Elle s'est éteinte vers 1600. *De gueules, au lion d'or.*

DE PONTIS, seigneurs de Corban et d'Hurtis, en Dauphiné, famille qui prouve sa filiation depuis Guillaume de Pontis, qui vivait en 1409. *D'azur, à un pont à trois arches d'or, maçonné de sable, accompagné en chef de trois roses d'argent.*

POPIN, en Champagne. Cette famille, connue depuis l'an 1487, mais dont les preuves ont été rejetées lors de la recherche, s'est éteinte peu après 1667. *D'a-*

zur, *au lion d'or, posant la pate dextre sur une gerbe de blé du même.*

DE LA PORTE DE LISSAC, seigneurs de la Rétaudie, de Palisses, etc., en Limosin. Cette famille a pour auteur noble Arnaud de la Porte, sieur de la Rétaudie, vivant le 11 mai 1538, et mort le 20 septembre 1540, laissant pour enfants Jean, Bernard et François de la Porte. Le premier qualifié, écuyer, seigneur de la Rétaudie, homme d'armes de la compagnie du roi de Navarre le 31 janvier 1557, avait épousé, le 27 janvier 1545, noble demoiselle Philippe du Puis. Cette maison a donné plusieurs officiers de divers grades. *D'argent, à trois pals retraits de gueules, mouvants d'une divise du même; au chef d'azur, chargé de trois étoiles d'or.*

DES PORTES, famille du Dauphiné, dont le premier auteur est Guillaume des Portes, second président au parlement de Grenoble. *D'argent, à la bande de sinople, chargée de trois croisettes d'or.*

POTERAT, seigneurs de la Forge-Vallecons, d'Assenay, etc., en Champagne. Cette famille a justifié de sa noblesse par titres, et prouve sa filiation depuis Pierre Poterat, écuyer, sieur de Vauclos, lequel fut marié avec Anne le Sens, et n'existait plus le 26 mars 1553. Pierre Poterat, écuyer, fils du précédent, mourut à Troyes, le 18 septembre 1586, après avoir épousé Anne Yon, morte en la même ville le 26 avril 1666. Cette maison a produit quelques magistrats, deux maîtres d'hôtel ordinaires du roi, en 1719 et 1740, un brigadier des armées de S. M., décoré de l'ordre royal et militaire de Saint-Louis en 1758, et un grand nombre d'officiers de tous grades, qui ont servi avec la plus grande distinction dans divers siéges et batailles. *De gueules, au chevron d'or, accompagné de trois étoiles du même.* Devise : *Prosperat tute.*

DE POUILLY, seigneurs de Lançon, de Binarville, etc., en Lorraine, maison d'ancienne chevalerie, qui a pris son nom d'une terre située au pays Messin. Elle établit sa filiation depuis Guillaume de Pouilly, qui fournit au duc de Lorraine et de Bar, le 17 janvier 1443, son dénombrement de la terre et seigneurie de

Pouilly, mouvante des château et châtellenie de Stenay. Charles-César et Jean de Pouilly furent maintenus dans leur noblesse par M. Lefévré de Caumartin, commissaire départi en Champagne, le 12 novembre 1670. César de Pouilly était capitaine commandant du régiment de cavalerie du Plessis-Praslin, et Jean, son frère, était aussi capitaine dans le même régiment. *D'argent, au lion d'azur.*

POULLAIN, seigneurs du Val, de Tremain, de Gautrel, de Trémaudan, en Bretagne, maison issue d'ancienne chevalerie de Bretagne, qui établit sa filiation depuis Roland Poullain, sieur de la Ville-Salmon, qui testa l'an 1449. Il descendait, par divers degrés, de Jean Poullain, l'un des archers de la compagnie de Thibaut, sire de Rochefort, qui fit montre à Vitré, le 20 décembre 1356. *D'argent, au houx de sinople; au franc-canton de gueules, chargé d'une croix engrêlée d'argent.*

POULLAIN, seigneurs du Ponlo, de la Ville-Caro, de Beaumanoir, de la Mesnière, en Bretagne. Cette famille paraît être une branche de la précédente. Du moins lors de la recherche, elle a été maintenue le 3 septembre 1669 et 28 août 1670 avec les mêmes armoiries. Elle portait originairement : *De gueules, à dix billettes d'or.*

POULLAIN, en Bretagne. Jacques Poullain, sieur de la Rivière, Michel Poullain, sieur de la Haussays, et Pierre Poullain, sieur du Housseau, ont été maintenus, en 1670, en vertu des priviléges de la mairie de la ville de Nantes, charge municipale remplie par leurs ancêtres, en 1576, 1639 et 1662, et moyennant chacun la somme de mille livres. *De sable, au sautoir d'or, chargé d'une étoile de gueules.*

DE POULLAIN ou POULAIN (1), seigneurs de Trémons, en Agénois, et de la Noë, en Normandie,

---

(1) Le nom de cette famille est diversement écrit par les Historiens et dans les chartes des douzième et treizième siècles. On le trouve orthographié *Pullein, Polein, Poleyn,*

maison d'ancienne chevalerie, dont l'origine se perd dans la nuit des tems. Un seigneur de cette maison accompagna, l'an 1066, Guillaume-le-Bâtard, duc de Normandie, à la conquête de l'Angleterre, et il s'établit dans ce royaume, où il donna son nom au fief de Poullington, en Français Poullainville, que ses descendants ont possédé pendant plusieurs siècles. Les diverses branches de la maison de Poullain ont constamment suivi la carrière des armes, soit dans les ordonnances, soit aux bans et arrière-bans. Les historiens de Normandie, d'Angleterre et de Guienne, dans les montres qu'ils rapportent des chevaliers et écuyers qui comparurent en armes pour le service militaire, font une fréquente et honorable mention du nom de Poullain. La branche des seigneurs de la Noë, en Normandie, a été maintenue dans son ancienne extraction par jugement de M. de Chamillart, intendant en cette province, du 1er. janvier 1667, et elle porte pour armes : *D'argent, à deux lions-léopardés de gueules*. La branche des seigneurs de Trémons, en Agénois, a été maintenue par jugement de M. du Puy, commissaire subdélégué de M. Pellot, intendant en Guienne, du 23 septembre 1666 et 7 février 1667. Cette branche est représentée de nos jours par :

1°. Messire Joseph-Alexandre de Poullain, chevalier, comte de Tremons. Il servit dans la maison militaire du r i, en qualité de garde-du-corps de Sa Majesté Louis XVIII, alors MONSIEUR, service qu'il quitta pour passer à l'île de la Grenade, en Amérique, où il se maria, le 13 juin 1785, à mademoiselle Marie-Françoise-Adélaïde Besso de Beaumanoir. Elle le rendit père d'un fils unique, messire Edouard-Jules de Tremons, qui se maria, en 1813, à mademoiselle Louise-Charlotte de Chamteloup du Bourg-Dieu ;

2°. Messire Charles de Poullain, vicomte de Tremons, qui assista, en l'absence de son frère Alexandre, aux séances des états-généraux de la sénéchaussée d'Agénois. Il servit pendant l'émigration dans l'armée de monsei-

---

Pulein et *Pullein*; mais lorsque ce nom est latinisé dans les chartes ou les rôles de l'Echiquier, il est toujours traduit par *Pullanus* ou *Pullus*.

gneur le duc de Bourbon , d'où il passa au service du roi de Danemarck , d'abord en qualité de capitaine , et parvint ensuite à d'autres grades supérieurs. Le principal manoir de cette famille est la châtellenie de Trémons , située à deux milles de la rive droite du Lot, et à trois milles de la ville de Villeneuve d'Agen , chef-lieu du quatrième arrondissement du département de Lot-et-Garonne.

Cette branche porte pour armes : *Parti, au 1 d'azur, à la bande d'or, chargée de trois coquilles de gueules, et accostée de deux cotices d'argent ; au chef d'or, chargé de trois merlettes de sable ; au 2 d'argent, au chêne de sinople ; au franc - canton d'azur, chargé d'une croix denchée d'argent, et un soleil d'or, mouvant de l'angle senestre du canton.*

Nous , Louis , par la grâce de Dieu roi de France et de Navarre , certifions que le sieur comte Joseph-Alexandre de Poulain de Trémons, allant à la Grenade avec sa famille et sa suite , est demeuré fidèle aux principes de la religion et de la monarchie. En conséquence nous prions tous ceux qui sont à prier de le laisser passer librement, sans lui donner ni souffrir qu'il lui soit donné aucun empêchement , lui accordant au contraire tous secours et assistance en pareil cas requise.

En foi de quoi nous lui avons accordé le présent certificat que nous avons signé , et auquel nous avons fait apposer le sceau de nos armes. Donné à Villingen (en Allemagne), le dix de juillet de l'an 1796 , et de notre règne le second.

(*Signé* LOUIS.)

Certifiée la signature ci-dessus de S. M. Louis XVIII, par nous lieutenant-général des armées du roi , et chargé de ses affaires à la cour de Londres.

Londres, le 28 mai 1797.

(*Signé*, le duc DE HARCOURT.)

DU POUY DE BONNEGARDE , famille ancienne, originaire de Gascogne , distinguée par ses alliances et ses services militaires. Elle a donné des gouverneurs de places et des officiers de divers grades, la plupart décorés de l'ordre royal et militaire de Saint-Louis. Daniel du Pouy épousa, en 1597, Marthe de Béarn, fille naturelle de Henri IV, roi de Navarre. Ce prince assista à ce mariage, et l'an 1609, il accorda une pension annuelle de six cent livres à ladite Marthe de Béarn, pour l'aider à élever sa fille, ce qui fut enregistré en la chambre des comptes de Paris le 12 août 1609. *D'azur, à deux vaches rangées d'or, passant sur une terrasse de sinople; accompagnées en chef de trois étoiles mal ordonnées du second émail; la première accostée de deux croissants d'argent.*

DE POYANNE. *Voyez* BAYLENS.

DE LA POYPE, illustre et ancienne maison du Dauphiné, qui florissait dans cette province dès l'an 1132, et établit sa filiation depuis Guillaume de la Poype, chevalier, seigneur de la Poype, vivant l'an 1150. Elle a constamment tenu le rang le plus distingué à la cour et dans les armées du dauphin, et a donné plusieurs officiers généraux au service de France. Elle a formé les branches des comtes de Servières, barons de Corsant, et des seigneurs de Saint-Julien, barons de Réaumont; Guillaume, Barthélemi, Jean et Jean-Claude de la Poype furent chanoines-comtes de Lyon en 1261, 1307, 1636 et 1678. *De gueules, à la fasce d'argent.*

DE LA PRADE. *Voyez* LOUPIAC.

DE PRÉTEVAL, maison d'ancienne chevalerie, qui tire son nom d'une seigneurie située au bailliage de Caux, en Normandie. Elle remonte, par titres filiatifs, à Robert de Préteval, seigneur de Préteval, qui vivait sous les règnes de Philippe-Auguste et Louis VIII, comme il appert par un registre du bailliage de Caux, de l'an 1236. Cette maison a donné des gentilshommes ordinaires de la chambre du roi, des chevaliers de l'ordre de Saint-Michel avant l'institution de celui du Saint-Esprit, et plusieurs officiers de marque. Elle a les titres de *baron* et de *marquis*, en vertu de la possession de plusieurs terres-titrées, entr'autres du marquisat de Clere-Panilleuse, érigé au mois de mai 1651, en

faveur de Réné de Préteval, seigneur dudit lieu, d'A-
nouville et de Manteville, baron de Saint-Paër, etc.
*D'or, à la bande de gueules, chargée de trois besants
d'argent.*

DE PRÉVILLE. *Voyez* GRAS.

PREVOST, à Paris et en Bretagne, famille qui a
pour auteur Robert Prevost, écuyer, seigneur de Montreuil et du Péreux, trésorier receveur général et payeur
des rentes de l'hôtel-de-ville de Paris. Ce même Robert
Prevost, né vers l'an 1654, fut reçu conseiller-secrétaire du roi, maison, couronne de France et de ses
finances, et en obtint les provisions le 3 mai 1705. Il
mourut, revêtu de cet office, le 24 septembre 1712, et
laissa de son mariage avec demoiselle Catherine Pezant,
plusieurs enfants. Philippe Prevost, écuyer, sieur de la
Croix, directeur des vivres de la marine à Brest, et trésorier des fortifications de la Bretagne, l'un de ses fils
a continué la descendance de cette famille, qui a donné
des sujets distingués à la marine. *Tiercée, au 1 d'azur,
au croissant d'argent; au 2 d'or, à trois étoiles d'azur;
au 3 de sable, à la sirène d'argent.*

PROST, seigneurs de Grangeblanche, dans le Lyonnais. Louis Prost, citoyen de Lyon, fut élu échevin de
la même ville, pour les années 1584 et 1585; il fut
réélu pour l'année 1589, et continua d'exercer les
mêmes fonctions pendant les trois années suivantes.
Son fils, noble Jacques Prost, seigneur de Grangeblanche, conseiller et premier avocat du roi en la sénéchaussée et siége présidial de Lyon, fut, ainsi que
son père, élu échevin de cette ville pour les années
1628 et 1629. *De gueules, à deux chevrons d'or; au
chef d'azur, chargé de deux étoiles d'or.*

DE LA PRUNARÈDE. *Voyez* BENOIST.

PRUNIER, seigneurs de la Brêche, de Parzey, de
Fouchau, de la Val, de Beauchêne, de la Bussière, etc.,
marquis de Virieu par lettres du mois d'avril 1655, illustre famille du Dauphiné, originaire de Touraine,
dont l'ancienneté remonte à Pierre Prunier, vivant en
1430. Elle prouve une filiation suivie depuis Jean Prunier, seigneur de la Brêche, de Parzey, général des

aides, en Languedoc, en 1497. Cette maison a donné un gentilhomme de la chambre du roi Louis XI, des gouverneurs de provinces et de places et un ambassadeur à Venise; un lieutenant-général, deux maréchaux de camp des armées, et nombre d'officiers supérieurs. *De gueules, à la tour donjonnée d'argent, maçonnée de sable.*

DU **PUGET** DE TEONIDES (DES BALB), seigneurs du Puget, du Muy, illustre et ancienne maison de chevalerie, originaire du comté de Nice, dont une branche, celle du Puget de Teonides, s'établit en Provence, où elle forma plusieurs ramifications, et contracta des alliances illustres : elle est éteinte. *D'or, au bélier de sable.*

DU **PUGET**, seigneurs de Roquebrune et du Puget, près de Toulon, famille ancienne et distinguée, qui a pour auteur Guillaume du Puget, habitant du lieu du Cannet, lequel fut anobli par Charles II, duc d'Anjou, comte de Provence, roi de Sicile et de Naples, qui lui fit ceindre la ceinture militaire et le créa chevalier le 24 février 1293. *D'or, à la montagne de gueules, accompagnée en chef d'une fleur de lys nourrie du même.*

DE **PUGET**, marquis de Barbantanne, seigneurs de Saint-Marc, de Ramatuelle, de Réal, de Chastueil, en Provence, maison distinguée par son ancienneté et ses services militaires, qui remonte, par filiation, à Jean Puget, que le roi Réné, comte de Provence, anoblit par lettres du mois de mars 1443. Cette maison compte plusieurs officiers généraux. *D'argent, à la vache de gueules, sommée entre les cornes d'une étoile d'or.*

DE **PUGET**. Ce nom est ancien en Languedoc. On compte des capitouls de Toulouse de ce nom depuis l'an 1296 jusqu'en 1598. On ne saurait affirmer ni nier positivement qu'ils soient de la même famille. Du Rosoy, dans ses Annales de Toulouse, ne s'en tient pas là ; il fait sortir les de Puget de Languedoc des anciens seigneurs de Balb, et ces derniers des comtes de Provence. Tout cet échafaudage d'absurdités est bâti sur un passage de Baluze, dont Charles d'Hozier démontre toute la fausseté. Il est indigne à M. Baluze, dit-il, d'avoir fait son ouvrage, en voulant flatter la vanité de ce baron de Puget (dont il démontre l'extraction plébéienne au troisième degré). Cette famille de Puget s'est divisée en quatre branches : 1°. les barons de Saint-Albans ; 2°. les seigneurs et barons de Castelnau de Montmiral ; 3°. les starostes de Duninow, en Pologne, dont un chambellan du roi ; 4°. les seigneurs de la Serre et de Bercinay. Les véritables armoiries de cette famille sont : *D'or, à l'arbre de sinople.*

PUGNET, seigneurs de Boisvert, en Poitou. Jacques Pugnet, écuyer, seigneur de Boisvert, ancien capitaine de dragons au régiment de Fimarcon, par commission du 21 octobre 1686, puis lieutenant-colonel du régiment de milord Galmoi, cavalerie, par lettres de Jacques II, roi d'Angleterre, du 22 août 1689, et commissaire inspecteur des haras du royaume dans le département du bas Poitou, fut maintenu dans sa noblesse par ordonnance de M. Maupeou – d'Ableiges, commissaire départi dans la généralité de Poitiers, du 16 août 1700. *De gueules, à la fasce d'argent, accompagnée en chef de deux javelots du même, et en pointe d'un croissant aussi d'argent.*

DU PUIS, en Hainaut, famille qui a pour auteur Henri du Puis, échevin de la ville de Mons, anobli par lettres-patentes de Charles II, roi d'Espagne, du 18 septembre 1678, lequel eut pour fils Henri-Honoré-Joseph du Puis, écuyer, baptisé à Mons le 13 août 1667. *De gueules à la bande engrêlée d'argent, chargée de trois flammes du champ.*

DU PUY D'ANCHÉ (GAY.), en Poitou, famille ancienne, originaire d'Angleterre, qui depuis le règne de Charles VIII, n'a cessé de suivre le parti des armes, soit dans les ordonnances, soit dans les bans et arrière-bans du Poitou et de l'Angoumois. Elle a donné un gouverneur de la personne du roi François Ier. lorsque ce prince était duc d'Angoulême, et plusieurs officiers décorés de l'ordre royal et militaire de Saint-Louis. M. Gay du Puy d'Anché a assisté à l'assemblée de la noblesse à Poitiers, en 1789. *D'or, au lion d'azur.* Couronne de baron.

II. 27

.LE PUY-EN-VELAY.

Liste des Gentilshommes du diocèse de Puy-en-Velay, qui, en 1789, ont signé le Mémoire sur le droit qu'a la Noblesse, de nommer ses députés aux États-Généraux du royaume, dans les assemblées convoquées par bailliages et sénéchaussées.

Messieurs

De Castel de Servières.
De Gaillard de Nourque.
De Chardon.
De la Colombe.
De Jagonnas.
De Chambarlhac.
De Chardon Defroi.
De Bains.
Le chevalier de la Combe.
De Bergonhon de Varennes.
De Roys.
De Saignard de Sasselanges.
De Torrilhon du Bourg.
De Torrilhon de Vacherolles.
Le comte de Saint-Didier.
Du Peloux de Saint-Romain.
De Saignard de la Fressange.
Le Blanc de Pelissac.
De Luzy.
De la Fayolle.
D'Emars.
De Bronac.
De Bronac.
De Veron de Saint-Julien.
Le vicomte de Banne.
De Guillou.
Le baron de Chambarlhac-Montregard.

De Froys du Vernet.
Le marquis de la Tour-Maubourg.
De la Roche-Négly.
De Besson de Solevop.
De Pandrau de Chaslopen.
De Chazeau de Choumouroux.
D'Odde du Bouchel, père.
De Saignard de Choumoureux.
D'Odde de Trior.
De Giraud Dairos.
De Barbon d'Avenac.
Le chevalier de Barbon, chevalier de Noyer.
De Sanage.
D'Odde de Lardeyrol.
D'Auteribe.
Le chevalier de Sauvage-du Rouré.
Dessauvage du Noyer.
Du Mazelle.
De Goys.
Le baron de Mailhat.
De Vachon.
De Sigaud de l'Estang.
De Morguel.
Du Luc.
De la Borie.

DE PUYVERT. *Voyez* DE ROUX.

Q.

QUALIFICATIONS. C'est par les qualifications qu'on distingue, dans les titres originaux, les familles nobles de celles qui ne le sont pas. Il est d'autant plus nécessaire de connaître l'origine et l'usage des qualifications, que quelques-unes, d'abord caractéristiques de noblesse, ont été ensuite affectées aux familles plébéïennes.

Le caractère des qualifications nobles se tire de l'usage des provinces. Les qualités de *chevalier* et d'*écuyer* sont entièrement caractéristiques de noblesse dans tout le royaume; mais cette dernière n'a pas été d'un usage aussi général dans toutes les provinces. La qualité de *noble* avait le même caractère dans les provinces de Flandre, Hainaut, Franche-Comté, Lyonnais, Bresse, Bugey, Dauphiné, Provence, Languedoc, Artois et Roussillon, et dans l'étendue des parlements de Toulouse, Bordeaux et Pau; celle de *noble homme*, en Normandie seulement. Aux termes de la déclaration de 1714, la possession des qualifications devait être au moins centenaire, pour constater la noblesse et y être maintenu. Si cette possession était précédée par des traces de roture, ou qu'elle n'eut point été paisible, elle ne prévalait point, par la raison qu'en France la noblesse n'est pas prescriptible. *Abrégé chronologique, h-18; Discours préliminaire, pag.* 32, 33.

En Bretagne, la noblesse ne prenait souvent aucun titre, mais on reconnaît son caractère dans les parages, où l'aîné prend toujours la qualité d'*héritier principal et noble*. Cette formule est particulière à la province de Bretagne.

Les qualifications usitées en France sont celles de *Majesté* et de *Sire* pour le roi, quand ce dernier mot est pris absolument; et pour quelques grandes maisons, lorsque cette qualité était affectée à une terre titrée *sirerie*, comme les sires de Beaujeu et de Monthéry; de *Dauphin*, pour le fils aîné du roi; de *Monsieur* et de *Madame*, pour le second fils et pour la fille aînée du roi. On ajoute à cette dernière qualité le nom de baptême pour les autres filles de France. *Mademoiselle* est le titre que prend la première fille du premier frère du roi. Les titres de *fils*, *fille*, *petit-fils*, *petite-fille de France et d'altesse royale*, se donnent aux princes du *sang royal*, et celui d'*altesse sérénissime* aux princes de la *famille royale*. Les qualifications de la noblesse sont celles de *Prince*, peu usitée, de *Duc*, de *Pair*, de *Marquis*, de *Comte*, de *Vicomte*, de *Baron*, de *Vidame*, de *Chevalier* (jadis la plus éminente qualité), d'*Ecuyer*, de *Damoiseau*, de *Donzel*, de *Valet* ou *Varlet*, de *Châtelain*, de *Captal*, de *Soudan* (usitées en Guienne), de *Comptour* (usitée en Auvergne), de *Noble*, de *Noble homme*, de *Messire*, d'*Illustre*, d'*Eminent*, de *Haut et Puissant Seigneur*, etc. La qualité de *Monseigneur* se donnait aux chevaliers, et leurs femmes étaient titrées *Madame*. Les écuyers, quelque fût d'ailleurs leur naissance, n'avaient que le titre de *Monsieur*, et leurs femmes celui de *Mademoiselle*. Ces qualifications sont devenues roturières, et celle de *Valet* encore plus. La qualité de *Sire* a toujours exprimé la haute noblesse, et celle de *Sir* la roture.

DE QUANTEAL, en Champagne. Cette famille a pour auteur Humbert de Quanteal, premier médecin de Philippe, duc de Bourgogne, anobli par ce prince, le 6 mai 1459, pour récompense de ses services. *De gueules, à la croix d'or, chargée de huit losanges du champ.*

QUARRÉ, comtes d'Aligny, famille ancienne du duché de Bourgogne. Elle a été anoblie, en 1412, dans la personne de Jean Quarré, sommelier du duc de Bourgogne ; elle a donné des capitaines de deux cents et de cent hommes de guerre, des officiers – généraux, et de divers grades, décorés de l'ordre royal et militaire de Saint-Louis, des avocats-généraux célèbres, un conseiller d'état, etc. *Echiqueté d'azur et d'argent; au chef d'or, chargé d'un lion léopardé de sable, lampassé, armé et couronné de gueules.*

QUARTIER. Etienne Quartier, qui tirait son origine maternelle d'Eudes le Maire fut fait quartinier de la ville de Paris, l'an 1651. *Ecartelé, aux 1 et 4 d'argent, à la croix potencée d'or, cantonnée de quatre croi-*

settes du même ; aux 2 et 3 de gueules, à l'écusson d'argent, chargé d'une feuille de chêne de sinople.

QUATRESOLS, seigneurs de Marolles, de la Hante, en Brie. Le nom de Quatresols est ancien et distingué. N....:.. Quatresols fut l'un des écuyers sous la charge du seigneur de Lisques, qui, l'an 1254, furent présents au siége d'Oisy, qu'on livra aux flammes. Perrot Quatresols fut l'un des dix archers armés à cheval de la compagnie d'Olivier, sire de Montauban, qui fit montre à Dinan, le 16 janvier 1356. *Mémoires pour servir à l'Histoire de Bretagne, tom. I, colonne* 1505. Jean Quatresols, auditeur des comptes, employé près de l'ambassade d'Angleterre, fils du sieur Quatresols, lieutenant et gouverneur de Coulommiers, fut anobli par lettres de 1623, confirmées en 1706 et en 1717. *D'azur, au lion d'or, accompagné en chef d'une étoile et en pointe d'une palme, le tout du même.*

DE QUELEN, seigneurs de Quelen, de la Ville-Chevalier, et de Quistillie, en Bretagne. Cette famille, par arrêt des commissaires du roi, en Bretagne, du 10 décembre 1668, fut déclarée noble, et issue d'ancienne extraction depuis l'an 1404. *Burelé d'argent et de gueules.*

QUELEN DE STUER DE CAUSSADE, marquis de Saint-Megrin, ducs de la Vauguyon, pairs de France, princes de Carency, maison d'ancienne chevalerie de la province de Bretagne, qui a pris son nom d'une terre située dans la paroisse de Guegon, en Porhoet, et qualifiée châtellenie depuis l'an 1540. Elle est connue depuis Jean de Quelen, chevalier, vivant en 1277. Cette maison a fait les preuves pour les honneurs de la cour, au cabinet de l'ordre du Saint-Esprit. Elle a donné des officiers-généraux, des ambassadeurs et plusieurs autres personnages de marque. *Parti, au 1 d'argent, à trois feuilles de houx de sinople, qui est de* QUELEN ; *au 2 d'argent, au sautoir de gueules, qui est de* STUER.

DE QUEMPER, marquis, comtes et vicomtes de Lanascole, en Bretagne. Cette maison, dont le nom est aussi écrit Kemper, dans les anciens actes, est une des plus distinguées de la province de Bretagne. Elle prouve sa filiation, suivie depuis Nicolas de Quemper, hommes d'armes de la compagnie de Jean de Penhouet, amiral de Bretagne, en 1420. Elle a donné plusieurs officiers, un chevalier de l'ordre du Roi, et des chevaliers de Saint-Louis. *D'argent, au léopard de sable, accompagné de trois gouniffles, ou coquilles du même, en chef.*

DE QUENGO, marquis de Crenolle, comtes du Rocher et de Tonquedec, vicomtes de la Marche, barons de Molac, maison d'origine chevaleresque de là province de Bretagne, où est située, dans le duché de Rohan, la terre de son nom. Elle établit sa filiation depuis Alain de Quengo, qui épousa Aliénor de Quenesguen, avant l'an 1390. Elle a donné des hommes d'armes des ordonnances, des chevaliers de l'ordre du roi, des gentilshommes ordinaires de la chambre, des officiers-généraux, et de divers grades supérieurs, etc. Elle a obtenu les honneurs de la cour le 23 février 1782, en vertu de preuves faites au cabinet des ordres du roi. *D'or, au lion de sable, lampassé, armé et couronné de gueules.*

· DU QUESNE, en Normandie, marquis du Quesne, par érection du mois de mai 1648, maison illustrée par une longue série de services utiles à la patrie, qui a produit cinq capitaines de vaisseaux, deux chefs d'escadre, et deux lieutenants-généraux des armées navales, dont les exploits ont honoré le pavillon français, et éternisé le nom de du Quesne. Abraham du Quesne, le plus grand homme de mer de son tems, partageait avec le célèbre Ruyter, amiral des Hollandais, l'admiration de l'Europe. Du Quesne, quoiqu'inférieur en nombre, le vainquit dans trois combats différents, dans le dernier desquels Ruyter fut tué d'un coup de canon. Cette famille subsistait, en diverses branches, en 1770. *D'argent, au lion de sable, lampassé et armé de gueules.*

QUESNEAU, famille originaire du Laonais. Armand-François Quesneau, sieur de Clermont, chevalier de l'ordre royal et militaire de Saint-Louis, ingénieur du roi, résidant à Douay, fut anobli par lettres-patentes, données à Versailles au mois d'octobre 1723, pour services militaires. *D'azur au chevron d'or, accompagné en chef de trois étoiles du même, posées deux et une, et en pointe d'une cannette aussi d'or.*

DU QUESNOY, seigneurs et barons, puis marquis du Quesnoy, par érection du mois de juillet 1714, dans le Rouennais et en basse Normandie. L'ancienneté de cette famille, d'origine chevaleresque, et divisée en deux branches, remonte vers le commencement du douzième siècle, suivant une bulle du pape Alexandre III, datée du 17 des calendes de mai 1181, portant confirmation de donations faites, dès cette époque, par cette maison, au prieuré de Saint-Lo du Bourgachard; sa filiation n'est cependant suivie que depuis Jean du Quesnoy ou du Quesnay, aussi du Quesney, Ier. du nom, dit Taupin, chevalier, seigneur du Quesnoy, appelé *Taupin du Quesnoy Escuyer*, dans une montre de Manduit de Thibouville, chevalier, et de trois écuyers de sa compagnie, qui fut reçue au Pontaudemer, le 22 avril 1378. Cette famille a produit quatre gentilshommes ordinaires de la chambre du roi, un chevalier de son ordre en 1649, un aide-de-camp de ses armées en 1650, et des chevaliers de Saint-Louis; elle a également donné des officiers de divers grades. *D'argent, au lion de gueules, accompagné de neuf glands de sinople.*

DU QUESNOY, seigneurs des Cœulles, dans le Boulonnais. François du Quesnoy, écuyer, capitaine de dragons, fut maintenu dans sa qualité de noble, avec Louis du Quesnoy, son père, colonel d'un régiment d'infanterie, par ordonnance de M. Bignon, conseiller d'état, commissaire départi dans la généralité d'Amiens, du 4 octobre 1698, sur preuve remontée à Jean du Quesnoy, son quatrième aïeul, écuyer, seigneur du Quesnoy en Boulonnais, marié avec Antoinette de Resti, le 9 mai 1495. *D'or, à l'aigle de sable.*

LE QUIEN DE LA NEUFVILLE, seigneurs de la Neufville, etc., à Paris et à Bordeaux. Cette famille, dont les différents auteurs font remonter l'ancienneté des siècles très-reculés, ne prouve néanmoins sa filiation que depuis Pierre le Quien de la Neufville, seigneur de la Neufville, qui fut capitaine de cavalerie, et mourut en 1675, après avoir épousé demoiselle Claude Maldamé. De cette alliance, est issu Jacques le Quien ; il avait pris le parti des armes dès l'âge de quinze ans ; obligé de le discontinuer à cause de la délicatesse de son tempéramment, il voulut se vouer à la magistrature ; mais obligé, par des circonstances imprévues, d'abandonner son projet, il s'adonna à l'étude des langues espagnole et portugaise, pour entreprendre avec plus de facilité l'Histoire générale du Portugal, qu'il fit paraître en 1700. Il composa dans la suite d'autres ouvrages historiques, qui lui valurent une place à l'académie des inscriptions et belles-lettres en 1706. Les talents qu'il montra, avant et après sa réception à l'académie, dans les diverses productions qui sont sorties de sa plume, l'ont placé au rang des hommes illustres de son siècle, dans l'Histoire littéraire du règne de Louis XIV. Cette famille a aussi produit un brigadier des armées du roi, en 1744, plusieurs autres officiers et un chevalier de Saint-Louis en 1721. *Écartelé aux 1 et 4 de sinople, au chien braque d'or, ayant un collier de sable surmonté d'une palme d'argent en fasce ; aux 2 et 3 bandés de vair et de gueules.*

QUIÉRET, sieurs de Rionville, en Picardie, famille ancienne qui a donné un amiral de France, mort en 1240. L'auteur de la branche qui fait l'objet de cet article, est Jean Quiéret, écuyer, seigneur du Quesnoy, marié, en 1526, avec Françoise de Mailloc. Adrien Quiéret, écuyer, sieur du même lieu, est issu de cette alliance, et épousa, le 4 septembre 1570, Christine du Mesge. La filiation de cette famille a été remontée, ainsi qu'on vient de l'établir, d'après les titres produits devant M. Bignon, commissaire départi de la généralité d'Amiens, qui a rendu une ordonnance à cet effet, le 26 février 1697. *D'hermine, à trois fleurs de lys de gueules au pied nourri.*

DE QUINCARNON, sieurs de Boissy, en Normandie. Cette famille, maintenue dans sa noblesse le 4 août 1666, est connue depuis Maurice de Quincarnon, qui, l'an 1371, servait sous le connétable du Guesclin. Elle établit sa filiation depuis Pierre de Quincarnon, écuyer, qui, l'an 1410, épousa Jeanne de Preteval. Cette famille paraît être originaire de Bretagne. *D'argent, à trois trèfles de sinople.*

DE QUINEMONT, seigneurs de Varennes, de Baugé, et de la Guénerie, en Touraine, famille originaire d'Ecosse, et issue des barons de Grégal dans ce royaume, dont la filiation remonte à Androt de Quinemont, écuyer, archer de la garde du corps du roi Louis XI, marié, le 16 juin 1483, avec Jeanne de Nepveto. Ils eurent pour fils Jean de Quinemont, écuyer, sieur de Saint-Senoc, marié avec Jeanne Fumée, le 22 juillet 1532. *D'azur, au chevron d'argent, accompagné de trois fleurs de lys d'or au pied nourri.*

DE QUINSON, seigneurs de Quinson et de Verchères. L'auteur de cette famille est Lancelot de Quinson, vivant en 1400. Ses descendants ayant dérogé, furent rétablis dans leur noblesse par arrêt de l'an 1612. *D'hermine plein.* Une autre branche y ajoutait *une bande de gueules.*

DE QUINTANADOINE, famille originaire d'Espagne. Alfonse de Quintanadoine, natif de Bretigny, fut anobli par Louis XIII en 1637. *Ecartelé aux 1 et 4 de gueules, à la fleur de lys d'or ; aux 2 et 3 d'argent, à la croix tréflée et vidée de sable.*

DE QUIQUERAN, illustre et ancienne maison de chevalerie de Provence, qui florissait dès le commencement du douzième siècle, et dont la filiation est établie depuis Rostaing de Quiqueran, qui vivait en 1145. Elle a formé plusieurs branches : 1°. la première éteinte en 1350 2°. les barons de Beaujeu, éteints après 1550 ; 3°. la troisième branche éteinte vers le milieu du dix-huitième siècle ; 4°. la branche de Quiqueran-Beaujeu, existante en 1774 ; 5°. la branche des seigneurs de Ventabren ; 6°. les seigneurs de Pierrelongue, existants en 1774. Elle a donné un chambellan du roi Louis III d'Anjou, un gentilhomme ordinaire de la chambre du roi Louis XII, un maître d'hôtel ordinaire de François Ier., un célèbre capitaine de mer, connu sous le nom de chevalier de Beaujeu, des capitaines de vaisseaux, des maréchaux de camp, des capitaines de cent hommes d'armes, un ambassadeur auprès du pape

Sixte V, colonel-général de l'artillerie d'Avignon, un conseiller d'état, des chevaliers de l'ordre du roi, plusieurs officiers de l'ordre royal et militaire de Saint-Louis, un évêque de Seez, mort en 1550, un évêque d'Oleron en 1705, puis de Castres, et un évêque de Mirepoix en 1736. Elle a obtenu les honneurs de la cour en 1758 et 1771, en vertu de preuves faites au cabinet des ordres du roi. *Écartelé, émanché d'or et d'azur.* Cimier et supports : trois licornes. Devise : *Vis contra vim.*

QUIRIT, seigneurs du Vauricher, barons de Coulaine, seigneurs de la Motte, d'Usage ; famille qui a pour auteur Jean Quirit, seigneur de Rigny en Lodunois, anobli au mois d'avril 1513. La Chesnaye donne la filiation de cette famille, depuis l'an 1387, avec les qualifications nobles. *De sinople, au cygne d'argent, nageant sur une rivière du même.*

R.

RABATEAU. Cette famille, selon Blanchard, est originaire de Poitou. Jean Rabateau, dit Rabatelli, avocat-général criminel à Poitiers, en 1427, fut élu président au parlement de Paris en 1493.

DE RACAPÉ, seigneurs de la Brisaie et de Chévigné, marquis de Magnane par érection du mois d'avril 1701. Cette famille prouve sa filiation depuis Jean Racapé, écuyer, seigneur de la Goderie, dont le mariage fut accordé, avant le 12 novembre 1419, avec Marie de Champagné, et qui eut pour fils Louis Racapé, écuyer, seigneur de la Goderie. On trouve parmi leurs descendants un gentilhomme de la chambre des rois Charles IX et Henri III, en 1565 et 1576 ; un lieutenant des gardes-du-corps du même roi Charles IX et de Henri-le-Grand, en 1571 et 1600 ; postérieurement un autre gentilhomme ordinaire de la chambre de Sa Majesté, un gentilhomme ordinaire de Louis de Bourbon, prince de Condé, et trois chevaliers de l'ordre du Roi, en 1571, 1644 et 1652. *De sable, à six roquets ou rois d'échiquier d'argent à l'antique.*

DE RAIMONDIS, anciennement *Raimond*, seigneurs d'Alons, de Roquebrune, etc., en Provence, famille dont l'ancienneté remonte à l'an 1425, suivant un arrêt des commissaires départis par le roi en Provence, du 20 juin 1668, et qui a pour auteur Laugier Raimond, père d'Antoine de Raimond, docteur en droit, avocat au siége de Draguignan, marié le 5 janvier 1661, avec Jeannette Raphaël. Leurs descendants ont donné plusieurs magistrats et des officiers de divers grades. *D'or, à trois fasces d'azur, et trois aigles éployées de sable, posées entre les deux dernières fasces.*

DE RAMADE DE FRIAC, en Limosin, famille qui a pour auteur Jean Ramade ou de Ramade, écuyer, sieur de Friac, ainsi qualifié dans un acte du 6 novembre 1634, et auquel Frédéric-Maurice de la Tour, vicomte de Turenne, fit expédier des lettres qui portaient que « *sur ce qui lui était apparu par titres que Noble Jean* « *Ramade, sieur de Friac, et ses prédécesseurs avaient* » *toujours vécu noblement.* » Il le déclarait exempt du droit de franc-fief qui lui appartenait dans son vicomté de Turenne sur les personnes roturières possédant fiefs nobles. Cette famille, qui a toujours suivi la carrière des armes, a donné plusieurs officiers, dont un capitaine au régiment de Belsunce, qui servait encore dans ce régiment le 19 octobre 1656. *D'argent, au chevron de gueules, accompagné en chef de trois étoiles du même, posées une et deux, et en pointe d'un arbre arraché de sinople.*

RAMADE, au comtat Venaissin, famille originaire du lieu de Seguret, au diocèse de Vaison, connue dans l'ordre de la noblesse depuis le commencement du dix-septième siècle, alliée aux familles de Guiraman, de Lopès, etc., etc. *D'azur, à trois cyprès terrassés d'or, celui du milieu supérieur et accosté de colombes affrontées d'argent; au soleil d'or, mouvant de l'angle dextre supérieur.*

DE RAMBAUD, co-seigneurs de Montgardin et de la Rochette, et sieurs de Beaurepaire, en Dauphiné, famille qui a pour auteur Guelis de Rambaud, vivant en 1516, époux d'Anne de Matharon, fille de Pierre de Matharon, seigneur de Pênes. Elle a donné un gouverneur de Gap en 1576. *De sable au cyprès d'argent, sommé d'une tourterelle du même.*

DE RANCHER, noble et ancienne maison, dont l'origine remonte aux tems les plus reculés. Elle existait en Berry dans le quinzième siècle, et s'est répandue, dans le siècle suivant, dans la Touraine et le Vendômois, où subsiste encore la branche aînée. Au commencement du dix-septième siècle, la branche cadette vint s'établir à Paris, et elle existe actuellement dans le Vexin français. Ces branches sont : 1°. les seigneurs de Lagny, de Verneil, barons de Nogent; 2°. les seigneurs du Mardreau et de Pezay; 3°. les seigneurs de la Foucaudière et de Maudétour; 4°. les barons de la Ferrière par érection du mois d'avril 1715. Cette maison s'est distinguée dans les armes et dans la magistrature. Elle a donné nombre d'officiers supérieurs, des gentilshommes ordinaires de la chambre de nos rois, des lieutenants de roi de provinces, des maîtres des requêtes, des conseillers au parlement de Paris et en diverses cours, etc., etc. *D'azur, au sautoir d'or, cantonné de quatre annelets du même.* La branche cadette brise en cœur du sautoir d'*une rose de gueules.* Couronne de comte. Supports : deux lévriers. Devise : *Atque fidelitas, celeritas.*

DE RANCONNET, seigneurs de Noyan, d'Ecoire, etc., dans le pays d'Aunis, famille qui a pour auteur François de Ranconnet, écuyer, seigneur d'Ecoire et de Polignac, marié avec Hélène d'Abzac de la Douze, connue par le testament qu'elle fit le 2 décembre 1538. Bertrand de Ranconnet, écuyer, seigneur d'Ecoire, est issu de cette alliance, et épousa Catherine de Gimel le 22 septembre 1540. *De gueules, à la fasce d'argent, surmontée d'un taureau d'or.*

RAPINE, DU NOZET, DE SAINTE-MARIE. Cette branche est aujourd'hui la seule subsistante de la maison Rapine, famille illustre qui florissait à Auxerre entre 1300 et 1500, et en est sortie, dans le quinzième siècle, pour s'établir en Nivernais (Lebœuf, Histoire de la prise d'Auxerre par les huguenots; — Moréri, article *Rapine*).

La branche aînée de Foucherenne s'est éteinte il y a environ douze ans, en la personne de François Rapine de Saxy, chevalier de Saint-Louis, lieutenant-colonel du génie à l'armée de Condé.

La branche de Boisvert s'est éteinte, il y a deux siècles, en la personne de Henri Rapine de Boisvert, gentilhomme ordinaire du roi Louis XIII, dont on trouve l'épitaphe dans le Villebrequin d'Adam Billaut.

Cette famille a produit, à Auxerre, Germain Rapine, écuyer, que le duc de Bourgogne fit lieutenant-civil de Paris, en 1419, après le massacre des Armagnacs (Almanach royal, 1771, liste des lieutenants-civils). Il fut depuis maître-d'hôtel du roi Charles VI, qui l'envoya en ambassade près du duc de Lorraine.

Jean Rapine, écuyer, fut maître-d'hôtel du roi Louis XI. Ce fut lui qui, après la mort de Charles-le-Téméraire, chassa d'Auxerre le gouverneur bourguignon, Jean de Jaucourt, et réduisit sous l'obéissance du roi tout le comté, dont il resta gouverneur jusqu'à sa mort, arrivée en 1480 (Lebœuf, Histoire d'Auxerre).

Claude Rapine, religieux-célestin, auteur de plusieurs ouvrages, mort à Paris en odeur de sainteté, en 1493, avait été choisi, par son ordre, pour réformer les monastères d'Italie, et corriger les constitutions générales de l'ordre (Lebœuf, Histoire d'Auxerre; — dom Becquet, Histoire des célestins, et Eloges des illustres célestins; — Moréri, article *Rapine*; — Nouveau dictionnaire historique, article *Rapine*).

Les personnages remarquables de la branche de Foucherenne sont :

Florimond Rapine, seigneur de Foucherenne et Lathenon, procureur-général du bailliage et président de la chambre des comptes de Nevers, auteur de la relation curieuse des états de 1614;

Et son fils, Pierre Rapine de Foucherenne, seigneur de Saxy, Foucherenne et Lathenon, conseiller d'état, qui mit en ordre les mémoires de son père, et les publia après sa mort.

Les personnages remarquables de la branche de Boisvert sont :

Le père Charles Rapine, gardien du couvent des récollets de Paris, auteur de l'Histoire générale des récollets, et d'un grand nombre d'autres ouvrages;

Dom François Rapine, religieux-bénédictin, prieur de Saint-Pierre-le-Moustier, aumônier de la reine Marie de Médicis, et aumônier général de l'artillerie de France. Un édit du roi du 26 mars 1632, créa la charge de premier conseiller né au présidial de Saint-Pierre-le-Moustier pour dom François Rapine, et ses successeurs au prieuré.

Les personnages remarquables de la branche aujourd'hui subsistante de Sainte-Marie, sont :

Guillaume Rapine, seigneur de Sainte-Marie, Saint-Martin, Châlons, les Coques, Boisvert et Châtillon-sur-Héry, lieutenant-général du bailliage de Nevers et conseiller-d'état de François de Clèves, premier duc de Nevers. Il fut le principal rédacteur de la coutume de Nevers, en 1534, et la fit imprimer à la Charité, en 1535. Il acheta, en 1537, la terre de Sainte-Marie, dont ses descendants ont toujours porté le nom, et qu'ils possèdent encore. Guy Coquille le cite, dans son Histoire du Nivernais, parmi les hommes qui ont réuni les sciences avec la noblesse, sans qu'une des valeurs ait obscurci l'autre.

Et le père Paschal Rapine de Sainte-Marie, commissaire-général des récollets, auteur d'un très-grand nombre d'ouvrages, dont le principal, le Christianisme naissant, fut dénoncé à la Sorbonne par le docteur Marion, qui ne put néanmoins réussir à le faire condamner.

La branche de Sainte-Marie a ajouté à son nom celui de du Nozet, et en écartèle les armes, d'après un arrêt du parlement de Paris, du 9 juillet 1726, qui déclara ouverte, au profit de Jacques-François Rapine de Sainte-Marie, la substitution perpétuelle faite par Edme du Nozet, abbé d'Aumale, conseiller-d'état, mort à Rome en 1657, doyen des auditeurs de la Rotte.

Armes de la maison Rapine : D'argent, au chevron denché de gueules, accompagné de trois coquilles du même. La branche de Sainte-Marie écartèle : D'or, à deux lions de gueules ; au chef d'azur, chargé d'une rose d'argent, accostée de deux étoiles d'or, *qui est* DU BROC DU NOZET.

DE RASCAS DE CHATEAUREDON, en Provence.

maison d'ancienne chevalerie, qui florissait dès le onzième siècle. Hugues de Rascas, seigneur de Châteauredon, fut présent à un acte de l'an 1149. Bertrand de Rascas, dit de Châteauredon, soutint le parti des Bérenger dans leurs guerres contre Etiennette de Baux, l'an 1150. Raimond de Rascas souscrivit une charte de l'an 1195, relative à Guillaume, comte de Forcalquier, qui reconnaît la suzeraineté de Raymond VI, comte de Toulouse. Pierre de Rascas, chevalier, vivait en 1208. Raimond de Rascas souscrivit, l'an 1286, le serment que fit à Raymond, comte de Toulouse, Guillaume, comte de Forcalquier. Bernard de Rascas, célèbre poëte provençal, vivait en 1352.

Cette maison a donné six chevaliers de Malte, en 1563, 1612, 1673, 1683, 1692 et 1723. Par ordonnance du Roi, du 12 février 1817, Joseph-Paul-Hyacinthe-Raymond de Rascas, colonel de la légion du Finistère, a été créé baron, et par autre ordonnance, du 21 octobre 1818, il a été autorisé à reprendre le nom de Châteauredon, que portaient ses ancêtres. *D'or, à la croix fleuronnée au pied fiché de gueules; au chef d'azur, chargé d'une étoile à huit rais d'or.*

DE RASTEL DE ROCHEBLAVE, en Dauphiné, maison d'origine chevaleresque, qui a pour premier auteur connu Raimond du Rastel, chevalier, seigneur de Rocheblave, co-seigneur de Montolieu et de la Bastie-Costechaude, appelé *Dominus Raymundus de Rastello* dans l'acte de partage qu'il fit le 31 octobre 1267, avec messire Bertrand d'Ayroles, du territoire ou fief de la Bastie-Costechaude, qu'ils avaient acquis ensemble de Raimond Roux (*Ruphus*), du lieu de Condorcet. Ce Raimond du Rastel eut pour fils et successeur dans ses terres, Françon du Rastel, frère d'Isnard du Rastel. Cette famille a donné des officiers de différents grades, dont plusieurs décorés de l'ordre royal et militaire de Saint-Louis. Parmi ces officiers, on en trouve deux qui furent tués, en 1744, à l'attaque des retranchements de Villefranche, l'un capitaine et l'autre lieutenant dans le régiment de l'Isle-de-France ; un troisième commissaire ordinaire d'artillerie, fut blessé à la bataille de Lawfeld, en 1747. *D'azur, au pal d'argent, ratelé de sable, soutenu par deux lions d'or affrontés, lampassés et armés de gueules.*

DE RAVENEL, seigneurs du Boisteilleul et de Seran ; famille originaire de Picardie, établie en Bretagne, dans l'évêché de Rennes. Cette famille, divisée en deux branches et d'origine chevaleresque, a pour auteur Pierre Ravenel, chevalier, seigneur de Broys, de Saint-Remy et de Saint-Martin de Napz, lequel donna son aveu de ces seigneuries au comte de Nevers et de Rethel au mois de décembre 1440, étant alors âgé de soixante-douze ans. Ce Pierre Ravenel eut pour fils Jean Ravenel, premier du nom, chevalier, seigneur des mêmes terres que son père, dont il fit hommage comme en étant seul héritier, au même comte de Nevers et de Rethel, le 4 novembre 1479. Cette maison a donné un conseiller au parlement de Rennes, en 1744, et un capitaine d'une compagnie franche de la marine, décoré de l'ordre royal et militaire de Saint-Louis. *De gueules, à six croissants aux flancs de l'écu, 2, 2 et 2, surmontés chacun d'une étoile, le tout d'or ; et en pointe au milieu une autre étoile du même émail.*

DE REBOULET DE GALBERT, sieurs des Fonts et de Blod, en Dauphiné. Guillaume de Reboulet, sieur des Fonts, est l'auteur de cette famille, dont le fils, Jean de Reboulet, épousa Madelaine du Puy, en 1523. *D'azur, à une tour d'argent, accostée de deux fleurs de lys du même.*

RECHERCHES DE LA NOBLESSE. Pour réprimer les usurpations que les roturiers faisaient de la noblesse et de ses priviléges, nos rois, à diverses époques, ordonnèrent qu'il serait fait des *Recherches* de ces usurpateurs, et que tout individu se disant noble serait tenu de justifier de cette qualité par titres authentiques.

Parmi les différentes *Recherches* particulières à quelques provinces, ou générales dans tout le royaume, qui ont été ordonnées, soit à l'égard des francs fiefs, soit à l'égard des tailles, soit à l'égard des titres de noblesse durant les quatorzième, quinzième, seizième et dix-septième siècles, la plus fameuse par la rigueur des procédures, la durée des poursuites, et la quantité des amendes versées dans le trésor public, est celle qui fut commencée avec beaucoup de rigueur en 1666, à l'instigation du grand Colbert, suspendue en 1674, à cause des guerres, reprise, en 1696, avec moins de sévérité, et qui, enfin, n'a entièrement cessé qu'en 1727.

La plupart des *Recherches* furent d'abord confiées aux traitants (ou fermiers), qui trop avides d'argent, inquiétèrent l'ordre entier de la noblesse, et refusèrent quelquefois justice à de pauvres gentilhommes, pour écouter favorablement de riches usurpateurs, qui se firent maintenir; cependant la *Recherche* de 1666 fut mieux confiée, et les intendants des provinces en furent exclusivement chargés, avec pouvoir de juger définitivement, en laissant toutefois aux condamnés la faculté de se pourvoir au conseil d'état, dans les six mois de la signification des jugements de condamnation.

Les commissaires départis des intendants pendant le cours de ces *Recherches*, se trouvant arrêtés à l'égard des gentilshommes dont les anciens titres ou les titres primordiaux de noblesse étaient adirés ou n'existaient plus, il fut décidé, par arrêt du conseil du 19 mars 1667, que ceux qui avaient porté les titres de chevalier et d'écuyer depuis 1560, avec possession de fiefs, emplois et services, et sans aucune trace de roture avant ladite année 1560, seraient réputés nobles de race, et comme tels maintenus. Quant à ceux dont les titres n'étaient accompagnés ni de fiefs, ni de services, les commissaires exigèrent de leur part une preuve de deux cents ans de qualifications, ce qui, par conséquent faisait remonter la preuve à 1467, et toujours sans aucune trace de roture antérieure à cette dernière époque. Mais la déclaration du roi, du 16 janvier 1714, enregistrée à la cour des aides le 30 du même mois, limita la preuve à cent années, à compter du 30 janvier 1614; déclaration, dit M. Chérin, qui a occasioné beaucoup d'abus, en introduisant des familles plébéïennes dans le corps de la noblesse.

Il y a d'anciennes ordonnances très-sévères sur les *Recherches* des faux nobles ou usurpateurs de noblesse; celle d'Orléans, art. 110, porte que les usurpateurs d'armes timbrées (1) seront punis par les juges ordi-

_____

(1) On sait qu'il n'est permis qu'aux nobles seuls de porter des armoiries timbrées.

naires comme pour crime de faux ; celle de Blois,
art. 257, rendue sur la demande des états-généraux
du royaume, confirme celle d'Orléans. *Voyez* MAIN-
TENUE.

REGNARD DE LAGNY, famille établie en Brie,
représentée par :

Sébastien-Louis REGNARD, *baron de Lagny*, né le
16 août 1773, en faveur duquel S. M. Louis XVIII, a
établi le titre de baron, transmissible aux aînés de la
maison, par lettres-patentes du 26 octobre 1816, enregistrées à Paris, en cour royale, le 21 décembre
suivant. Les motifs de cette grâce sont ainsi exprimés
dans lesdites lettres-patentes.

« Voulant témoigner notre satisfaction des bons et
» loyaux services du sieur *Regnard de Lagny*, maire de
» la Ferté-sous-Jouarre, membre du collége électoral du
» département de Seine-et-Marne ; voulant récompenser
» le zèle que ses auteurs et lui ont manifesté pour le
» roi Louis XVI, notre auguste frère et prédéces—
» seur, et pour notre personne ; à ces causes, nous
» avons, etc. »

Ces actes de dévouement sont consignés dans les
mémoires du tems, notamment la réception faite le
24 juin 1791, au roi Louis XVI, et à la famille royale,
à leur passage par la Ferté-sous-Jouarre, lors du funeste
retour de Varennes. Depuis, ces augustes princes, dai-
gnèrent toujours se montrer sensibles au souvenir d'un
zèle si courageux et si désintéressé, et qui attira sur
cette famille fidèle à ses princes et à l'honneur, de
cruelles, mais honorables persécutions.

Sébastien-Louis REGNARD, *baron de Lagny*, épousa
Thérèse-Denise-Mélanie *Himbert de Flégny*, sa cousine
germaine, fille de feu Pierre-Félix Himbert de Flégny,
conseiller du roi en l'élection de Meaux, et nièce
d'Etienne-Simon Himbert de Flégny, prieur des Sept-
Sorts et de Beaulieu, mort en émigration. De ce
mariage est issu : Pierre-Félix-Adéodat REGNARD,
chevalier de Lagny, né le 30 juin 1797. *D'argent, à
la barre d'azur, chargée du signe de l'écrevisse d'or ; coupé
d'azur, au renard passant d'or sur une terrasse du même,
surmonté de trois étoiles d'argent.* Pour supports : deux
branches de lis, portant à dextre deux fleurs de lis, et

à sénestre trois fleurs de lis ; le tout au naturel. Devise : *A Liliis omnia.*

REGNAULT, en Dauphiné, originaire de Paris, famille qui a pour auteur Pierre Regnault, secrétaire du roi, mort dans cette charge, en 1553. *Fascé d'or et d'azur de quatre pièces ; à dix glands de l'un en l'autre.*

REGNAULT, à Paris. François Regnault, ancien échevin, quartinier et consul de la ville de Paris, fut anobli par lettres-patentes du mois de décembre 1720, en considération des services rendus par lui dans les charges de quartinier de la ville de Paris, en 1687, d'échevin de la même ville, en 1698, et de consul, en l'an 1704. *D'azur, au buste de renard d'or, surmonté de deux branches de chêne du même émail, passées en sautoir.*

LA REGNIÈRE. Cette famille existe en Guienne ; on n'en connaît que les armes, qui sont *d'or, au joug de charrue de sable* (espèce d'arc dont on se sert pour accoupler les bœufs par les cornes).

DE REIDELLET. Claude de Reidellet, sieur de Chavagnac, brigadier de la compagnie des chevau-légers de la garde du roi, et chevalier de l'ordre royal et militaire de Saint-Louis, fut anobli par lettres-patentes données à Versailles, au mois de mai de l'an 1723, pour services militaires rendus par lui, dans les diverses batailles où il s'était trouvé, et où il avait reçu plusieurs blessures graves. *D'azur, au lion d'argent ; à la fasce de gueules, chargée de deux étoiles d'or, brochante sur le tout.*

REIMS.

Liste des Gentilshommes convoqués à l'assemblée du bailliage de Reims, pour l'élection des Députés aux Etats-Généraux en 1789.

Messieurs

Lespagnol de Bezannes, grand-bailly.
Ferdinand d'Aguisy.
Ambly d'Ambly.
Beaufort.
Beguin de Savigny.
De Bermondes.
Bidal d'Asfeld.

Le chevalier de Boham.

Malva de Boham.

Bonamie du Roc de Maurous.

De Boucher d'Avançon.

Brulard de Sillery.

Cadot l'aîné.

Castres de Vaux.

De Caumont.

Du Cauzé de Nazelle.

Clicquot de Toussicourt.

De Condamine.

Colart.

Colart de Ville.

D'Argy.

D'Artaize.

Aubé de Bracquemont.

Aubry d'Arancey.

Du Pleix de Cadignan.

Failly des Andigny.

Le chevalier de Failly.

Failly.

Finfe.

Fremyn de Fontenilles.

Gilles Delalonde.

De Goujon de Thuisy de Vergeur.

Graillet d'Epoye.

De Haudouin Dueilly.

Jacob fils.

Jourdain de Muizon.

Jouvant père.

Jouvant fils.

Lagoille de Selle.

La Motte de Launay.

Commines de Marsilly.

Coquebert de Crouy.

Coquebert de Montbret.

F.-C. de Coucy Pollecourt.

P.-L. de Coucy Pollecourt.

Courtin de Logery.

Cugnon.

Cugnon d'Alincourt.

Danré de Loupeigne.

Des Lyons de Taissy.

Le chevalier des Lyons.

De Robert de Maisoncelle.

Dessaulx.

Du Darut de Grandpré.

Du Han.

Le chevalier de Miremont.

De Mongeot.

Le chevalier de Mongeot d'Hermonville.

Monfrabeuf.

De Moï de Sons.

D'Origny de Beaugilet.

Oudan de Virly.

Perrier de Savigny.

Le chevalier de Renty.

La Motte de la Tournelle.

Langlois de Falaise.

Simon le Bourgeois.

Le chevalier le Bourgeois.

Lespagnol de Chanteloup.

Lespagnol de Villette.

Le Febre de Vanoise.

Liabé.

Levesque de Vouziers.

Maillefert.

Souyn.

De Mandeville.

Marmande de Tourville.

Maucomble de Villette.

Rivals la Salle.

De Sugny de Sugny.

Roucy de Cheveuge.

De Sahuguet de Termes.

G.-Ph. Sutaine.

Sutaine, commissaire des guerres.

Sutaine de Vivier.

Ph.-H. Sutaine.

De Vassault.

Vidard de Saint-Clair.

Levesque de Vandières, secrétaire.

Liste de la Noblesse représentée, par procuration, à l'assemblée du bailliage de Reims.

S. A. S. Mgr. le prince de Condé.
M. de la Bauve de Lille.
M. d'Aguisy.
M. de Béthune de Charost.
Mme. de Présingt.
M. Hyacinthe–Hugues Timoléon de Cossé-Brissac, comme tuteur honoraire de MM. Augustin–Marie–Paul–Pétronille Timoléon de Cossé-Brissac et Auguste-Charles-Marie Timoléon de Cossé-Brissac, ses enfants mineurs.
Mme. de Finfe.
M. Posches.
M. Dessaulx.
Mme. de Roucy de Laubrelle.
M. Beguin de Sauceuil.
M. d'Auger.
M. de Bohan.
M. de Maubeuge.
D^le. de Bohan.
M. de Hédouville.
M. Boucher d'Avançon.
M. Lévesque de Pouilly.
M. de Condé de Brieul.
M. Grimaldi de Valentinois.
M. le Poivre de Villers-aux-Nœuds.
D^le. de Finfe.
Mme. d'Emery.
M. de Fumeron.
M. de Morioles.
M. le Riche de Vandy.
M^le. de Vandy.

M. du Han de Jeandun.
M. de Montguion.
M. de Cabrol de Morière.
M. de Lavaux.
M. Coquebert de Montbret.
Mme. d'Aquisy d'Escordal.
M. du Bois d'Escordal.
M. Fraguier.
Mme. de Balby.
Mme. Charlotte–Louise du Bois d'Escordal.
Mme. Susanne-Gabriel du Bois d'Escordal.
Mme. Maillard de la Martinière.
M. de Rincourt.
M. Maréchal de Montéclin.
M. Leleu d'Aubilly.
M. Feret de Geraumont.
M. d'Argy de Malmy.
Mme. de Vignacourt.
Mme. Godet de Neuflise.
M. le Gentil de Tauly.
Mme. Coquebert de Taissy.
M. de Romans.
M. Simon-François Dessaulx.
M. de la Tour d'Ortaize.
M. Hennequin d'Ecque-villy.
Mme. le Chevalier.
Mme. de Verrières.
M. de Perthuis.
M. du Chesne.
M. de Zwilfeled de Suève.
M. de Verrières de Méligny.
M. de la Chevardière.
M. de Failly.
M. de Finfe.
M. Fremyn de l'Etang.

M. d'Ancelet.

M. de Clermont-Tonnerre.

Mme. du Bois d'Escordal.

M^le. Roucy de Vauden.

M. Roucy de Manre.

M. d'Escannevelles.

M. Aubert.

M. de Cambray.

M. de Jourlan.

M^le. d'Ambly.

M. Fougère de Courlandon.

M. le Bourgeois d'Auger.

M. de Failly de Villemonty.

Mme. d'Argy de Malmy.

M. de Miremont de Bérieux.

Mme. de Charmois d'Herbe-
mont.

M. d'Ivory de Rum.

Mme. de Cussey.

Mme. de Zwilfeled de Suève.

M. d'Avesne.

Mme. de Mequenem.

M. de Sy.

M. Louis-Joseph Dessaulx.

M. Charles-Henri-Joseph
Dessaulx.

Mme. Dessaulx.

M. Regnauld de Montgon.

M. de la Bretèche.

M. de Reigner.

M. Simonet de Singly.

Mme. Sahuguet de Termes.

M. du Plessier.

M. J.-B.-Ch. Magdelaine
de Gentil.

M. Louis-François de Gen-
til.

Mme. Charles de Gentil.

M^le. Grutus de Sauvoy.

M^le. Grutus de Cidou.

Mme. René de la Boullai.

M. Desmaux d'Hermon-
ville.

M. de Fougères d'Aur.

Lévesque de Vandières,
secrétaire.

DE RELY, en Picardie et en Normandie, illustre et ancienne maison de chevalerie d'Artois, qui a pris son nom d'une terre située au diocèse de Boulogne, sur les confins de la Flandre française ; fief jadis considérable, puisque les anciens seigneurs de Rely, ayant assez de vassaux pour lever bannière, sont presque tous qualifiés *chevaliers bannerets* aux treizième et quatorzième siècles. Du Cange nous apprend que les seigneurs de cette maison fondèrent, en 1083, l'abbaye de Lillers, en Artois, dont la ville, ainsi que cette communauté, portait les armoiries de la maison de Rely. Elle établit par titres sa filiation depuis Guillaume Ier., seigneur de Rely, vivant en 1100. *D'or, à trois chevrons d'azur.*

DE RÉMÉON, sieurs de Moquet, seigneurs de Chap-dasne, etc., en Orléannais. L'ancienneté de cette famille remonte à l'an 1551. Philippe de Réméon, écuyer, sieur d'Orval, et Catherine de Remilly, sa femme, ont eut pour fils Claude de Réméon, Ier. du nom, écuyer, capitaine d'une compagnie d'arquebusiers à cheval, en 1587. Cette famille a donné un maître des requêtes de la reine Anne d'Autriche, le 15 mai 1646, un maréchal des logis d'Henri de Bourbon, prince de Condé, en 1605, et plusieurs officiers de différents grades. *D'or, au chevron de gueules, accompagné en chef de deux étoilesd'azur, et en pointe d'un pin terrassé de sinople.*

DE REMOND, en Dauphiné. Guillaume de Remond, auteur de cette famille, eut pour fils Guillaume de Remond, époux de Marie de Huguette de Chastel, vivant en 1413. *D'or, à bande de gueules, chargée de trois demi-vols d'argent, et accompagnée de deux molettes d'azur.*

DE REMOND-MODÈNE, anciennement orthographié *Raimondi* et *Raimond*, seigneurs de Pomerols, dans le comtat d'Avignon. Huguenin Rémond, licencié en lois, juge de la ville de Beaucaire, et Sillette Rémond, qu'il avait épousée, le 30 décembre 1452, sont les auteurs de cette famille. Ils eurent pour fils Jean Rémond, écuyer d'écurie du roi Louis XI, l'an 1477. On trouve dans ses descendants un chevalier de l'ordre du roi en 1551, un grand prévôt de France, et un ambassadeur extraordinaire en 1621 ; un capitaine de vaisseau, chevalier de l'ordre royal et militaire de Saint-Louis, devenu chef d'escadre des armées navales, mort le 28 février 1723. *D'argent, à la croix de gueules, chargée de cinq coquilles d'argent.*

DE REMONDE, en Brie. Jeanne de Remonde était mariée, en 1472, à noble Jean de la Fontaine, écuyer, capitaine de Crépy, en Valois. *De sable, à la fasce d'or, accompagnée de trois billettes du même.*

DE REMUSAT, noblesse très-ancienne de Provence, alliée dans les quatorze et quinzième siècles, aux plus illustres familles de cette province, mais ayant dans les derniers tems professé le commerce maritime à Marseille. Elle a obtenu de sa majesté des lettres de maintenue, en août 1817, sur les preuves qu'elle a faites par pièces authentiques devant la commission du sceau, en remontant filiativement jusqu'à son septième aïeul, qui vivait et était qualifié noble en 1442.

Des lettres de Charles IX, données à Moulins le 10 janvier 1566, enregistrées au parlement d'Aix, le 31 mai suivant, puis au greffe de la sénéchaussée de Marseille, à la requête de Guillaume de Montolieu, autorisaient les nobles à commercer en gros à Marseille, sans déroger à la noblesse. Cette famille a donné un brigadier des armées du roi, un avocat général à la cour des comptes, aides et finances d'Aix, aujourd'hui préfet du Nord, plusieurs chevaliers de Saint-Louis.

Le nom de Remusat est des plus anciens dans la Provence. Cette famille possède un verbal d'installation de viguier de Marseille, en date du 16 avril 1365, extrait des archives de cette ville, en faveur de Guillaume de Remusat, chevalier, seigneur de Montmaurin, nommé viguier, en remplacement de Landulfe, de Brancas. Ce Remusat y est qualifié *nobilis et egregius vir*, *dominus Guillelmus de Remusat*, *miles*, *dominus Montismaurini*.

Armes : d'azur, au chevron, accompagné en chef de deux roses, et en pointe d'une hure de sanglier, le tout d'or.

RENIER D'UPAIX, en Dauphiné. Pierre Renier, vivant en 1458, est l'auteur de cette famille, et Daniel Renier, fils de Claude et de Catherine Jean, fut rétabli dans sa noblesse, et relevé de la dérogeance de quelques-uns de ses prédécesseurs, en considération de ses services militaires par lettres du 24 novembre 1643, vérifiées par la cour des aides de Vienne, le 21 juin 1657. *De sinople, au lion d'or.*

DE RENOARD. *Voyez* D'ANDRÉE.

DE REPPELIN, famille noble du Dauphiné, qui remonte sa filiation à Aimar de Rappelin, qui, avec Claude son frère, fut maintenu en la qualité de noble par arrêt du parlement de Grenoble, du 9 mars 1464. Ils sont ainsi qualifiés dans la révision des feux du Saint-Robert, de l'an 1477. *D'argent, à neuf clochettes de sable; au lion de gueules, brochant sur le tout.*

DE RETZ DE BRESSOLES, seigneurs du Crouzet, de Servières et d'Albenac, en Auvergne; famille qui a pour auteur Antoine Retz, écuyer, lieutenant du bailli de Gévaudan, et archer de la garde du roi François Ier, qui vivait, ainsi que Marguerite de Bressoles, sa femme, le 3 octobre 1526, et dont est issu Gui Retz, dit de

Bressoles, Ier. du nom, seigneur de Chaminade, etc.,
lequel se maria avec Charlotte Palissier, le 9 novembre
1544. *D'azur, au chevron d'or, accompagné en chef de
deux étoiles du même, et en pointe d'une épée d'argent.*

DE REVERONY, famille ancienne, originaire de
Florence, qui suivit en France la reine Catherine de
Médicis, et s'établit en Lyonnais, où elle a constamment tenu un rang distingué. On a un brevet original
du roi Henri IV, du 31 juillet 1600, accordé à Alexandre Reverony, portant permission de chasser à l'arquebuse, sur toutes sortes de gibiers et bêtes fauves, en
récompense des services qu'il rendit à ce prince, notamment pour avoir concouru à faire prisonnier le duc
de Nemours ; ce qui mit fin aux troubles de la ligue à
Lyon. Cette famille a fait les preuves pour le service
militaire devant M. Cherin, père, généalogiste des
ordres du roi, le 22 mai 1783.

Jacques-Antoine, baron de Reverony Saint-Cyr, né
le 5 mars 1767, colonel d'état-major, chevalier de
l'ordre royal et militaire de Saint-Louis, de l'ordre
royal de la Légion-d'Honneur, et décoré de l'ordre
militaire de Bavière, a été créé *baron* en 1810, et confirmé dans ce titre, ainsi que dans le droit de reprendre
les anciennes armoiries de sa famille, par ordonnance
royale du 16 mars 1816. *Coupé, au 1 de gueules, à deux
fleurs de lys florencées d'argent, accompagnées en chef
d'une étoile à huit rais du même ; au 2 palé de gueules et
d'argent ; à la bordure de sinople.* Couronne de baron.

REVERSEAUX. *Voyez* GUEAU.

REVISION DE FEUX. *Voyez* DAUPHINÉ.

DE REYNAL, au pays des Landes, famille originaire
du Brabant, qui prouve sa noblesse et sa filiation
depuis l'an 1598. Elle compte sept générations de services militaires non interrompus. Le chef actuel de
cette maison ancien major de cavalerie, chevalier de
Saint-Louis, a assisté à l'assemblée de la noblesse,
convoquée, en 1789, pour la nomination des députés
aux états-généraux du royaume. Il a émigré et fait
toutes les campagnes à l'armée des princes. Son fils,
Joseph-Augustin de Reynal, est capitaine de grena-

diers de la garde nationale d'élite du département des Landes. *D'or, à la bande ondée de gueules, accompagnée de dix glands de sinople.*

RIBIER, seigneurs de Villebrosse et des Arpentis, en Gâtinais. Cette famille a pour auteur Guillaume Ribier, écuyer, seigneur de Villebrosse, capitaine pour le roi, du château de Blois, anobli pour services, par lettres registrées le 31 mars 1515. Il eut pour fils Guillaume Ribier, écuyer, seigneur du même lieu de Villebrosse, trésorier de la vennerie, capitaine du château de Madrid, et gruyer du bois de Boulogne, près Paris, qui avait été fait prisonnier à la bataille de Pavie, l'an 1525, étant alors archer de la compagnie de l'amiral Bonnivet. Ses descendants ont toujours suivi le parti des armes, et occupé différents emplois militaires, dans lesquels ils ont rendu des services distingués. *De gueules, à la fusce ondée d'argent, à la tête de licorne du second émail, posée à la pointe de l'écu.*

RICHARD. Louis Richard, commissaire des guerres, fut confirmé dans sa noblesse, et anobli en tant que de besoin, par lettres-patentes en forme de charte, données à Versailles au mois de juin de l'an 1723, pour services dans les fonctions de son emploi, et en considération de l'ancienne noblesse de ses aïeux. *D'or, au chevron d'azur, accompagné de trois œillets au naturel.*

DE RICHAU, en Dauphiné. Pierre de Richau, vivant en 1554, obtint, vers ce tems, un arrêt déclaratif de sa noblesse. Les titres de cette famille font présumer une communauté d'origine avec celle de Boliane, en Dauphiné, qui porte aussi les mêmes armes. *D'azur, à une pate d'ours d'or.*

DE RICHELIEU. *Voyez* DU PLESSIS.

DE RICHEMONT DE RICHARDSON, très-ancienne famille originaire du royaume d'Ecosse, dont était Jean de Richemond, chevalier, qui servit en Portugal, *sous* le grand-maître de l'ordre militaire de Saint-Jacques. Une branche de cette maison s'est établie en France depuis plusieurs siècles, et a successivement exercé des emplois honorables au service des rois de France, et contracté des alliances distinguées.

François de Richemont servit avec distinction sous les rois Henri IV et Louis XIII. Il fut fait exempt des gardes du corps de ce dernier, et nommé commandant de la ville et du château de Sully-sur-Loire, par provisions données au camp devant Montauban, le 11 octobre 1621, puis commissaire ordinaire d'artillerie, par brevet du 10 juillet 1623.

Jacques III, autrement dit le Prétendant, reconnut la noblesse et l'ancienneté de cette famille par des lettres-patentes données à Saint-Germain-en-Laye, le 12 janvier 1703, à Jean de Richemont, alors lieutenant de dragons. Celui-ci était arrière-petit-fils de François de Richemont, dont nous venons de parler. Il laissa un fils, Jean de Richemont, seigneur de Gachies, en Condomois, qui épousa une demoiselle de Saint-Exupéry de Miremont, de laquelle il eut deux fils :

1°. Jean-Gratien, comte de Richemont, qui a servi dans les gardes du corps de Louis XV et de Louis XVI. Il a émigré en 1791, et fait les campagnes dans l'armée des princes ; il fut fait, en 1814, officier des gardes du corps de Louis XVIII, et colonel de cavalerie. Il est mort à Troyes, en 1818, à l'âge de soixante-dix-huit ans. Il avait épousé demoiselle d'Esparbèz de Lussan d'Aubeterre, de laquelle il n'a laissé qu'un fils, Jean, comte de Richemont, né le 21 décembre 1764, ancien brigadier des gardes du corps, chevalier de l'ordre royal et militaire de Saint-Louis. Il a émigré en 1791, et a fait, avec son père et son oncle, les campagnes dans l'armée des princes. Il a épousé sa cousine germaine Marie-Aimée-Emilie de Richemont, de laquelle il a :

a. Caroline-Félicie, née le 11 mars 1806.

b. Marie-Victoire-Noemie, née le 3 mars 1808.

2°. Jean, chevalier de Richemont, qui a émigré en 1791, fait les campagnes dans l'armée des princes, puis accompagné sa majesté Louis XVIII à Mittaw, en 1796, en qualité d'officier de ses gardes. Il fut fait colonel de cavalerie ; rentré en France en 1802, il est mort en Normandie, en 1813, à l'âge de 66 ans, et a laissé deux enfants qui suivent :

   a. Jean−Hippolite de Richemont, né le 7 avril 1805, élève de l'école militaire de Saint-Cyr, en 1816.

   b. Marie-Aimée-Emilie, mariée à son cousin germain, Jean, comte de Richemont, dont l'article se trouve ci-dessus.

Armes : Ecartelé, au 1 d'argent, au reseau de gueules; aux 2 et 3 de sinople, à la tour d'argent surmontée de trois étoiles d'or; au 4 d'argent, au lion d'azur. Couronne de comte.

DU RIEU, en Rouergue, en Languedoc et en Agénois. Le surnom *du Rieu*, *de Rieu* ou *del Rieu*, et en latin *de Rivo*, est d'une ancienne race du pays de Rouergue, que les mémoires domestiques de cette famille font remonter jusqu'au douzième siècle. Mais comme la certitude de cette descendance n'est établie par titres que depuis l'an 1383, on se fixera à cette époque, et on ne commencera les filiations que depuis.

I. Noble Deodat DU RIEU, et selon le dialecte du pays, *dei Rieu*, seigneur de Caumont, au diocèse de Rodès, qualifié ainsi dans le testament qu'il fit le 8 janvier (*) 1383, par lequel il voulut être enterré auprès de ses père et mère dans le cimetière du monastère de Bonnecombe. Par ce même acte, il fit un legs de douze cents livres à Almaïs *de la Roquette*, sa femme; institua son héritier Pierre du Rieu, son fils (qui va suivre), lui substitua successivement Raymond-Thomas et Gabriel du Rieu, ses neveux, enfants de Raymond du Rieu, son frère, et nomma messire Hugues d'Harpajon, l'un de ses exécuteurs testamentaires.

(*) Toutes les dates et citations désignées dans cet article par une étoile, sont énoncées dans un procès-verbal des preuves de la noblesse de Jean−Louis du Rieu, comte du Mesnil, capitaine lieutenant des chevau-légers de la reine, chevalier de Saint−Louis, et chambellan de S. A. R. Monseigneur le duc d'Orléans, certifié au mois de février 1727, par feu messire Charles d'Hozier, juge d'armes de France, comme étant conforme aux actes qui lui avaient été représentés.

II. Pierre DU RIEU, seigneur (*) de la Roquette, fut marié (*) à Hélène de *Saint-Salvadour*, et laissa (*) entr'autres enfants :

III. Noble Baptiste DU RIEU, seigneur de Saint-Salvadour, qualifié ainsi dans le testament qu'il fit le 5 juillet (*) 1453, dans lequel il nomme tous ses enfants au nombre de quatre, qui suivent ; il avait épousé Jeanne *Colombiers* :

1°. Noble homme Pierre du Rieu, seigneur de Saint-Salvadour, et co-seigneur de Marmont, était marié avec noble Aigline de Bar, lorsqu'il fit son testament le 18 novembre (*) 1474, par lequel il fit une fondation pour l'entretien de la chapelle de Notre-Dame, en l'église de Saint-Salvadour, où il désirait d'être enterré auprès de son père. Il fut auteur de la branche des seigneurs de Saint-Salvadour, qui finit en la personne d'Anne du Rieu, femme d'Antoine *de Salages*, seigneur de Tholet ;

2°. Jean du Rieu, qui va suivre ;

3°. Béatrix du Rieu, femme d'Olivier *de Lescure*, seigneur de Férairols, fut substitué à ses deux aînés par le testament de son père, à condition de porter le nom et les armes *du Rieu*.

4°. Jeanne du Rieu fut mariée, suivant cet acte, avec noble Jean *de Rabastens*.

IV. Noble homme Jean DU RIEU se maria sous cette qualité, par contrat du 2 juillet (*) 1462, avec noble Sibille *de Salgues*, fille de noble Barthelémy de Salgues, dont il eut :

V. Noble Antoine DU RIEU, dénommé ainsi dans le contrat de son mariage accordé le 31 mars (1) 1501, avec demoiselle Marguerite *de Vergnes*, et mort le

---

(1) Ce contrat est énoncé dans le jugement de M. de Bezons, rendu le 12 août 1669, et par lequel fut maintenu dans la possession de son ancienne noblesse Jacques du Rieu, sieur de Montméjac et de la Barthe, arrière-petit-fils d'Antoine du Rieu, auteur du sixième degré de cet article, et d'Isabeau Audouin.

20 juillet (*) 1527, père de plusieurs enfants issus de
ce mariage, dont entr'autres :

1º. Noble Jean du Rieu, qui a laissé postérité ;
2º. Antoine du Rieu ci-après.

VI. Noble Antoine DU RIEU est ainsi qualifié dans les
articles de son mariage accordés le 11 juin (*) 1527,
avec demoiselle Ysabeau *Audoin*, dont il eut entr'autres
enfants :

1º. Noble André du Rieu, vivant le 11 décembre (*) 1566, avec demoiselle Baltazare *de Turenne*, sa femme, dont il eut postérité ;
2º. Jean du Rieu qui suit.

VII. Noble Jean DU RIEU, écuyer, fut marié en secondes noces avec demoiselle Marie *du Jas*, par contrat
du 3 décembre (**) 1589, et fit son testament le
25 août (**) 1594, dans lequel il nomme les huit
enfants qu'il avait eus de son mariage, et entr'autres :

1º. Pierre du Rieu, qui continue la descendance
directe ;
2º. Martial du Rieu, dont la branche va être
rapportée après la postérité de son frère.

VIII. Pierre DU RIEU, sieur de Séverac et de Romail,
gentilhomme ordinaire de la chambre du roi, par
lettres du 14 juillet (**) 1622, épousa, par contrat du
25 septembre (**) 1629, demoiselle Ysabeau *Raineau*,
dont il eut pour fils :

IX. Noble Charles DU RIEU, écuyer, sieur de Séverac, qui, de son mariage accordé le 16 juin (**)
1649, avec demoiselle Ysabeau *de Percy-de-Mondésir*,
laissa deux enfants ci-après :

1º. Jean du Rieu qui va suivre ;
2º. Henri du Rieu, écuyer, sieur de Monrecour,

(**) Tous les actes désignés par deux étoiles, sont énoncés
dans le jugement de noblesse de M. de Bezons, intendant de
Languedoc, rendu le 9 mars 1699, en faveur de Jean et
d'Henri du Rieu frères, sieurs de la Chapelle et de Monrecour,

capitaine dans le régiment de Navarre, est qualifié ainsi dans son contrat de mariage, accordé
le 7 avril (**) 1694, avec demoiselle Marie
de Beauregard, et fut maintenu dans sa noblesse
par une ordonnance de M. de Bezons, intendant de Languedoc, le 9 mars 1699 (1).

X. Jean DU RIEU, écuyer, sieur de la Chapelle,
fut marié par contrat du 17 décembre (**) 1686, avec
demoiselle Anne *de Gripiere*, et fut maintenu dans sa
noblesse avec son frère, par la même ordonnance de
M. de Bezons, rapportée ci-dessus.

Seconde branche.

VIII. Noble Martial DU RIEU, sieur de Maisonneuve (fils puîné de Jean du Rieu, auteur du septième
degré de cette généalogie, et de demoiselle Marie
du Jas), fut pourvu, le 19 juillet (2) 1650, d'une
place de l'un des cent gentilshommes ordinaires de la
maison du roi; épousa, par contrat du 17 février (3)
1655, demoiselle Jeanne *de Belves*; servait le 26
août (4) 1671, en qualité de cornette de la compagnie
du colonel général des dragons, et reçut, le 12 avril (5)
1674, une lettre d'invitation du sieur de Boissonnade,
qui lui marquait: « qu'ayant reçu ordre de monseigneur
» le maréchal d'Albret, d'avertir tous les gentils-
» hommes de la sénéchaussée d'Agenois, de se tenir
» prêts au tems qu'il avertirait la noblesse pour aller
» défendre les côtes de Saintonge, et celles de Guienne,
» sur l'avis qu'il avait reçu que les ennemis de l'état
» devaient faire une descente, il avait grande confiance
» en sa valeur et courage, et qu'il espérait un grand
» secours de sa part. » Il mourut le 25 janvier (6) 1696,
et fut père de plusieurs enfants, entr'autres:

---

(1) Copie collationnée sur original en 1758.
(2) Original.
(3) *Idem.*
(4) *Idem.*
(5) *Idem.*
(6) Prouvé par un acte du même jour, produit par copie
collationnée sur l'original.

1.º. Jean du Rieu qui suit ;

2º. Jean du Rieu, mort au service du roi, avant ledit jour 25 janvier 1696.

3º. Michel du Rieu, dont la postérité sera men- tionnée plus loin.

IX. Noble Jean DU RIEU, sieur de Maisonneuve, né le 31 juillet (1) 1663, servait le 8 septembre (2) 1690, en qualité de sous-lieutenant des galères du roi, et fut marié le 29 novembre (3) 1697, avec de- moiselle Bonaventure *de Martin*, sœur de noble Louis de Martin, écuyer, seigneur de Maynadié. Il mourut le 8 septembre 1728, ayant pour enfants :

1º. Louis-Ignace du Rieu qui suit ;

2º. Noble Louis du Rieu de Maisonneuve, mort dans les îles de la Grenade, en 1739.

X. Noble Louis-Ignace DU RIEU de Maisonneuve, écuyer, seigneur de Maynadié, lieutenant de cavalerie dans le régiment de la reine, par brevet du 4 juillet (4) 1720, épousa, par contrat du 8 septembre (5) 1728, demoiselle Marie *Brunet*, fille de noble Pierre *Brunet*, écuyer, sieur de Laubarède, et de demoiselle Anne *Tremblier*, et fit hommage, le 24 novembre (6) 1752, à Jean-Louis de Gontaut, duc de Biron, à cause des fiefs et biens nobles qu'il possédait dans l'étendue de la juridiction de Castillonès. De son mariage il eut pour enfants :

1º. Antoine du Rieu qui suit ;

2º. Louis du Rieu, écuyer ;

3º. Pierre du Rieu, l'aîné, écuyer ;

4º. Pierre du Rieu de Maisonneuve, né le 27 jan- vier (7) 1751.

XI. Noble Antoine DU RIEU, écuyer, seigneur de

---

(1) Extrait baptistaire délivré en forme.
(2) Original.
(3) Extrait de mariage délivré en forme.
(4) Original.
(5) Expédition délivrée en forme.
(6) Original.
(7) Extrait baptistaire délivré en forme.

Maynadie, lieutenant dans le régiment de Vermandois, naquit le 11 février (1) 1734, et fut marié, par articles accordés sous seings-privés, le 7 mars (2) 1754, avec demoiselle Marie *Jeudi de Grisac*, fille de noble Marie-Guillaume Jeudi de Grisac, écuyer, seigneur de Grisac, capitaine de grenadiers dans le régiment de Blésois, infanterie, chevalier de l'ordre de Saint-Louis, et de dame Marie de Souchet de la Dourville. De ce mariage, il a pour fille :

XII. Marie DU RIEU DE MAYNADIE, née le 14 décembre (3) 1756.

Vu et vérifié par nous, chevalier, conseiller du roi en ses conseils, juge d'armes de France.

Signé D'HOZIER.

Je soussigné greffier-commis en l'élection d'Agénois, certifie que la présente généalogie a été enregistrée ès registres du greffe du présent bureau, en exécution des appointements de ladite élection, le 16 juillet dernier, pour y avoir recours quand besoin sera. A Agen, le 11 août 1784.

Signé ALBARETE.

Troisième branche.

IX. Noble Michel DU RIEU DE MAISONNEUVE, fils de noble Martial du Rieu de Maisonneuve, auteur du huitième degré de cette généalogie, fut marié, par contrat du 23 mars 1695, avec demoiselle Marie *Caillot*; il eut, entr'autres enfants :

1°. Noble Pierre du Rieu, qui suit ;
2°. Noble Louis du Rieu de Maisonneuve, sieur de Beauvila, dont la postérité viendra.

X. Noble Pierre DU RIEU DE MAISONNEUVE naquit le 15 mars 1697, et fut marié à demoiselle *Chalvet*, de laquelle il eut pour fils, noble Etienne du Rieu de Maisonneuve, qui suit :

_____

(1) Extrait baptistaire délivré en forme.
(2) Original.
(3) Extrait baptistaire délivré en forme.

II. 31

XI. Noble Etienne DU RIEU DE MAISONNEUVE, 1er. du nom, naquit le 29 janvier 1728, fit ses études en médecine, fut marié à demoiselle *du Moulin*. De ce mariage, il eut pour fils :

XII. Noble Etienne DU RIEU DE MAISONNEUVE, IIe. du nom, né le 6 août 1766, qui fut pourvu, le 1er. octobre 1780, d'une place de cadet gentilhomme au régiment de Savoie-Carignan, devenu d'Angoulême. Il émigra immédiatement après le départ du roi, et se rangea sous les drapeaux des princes, rentra en France en 1801, fut créé chevalier de Saint-Louis, le 19 novembre 1814, et reçu par monseigneur le duc d'Angoulême, son ancien colonel.

Quatrième branche.

X. Louis DU RIEU DE MAISONNEUVE, sieur de Beauvila, fils de Michel, auteur du neuvième degré de la branche ci-dessus, eut pour fils :

XI. Etienne DU RIEU DE MAISONNEUVE DU BOUNEYRA, écuyer, ancien capitaine au régiment des Vaisseaux, chevalier de Saint-Louis, marié avec demoiselle *de Calbiac*, dont il a eu :

XII. Michel-Charles DU RIEU DE MAISONNEUVE, né le 9 décembre 1796, actuellement officier au régiment légion de la Dordogne.

Armes : D'argent, à trois fasces ondées d'azur ; au chef du même, chargé de trois fleurs de lys d'or.

RIEUX.

Liste des Gentilshommes du diocèse de Rieux, qui, en 1789, ont signé le Mémoire sur le droit qu'a la Noblesse, de nommer ses Députés aux États-Généraux du Royaume, dans les Assemblées convoquées par bailliages et sénéchaussées.

Messieurs

Le marquis de Bazou-Montberault.

Le comte du Faur de Berat.

D'Eymar de Palaminy.

Le vicomte d'Ustou.

Le comte de Foix-Fabas,

De Lassale d'Incamps.

De Saint-Blanquat.

Le marquis de Sers.

D'Escates de Montaut.

D'Ougnac de Saint-Martin.

Le baron de Rabaudy Moutoussin.

De Vise Couladère.

De Hunaud.

Le baron de la Fage-Pailhés.

Le baron de Brettes.

Le comte de Durfort.

Le baron de Narbonne-Lara.

De Casteras.

D'Estignan.

Le baron de Monza.

Le marquis de Comminges Lastronques.

De Rochefort.

Le chevalier du Faur Berat.

D'Escates de Montaut.

Le baron de la Passe la Loubère.

De Martin Mailholas.

De la Case de Sardac.

Le baron de Goueytes.

Le chevalier de Martin.

Le comte de Puy-Montbrun.

De Lezat, baron de Marquefave.

Le baron de Montfaucon.

Le baron de Villeneuve.

Le chevalier d'Ustou St.-Michel.

Le baron de du Gabé.

Le baron de la Passe.

De Thomas.

De Claverie.

De Castel.

Le comte de Tersac.

DE RIGAUD, seigneurs de Cérisin et sieurs de Rajac, en Dauphiné. L'origine de cette famille remonte à Artaud de Rigaud, qui testa en 1438. Cette famille a donné un gouverneur de la province du Dauphiné. *D'azur, à la bande d'or, accompagnée de six losanges du même.*

RIGORD. Jean-Pierre Rigord, originaire de la ville de Marseille, fut anobli par lettres-patentes, en forme de charte, données à Paris au mois de juillet 1722, pour services rendus, tant par lui que par ses ancêtres, dans diverses charges. *De gueules, à deux branches de rosier d'or, passées en sautoir, cantonnées de quatre roses l'argent.*

DE RIMOGNE. *Voyez* ROUSSEAU.

DE RIPERT, sieurs du Devez, famille noble du Dauphiné, dont l'origine remonte à Lambert de Ripert, vivant en 1380 ; un membre de cette famille ayant dérogé à la noblesse, David de Ripert en fut réhabilité par lettres du 14 avril 1615, homologuées par arrêt du 21 juin 1616. Scipion de Ripert, sieur du Devez, et Alain de Ripert, obtinrent aussi des lettres de réhabilitation pour la même cause, en date des 26 février 1653 et 25 juin 1654, aussi duement homologuées. *De gueules, à la fleur de lys d'or, à la fasce d'azur, chargée d'un soleil d'or et d'une étoile d'argent, brochante sur le tout.*

DE RIVAROL, famille originaire de Parme, illustre et très-ancienne, dont le nom a pris différentes terminaisons dans les diverses contrées d'Italie où elle s'est établie. Elle a eu un cardinal de la création du pape Paul V, Dominique de Rivarol, qui avait été nonce à Paris en 1611.

Le vicomte de Rivarol, chef actuel de la branche française de cette famille, capitaine dans un régiment, en 1788, colonel dans l'émigration, et chevalier de l'ordre royal et militaire de Saint-Louis, a deux fils. *Parti, au 1 de gueules, au lion d'or; au 2 d'or, à l'aigle éployée et couronnée de sable.* Devise : *Leo meruit aquilam.*

DE RIVETTE DE BAUX-ORANGE, maison d'ancienne chevalerie du comtat Venaissin, qui joint au caractère de la plus haute antiquité, l'avantage d'avoir constamment soutenu l'éclat de son origine par ses services militaires et une longue suite d'alliances illustres, entr'autres avec les maisons de Sabran, de Vaesc, du Puy-Montbrun, de Simiane, etc., etc. Elle remonte, par filiation, à Raimond de Rivette, chevalier, seigneur de Ferrassières, en 1245, qui servit à la croisade de 1270. Son arrière-petit-fils, Allemand de Rivette, damoiseau, ayant épousé, l'an 1410, Catherine de Baux, fille unique et héritière de Guillaume de Baux, des princes d'Orange, seigneurs des Pennes et de Saint-Roman de Mallegarde, et de Flore de Polignac, ses descendants ont ajouté à leurs noms et armes le nom et les armes de Baux-Orange, savoir : *Ecartelé, aux 1 et 4 de gueules, à la comète à seize rais d'argent,* qui est DE BAUX; *aux 2 et 3 d'or, au cor de chasse contourné de sinople, lié d'argent*, qui est D'ORANGE; *sur le tout d'or, au sautoir de gueules, accompagné au premier canton d'un casque d'azur, taré de profil*, qui est DE RIVETTE. L'écu posé sur deux bannières, l'une aux armes de Rivette, et l'autre à celles de Baux-Orange, et timbré d'une couronne princière.

DE LA RIVIÈRE, en Picardie, famille dont était Anne de la Rivière, fille unique d'Adrien de la Rivière, chevalier de l'ordre du roi, seigneur de Chepy, de Villers-sur-Campsart, Frières, Grand-Moulin et Boitum en partie, et de Françoise de Trœffles, dame de Hupy, de Caumont et de Grebeaumesnil, laquelle fut mariée, par contrat du 17 février 1586, avec Robert de Grouches, chevalier, seigneur de Gribeauval, de Luat, de Vaunoise, de Louvencourt, et autres lieux, fils de Henri de Grouches, chevalier, seigneur des mêmes lieux, et de Claude-Gérard de Bazoches. *D'argent, au lion de sable; à la bordure de gueules.*

DE RIVIÈRE DE LA MURE, en Dauphiné. Cette maison, au rapport de Pithon-Curt, est originaire du royaume d'Aragon, où elle portait originairement le nom de Fluviano, qui est le même que celui de Rivera, en latin, et de Rivière, en français. Elle est connue, dans le comté d'Urgel, depuis l'an 1099. Le premier qui vint s'établir en France fut Rainaud Fluvianus, chevalier, qui servit, en Provence, le roi Alphonse Ier, l'an 1166. Il fut père de Jacques, qui changea son nom de Fluviano en celui de Rivière, pour le conformer à l'idiôme du pays. Cette maison a donné, au milieu du seizième siècle, un lieutenant-général des galères, sous le comte de Tende, qui s'acquit une grande réputation de valeur; des gouverneurs de place, un capitaine de deux cents arquebusiers à cheval, dans les guerres de Henri III et de Henri IV; un mestre-de-camp-général d'infanterie, entretenue en Dauphiné sous Louis XIII; et un grand nombre d'officiers de tous grades.

Malte. On compte plusieurs chevaliers de cette maison dans cet ordre depuis l'an 1461; et, précédemment, Antoine Fluviano fut élu au magistère l'an 1421. *De gueules, à la croix componée d'or et d'azur, de neuf pièces.*

DE ROANNAIS. *Voyez* GOUFFIER.

ROBERT, seigneurs de Villetanneuse, de la Fortelle
et de Pessélières, dans l'Orléanais et à Paris, famille
qui a pour auteur Antoine Robert, anobli par le roi
Louis XI, au mois de juillet 1481, lequel était notaire et
secrétaire de ce prince l'an 1482, et mourut à Amboise
le 20 mars 1483. Antoine eut pour fils noble homme
Jean Robert, premier du nom, écuyer, seigneur de la
Borde, qui épousa demoiselle Michelle Bruneau, auprès de laquelle il fut enterré dans le cimetière de
l'église de Saint-Paul, à Orléans. Cette famille a donné
beaucoup de magistrats, un capitaine du vaisseau *le
Sans-Peur*, en 1563; un maître des requêtes de la reine,
en 1617 ; un capitaine des chevau-légers ; un secrétaire
d'état en 1666, nommé ensuite intendant des armées
du roi en Italie, à Candie et en Hongrie, et depuis
président en la chambre des comptes, en 1679. Elle a
aussi donné un châtelain de Jallogne, premier gentilhomme du prince de Condé et maréchal du comté de
Sancerre, en 1688. *D'azur, à trois pates de griffon d'or.*

ROBIN, seigneurs de la Tremblaie et de Pallouail,
en Touraine. La filiation de cette famille est remontée,
suivant les titres produits par Louis Robin de la Tremblaie, chevalier de Malte, pour son admission au grand
prieuré d'Aquitaine, le 13 juillet 1621, à Jean Robin,
écuyer, sieur de la Tremblaie, vivant avant l'an 1465.
Ses descendants ont donné un chevalier de l'ordre du
roi, en 1590 ; deux capitaines des ville et château de
Mortagne, en 1590 et en 1596 ; un capitaine de cavalerie, en 1683, qui fut successivement lieutenant-
colonel, en 1693, chevalier de l'ordre royal et militaire
de Saint-Louis, en 1705, et mestre-de-camp, en
1706. *De gueules, à deux clefs d'argent passées en
sautoir, accompagnées d'une coquille d'argent, posée en
chef, et de trois coquilles d'or placées une dans chaque
flanc, et la troisième à la pointe de l'un.*

DE LA ROCHE, seigneurs du Rouzet, dans la
Marche, diocèse de Limoges. Jean de la Roche, écuyer,
seigneur du Rouzet, vivait en l'an 1572. Son fils, Jean
de la Roche, premier du nom, écuyer, seigneur du

Rouzet et de Giat en partie, épousa, le 8 février 1592, Charlotte de Faye, alors veuve de noble homme Pierre Montsernils, écuyer, seigneur d'Hauteroche. Cette famille a donné un capitaine de cavalerie au régiment du prince de Tarente, en 1704, qui fut major de cavalerie en 1713, puis capitaine dans le régiment d'Orfé, et chevalier de l'ordre royal et militaire de Saint-Louis, en 1728. *D'azur, à trois bandes d'or.*

DE LA ROCHEAYMON (1). L'ancienneté de cette maison, remontée à plus de sept siècles, le grand nombre de terres qu'elle a possédées, les places éminentes qu'elle a occupées dans l'état et dans l'église, et les alliances illustres qu'elle a formées, marquent son rang entre les maisons de la plus haute noblesse du royaume. Elle a produit plusieurs branches, qui se sont établies dans le Bourbonnais, l'Auvergne, la Marche, le Limosin, le Périgord et le Berry. La terre de son nom, qu'elle a possédée sans interruption depuis les tems les plus reculés jusqu'à la révolution, était autrefois un alleu noble et indépendant, situé dans le pays de Combrailles, au diocèse de Limoges, faisant partie de l'Auvergne, mais censé du Bourbonnais, depuis qu'il en a relevé féodalement en 1244 et 1249.

Il est très-probable que cette maison tire son origine des anciens sires de Bourbon par les seigneurs de Montluçon, et qu'Aymon, sénéchal de Bourbonnais, en 1096, est le même qu'Aymon, premier auteur connu de la maison de la Rocheaymon, qui vivait en 1100. On croit qu'il était fils puîné, ou plutôt petit-fils de Géraud de Bourbon, seigneur de Montluçon, frère puîné d'Archambaud III, sire de Bourbon, et d'Aymon, archevêque de Bourges.

Aymon, seigneur de Bourbon, surnommé *Vaire-*

---

(1) M. l'abbé d'Estrées a publié, en 1776, l'histoire généalogique de cette maison, en 1 volume in-folio; quoique cet ouvrage ne soit pas sans quelque mérite, on voit avec peine qu'il renferme beaucoup d'inexactitudes, d'omissions et de réticences, surtout lorsqu'il s'agit des branches collatérales. L'auteur paraît n'avoir eu en vue que la branche aînée, pour laquelle il n'est pas même satisfaisant à bien des égards.

vache (1), est qualifié par Auduzier, dans son *Histoire manuscrite de l'Auvergne*, seigneur de Bourbon, de Blot, de la Rocheaymon et de Montaigu-les-Combrailles. Cette assertion d'Auduzier confirme pleinement l'opinion que la terre de la Rocheaymon était un démembrement de celle de Bourbon, reconnue pour être une *terre salique*, et la première baronnie du royaume de France, selon Desormeaux (2). Le nom d'Aymon, la conformité des armes, et bien d'autres raisons qu'il serait trop long de déduire ici, viennent encore à l'appui de ce sentiment.

La filiation de cette maison est prouvée depuis Aymon, vivant en 1096 et 1100 (3), par le cartulaire de l'abbaye de Bonlieu, dont M. de Sainte-Marthe rapporte un fragment. Voici comment s'exprime ce savant, *dans l'Histoire manuscrite de cette abbaye* : « L'on » peut mettre au nombre des bienfaiteurs de cette ab- » baye, la très-noble et ancienne maison de la Ro= » cheaymon », et après avoir fait l'énumération des différents dons que firent plusieurs seigneurs de cette maison, il ajoute : « Toutes lesquelles aumônes sont » des marques de la piété qui reluit il y a si long-tems » dans cette noble maison de la Rocheaymon ». Le comte de Boulainvilliers, dans son État de la France, fait le même éloge de la fidélité, des vertus et de la piété des seigneurs de cette maison.

---

(1) *Vairevache* est un vieux mot, qui signifie *poil de diverses couleurs*. C'est d'Aymon, surnommé *Vairevache* (*Vairovacho*), que sont sortis les anciens seigneurs de Blot, fondus vers l'an 1417, dans la maison de Chauvigny. (Voyez *l'Hist. manuscr. d'Auvergne*, à la Bibl. du Roi, tom. I, pag. 311, etc.)

(2) Voyez *un acte de l'an 1171, dans le Spicilège de D. Luc d'Achéry*.

(3) Il y a aussi une tradition d'une origine plus ancienne ; car on dit que la maison de la Rocheaymon descend de Renaud, prince de *Montauban-sur-Dordogne* (et non pas sur le Tarn, comme on l'a dit par erreur), l'aîné des quatre fils Aymon. Quoique ces choses ne puissent se prouver, ainsi que l'observe le P. de Colonia, dans *son Histoire littéraire de la ville de Lyon*, au sujet de la maison de *Montd'or*, que l'on dit issue du paladin Roland ; néanmoins, selon sa remarque, ces prétentions ne peuvent appartenir qu'aux grandes maisons ; et cela seul prouve leur antiquité.

· Ses branches les plus connues sont celles des seigneurs de la Rocheaymon, des seigneurs de la Ville-du-Bois, des marquis de Saint-Maixent, des sires ou vicomtes de Tournoëlle, seigneurs de Châteauneuf-sur–Scioule; desquelles sont sorties plus de vingt autres branches ou rameaux, la plupart aujourd'hui éteints.

Services. Cette maison a produit, dans les tems anciens, des chevaliers, des sénéchaux, des gouverneurs et commandants du Languedoc, du Mâconnais, de l'Auvergne, de la Marche, etc.; un maréchal de France, en 1220 (1), si, comme on n'en peut douter, les seigneurs de Tournoëlle sont de la même maison; un capitaine-général, sous le roi Jean, en la personne de Hugues de la Rocheaymon, seigneur de Tournoëlle (2), qui fut aussi grand-maréchal de la cour du pape et gouverneur du comtat Venaissin : il commandait l'armée du roi en Auvergne dès 1350. On lui attribue cette action d'une valeur héroïque, citée par Montaigne, d'après Froissard, et quoique omise par tous les historiens modernes, elle mérite cependant d'être racontée. Les habitants de Limoges s'étant remis, en 1370, sous l'obéissance du roi de France, après le départ du prince de Galles, furent de nouveau assiégés par ce prince. Ils se défendirent courageusement, mais malheureusement pour eux, une partie de leurs murs s'étant subitement écroulée par une mine que les Anglais avaient faite, ils pénétrèrent dans la ville : le prince furieux la livra à toute la férocité de ses soldats, lorsque tout-à-coup, frappé d'admiration en voyant trois généreux chevaliers qui combattaient si vaillamment qu'ils arrêtaient son armée, il fit cesser le sac, et pardonna aux habitants

---

· (1) Ce maréchal de France est nommé dans un accord de l'an 1220, entre le roi Philippe-Auguste et l'évêque de Paris, conclu de l'avis des personnes les plus considérables du royaume, parmi lesquelles est compris ce maréchal, sous le nom de Guillelmus de Torneollo Marescallus. (*Mss. de l'abbé de Camps, à la Bibl. du Roi.*)

. (2) Voyez *l'Hist. de la Milice Franç., par le P. Daniel, tom. I, liv. 3, pag.* 188, où l'on voit ce qu'étaient la dignité et les attributions du capitaine général.

en leur faveur (1). Jean, seigneur de la Rocheaymon, commandait l'armée du roi en Languedoc, en 1495. Cette maison a fourni des députés aux états-généraux de 1467 et de 1614 ; un grand-prévôt de l'hôtel, chambellan de François Ier, tué à la bataille de Pavie (2). Et, dans les tems modernes, plusieurs officiers généraux, entr'autres Paul, appelé *le chevalier de la Rocheaymon*, lieutenant-général des armées du roi, qui a commandé l'artillerie en chef à plusieurs batailles, et notamment à celle de Fontenoy ; plusieurs chevaliers de l'ordre et des ordres du roi ; un menin de Louis XVI, et un grand nombre de chevaliers de Saint-Louis.

Honneurs de la cour. En 1769, et 1772, en vertu de preuves faites au cabinet du Saint-Esprit.

Titres. D'anciennes baronnies et vicomtés, et ceux de marquis, comtes, vicomtes et barons. La baronnie de Saint-Maixent, dans la Marche, fut érigée en marquisat, au mois de janvier 1615, en faveur d'Annet de la Rocheaymon, sénéchal de la Marche.

Prélature. Plusieurs cardinaux, archevêques, évêques et abbés, entr'autres le bienheureux Raoul de la Rocheaymon, abbé de Clairvaux, puis évêque d'Agen, et ensuite archevêque de Lyon, où il mourut en 1235. Il a été mis au nombre des saints de l'ordre de Citeaux (3). Geraud de la Rocheaymon, de la branche des seigneurs de Tournoëlle, fut précenteur de l'église de Brindes, et

―――――――――

(1) Ces trois vaillants Français s'appelaient Hugues de la Rocheaymon, Roger de Beaufort, son beau-frère, et frère puîné de Raimond, vicomte de Turenne, et le troisième, Jean de Villemur.

(2) Dans le tems, il fut composé un écrit, cité dans le Catalogue de Baluze, et qui est intitulé : *Plaintes sur le trépas de sage et vertueux chevalier, messire Jehan de la Rocheaymon, seigneur dudit lieu, prévôt de l'hôtel de très-victorieux roi François I, faites par Mars, dieu des batailles.*

(3) . . . Vir genere illustris, et doctrinâ percelebris (*Annal. Cisterc.*) iste erat vir tantæ sanctitatis, ut inter sanctos ord. Cisterc. dignus adnumerari habitus sit. (*Hist. de l'Eglise d'Agen.*) *Voyez aussi Chron. Alb. ad an.* 1210. — *Menol Cisterc.* — *Henrique, vitæ ss. Cisterc.* — *Hist. de l'Egl. de Lyon.* — *Hist. Littér. de la ville de Lyon, par* de Colonia, etc.

désigné cardinal par le pape Grégoire XI, son oncle (1).
Claude de la Rocheaymon, fut évêque du Puy. en 1703.
Charles-Antoine de la Rocheaymon, cardinal, arche-
vêque-duc de Reims, premier pair et grand-aumônier
de France, abbé de Fécamp et de Saint-Germain-des-
Prés, président des assemblées du clergé, depuis 1760
jusqu'en 1775 inclusivement, doyen de tous les archevêques et évêques de France, et chargé de la feuille des
bénéfices, sacra et couronna, à Reims, le roi Louis XVI,
le dimanche de la Trinité 11 juin 1775 (2).

Brioude. Hugues de la Rocheaymon, en 1429 ; François, en 1535 ; Théodore, en 1721, Louis, en
1746.

Malte. Pierre de la Rocheaymon-Tournoëlle, avant
1395 ; Guyon, commandeur en 1420 ; Symphorien,
reçu en 1506, et commandeur avant 1524 ; Claude, en
156... ; Théodore-Pomponne, le 2 juin 1693, aide-de-
camp de Louis XIV ; et nombre d'autres commandeurs
et chevaliers.

Armes. De sable, au lion d'or, armé et lampassé de
gueules ; l'écu semé d'étoiles du même (*aliàs*, de molettes
d'éperon), par quelques branches ; et par d'autres
branches, semé de trèfles, au lieu d'étoiles.

Les seigneurs de Char portaient : Emanché de trois
pièces.

Les seigneurs de Tournoëlle et de Châteauneuf :
D'azur, à trois fasces échiquetées d'argent (et de
gueules). D'autre disent : De gueules, à trois fasces,
ondées d'argent.

---

(1) Baluze, *Hist. pap. Aven.*

(2) Il naquit au château de Mainsat, en 1697 ; fut premiè-
rement chanoine-comte de Saint-Pierre de Mâcon, nommé
en 1724, évêque de Sarepte, et suffragant de Limoges ; en
1729, évêque de Tarbes; en 1740, archevêque de Toulouse,
puis de Narbonne en 1752 ; commandeur de l'ordre du Saint-
Esprit, et transféré sur le siége de Reims en 1762. Il est mort
au palais abbatial de l'abbaye de Saint-Germain-des-Prés, à
Paris, le 27 octobre 1777, et a été inhumé le 31 du même
mois, dans l'église de cette abbaye.

DE ROCHEFORT, comtes de Rochefort en Vivarais, illustre maison de chevalerie, des plus anciennes et des plus distinguées du Forez, où elle florissait dès l'an 1200. La branche aînée de cette maison s'est établie en Vivarais, par suite d'un mariage contracté, en 1648, par Jean II de Rochefort, seigneur de la Tuillière, de Pouilly et de la Chaussonnière, avec Anne de Giou de Geix de Pampelonne. Elle compte plusieurs officiers supérieurs d'infanterie et de cavalerie, décorés de l'ordre royal et militaire de Saint-Louis. Elle a donné plusieurs chanoines-comtes de Lyon, depuis Falcon de Rochefort, en 1280. *Parti, au 1 d'azur, à trois fleurs de lys d'or ; au chef du même, chargé d'un lion issant de gueules*, qui est de ROCHEFORT ; *au 2 plein de vair*, qui est de la VALETTE. Cri de guerre : *Lilia sustinet virtus.*

ROCHEFORT, bourg à château, au diocèse de Dôle, qui a donné son nom à une maison d'ancienne chevalerie, laquelle a produit deux chanceliers de France, en 1483 et 1497, dans la personne de Guillaume et Gui de Rochefort, frères. Gui de Rochefort était évêque de Langres, en 1250 ; Jean, son neveu, occupait le même siége épiscopal, en 1294. Cette maison est éteinte depuis long-tems. *Coupé, au 1 d'argent ; au lion léopardé de gueules ; au 2 d'azur, à neuf billettes d'or.*

DE LA ROCHE DE GRANE, famille noble de Dauphiné, dont la filiation remonte à Louis de la Roche, et Claude de Feugières, sa femme, vivants en 1459. *Écartelé aux 1 et 4 d'azur, à trois rocs d'échiquier d'or ; aux 2 et 3 de gueules, à la tour d'argent, maçonnée, ouverte et ajourée de sable.*

DE LA ROCHE-PONCIÉ, DE GROSBOIS, DE NULLY, DE LACARELLE, maison des plus nobles et des plus anciennes de Bourgogne et de Beaujolais, provinces où elle subsiste encore de nos jours. Les terres considérables et titrées qu'elle possédait dès les tems les plus reculés en Bourgogne, berceau de son origine, lui assignent son rang parmi la noblesse de baronnage de cette province, rang dont elle a constamment justifié dans les différentes preuves qu'elle a faites. Elle fut maintenue comme *noble de nom et d'armes et d'ancienne chevalerie*, par les commissaires départis par sa majesté, pour la recherche des usurpateurs de noblesse, et, notamment, par jugement rendu au bailliage de Beaujolais, le 3 mars 1547, et en 1698, par jugement de M. d'Herbigny, intendant de Lyon. Cette famille a produit des magistrats distingués, entr'autres Gui de la Roche, grand-bailli pour le roi, en Charollais, en 1369, et Etienne de la Roche, qui fut fait chevalier de l'ordre du roi, en 1565. Elle a également fourni un grand nombre d'officiers de tous grades, de terre et de mer, décorés de l'ordre de Saint-Louis, et plusieurs chevaliers de l'ordre de Saint-Jean de Jérusalem. La branche de Poncié, aînée de la maison, a obtenu le titre de *comte*, en 1787 ; une autre branche possède la baronnie de Vial. *Ecartelé, aux 1 et 4 d'argent, à trois fasces de gueules ; aux 2 et 3 d'or, au chevron d'azur, accompagné de trois croisettes du même.* Couronne de comte. Cimier : un soleil. Devise : *Sublimi feriam sidera vertice.*

ROGER de BEAUFORT. *V.* BEAUFORT-CANILLAC.

ROGER de CHAMPAGNOLLE, seigneurs de la Réauté, de Kerdéozer, de Pommerieux, etc., en Anjou. Jean dit *Jennes* Roger, chevalier, seigneur de Mont, et Marie de Restoval, sa femme, vivants, tous deux, avant le 28 mars 1522, sont les auteurs de cette famille. Ils eurent pour fils David Roger, écuyer, qui épousa, le 21 mars 1540, Françoise de Theuffles. On trouve, parmi leurs descendants, plusieurs officiers, dont un commandant des ville et château de Brest, en 1689. *D'argent, à trois léopards lionnés de sable ; au chef du même, chargé de trois roses d'argent.*

DE ROMANET de BEAUNE, comtes de Romanet, famille ancienne et militaire, originaire du Poitou, où elle est connue depuis Etienne de Romanet, père de Pierre de Romanet de Beaune, vivant en 1364. Leurs descendants ont produit des officiers supérieurs et de divers grades, décorés de l'ordre royal et militaire de St.-Louis et de celui de la Légion-d'Honneur. *D'argent, au chevron d'azur, chargé d'une étoile d'argent, surmonté d'un lambel de gueules, et accompagné de trois branches de romarin de sinople.* Couronne de comte.

DE ROMANET, seigneurs de Prépavain, de Rosay, de l'Abergement, vicomtes de Romanet en Bourgogne, famille ancienne et distinguée, dont le premier auteur connu, Estevenin Romanet, demeurant à Blie, ne vivait plus le 12 février 1441. Elle a donné plusieurs officiers supérieurs décorés de l'ordre royal et militaire de Saint-Louis. *D'azur, à la tête de lévrier d'argent, colletée d'or.*

DE ROMANET, barons de Beaudiner et de Chanelles, en Vivarais, maison issue d'ancienne chevalerie, connue depuis Laurent Romanet, qui assista comme témoin à l'inventaire des biens de la succession de Jacques, seigneur de Tournon, fait à Annonay, au diocèse de Viviers, le 1er. juin 1399.

DE ROMANET, à Paris. Cette famille a pour auteur Jean de Romanet, secrétaire du roi, et fermier-général, père 1°. de Claude-Nicolas de Romanet, né le 18 août 1683, conseiller au châtelet de Paris le 29 décembre 1703, reçu avocat-général au grand conseil, le 21 février 1705, puis président le 27 octobre 1707, mort sans alliance en 1717; 2°. Petit-Jean de Romanet, né en 1684, conseiller au parlement de Paris, le 29 juillet 1706, puis président au grand conseil, le 21 septembre 1719, mort le 5 octobre 1750. Cette famille a donné un maréchal de camp. *D'azur, au pal d'argent, chargé de cinq chevrons de sable, et accosté de deux lions d'or, lampassés et armés de gueules.*

ROMANS. *Voyez* DAUPHINÉ.

ROMME, en Dauphiné. Pierre Romme, auteur de cette famille, fut pourvu, l'an 1559, d'un office de maître ordinaire en la chambre des comptes de Dauphiné. Il avait épousé N. Portier. Octavien Romme, son petit-fils, fut tué d'un coup de mousquet, à une attaque devant Turin. *De sable, à trois cotices d'argent; au chef du même, chargé d'un faucon de sable.*

DE RONCHEROLLES, marquis de Roncherolles, par lettres du mois de janvier 1652, marquis du Pont-Saint-Pierre, de Montreuil et d'Echaufour, comtes de Cizey, barons d'Ecouis, marquis de Maineville et de Longchamp, comtes de Planquery, premiers barons de Normandie. Cette maison n'est pas seulement comptée

parmi les plus considérables du royaume par ses services, ses alliances et ses illustrations ; elle est encore
du très-petit nombre de ces anciennes races de chevalerie dont l'histoire constate l'existence politique depuis le commencement du neuvième siècle. Elle tire son
nom de la terre et seigneurie de Roncherolles, au
Vexin, à six lieues de Rouen. Le premier seigneur
connu de cette maison est Aimar de Roncherolles, chevalier, qu'on voit au nombre des seigneurs qui accompagnèrent Charlemagne à Rome, lorsque ce prince se
fit couronner empereur en 800. Elle prouve sa filiation
depuis Pierre, seigneur de Roncherolles, chevalier,
mort au mois d'août 990. Elle a donné des chevaliers bannerets, des capitaines de cinquante et de cent hommes
d'armes des ordonnances, des chambellans et gentilshommes ordinaires et conseillers de nos rois, des
gouverneurs de places, des chevaliers de l'ordre de
Saint-Michel, des sénéchaux héréditaires et lieutenants
généraux du comté de Ponthieu, des conseillers d'état,
des lieutenants-généraux, des maréchaux de camp et
des brigadiers des armées ; des officiers supérieurs des
gardes du corps et une foule d'officiers de tous grades.
D'argent, à deux fasces de gueules.

DE LA ROQUE, seigneurs de la Roque, etc., dans le
comté d'Armagnac. Cette famille ne prouve sa filiation
que depuis noble Armand de la Roque, écuyer, seigneur de la Roque, en Fezenzac, l'an 1468; mais on
a connaissance d'un Bernard de la Roque, dans le
comté de Fezenzac, qui rendit hommage de cette terre,
en 1409, au comte d'Armagnac. Armand eut pour fils
Jean de la Roque, seigneur du même lieu de la Roque,
marié avec noble Françoise d'Ambert, en 1498. On
compte parmi leurs descendants un lieutenant-colonel
du régiment du duc d'Anjou, en 1654, un capitaine
au régiment de la Vieille-Marine, en 1733, et plusieurs
autres officiers de divers grades. *D'azur, au sautoir
d'or.*

DE ROQUEBRUNE. *Voyez* GUILLAUME.

DE ROQUIGNY, seigneurs de Bulonde et de Line-
marre, en Normandie. Guillaume de Roquigny, écuyer
(fils de Hugues, anobli pour services en 1479), sei-

gneur d'Epinay en l'an 1480, et Marie le Charon, dame des fiefs, terre et seigneurie de Palcheul, l'an 1522, sont les auteurs de cette famille. Ils eurent pour fils Jean de Roquigny, écuyer, seigneur et patron de Crasville, qui épousa Guillemette Mignot. *D'argent, à trois fers de lance à l'antique, de sable.*

DE ROSSET DE FLEURY, seigneurs de Floranges, barons de Monpaon et de Pérignan, marquis de Rocozel, par lettres-patentes du mois de septembre 1724, ducs et pairs de France, sous la dénomination de ducs de Fleury, par érection du mois de mars 1736; famille ancienne du pays de Rouergue, dont la filiation remonte à Philippe de Rosset, Ier du nom, seigneur et baron de Monpaon, père de Philippe de Rosset, IIe. du nom, baron de Monpaon, seigneur de la Valette et d'Arboras, vivant en 1444. Cette maison a produit un capitaine-commandant d'une compagnie de gens de guerre à pied, sous les ordres du maréchal, duc de Montmorency, des gouverneurs de villes et châteaux forts, deux colonels du régiment d'Angoumois, en 1725 et 1731, dont un fut mestre de camp de dragons en 1734, un brigadier des armées du roi en 1730, nommé maréchal de camp en 1731, commandeur de l'ordre royal et militaire de Saint-Louis, en 1732, puis lieutenant-général des armées en 1734, enfin, grand'croix du même ordre de Saint-Louis, en 1737; un chevalier commandeur des ordres du roi, en 1734, créé duc et pair de France, par lettres-patentes du mois de mars 1736, ainsi que plusieurs capitaines et autres officiers d'infanterie et de cavalerie de différents grades. Cette famille est également remarquable par son alliance avec la maison de Fleury, illustrée par André-Hercules de Fleury, qui fut précepteur de Louis XV, cardinal, aumônier de la reine, ministre d'état célèbre, et l'un des quarante de l'académie française. *Ecartelé, au 1 d'argent, au bouquet de trois roses de gueules, rangées un et deux, la tige et les feuilles de sinople,* qui est DE ROSSET; *au 2 de gueules; au lion d'or,* qui est de LASSET; *au 3 écartelé d'argent et de sable,* qui est de VISSEC-LA-TUDE; *au 4 d'azur; à trois rocs d'échiquier d'or,* qui est de ROCOZEL; *et sur le tout d'azur, à trois roses d'or,* qui est de FLEURY.

DE LA ROSTIDE. *Voyez* GUIBERT.

ROUILLÉ, sieurs de Préaux, en Normandie. Claude Rouillé, écuyer, sieur de Préaux, fût maintenu dans sa qualité d'écuyer, par arrêt du conseil d'état du roi, et lettres-patentes données *sur cet arrêt* le 1er. août 1736, en conséquence des titres qu'il représenta alors à sa majesté, et qui remontaient sa filiation à noble homme Pierre le Rouillé, son bisaïeul, avocat du roi au bailliage d'Alençon. *D'argent, au chevron d'azur, accompagné de trois coquilles de sable.*

DU ROURE. *Voyez* GRIMOARD DE BEAUVOIR.

ROUSSEAU DE CHAMOY, maison d'ancienne chevalerie, originaire du duché de Bourgogne, au comté de Tonnere. Elle a formé plusieurs branches, sous les noms de la Corbilière, de l'Etang, de Ville-joui, qui se sont répandues en Berri, en Poitou, dans le Blésois, l'Ile de France, puis en Champagne, par l'acquisition de la terre de Chamoy, de la baronnie de Vocemain, de Sommeval, Auxon et autres, en 1681. Elle est connue, par titres authentiques, depuis Girard Rousseau, qui vivait vers l'an 1200. En 1253, on voit un Pierre Rousseau vendre à Hugues IV, duc de Bourgogne et comte de Châlons, des dîmes dans le territoire de Dijon (Pouillé de Saint-Martin). Il est qualifié chevalier dans un titre de 1259. Cette maison a fourni des hommes d'armes d'ordonnance de nos rois; un grand nombre d'officiers distingués; des chevaliers de l'ordre royal et militaire de Saint-Louis; des magistrats renommés par leur mérite; un Louis Rousseau de Chamoy, ministre de sa majesté Louis XIV, près le roi de Suéde, le duc de Hanovre, l'électeur de Saxe, et plénipotentiaire à la diète impériale de Ratisbonne; un lieutenant général du gouvernement de Paris; un gouverneur de la Désirade. Sa majesté, par lettres-patentes du 16 juin 1818, a maintenu Claude Rousseau, marquis de Chamoy, ancien colonel de cavalerie, chevalier de Saint-Louis, dans la possession du titre de marquis, dont lui et son père avaient joui sous les rois ses prédécesseurs, et établi le marquisat sur la terre de Chamoy. *D'azur, à trois bandes d'or.* Couronne de marquis. Supports : deux chamois.

ROUSSEAU DE RIMOGNE ET D'HIRAUMONT, famille très-ancienne, qui prouve, par un acte original, que Guillaume Rousseau a fourni aveu et dénombrement pour son fief de Bornes, en Anjou, en 1466. Elle s'est transplantée dans le Blésois, puis dans les Ardennes. Jéhan Rousseau était l'un des écuyers de la compagnie commandée par Pierre de Virieu, en 1419; on le trouve encore dans le contrôle des gens d'armes et de trait, en 1435. Un autre Jean Rousseau était écuyer de monseigneur le duc d'Angoulême, en 1425. Cette famille a produit un grand nombre d'hommes d'armes et d'officiers distingués, et un trésorier général de la maison du roi, en 1580, ainsi que le constate une commission spéciale, signée de la propre main d'Henri III. *Taillé d'azur et d'or.*

ROUSSEL, seigneurs du Fief-Brunet et des Jardins, en Normandie, famille dont la filiation remonte à Jean Roussel, sieur du Fief-Brunet et des Jardins, avocat du roi dans la vicomté de Beaumont le Roger, l'an 1538, qui eut pour fils Jean Roussel, écuyer, sieur des mêmes lieux, marié avec Marie de Chambellan. Cette famille a donné plusieurs officiers, dont un décoré de l'ordre royal et militaire de Saint-Louis. *D'argent, au chevron d'azur accompagné d'une molette d'éperon de sable, placée au premier canton du chef; à trois roses de sinople, posées au deuxième canton, l'une au-dessus de l'autre, en fasce, celle du milieu contournée, un croissant de gueules, placé à la pointe de l'écu.*

ROUSSET, sieurs de la Martellière, en Dauphiné, famille qui prouve son ascendance depuis Pierre de Rousset, secrétaire en la chambre des comptes, en 1586. Hugues de Rousset, son petit-fils, fut pourvu d'un office de conseiller au parlement de Grenoble, par lettres du 23 juillet 1628, et obtint un brevet de conseiller d'état, en 1651. *D'azur, à trois trèfles d'or.*

DE ROUX DE GAUBERT, barons des Angles, seigneurs de Gaubert, de Rochebrune, de Saint-Vin-

:ent, etc., marquis de Courbons, par lettres-patentes
Ju mois de février 1711, famille d'ancienne chevalerie,
originaire de Provence, où elle florissait au commencement du quatorzième siècle. Elle rendit aux rois
de Sicile, Charles Ier, Charles II, et à la reine Jeanne,
comtesse de Provence, vers l'an 1382, des services
importants, en récompense desquels elle reçut de la
munificence de ces princes et de cette princesse, différentes terres et seigneuries, notamment un droit de
péage de la terre de Gaubert. D'après les titres produits
par cette maison, sa filiation remonte incontestablement à N... de Roux, *en latin* RUFFI, qui eut deux
fils, l'un dont le nom est inconnu, et qui fut père
de Louis de Roux, dont il va être parlé, l'autre
appelé magnifique seigneur Henri de Roux, issu des
comtes du comté de Larich. N. de Roux, frère de
Henri de Roux, mentionné ci-dessus, eut pour fils
messire Louis de Roux, Ier. du nom, chevalier, seigneur de Chanolle, de Bredulle et de Salignac, ainsi
qualifié dans les lettres de Louis de France, duc de
Calabre, données à Avignon, le 25 mars 1382, par
lesquelles ce prince confirme le don qui avait été fait
de ces terres par la reine de Jérusalem, sa mère, au
même Louis de Roux, ainsi que du péage et de la
moitié de la gabelle de Gaubert. Cette famille a produit
deux premiers présidents du parlement de Pau en
1729 et 1732. *D'azur, à la bande d'or, accompagnée
en chef d'une colombe essorante d'argent, becquée et membrée de gueules, et en pointe d'un lion d'or lampassé de
gueules.*

DE ROUX DE PUYVERT, en Languedoc. Cette
maison établit sa filiation depuis Raymond Roux, sieur
du Quatorze, président-juge-mage de la sénéchaussée
de Carcassonne, pourvu le 16 mars 1557. Son ancienneté remonte à Philippe Roux, qui rendit hommage
en 1372 et 1389. Elle compte de nos jours un lieutenant-général des armées du roi, gouverneur du
château de Vincennes. *De gueules, à six mouchetures
d'hermine d'argent.*

DE ROUX DE SAINTE-CROIX, en Provence.
Bruno-Ignace de Roux, écuyer, seigneur de Sainte-

Croix, viguier-capitaine de la ville et viguerie d'Apt, et subdélégué de l'intendance de Provence, fut anobli en considération de ses services, par lettres-patentes du mois de novembre 1741. *D'azur, à trois têtes de lion arrachées d'or, lampassées de sable.*

LE ROI, sieurs du Gué, en Lorraine. Cette famille a pour auteur Guillaume le Roi, seigneur d'Amigny, de Daie, etc., qui eut pour femme Jacqueline du Mesnil-Urri. Louis le Roi, écuyer, sieur d'Amigny, et fils des précédents, épousa, le 1er. juillet 1572, Madeleine de Montfriard. Leurs descendants ont constamment suivi la carrière des armes, et ont donné deux capitaines-commissaires provinciaux de l'artillerie, dont un fut commandant aux écoles établies à Metz, et décoré de l'ordre royal et militaire de Saint-Louis, ainsi qu'un capitaine aide-major, lieutenant du grand maître de l'artillerie, décoré du même ordre. *D'argent, à trois merlettes de sable.*

DU ROI, sieurs d'Hauterive, de Vinhals, etc., en Quercy. Hugues du Roi, écuyer, sieur d'Hauterive, marié à Louise Prevost de la Perrière, et décédé au mois de mai 1735, avait obtenu, le 2 avril précédent, un arrêt du conseil et lettres-patentes du même jour, par lesquels sa majesté l'avait maintenu et confirmé dans sa noblesse d'extraction, justifiée par titres depuis l'an 1539. *Parti, émanché de gueules et d'argent, de six pièces et deux demies ; au chef d'azur, chargé d'un croissant d'argent, placé entre six bezants d'or, trois de chaque côté mal ordonnés.*

ROYER DE SAINT-MICAULT, en Bourgogne. Philibert Royer, auteur de cette famille, était conseiller du duc Philippe le Bon de Bourgogne, qui lui accorda la noblesse.

Ses descendants furent confirmés dans cette noblesse par lettres du roi, données au mois d'avril 1667, et par jugement de l'intendant Bouchu, qui rapporte les lettres d'anoblissement, sans mentionner la date. *D'azur, au lion d'or, accompagné de trois étoiles du même.*

DES ROYS ou DE ROYS, famille originaire d'Auvergne, établie à Beaucaire, en Languedoc, prouve sa filiation depuis Pons de Roys, en 1200, soit par les preuves pour Malte, soit par l'arrêt de maintenue de M. de Bezons. Elle a fourni des chevaliers de Malte, une chanoinesse, deux lieutenants-colonels, beaucoup d'officiers et des chevaliers de Saint-Louis. *D'azur, à l'aigle éployée d'or.*

DE ROZIERES, en Lorraine, famille confirmée dans sa noblesse, et anoblie, en tant que de besoin, dans la personne de Thomas-Nicolas de Rozières, ingénieur en chef à Metz, et chevalier de l'ordre royal et militaire de Saint-Louis, par lettres-patentes du roi, données à Versailles au mois de mars 1731, sur la représentation de lettres-patentes de l'empereur Ferdinand II, données à Prague le 16 février de l'an 1628, dans lesquelles la noblesse de Didier de Rozières est reconnue, et pour services distingués rendus à sa majesté, dans les divers siéges où le même Thomas-Nicolas a fait preuve de talents et de bravoure. *Coupé d'or et d'argent, par une fasce d'azur, chargée de trois roses d'or, et accompagnée en chef d'une aigle de sable, et en pointe d'une grappe de raisin de gueules, pendante la tige et les feuilles, au nombre de deux, de sinople.*

RUAUT, seigneurs de la Bonnerie. Jean-Emmanuel Ruaut, écuyer, seigneur de la Bonnerie, conseiller du roi, lieutenant-général de police en la ville d'Essay, en Normandie, a prouvé que la filiation de sa famille remontait à Jean Ruaut, son cinquième aïeul, écuyer, sieur de Saint-Olain, vivant avec Catherine le Couellier, sa femme, avant le 14 août 1568. Cette famille était déjà divisée en plusieurs branches, lors de la recherche de Montfaut, en 1463. *Palé d'or et d'azur.*

DES RUAUX, seigneurs du Breuil et de Moussac, comtes de Rouffiac par l'acquisition des seigneurie et comté de Rouffiac, en 1703, chevaliers héréditaires par lettres du mois d'avril 1719. Cette famille, distinguée par ses alliances et ses services militaires, a pour auteur noble homme François des Ruaux, Ier. du nom, écuyer, seigneur de Moussac; mari de demoiselle Françoise de Montalembert, qu'il avait épousée le 3 janvier

1586, et père de François des Ruaux, IIe. du nom, écuyer, seigneur de Moussac, conseiller-avocat du roi au siège royal présidial et aux eaux et forêts de la ville d'Angoulême. Parmi les descendants de cette maison on distingue trois conseillers-avocats du roi ou juges magistrats en la sénéchaussée et siège présidial d'Angoumois, cinq capitaines qui se sont trouvés dans plusieurs batailles, notamment à celles de Senef et de la Marsaille, en 1674 et 1693, où deux de ces officiers furent tués ; deux des trois autres moururent des suites des blessures qu'ils avaient reçues dans des batailles précédentes. *De sable, semé d'étoiles d'or, et sur le tout un cheval effaré d'argent.*

DU RUEL, seigneurs du Fontenil, sieurs d'Omonville, en Normandie. Cette famille, alliée à la maison de Clèves, et en ligne collatérale à celle de Bourbon, a en outre formé des alliances avec les maisons d'un des rois de Pologne, de Jacques II, roi de la Grande-Bretagne, et de Charles VII, empereur, duc de Bavière. Elle a formé deux branches, et sa filiation remonte à Jacques du Ruel, Ier. du nom, écuyer, seigneur du Fontenil, qui épousa, le 21 octobre 1489, noble demoiselle Claude du Pertuis. Laurent du Ruel, écuyer, seigneur du Fontenil, est issu de ce mariage, et paya dix livres neuf sous neuf deniers pour sa part, de la rançon du roi François Ier., *et pour ravoir le dauphin de Viennois et le duc d'Orléans, ses enfants, tenant ostage au pays des Espagnes*, et en reçut quittance le 5 février 1530. Cette somme était, selon l'assurance qu'il en donna, la dixième partie de son revenu. Il paraît que la branche aînée est éteinte depuis l'an 1640. C'est Jacques du Ruel, IIe. du nom, écuyer, sieur d'Omonville, et chef de la branche cadette, qui a continué la descendance de cette famille, dans laquelle on remarque des officiers de divers grades, dont un décoré de l'ordre royal et militaire de Saint-Louis. *D'or, au lion naissant de gueules.*

DE RUINS OU DE RINS, sieurs de la maison forte de la Pérouse, etc., en Dauphiné. La filiation de cette famille remonte à Jean de Ruins, de Faverges, et Jeanne Garin, sa femme, qu'il avait épousée environ l'an 1484. *D'azur, à trois pommes de pin d'argent.*

DE RUPT, maison d'ancienne chevalerie, qui tire son nom d'une terre située au ressort de Vesoul, au comté de Bourgogne. Elle établit sa filiation depuis Jacques, sire de Rupt, qui épousa Guillemette, fille de Thiebaud, baron de Belvoir, vivant vers la fin du treizième siècle. Cette illustre maison s'est éteinte après l'an 1467. *D'azur, à la bande d'or, accompagnée de sept croisettes fleuronnées et fichées du même.*

RUPT. Un Jean Rupt était échevin de la ville de Lyon, en 1386.

DE RURANGE. *Voyez* LE DUCHAT.

RUYANT DE CAMBRONNE, seigneurs de Cambronne, en Flandre. Nicolas-Guillain Ruyant, conseiller au parlement de Flandre, pourvu le 8 février 1705, et reçu le 21 mars suivant, a transmis la noblesse à ses descendants, après avoir justifié de l'édit du roi, donné à Versailles au mois de décembre 1713, par lequel sa majesté entend que les présidents, conseillers, avocat-général et procureur-général de sa cour de parlement, établie à Douay, continueront à jouir, comme par le passé, du droit et de la possession de noblesse au premier degré. *D'hermine, au chef d'azur, chargé de trois couronnes d'or.*

S.

DE SACCO, famille originaire d'Italie, où elle a formé plusieurs branches qui se sont répandues à Florence, à Naples, à Gênes, etc. Celle qui existe en Provence est sortie de la branche de Savone, dans l'état de Gênes. La branche de Provence a pour auteur Léonard de Sacco, qui vint à Marseille le 2 juillet 1488. Un sujet de cette famille rendit un service signalé à la religion, en introduisant dans la ville de Rhodes, assiégée la première fois par les Turcs, un secours considérable de toute sorte de munitions, dans un tems qu'elle était extrêmement pressée par ces infidèles. Pour conserver la mémoire de ce fait signalé, il fut ordonné, par un décret général de l'ordre, que le commandeur ferait annuellement, le jour de Pâques, porter, en cérémonie et par forme de présent, un agneau cuit et doré, orné de banderolles, et accompagné de trompettes, dans la maison de l'aîné des seigneurs de Sacco, etc. *Coupé d'argent et de sable.*

SACHAUT. Pierre Sachaut, conseiller au parlement de Dôle, en 1608, fut père de Jean Sachaut, seigneur d'Ivrée, avocat, et de Marguerite Sachaut, femme de Jean Lampinet. *D'argent, à la fasce de sable, accompagnée de trois roses de gueules.*

SACHET, en Franche-Comté, famille anoblie en 1536, et éteinte dans celles de Crécy, de Macond'Esboz et Bocquet. Elle a donné un mestre de camp, un conseiller au parlement, et une chanoinesse de Migette. *D'argent, à trois pals de sable, coupé émanché, au chef d'or, à l'aigle éployée de sable.*

DE SACHY, en Picardie. Catherine de Sachy fut mariée, par contrat du 25 janvier 1618, avec Louis de Villers, écuyer, seigneur de Rousseville, capitaine du régiment d'Encre, infanterie. Jean-Baptiste de Sachy, seigneur de Saint-Avoie, maître d'hôtel de la duchesse d'Orléans, fut anobli par lettres du mois de septembre 1698, en récompense de ses services militaires. *Echiqueté d'argent et de sable; à la bordure d'azur.*

DE SACQUENAY, en Franche-Comté, famille d'ancienne chevalerie, qui a pris son nom d'une terre située dans le Bassigny, à cinq lieues de Langres. Elle a été reçue à Saint-Georges en 1582, et s'est éteinte en 1702, dans la famille de la Tour-Saint-Lupicin. *De gueules, au lion d'argent.*

SACRISTE DE MALVIRADE, marquis de Tombebeuf, barons de Montpouillan, en Agénois. Cette famille a pour auteur Amanieu Sacriste, époux de Lizoné de Goulard, laquelle était veuve de lui le 3 mars 1544, et mère de Pierre Sacriste, Ier. du nom, écuyer, seigneur de Malvirade, capitaine de trois cents hommes de pied, marié avec Catherine de Sapas, le 28 septembre 1545. Cette famille a donné un gouverneur de la ville du Mas d'Agénois, en 1577, et plusieurs officiers. *D'azur, à trois lions léopardés d'or, l'un au-dessus de l'autre.*

DE SADE, en Provence, illustre et ancienne maison de chevalerie, originaire d'Avignon, où elle florissait dès le douzième siècle, sous le nom de *Sade*, de *Sadone*, de *Sazo*, de *Sauze* et de *Sada*, en français de *Sade*. Elle a formé les branches des seigneurs d'Aiguières et de Saint-Just, des seigneurs de Saumane, de la Coste et de Mazan, comtes de Sade, et des seigneurs d'Aiguières. Elles ont toutes pour auteur commun Bertrand de Sade, qui assista à une assemblée tenue à Arles, en 1216. Mais le nom de Sade est cité dans les anciennes chartes, sous l'an 1171, 1175 et 1177. Hugues de Sade, fils de Bertrand, fit son testament en 1302. Jean de Sade illustra son nom par les grands services qu'il rendit à Louis II, roi de Sicile et comte de Provence. Ce prince lui inféoda la terre et seigneurie d'Aiguières, le 14 octobre 1416. Baltazard de Sade épousa Anne d'Hugolen, dame de Romanie et de la Goy, de la famille du fameux Raimond Hugolen, l'un des neuf preux de Provence, qui mourut, en 1207, dans une très-grande réputation de valeur. *De gueules, à l'étoile à huit rais d'or, chargée d'une aigle éployée de sable, becquée et couronnée de gueules.* Cette aigle est une concession faite à cette maison, l'an 1416, par l'empereur Sigismond.

DE SADOLET. *Voyez* GUIRAMAND.

DE SAFALIN, seigneurs de Laincel et d'Aubenas, originaires de la ville de Manosque. Cette famille est issue de Nicolas et Honoré Safalin, qui obtinrent des lettres d'anoblissement, le 19 juin 1488, de Charles VIII. Elle a formé diverses branches qui descendent d'Honoré; Nicolas étant mort sans postérité, Antoine de Safalin obtint des lettres de relief le 26 décembre 1683. *De gueules, à une ombre de soleil d'or ; au chef cousu d'azur, chargé de trois étoiles à huit rais d'argent.*

DE SAGEY, maison d'ancienne chevalerie, qui tire son nom de la seigneurie de Sagey, en Franche-Comté. Elle fut reçue à Saint-Georges en 1521. *D'azur, à la croix ancrée d'or.*

SAGUEZ, seigneurs de Breuvery et de Moncetz, en Champagne. Cette famille prouve son ancienneté depuis Hugues Saguez, écuyer, mentionné dans un compte de Barthelemi du Drac, trésorier des guerres du roi, des années 1338, 1339 et 1340. Elle établit sa filiation depuis Jean Saguez, écuyer, seigneur de Montmorillon, vivant vers 1400. Cette famille a donné plusieurs capitaines et des chevaliers de Saint – Louis. *D'azur, au chevron d'or, accompagné de trois cors de chasse d'argent, liés et virolés du second émail.*

SAIGNY, village en Bourgogne, à une lieue de Sainte-Reine, deux de Montbard, et deux et demie de Semur, a donné son nom à une ancienne maison qui s'est alliée à la famille de saint Bernard, premier abbé de Clairvaux. Marie de Saigny, qui paraît avoir été la dernière de cette maison, a porté la terre de Saffres à Othenin de Cléron, qui l'épousa en 1487.

SAINCRIC, à Bordeaux. Pierre-Noel Saincric, négociant en gros, et jurat de cette même ville, fut anobli par lettres-patentes, en forme de charte, données à Versailles au mois d'août de l'an 1733. *D'argent, à deux ancres de sable, passées en sautoir ; au chef d'azur, chargé de trois étoiles d'or.*

DE SAINT-AUBIN. *Voyez* LE GENDRE.

DE SAINT-BELIN, maison d'origine chevaleresque, de la province de Champagne. Sa généalogie, depuis 1246 jusqu'en 1670, se trouve dans le Nobiliaire de Champagne, imprimé et déposé à la bibliothèque du roi, et plusieurs documents font présumer qu'elle florissait antérieurement au règne de Saint-Louis. Cette maison est aussi comprise dans le recueil imprimé de celles qui composaient la véritable chevalerie de Lorraine. Elle a fourni des capitaines de compagnies nobles d'ordonnances ou d'hommes d'armes, et des commandants de régiments, depuis leur création, ainsi que des officiers supérieurs de la maison du roi, et des officiers généraux ; un très – grand nombre d'individus de ce nom, avancés en charges militaires, ont été tués soit au service de la religion, dans l'ordre de Malte, soit à celui de nos rois : entr'autres Geoffroy de Saint-Belin, à la bataille de Montlhery, en 1465, au moment où il faisait prisonnier Charles le Téméraire, comte de Charolais, sous les yeux du roi Louis XI (*V.* Philippes de Commines et autres auteurs). Par lettres-patentes données par le roi, à Saint-Germain-en-Laye, au mois de mai 1662, signées Louis, et par le roi *Phélipeaux*, et sur le repli *visa Molé*, la terre et seigneurie de Bielle fut érigée en titre de comté, en faveur de son amé et féal chevalier Georges de Saint-Belin, baron de Bielle et de Braux, et en considération des recommandables services que lui et *ceux de sa maison* avaient rendus à l'état, et continuaient encore de lui rendre (copié textuellement du paragraphe VI des preuves fournies, en 1669, devant monseigneur le Fèvre de Caumartin, intendant de Champagne, et insérées au Nobiliaire de Champagne). Ledit Georges de Saint-Belin était colonel du régiment d'infanterie, et avait été élu de la chambre de la noblesse aux états de la province de Bourgogne, de 1650 à 1653, après Jacques de Saulx, comte de Tavannes, et avant Gaspard d'Amanzé d'Ecars, comte d'Amanzé. *D'azur, à trois têtes de bélier d'argent, accornées d'or.* Tenants : deux sauvages. Devise : *Ex utroque fortis.*

DE SAINT-CHAMAS, seigneurs de Lauris et de Saint-Chamas, famille originaire de Florence. Josué, chef de cette race, avait trois galères, avec lesquelles il transporta le pape en Provence, où lui-même il fixa sa demeure. Ayant été attaqué en route par les ennemis de Clément, Josué se comporta avec une valeur si héroïque, qu'il ramena le saint père à Avignon. Il en reçut le baptême dans l'église de Notre-Dame de Dons, et Clément changea le nom de Josué d'Amant en celui de Joseph de Saint-Chamas, et lui donna des armes conformes à son nom, à la victoire qu'il avait emportée sur mer, et au nom qu'il avait invoqué. La filiation est établie depuis l'an 1472. Cette famille a formé deux branches établies à Lambesc, et a donné un commandant des troupes du pape, et un officier des galères de France. *D'azur, à un nom de Jésus en lettres gothiques d'or.*

DE SAINT-DENIS, seigneurs du Plessis-Hugon, du

Breuil, en Normandie et dans la Beauce. Cette famille avait été condamnée par défaut, le 7 avril 1700, mais elle a été maintenue par arrêt du conseil d'état, du 18 juillet 1720, sur preuves remontées à Louis de Saint-Denis, écuyer, seigneur de Saint-Denis le Gast en partie, et de Montpinçon, vivant vers 1450. *D'azur, au chevron d'or, accompagné de trois molettes d'éperon du même.*

DE SAINT-DENIS. *Voyez* AGIS.

SAINT-DENIS DE VERVAINE, barons de Hertré, seigneurs de la Touche et de Vieux-Pont, famille d'origine chevaleresque issue des anciens seigneurs de Saint-Denis-sur-Sarthon, près d'Alençon, qui aumônèrent, en 1132, à l'abbaye de Séez, la tierce partie des dîmes de leur paroisse de Saint-Denis. La branche aînée s'est fondue dans les maisons de Boison, vicomtes de Dinan, Longueil, Bailleul. La branche cadette a pris son surnom de la terre noble de Vervaine, qui lui vint par l'alliance que Guillaume de Saint-Denis, seigneur de Saint-Denis-sur-Sarthon, fit, en 1423, par devant le bailli d'Alençon, avec Louise Tyrel, mineure d'une famille d'Angleterre, transplantée en Normandie, en suite du malheur qu'eût Richard Tyrel, étant à la chasse dans la forêt de Windsor, de tuer le roi d'Angleterre, Guillaume le Roux, son parent. Cette maison a donné des chevaliers à la suite de Guillaume, à la conquête de l'Angleterre, en 1066, deux chevaliers à la suite des ducs de Normandie, rois d'Angleterre, aux guerres de la Terre-Sainte, en 1096, des chevaliers à la suite de Philippe Auguste, à la bataille de Bouvines, en 1214, des chevaliers à la suite du roi Jean, en 1356, à Poitiers, où le père et le fils furent tués, combattant à côté du roi, et enterrés aux Cordeliers avec leurs écussons, tels que cette famille les porte aujourd'hui; des gouverneurs de provinces, capitaines d'hommes d'armes, chevaliers de l'ordre du roi, gentilshommes ordinaires de sa chambre, officiers-généraux de terre et de mer, colonels, chevaliers de Saint-Louis, et une infinité d'officiers distingués de tout grade, morts sur le champ de bataille. *De sable, fretté d'argent; au chef du même, chargé d'un lion léopardé de gueules.*

DE SAINT-DENYS. *Voyez* JUCHEREAU.

DE SAINT-FERRÉOL, seigneurs de Saint-Pons et du Pont-de-Barret, de Chevrières, etc., famille noble du Dauphiné, qui remonte par titres filiatifs à Albert de Saint-Ferréol, qualifié noble dans une révision des feux de la paroisse de Châteauneuf de Chasans, de l'an 1474. Cette famille s'est divisée en plusieurs branches. *De sinople, au chevron d'or, accompagné de trois molettes d'argent; au chef d'or.*

. DE SAINT-FRANÇOIS, en Picardie. Philippe de Saint-François fut mariée, par contrat du 25 janvier 1588, avec Philippe André, écuyer, sieur de Lannoy. Marie de Saint-François, sœur de la précédente, épousa, vers le même tems, Jean de la Villeneuve, écuyer, seigneur de Tenantes. *De gueules, à trois casques d'argent.*

. DE SAINT-GERAN. *Voyez* LA GUICHE.

SAINT-GEORGES, ordre et confréric noble en Franche-Comté. Philippe le Bon, duc de Bourgogne, institua, l'an 1430, l'ordre de la Toison-d'Or. Mais en limitant à vingt-quatre seulement le nombre des chevaliers admis, il fit naître une vive jalousie parmi tous les gentilshommes des deux Bourgognes, qui, par leur naissance et leur rang, étaient en droit d'aspirer au même honneur. Guillaume de Vienne, sire de Saint-Georges, l'un des plus illustres seigneurs de la Bourgogne, qui, le premier, avait reçu l'ordre de la Toison-d'Or des mains de ce prince, voulant fournir une compensation à l'amour propre offensé de la haute noblesse des deux Bourgognes, proposa à celle-ci, de l'agrément de Philippe le Bon, l'institution d'une confrérie noble, sous le patronage de Saint-Georges, dont la décoration, représentant l'effigie en or de ce saint, patron de la chevalerie, serait suspendue à un ruban semblable à celui de la Toison-d'Or, et dont les preuves d'admission seraient celles d'une vie sans reproche, et d'une noblesse de race chevaleresque, de nom et d'armes, sans origine connue.

La première assemblée ou chapitre de cette confrérie

eut lieu dans l'église des Augustins de Saint-Georges, l'an 1430. Elle y élut pour chef et gouverneur Guillaume de Vienne, son fondateur. Elle tint ensuite ses chapitres à Seurre.

Une année après l'institution de cette confrérie, Philibert de Molans, gentilhomme bourguignon, ayant terminé la construction d'une chapelle près l'église paroissiale de Rougemont, dans l'intention d'y renfermer des reliques de Saint-Georges, que dès l'année 1390 il avait rapportées de la Terre-Sainte, convoqua tous les gentilshommes, ses parents, voisins et amis, pour assister à la bénédiction de cette chapelle, et à l'installation de la châsse qui renfermait ces précieuses reliques.

Des offices furent fondés en l'honneur de Saint-Georges dès cette première assemblée, qui se renouvela constamment depuis, à l'anniversaire de ce saint; et quelques années après, les guerres qui suivirent la mort de Charles le Téméraire et la réunion du duché de Bourgogne à la couronne de France ayant mis fin à la première confrérie de Saint-Georges, instituée par Guillaume de Vienne, celle de Rougemont continua de subsister avec un nouvel éclat, en prenant tout-à-fait le caractère, les statuts et le cerémonial d'un ordre de chevalerie, sous la protection immédiate de l'empereur Maximilien et de tous les autres souverains, sous la domination desquels la Franche-Comté se trouvait placée. Lors de la conquête de cette province, Louis XIV maintint l'ordre de Saint-Georges dans son existence et ses honneurs, et daigna même substituer le ruban de son ordre du Saint-Esprit à celui de la Toison-d'Or.

Les preuves de noblesse pour l'admission dans cette confrérie étaient de seize quartiers, en remontant le côté paternel jusqu'à neuf degrés. Il fallait aussi, pour être admis, être né ou possessionné en Franche-Comté. Le gouverneur ou chef était élu à vie par l'assemblée générale des chevaliers. Depuis 1589, on a ajouté aux anciens statuts le serment de vivre et mourir dans la religion catholique, et dans la fidélité au souverain légitime.

La décoration de l'ordre consiste en un Saint-Georges à cheval, perçant de sa lance un dragon, le tout d'or. Elle est attachée à la boutonnière par un ruban moiré bleu céleste.

Nomenclature alphabétique des Chevaliers de Saint-Georges, depuis l'institution de cet Ordre jusqu'en 1786.

A.

d'Accolans (Henry), seigneur de Beveuge, reçu en 1449.

d'Achey (Jean), baron de Thoraise, reçu en 1486.

d'Achey (Jean), baron de Thoraise, reçu en 1513.

d'Achey (Charles), baron de Thoraise, reçu en 1522.

d'Achey (Jean), baron de Thoraise, reçu en 1539.

d'Achey (Jérôme), bailli d'Amont, reçu en 1590.

d'Achey (Charles), reçu en 1613.

d'Achey (Claude), seigneur de Thoraise, reçu en 1654.

d'Achey (Philippe-Eugène), baron de Thoraise, reçu en 1655.

d'Aigremont (Claude), seigneur de Ferrière, reçu en 1564.

d'Alemand–Molprey (Claude-François), reçu en 1612.

d'Alemand – Molprey (Philippe), grand – prieur de Beaume, reçu en 1613.

d'Alenjoye (Jean), reçu en 1502.

d'Amance (Louis), reçu en 1485.

d'Amance (Antoine), reçu en 1492.

d'Amance (Léonard), reçu en 1536.

d'Amandre (Jean), reçu en 1512.

d'Amandre (Claude), reçu en 1623.

d'Amandre (Ardoin), reçu en 1651.

d'Amandre, reçu en 1773.

d'Ambly, reçu en 1771.

d'Ambly (chevalier), reçu en 1772.

d'Andelot (Jean), reçu en 1452.

d'Andelot (Jean), de Liesle, bailli d'Amont, reçu en 1470.

d'Andelot de Pesme (Jean), reçu en 1470.

d'Andelot (Guillaume), seigneur de Tromarey, reçu en 1470.

d'Andelot (Guillaume), reçu en 1474.

d'Andelot (Simon), reçu en 1502.

d'Andelot (Elion), reçu en 1503.

d'Andelot (Jean), baron de Jonvelle, reçu en 1546.

d'Andelot (Guillaume), chevalier, seigneur de Tromarey, reçu en 1546.

Chevaliers de Saint-Georges.

d'Andelot (Jean-Baptiste), bailli de Dôle, reçu en 1564.

d'Andelot (Gaspard), seigneur de Chemilly, reçu en 1566.

d'Andelot (Ferdinand-le-Blanc, *dit*), chevalier, seigneur d'Olans, reçu en 1597.

d'Andelot (Elion), chevalier, seigneur de Tromarey, reçu en 1615.

d'Andelot (Louis), reçu en 1628.

d'Andelot (Claude - Louis), seigneur de Tromarey, reçu en 1655.

d'Andelot (François-Elion), reçu en 1671.

d'Angoulevent (Guillaume), reçu en 1474.

d'Angoulevent (Simon), reçu en 1485.

d'Arberg (le comte Claude), seigneur de Valengin, reçu en 1500.

d'Arbonnay (Simon), seigneur de Roche, reçu en 1515.

d'Artois (François), reçu en 1532.

d'Argueul (Antoine), reçu en 1502.

d'Argueul (Jean), reçu en 1524.

d'Armenier (Jean), reçu en 1505.

d'Aros (Gérard), seigneur de Franquemont, reçu en 1525.

d'Aros (Antoine), seigneur d'Uzelle, reçu en 1618.

d'Aubonne (Antoine), chevalier, seigneur de Buffignecourt, reçu en 1542.

d'Aubonne (Jean), reçu en 1542.

d'Augicour (Nicolas), reçu en 1562.

d'Azuel (Jean), reçu en 1453.

d'Azuel (Thiébaud), reçu en 1454.

d'Azuel (Jean), reçu en 1474.

d'Azuel (Jean), reçu en 1499.

d'Azuel (Gaspard), reçu en 1527.

d'Azuel (Georges), reçu en 1547.

d'Azuel (Josse), reçu en 1548.

B.

de Ballay (Aimé), chevalier, reçu en 1509.

de Ballay (Aimé), baron de Longvy, reçu en 1531.

de Ballay (Antoine), chevalier, seigneur de Marigna, reçu en 1615.

Chevaliers de Saint-Georges.

de Ballay-Marigna (Philibert-Marie-Joseph), seigneur de Château-Rouillau, reçu en 1710.

de Ballay-Marigna (François), reçu en 1712.

de Ballay (Henri), reçu en 1712.

de Ballay (François), reçu en 1747.

de Bauffremont (Pierre), baron de Scey-sur-Saône, reçu en 1485.

de Bauffremont (Guy), seigneur de Scey, reçu en 1502.

de Bauffremont (Charles), baron et seigneur de Scey, reçu en 1511.

de Bauffremont (Claude), chevalier, baron de Scey, reçu en 1514.

de Bauffremont (Claude-Paul), reçu en 1664.

de la Baulme (Emanuël-Philibert), chevalier, comte de Saint-Amour, reçu en 1614.

de la Baulme (Philippe), seigneur Duperez, reçu en 1650.

de la Baulme (Charles-François), baron de Montmirail, reçu en 1654.

de la Baume-Montrevel (Etienne), seigneur d'Esté, reçu en 1506.

de la Baume (Jean), comte de Montrevel, en 1531.

de la Baume-Montrevel (Claude), archevêque de Besançon, reçu eu 1576.

de la Baume-Montrevel (Charles-Antoine), marquis de Saint-Martin, reçu en 1695.

de la Baume (Charles-François-Ferdinand), marquis de Montrevel, reçu en 1716.

de la Baume (le comte, Frédéric-Eugêne), en 1716.

de Beaujeu (Jean), reçu en 1473.

de Beaujeu (Pierre), reçu en 1504.

de Beaujeu (Guillaume), seigneur de Montot, en 1508.

de Beaujeu (Hugues, chevalier, seigneur de Venere, reçu en 1528.

de Beaujeu (Marc), reçu en 1540.

de Beaujeu (Claude), seigneur de Montot en 1547.

de Beaujeu (Marc), seigneur de Montot, reçu en 1569.

de Beaujeu (Guillaume), reçu en 1590.

de Beaujeu (Jean-Claude de Guerche de Groson), seigneur de Montot, reçu en 1654.

Chevaliers de Saint-Georges.

de Beaumotte (Antoine), chevalier, seigneur de Savigny, reçu en 1452.

de Beaumotte (Pierre), reçu en 1473.

de Beaumotte (Henry), reçu en 1501.

de Belot (Gabriel), seigneur de Chévigney, en 1672.

de Belot (Alexandre), seigneur de Chévigney, en 1687.

de Belot (Ferdinand-François), seigneur de Chévigney,
reçu en 1694.

de Belot de Chévigney (Alexandre-Louis), seigneur de
Mont, reçu en 1710.

de Belot-Chévigney (Hyacinthe), reçu en 1715.

de Belot-Villette (Philippe-Eléonore), grand-prieur de
Gigny, reçu en 1685.

de Belot-Villette (Jacques-Antoine), seigneur de Villette, reçu en 1686.

de Belot (Alexandre), seigneur de Chévigney, en 1687.

de Belot (Philibert-François), marquis de Villette, reçu
en 1699.

de Belot-Larians (Eléonore-Hyacinthe), grand-prieur
du chapitre de Gigny, reçu en 1705.

de Bellot-Villette (Claude), reçu en 1713.

de Bellot (Jean-François-Daniel), marquis de Villette,
reçu en 1721.

de Belot-Rozet (Philibert-Joseph), reçu en 1739.

de Belot (Henri-Antoine-François), marquis de Chévigney, reçu en 1747.

de Belot-Montboson (Eléonore-Alexandre), en 1749.

Berchenet (Jean), reçu en 1486.

Berchenet (Andrien), reçu en 1499.

Bernard-de-Montessus (Claude-Eugène), marquis de
Rully, reçu en 1763.

de Bersaillin (le marquis), en 1775.

Bertin, secrétaire de l'ordre, en 1786.

le Blanc (Claude), reçu en 1537.

de Blaunay (Pierre), abbé de Saint-Paul, de Besançon,
reçu en 1573.

de Blicterswich (Arnould), de Gueldre, reçu en 1487.

de Blicterswich (Thierry), reçu en 1500.

de Blicterswich (Louis), reçu en 1506.

de Blicterswich (Antoine), reçu en 1519.

de Blicterswich (Pierre), reçu en 1527.

Chevaliers de Saint-Georges.

de Blicterswich (Charles), seigneur de la Roche, reçu en 1534.

de Blicterswich (Antoine), chevalier, seigneur de Mélisey, reçu en 1599.

de Blicterswich (Jean - Jacques), baron de Mélisey, reçu en 1629.

de Blicterswich (Gaspard), baron de Mélisey, en 1653.

de Blicterswich-Moncley (Antoine-François), en 1715.

le Bœuf (Jean-Goul), reçu en 1502.

le Bœuf (messire Guillaume), reçu en 1531.

Bonvalot (François), reçu en 1551.

de Bougne (Renand), reçu en 1500.

de Bougne (Antoine), reçu en 1518.

de Bougne (Jean de Turey), seigneur de Naisey, reçu en 1546.

de Bousies (le comte), reçu en 1779.

de Bousies, reçu en 1779.

de Bousies, reçu en 1783.

de Boutechoux (le comte Jérôme-François-Eléonore), seigneur de Villette, reçu en 1757.

de Boutechoux (le comte), reçu en 1778.

de Bouzey (le comte), reçu en 1773.

de Bressey (Renard), reçu en 1450.

de Bressey (Pierre), reçu en 1470.

de Bressey (Claude), reçu en 1498.

de Bressey (Jacques), reçu en 1510.

de Bressey (François), reçu en 1543.

de Bressey (Claude), reçu en 1551.

de Bressey (Jean), reçu en 1550.

de Brunecoff (Guillaume), reçu en 1520.

de Buffignecourt (Nicolas), reçu en 1449.

de Bussy (Pierre), reçu en 1565.

de Butte (Nicolas), reçu en 1449.

de Butte (Claude), seigneur des Malans, en 1571.

de Buzon (Hugues-Gabriel), seigneur de Champdivers, reçu en 1764.

de Buzon (Etienne), de Fontaing, reçu en 1764.

de Byans (Louis), seigneur de Magny-les-Jussey, reçu en 1537.

de Byans (*Adam*), reçu en 1556.

de Byans (Denis), reçu en 1630.

Chevaliers de Saint-Georges.

C.

Capelet (Frédéric), reçu en 1503.

de Chaffoy (Jean-Claude), seigneur d'Anjou, en 1652.

de Chalans (le comte Philibert), reçu en 1503.

de Chalons (Bernard), seigneur de Brignon, reçu en 1478.

de Chalons (Thiebaud), reçu en 1487.

de la Chambre (Claude), reçu en 1503.

de Champagne (Simon), reçu en 1502.

de Champagne (François), seigneur de Champagne, reçu en 1561.

de Champagne (Henri), reçu en 1651.

de Champagne (Charles), chevalier, seigneur de Chilley, reçu en 1674.

Champagne (Philippe-Gaspard), reçu en 1726.

Champagne (François-Xavier), reçu en 1746.

de Champagne (le comte), reçu en 1773.

des Champs (Claude), reçu en 1470.

des Champs (Jean), reçu en 1499.

des Champs (Antoine), reçu en 1509.

des Champs (Antoine), reçu en 1518.

des Champs (Philippe), reçu en 1546.

des Champs (Philibert), seigneur de Montrambert, reçu en 1551.

des Champs (Claude), seigneur de Gesier, reçu en 1558.

des Champs (Pierre), seigneur de Morambert, en 1587.

des Champs (Philippe), reçu en 1606.

des Champs (Pierre), reçu en 1606.

de Chantrans (Henri), reçu en 1522.

de Chantrans (Simon), reçu en 1549.

de Charmes (Jean), reçu en 1455.

de Charmes (Thierry), reçu en 1474.

de Charmoille (Antoine), reçu en 1503.

de Charmoille (Baptiste), reçu en 1518.

de Chassagne (Jean-Claude), reçu en 1657.

de Chassey (François), reçu en 1569.

du Chastelet (Nicolas), souverain seigneur de Vauvillars, reçu en 1545.

du Chastelet (Ferdinand-François-Florent), baron et seigneur de Montboillon, reçu en 1716.

Chevaliers de Saint-Georges.

de Chavirey (Frédéric), seigneur de Recologne , reçu en 1651.

de Chavirey (Jean-Baptiste), reçu en 1683.

de Chauvirey (Guillaume), archidiacre des comtes de Lyon, reçu en 1449.

de Chauvirey (Léonard), seigneur de Château-Vilain, reçu en 1504.

de Chauvirey (Philibert), seigneur de Château-Vilain, reçu en 1510.

de Chemilly (Jean), abbé de Theuley, reçu en 1473.

de Chenessey (Jean), reçu en 1470.

de Chilley (Alexandre), reçu en 1528.

de Chissey (Louis), seigneur du Peret, reçu en 1573.

de Cicon (François), seigneur de Richecourt, reçu en 1514.

de Cicon (Claude), chevalier et seigneur de Cicon, reçu en 1525.

de Cicon (Nicolas), chevalier, seigneur de Rançonnière, reçu en 1527.

de Cicon (Jean), chevalier, seigneur de Cicon, en 1531.

de Cicon (Claude), chevalier, seigneur de Richecourt, reçu en 1569.

de Cicon (Claude), seigneur de Rançonnière, en 1573.

de Citey (Charles), reçu en 1503.

de Citey (Guillaume), reçu en 1530.

de Citey (Nicolas), chevalier, reçu en 1563.

de Clairon (Othenin), reçu en 1454.

de Clairon (Simon), seigneur de Clairon, reçu en 1455.

de Clairon (Claude), chevalier, seigneur de Clairon, reçu en 1541.

de Clairon (Gabriel), chevalier, seigneur de Clairon, reçu en 1584.

de Clairon (Jean), reçu en 1584.

de Clairon (Pierre), abbé de Cherlieux, reçu en 1628.

de Clairon (François), seigneur de Clairon, reçu en 1628.

de Clermont (Guillaume), reçu en 1544.

de Clermont (Hardouin), baron de Rupt, reçu en 1599.

de Constable (Antide), reçu en 1664.

Chevaliers de Saint-Georges.

de Constable (Jean-Baptiste), seigneur de Serre, reçu en 1685.

de Constable (Antide-François), reçu en 1728.

de Coublans (Claude), seigneur de Charentenay, reçu en 1531.

de Coublans (Mathieu), reçu en 1547.

de Courbessain (Claude), seigneur de Sousey, en 1549.

de Crécy (Philippe-Paul), seigneur de Montigny, reçu en 1718.

de Crécy (le comte), reçu en 1776.

de Crécy (le chevalier), reçu en 1776.

de Crosey (Antoine-François), seigneur de Crosey, reçu en 1653.

de Crosey (Antoine-François), reçu en 1663.

de Crosey (Claude-Denis), chanoine de Baume, reçu en 1680.

de Culz (Pierre), jeune, reçu en 1547.

de Culz (Pierre), vieux, reçu en 1547.

de Culz (Marc), reçu en 1572.

de Culz (Christophe), reçu en 1607.

de Culz (Jean-Melchior), reçu en 1629.

de Culz (Pierre), reçu en 1632.

de Culz (Christophe), seigneur de Cemboing, reçu en 1654.

de Culz (Jérôme-Balthazard), baron de Cemboing, reçu en 1657.

de Cusance (Claude), baron de Belvoir, en 1508.

de Cusance (Marc), chevalier, seigneur de Saint-Julien, reçu en 1513.

de Cusance (Claude), baron de Belvoir, reçu en 1545.

de Cusance (Valentin-Simon), baron de Belvoir, reçu en 1575.

D.

de Diesbach (Gabriel), reçu en 1569.

F.

d'Emskerke (Jean-Baptiste), seigneur d'Antorpe, reçu en 1664.

Chevaliers de Saint-Georges.

d'Epenoy (Guillaume), reçu en 1487.
d'Esterno (le comte Philippe-Antoine-Joseph-Regis), reçu en 1767.

E.

de Falerans (Etienne), reçu en 1507.
de Falerans (Jean), reçu en 1532. *Voyez* Vizémal.
de Faletans (Etienne), reçu en 1487.
de Faletans (Thiébaud), reçu en 1515.
de Faletans (Claude - Louis), chevalier, seigneur de Thiefrans, reçu en 1649.
de Faletans (Ferdinand), reçu en 1679.
de Faletans (Philippe-Joseph), seigneur de Thiefrans, reçu en 1679.
de Faletans (Jean-Prosper), seigneur de Thiefrans, reçu en 1724.
de Faletans (Claude-François), reçu en 1740.
de Faletans (Paul-Bonaventure), marquis de Faletans, reçu en 1765.
de Ferrette (Waulf-Thierry), reçu en 1524.
de Flammerans (Jacques), reçu en 1474.
de Fouchiers (Claude), reçu en 1534.
de Fouchiers (Claude), reçu en 1542.
de Fouchiers (Emmanuel-Philibert), reçu en 1651.
de Franchet - d'Estavayé (Claude - François), en 1688.
de Franchet-de-Ran (Philippe-Joseph), reçu en 1763.
de Franchet de Rans, en 1782.
de Franquemont (Claude), reçu en 1503.
de Franquemont (Pierre), reçu en 1503.
de Franquemont (Henri), reçu en 1506.
de Franquemont (Georges), reçu en 1537.
de Franquemont (Michel), reçu en 1570.
le Friand de Favernay (N.), reçu en 1449.
le Friand de Favernay (Jean), reçu en 1470.
Friand (Charles), reçu en 1501.
Friand (Henri), reçu en 1503.
Friand (Charles), reçu en 1546.
de Froissard (Jean-Claude-Joseph), marquis de Broissia, reçu en 1682.

Chevaliers de Saint-Georges.

de Froissard Broissia (Jean–Jacques–Ignace-Bonaveñ–
ture, reçu en 1699.

de Froissard (Jean-Ignace-François), marquis de Broissia , reçu en 1701.

de Froissard (François), comte de Velle, en 1701.

de Froissard (Joseph-Ignace), marquis de Broissia ,
. reçu en 1724.

de Froissard (Marie - Charles), marquis de Broissia ,
reçu en 1764.

G.

de Germigney (le marquis Jacques-François), en 1738.

de Germigney (Claude-François), reçu en 1763.

de Gévigney (Guillaume), reçu en 1463.

de Gevigney (Jean), reçu en 1470.

de Gévigney (Anatole), seigneur de Courcelles , reçu
en 1495.

de Gévigney (Thiébaud), reçu en 1497.

de Gévigney (François), reçu en 1543.

de Gilley (Jean - Baptiste), baron de Franquemont ,
reçu en 1650.

de Gorrevod (Jean), chevalier, comte de Pont de Vaux ,
reçu en 1527.

de Gorrevod (Charles-Emmanuel), marquis de Marnay,
reçu en 1649.

de Grachaux (Guillaume), reçu en 1470.

de Grachaux (Jean), reçu en 1542.

de Grachaux (Pierre), seigneur de Raucour , en 1573.

de Grachaux (François), reçu en 1628.

de Grachaux (Melchior), seigneur de Raucourt, reçu
en 1654.

de Grammont–Mélisey (Thiébaud), chevalier , seigneur
de Grammont, reçu en 1449.

de Grammont-Fallon (Etienne), seigneur dudit lieu ,
reçu en 1456.

de Grammont-Mélisey (Thiébaud), chevalier, seigneur
de Gésans, reçu en 1463.

de Grammont (Jean), seigneur de Vezet, reçu en 1470.

de Grammont (Guillaume), seigneur de Fallon, reçu
en 1470.

Chevaliers de Saint-Georges.

de Grammont-Vezet (Guillaume), reçu en 1473.

de Grammont-Mélisey (Perceval), seigneur de Gésans, reçu en 1495.

de Grammont-Fallon (Jean), seigneur de Granges, reçu en 1497.

de Grammont (Jean), seigneur de Châtillon, en 1498.

de Grammont-Vellechevreux (Thomas), reçu en 1500.

de Grammont (Antide), seigneur de Vellechevreux, reçu en 1502.

de Grammont-Mélisey (Etienne), seigneur de Gésans, reçu en 1515.

de Grammont-Fallon (François), reçu en 1518.

de Grammont (Bernard), seigneur de Vezet, reçu en 1531.

de Grammont-Nommai (Jean), reçu en 1532.

de Grammont-Fallon (Jean), seigneur de Bougey, reçu en 1540.

de Grammont, le jeune (Jean), seigneur de Châtillon, reçu en 1546.

de Grammont (Adrien, dit de Joux), reçu en 1547.

de Grammont-Mélisey (Antoine), reçu en 1549.

de Grammont (Jean), seigneur de Nommai, en 1552.

de Grammont (Simon), reçu en 1558.

de Grammont (Guillaume), seigneur de Vezet, reçu en 1564.

de Grammont (Simon), chevalier, seigneur de Vellechevreux, reçu en 1565.

de Grammont (Antoine), seigneur de Mélisey, en 1571.

de Grammont-Vezet (François), reçu en 1571.

dé Grammont (Gaspard), seigneur de Châtillon-Guyot, reçu en 1572.

de Grammont-Châtillon (Balthazard), seigneur de Roche reçu en 1574.

de Grammont-Mélisey (Hugues), reçu en 1574.

de Grammont-Mélisey (Antoine), le jeune, en 1580.

de Grammont (Antide), seigneur de Vellechevreux, reçu en 1586.

de Grammont (Jacques-Antoine de Joux), chevalier, seigneur de Roche, reçu en 1590.

de Grammont-Mélisey (Valentin), reçu en 1601.

de Grammont-Châtillon (Antoine), seigneur de Grammont, reçu en 1604.

II. 36

Chevaliers de Saint-Georges.

de Grammont (Antide), baron de Mélisey, en 1606.

de Grammont (le comte Claude-François), en 1628.

de Grammont (le comte Jean-Gabriel), reçu en 1673.

de Grammont (le marquis François-Joseph-Théodule), reçu en 1722.

de Grammont (le marquis Pierre), seigneur de Villers-Sexel, reçu en 1741.

de Grammont (le baron Eugène), reçu en 1741.

de Grammont (le comte Ferdinand), reçu en 1751.

de Grammont, reçu en 1784.

de Grand-Villars (Thiebaud), reçu en 1500.

de Grivel (Claude-Joseph), seigneur de la Muire, reçu en 1732.

de Grivel-Saint-Mauris (le comte Claude-Nicolas), reçu en 1751.

de Grivel (Claude-Alexandre-Fidel), en 1785.

de Guyot (Ferdinand – Benoît), baron de Malseigne, reçu en 1725.

de Guyot-Malseigne (Charles-Antoine), reçu en 1725.

de Guyot (Isidore-François-Philippe), baron de Malseigne, reçu en 1749.

de Guyot-Malseigne (Thomas), reçu en 1751.

de Guyot-Malseigne (Alexandre), reçu en 1764.

H.

d'Haguembach (Pierre), reçu en 1454.

d'Haraucour (Claude), chevalier, seigneur de Chauvirey, reçu en 1511.

d'Haraucour (François), reçu en 1523.

d'Haraucour (Humbert), reçu en 1544.

d'Haraucour (François), seigneur de Fransnoy, en 1569.

d'Haraucour (Antoine), seigneur de Fransnoy, en 1577.

d'Haraucour (Humbert), reçu en 1629.

de la Haye (Julien), seigneur de Trésilley, reçu en 1502.

I.

Jacquelain (Guyot), reçu en 1485.

Jacquelain (Jean), reçu en 1501.

Jacquelain (Guillaume), reçu en 1539.

Chevaliers de Saint-Georges.

Jacquelain (Bonaventure), seigneur de Janney, en 1573.

Jacquelain (Adrien), reçu en 1580.

de Jaucourt (Hugues), reçu en 1506.

d'Igny (Hélion), reçu en 1501.

d'Igny (Clériadus), chevalier, seigneur dudit lieu, reçu en 1511.

de la Jonchière (Claude-François), reçu en 1575.

de Jouffroy-Gonsans (Jean-Baptiste), reçu en 1625.

de Jouffroy (Jean-François), seigneur de la Vaivre, reçu en 1626.

de Jouffroy (Thomas), seigneur de Novillars, en 1636.

de Jouffroy-la-Vaivre (Antoine-François), en 1654.

de Jouffroy-Gonsans (François), abbé de Theuley, reçu en 1654.

de Jouffroy (Joseph-Geoffroy), seigneur d'Abans, reçu en 1669.

de Jouffroy (François Gabriel), seigneur de Gonsans, reçu en 1673.

de Jouffroy (Charles-Emmanuel), seigneur de Gonsans, reçu en 1710.

de Jouffroy-d'Abans (le marquis Claude-François), reçu en 1724.

de Jouffroy-d'Uzelle (Antide-Joseph), reçu en 1724.

de Jouffroy (Thomas), marquis de Novillars, en 1714.

de Jouffroy (François-Alexandre), seigneur de Montmartin, reçu en 1714.

de Jouffroy-d'Abans (le marquis Claude-Eugène), reçu en 1745.

de Jouffroy (François-Joseph), seigneur de Montmartin, reçu en 1746.

de Jouffroy d'Uzelle (Louis-Joseph), comte de Lyon, reçu en 1746.

de Jouffroy-d'Uzelle (Michel), reçu en 1746.

de Jouffroy-Gonsans (François-Gabriel), reçu en 1748.

de Jouffroy-d'Abans (François Gabriel), reçu en 1749.

de Jouffroy-d'Abbans (le comte), en 1773.

de Jouffroy-Goulaus, reçu en 1784.

d'Iselin (Claude-François), baron du Saint-Empire romain, reçu en 1651.

d'Iselin (Ferdinand), baron de Lanans et du Saint-Empire, reçu en 1665.

Chevaliers de Saint-Georges.

d'Iselin (Hyacinthe), baron de Lanans, reçu en 1710.
d'Iselin de Lanans (Louis-Maximilien), reçu en 1765.
d'Iselin (Théodule-François), baron de Lanans, reçu en 1765.

L.

de Lallemand (François), reçu en 1602.
de Lallemand (Adrien), reçu en 1654.
Lallemand (Claude-François), baron de Lavigny, reçu en 1656.
Lallemand (Charles-Baptiste), comte de Vaite, reçu en 1696.
Lallemand (Jean-Thomas), reçu en 1698.
Lallemand (Antoine-Joseph), seigneur de Belmont, reçu en 1704.
de Lallemand (Frédéric), reçu en 1721.
de Lallemand (Philippe-Henri-Laurent), comte de Vaite, reçu en 1731.
de Lallemand (Jean-Claude-Thomas), reçu en 1737.
de Lallemand (Nicolas), reçu en 1742.
de Lallemand (Hyppolite-François-Philippe), comte de Vaite, reçu en 1767.
Lallemand, reçu en 1769.
de Lambrey (Jean), reçu en 1473.
de Lambrey (Guillaume), reçu en 1485.
de Lambrey (Jean), seigneur de Souvent, reçu en 1513.
de Lambrey (Etienne), reçu en 1536.
de Lanans (Antoine), reçu en 1503.
de Lanans (Philippe), reçu en 1518.
de Lanans (Claude), reçu en 1563.
de Lannoy (Ferdinand), duc de Boyanne, en 1564.
de Lannoy (François-Hyacinthe), reçu en 1674.
de Lantenne (Elion), abbé de Lure, reçu en 1454.
de Lantenne (Sébastien), reçu en 1525.
de Laubespin (Antoine), reçu en 1549.
de Laubespin (Jean), abbé de la Charité, en 1569.
de Laubespin (Claude), reçu en 1577.
de Laubespin (Charles), reçu en 1609.
de Laubespin, en 1772.
de Laubespin (le comte), en 1777.

Chevaliers de Saint-Georges.

de Lavier (Jean-François), seigneur de Calmontier, reçu en 1679.

de Laviron (Jean), reçu en 1532.

de Lavoncourt (Pierre), reçu en 1499.

de Lavoncourt (Louis), reçu en 1511.

de Leugney (Jean), reçu en 1452.

de Leugney (Etienne), reçu en 1485.

de Leugney (Antoine), reçu en 1486.

de Leugney (Antoine), reçu en 1499.

de Leugney (Pierre), reçu en 1508.

de Leugney (Antoine), reçu en 1510.

de Leugney (Claude), reçu en 1512.

de Leugney (Richard), reçu en 1518.

de Leugney (Etienne), reçu en 1520.

de Leugney (Claude), reçu en 1526.

de Leugney (François), reçu en 1556.

de Lezay (Mathieu), reçu en 1625.

de Lezay (Thomas), reçu en 1651.

de Lezay (Claude-Humbert), seigneur de Marnésia, reçu en 1708.

de Lezay (François-Gabriel), marquis de Marnésia, reçu en 1725.

de Lezay (Claude-Louis-Albert), doyen des comtes de Lyon, reçu en 1734.

de Lezay (comte de Lyon), en 1780.

de Lezay - Marnésia (Claude - Gaspard), reçu en 1752.

de Livron (Jean), reçu en 1503.

de Loige (Simon), reçu en 1473.

de Longevelle (Huguenin), reçu en 1454.

de Longevelle (Artaud), reçu en 1473.

de Longvy (Antoine), reçu en 1514.

de Longvy (Christophe), seigneur de Longepierre, reçu en 1520

du Louverot (Guillaume), reçu en 1614.

du Louverot (Philibert), seigneur de Rambey, reçu en 1627.

du Louverot (Jean-Claude), seigneur de Rambey, reçu en 1671.

du Louverot (Claude-François), baron du Pin, en 1696.

de Maillac, reçu en 1773.

Chevaliers de Saint-Georges,

M.

de Mailleroncourt (Guillaume), reçu en 1486.

de Mailly (Adrien), reçu en 1487.

de Maisières (Jean), reçu en 1581.

de Maisières (Louis), reçu en 1627.

de Maisonvaux (Georges), abbé de Lure, en 1528.

de Malain (Henri), reçu en 1470.

de Mandres (Richard), reçu en 1544.

de Mandres (Guillaume), reçu en 1546.

de Mandres (Jean), reçu en 1569.

de Mandres (Humbert), reçu en 1569.

de Mandres (Guillaume), abbé de Theuley, en 1577.

de Mandres (Claude), reçu en 1590.

de Mandres (Guy), reçu en 1612.

de Mandres (Antoine), seigneur de Montureux, reçu en 1613.

de Mandres (Hermenfroy-François), reçu en 1627.

de Mangerost (Philibert), reçu en 1473.

de Mangerost (Philippe), reçu en 1486.

de Mangerost (Guyot), reçu en 1515.

de Mangerost (Claude), reçu en 1522.

de Marenches (Antoine), reçu en 1657.

de Marmier (le marquis), reçu en 1779.

de Marnesia (le marquis), en 1777.

de Marnesia (le chevalier), en 1779.

de Marnix (Cathrin), baron de Crilla, en 1651.

de Marnix (Jean-Gaspard), baron de Crilla, en 1654.

de Marnix (Philibert – Eléone - Joseph), baron de Crilla, reçu en 1701.

de Marnix (Jean-Marie), baron de Crilla, en 1739.

de Mathay (Antoine), reçu en 1568.

de Mathay (Claude) reçu en 1571.

de Mathay (Gaspard), reçu en 1592.

de Mauclerc (le comte), en 1778.

de Méligny (Jean), reçu en 1507.

de Méligny (Simon), reçu en 1547.

de Méligny (Guillaume), reçu en 1550.

de Méligny (Désle), reçu en 1571.

de Moffans (Jean), seigneur de Sorans, en 1519.

Chevaliers de Saint-Georges.

de Moffans (Guillaume), reçu en 1534.

de Moffans (Adrian), reçu en 1572.

de Moiria, reçu en 1781.

de Moiria Saint-Martin (Eunemond), en 1786.

de Mollans (Philibert), chevalier, écuyer du duc de Bourgogne, reçu en 1431.

de Montagu-Boutavent (Africain), reçu en 1632.

de Montagu-Boutavent (Marc), reçu en 1647.

de Montagu (Jean-Antide), baron de Boutavent, reçu en 1650.

de Montbéliard (Pierre), reçu en 1503.

de Montclef (Claude), reçu en 1499.

de Montclef (Jean), reçu en 1504.

de Montessu, abbé de Rully, en 1784.

de Montessus (Claude-Eugène *Bernard*), marquis de Rully, reçu en 1763.

de Montfort (Claude) de Taillant, reçu en 1547.

de Montfort (Philippe-Emmanuel), reçu en 1661.

de Montjustin (Mathé), reçu en 1473.

de Montjustin (Guillaume), reçu en 1515.

de Montmartin (Antoine) gouverneur du comté de Bourgogne, reçu en 1450.

de Montmartin (Jacques), chevalier, reçu en 1463.

de Montmartin (Louis), chevalier, reçu en 1470.

de Montmartin (Claude), seigneur de Vellexon, en 1485.

de Montmartin (Jacques), reçu en 1487.

de Montmartin (Charles), reçu en 1497.

de Montmartin (Etienne), reçu en 1498.

de Montmartin (Nicolas), baron dudit lieu, en 1526.

de Montmartin (Philibert), chevalier, baron dudit lieu, reçu en 1573.

de Montrichard (Pierre), seigneur dudit lieu, en 1504.

de Montrichard (Pierre), reçu en 1532.

de Montrichard (Claude), seigneur de Fertans, en 1613.

de Montrichard (Philippe-Guillaume), reçu en 1652.

de Montrichard (Louis-Gabriel), marquis de Fontenay, reçu en 1720.

de Montrichard (le marquis Pierre-Joseph), en 1720.

de Montrichard (Alexandre-Joseph), seigneur de Flammerans, reçu en 1732.

de Montrichard, en 1781.

Chevaliers de Saint-Georges.

de Montrichier (Henri), reçu en 1463.

de Montron (Antoine), seigneur de Mont-sous-Vaudrey, reçu en 1574.

de Montrost (Étienne), seigneur de Valleroy-le-Bois, reçu en 1449.

de Montrost (Jean), reçu en 1470.

de Montrost (Philibert), reçu en 1473.

de Mont-Saint-Ligier (Pierre), seigneur dudit lieu, reçu en 1523.

de Mont-Saint-Ligier (Jean), reçu en 1531.

de Mont-Saint-Ligier (Clériadus), seigneur dudit lieu, reçu en 1547.

de Montureux, en Ferrette (Jean), reçu en 1470.

de Montureux (Georges), reçu en 1485.

de Montureux (Antoine), reçu en 1497.

de Montureux (Claude), reçu en 1518.

de Montureux, sur Saône (Jean), reçu en 1519.

de Montureux (Guyot), reçu en 1525.

de Montureux (Guillaume), reçu en 1546.

de Montureux (Jacques), reçu en 1552.

de Mouchet (Louis), seigneur d'Avilley, reçu en 1487.

de Mouchet (Guillaume), reçu en 1487.

de Mouchet (Pierre), seigneur de Châteaurouillot, reçu en 1503.

de Mouchet (Louis), seigneur d'Avilley, reçu en 1518.

de Mouchet (Guyon), seigneur de Châteaurouillot, reçu en 1552.

de Mouchet-Battefort (Charles-Joseph), marquis de l'Aubespin, reçu en 1712.

de Mouchet de Battefort de Laubespin, en 1784.

de Mouchet-Battefort (François-Gabriel), marquis de l'Aubespin, reçu en 1759.

de Moustier (Simon), seigneur dudit lieu, reçu en 1518.

de Moustier (Jean), seigneur de Moustier-Haute-Pierre, reçu en 1531.

de Moustier (Pierre), seigneur de Cubry, reçu en 1556.

de Moustier (Desle), chevalier, seigneur de Bermont, reçu en 1593.

de Moustier (Philibert), seigneur de Bermont, en 1623.

de Moustier (Gaspard), chevalier, baron d'Igny, en 1648.

de Moustier (Thomas), seigneur de Bermont, en 1654.

Chevaliers de Saint-Georges.

de Moustier (Jacques-Nicolas), baron d'Igny, reçu en 1679.

de Moustier (le comte Claude-Nicolas), seigneur de Nant, reçu en 1679.

de Moustier (Philippe-Joseph), reçu en 1682.

de Moustier (Philippe - Xavier), marquis de Moustier, reçu en 1724.

de Mugnans (Jean), reçu en 1506.

de Mugnans (Thiébaud), reçu en 1518.

de Mugnans (Jean), reçu en 1566.

de Mugnans (Jean-Claude), seigneur de Laissey, reçu en 1590.

N.

de Nans (Jean), reçu en 1439.

de Nans (Jean), reçu en 1549.

de Neufchastel (Charles), archevêque de Besançon, reçu en 1473.

de Neufchastel (Ferdinand), chevalier de la Toison d'or, reçu en 1497.

de Neufchastel Jean), reçu en 1497.

de Neufchastel (Henri), reçu en 1501.

de Noidan (Renaud), reçu en 1449.

de Noidan (Pierre), reçu en 1513.

O.

d'Occors (Claude-François), seigneur de Chay, reçu en 1474.

d'Occors (Pierre), reçu en 1544.

d'Oiselet (Claude), baron de Frasne, reçu en 1531.

d'Oiselet (Antoine), baron de Villeneuve, reçu en 1547.

d'Oiselet (Claude), baron et seigneur dudit lieu reçu en 1548.

d'Oiselet (le baron, Jean), reçu en 1572.

d'Oiselet (Claude), chevalier, baron de Villers-Chemin, reçu en 1577.

d'Oiselet (Louis), baron de Villers-Chemin, reçu en 1586.

d'Oiselet (le baron, Hermenfroy-François), en 1606.

Chevaliers de Saint-Georges.

d'Oiselet (le baron, Hermenfroy – François), reçu en 1633.

d'Orchamps (Jean), reçu en 1500.

d'Orsans (Simon), seigneur dudit lieu, reçu en 1449.

d'Orsans (Renaud), reçu en 1449.

d'Orsans (Henry), seigneur de Lomont, reçu en 1474.

d'Orsans (Etienne), seigneur de Lomont, reçu en 1496.

d'Orsans (Rodolphe), reçu en 1497.

d'Orsans (Louis), seigneur de Cemboing, reçu en 1498.

d'Orsans (Pierre), seigneur de Lomont, reçu en 1515.

d'Orsans (Georges), seigneur d'Ainans, reçu en 1532.

d'Orsans (Jean), reçu en 1532.

d'Orsans (Pierre), reçu en 1546.

d'Orsans (Antoine), reçu en 1564.

d'Orsans (Antoine), seigneur d'Antorpe, reçu en 1578.

d'Orsans (Marc-Antoine), reçu en 1652.

P.

de la Palud (Philibert-Philippe), chevalier, comte de la Roche, reçu en 1470.

de la Palud (Claude), chevalier, comte de la Roche, reçu en 1489.

de la Palud (Jean); seigneur de Villers-Sexel, reçu en 1507.

de la Palud (Jean-Philibert), comte de Varax, reçu en 1518.

de la Palud (Jean), chevalier, seigneur de Jarnosse, reçu en 1530.

de la Palud (Jean), comte de Varax, reçu en 1538.

du Pasquier-la-Villette (Eléonor-Bénigne), reçu en 1700.

du Pasquier-la-Villette (Antoine-Sébastien), reçu en 1725.

du Pasquier (Antoine–Joseph de Maizod, *dit*), seigneur de la Villette, reçu en 1736.

du Pasquier-Viremont (Cléradius-François), reçu en 1746.

du Pasquier-la-Villette (Ferdinand-Gabriel), reçu en 1748.

Chevaliers de Saint-Georges.

e *Peloux* (Humbert), reçu en 1552.

errenot-de-Grandvelle (Thomas), seigneur de Chan‑
tonnay, reçu en 1551.

errenot-de-Grandvelle (Charles), reçu en 1564.

errenot-de-Grandvelle (Antoine), cardinal-évêque
d'Arras, reçu en 1586.

errenot-de-Grandvelle (François-Thomas), comte de
Cantecroix, reçu en 1625.

: *Petite-Pierre* (Pancrace), reçu en 1489,

: *Petite-Pierre* (Pierre), reçu en 1528.

: *Pierrefontaine* (Richard), reçu en 1486.

: *Pierrefontaine* (Richard), reçu en 1510.

: *Pierrefontaine* (Jean), reçu en 1526.

:. *Pierrefontaine* (Henry), reçu en 1528.

: *Pierrefontaine* (Jean), reçu en 1562.

: *Pierrefontaine* (François), reçu en 1571.

: *Pierrefontaine* (Henri), seigneur de Voillant, reçu
en 1601.

: *Pierrefontaine* (Jean-Baptiste), reçu en 1647.

: *Pin* (Pierre), seigneur de Charriez, reçu en 1651.

: *Pin* (Claude-Marie), baron de Jousseau, reçu en
1667.

: *Pin* (François), doyen de Baume, reçu en 1695.

: *Plaine* (Claude), baron de Courcelotte, reçu en
1544.

: *Plaine* (Thomas), seigneur de Magny, reçu en 1544.

: *Plaine* (Hugues), seigneur de Roche, reçu en 1571.

: *Poitiers* (Ferdinand-Eléonore de Rye), comte de
Saint-Vallier, reçu en 1652.

e *Poitiers* (le marquis Frédéric-Eléonore), brigadier
des armées du roi, reçu en 1679.

e *Poitiers* (le comte Ferdinand-Joseph), reçu en
1708.

e *Poligny* (Claude), baron et seigneur de Travers,
reçu en 1625.

e *Poligny* (Philibert), chevalier, seigneur de Velle,
reçu en 1629.

: *Poligny* (Jean-Claude), seigneur d'Ogeat, en 1654.

: *Pontaillier* (Henry), seigneur de Flagey, en 1543.

: *Pontaillier* (Thomas), baron de Vaugrenans, reçu
en 1577.

Chevaliers de Saint-Georges.

de Pontaillier (François), baron de Vaugrenans, reçu en 1603.

de Port (Jean), reçu en 1454.

de Poutier (Nicolas - Gabriel), seigneur de Sône, reçu en 1570.

de Poutier (Antoine-Eléonor), seigneur de Goûheland, reçu en 1762.

de Pra (Edme de Ballay-Saulx), seigneur de Longvy, reçu en 1663.

de Pra (Antide-Marie), seigneur de Péseux, en 1708.

de Pra (Clériadus), comte de Péseux, reçu en 1725.

de Pra (Gaspard), reçu en 1727.

de Précipiano (Prosper-Ambroise), comte de Soye, reçu en 1673.

de Précipiano (Humbert-Joseph), reçu en 1679.

de Précipiano (Jean-Baptiste), comte de Soye, reçu en 1692.

de Presentevillers (Léonore), reçu en 1523.

de Presentevillers (Claude), reçu en 1530.

de Presentevillers (Hugues), reçu en 1543.

de Presentevillers (Nicolas), reçu en 1551.

de Prévost (Thiébaud), seigneur de Trevillers, reçu en 1600.

de Prévost (Gaspard), seigneur de Pelousey, en 1624.

Q.

de Queuve (Guillaume), reçu en 1502.

de Queuve (Jean), reçu en 1548.

de Quingey (Simon), reçu en 1427.

de Quingey (Jean), reçu en 1506.

R.

de Rainach (Jean-Horic), abbé de Lure, reçu en 1571.

de Raincour (Vaubert), seigneur dudit lieu, en 1530.

de Raincourt (Pierre), seigneur de Fallon, reçu en 1531.

de Raincourt (Claude), seigneur de Fallon, en 1562.

de Raincourt (Jean), chevalier, seigneur de Bremondans, en 1652.

de Raincourt (le marquis Guillaume), seigneur de Fallon, reçu en 1679.

Chevaliers de Saint-Georges.

de Raincourt (Gaspard-Gabriel), reçu en 1740.

de Raincourt (Charles-Prosper), reçu en 1741.

de Raincourt (le marquis Jean-Baptiste), seigneur du dit lieu, reçu en 1741.

de Raincourt (Claude-Humbert), reçu en 1741.

de Raincourt (Charles-Gayetan), reçu en 1747.

de Raincourt (Michel-Joseph-Christophe), en 1764.

de Raincourt (Louis-Gabriel), reçu en 1765.

de Raincourt (le chevalier), en 1773.

de Raincourt (le comte), en 1773.

de Runs, évêque de Rhosy, en 1769.

de Ray (François), seigneur de la Ferté, reçu en 1500.

de Ray (François), seigneur de Seveux, reçu en 1500.

de Ray (Jean), seigneur de Pleure, reçu en 1407.

de Ray (Marc), sire dudit lieu, reçu en 1509.

de Ray (Antoine), baron et seigneur dudit lieu, reçu en 1511.

de Ray (Claude), seigneur dudit lieu, reçu en 1514.

de Ray (Claude), chevalier, seigneur dudit lieu, reçu en 1544.

de Remilly (Guillaume) reçu en 1521.

de la Roche (Perrin), reçu en 1454.

de la Roche (Valentin), reçu en 1564.

de la Rochelle (Gaspard-Joachim), seigneur de Cuse, reçu en 1764.

de la Rochelle (François-Christophe), reçu en 1764.

de Romain (Jean), reçu en 1478.

de Roppe (Jean), reçu en 1534.

de Rosières (Adrien), reçu en 1606.

de Rosières (Gérard), seigneur de Sorans, reçu en 1647.

de Rosières (Jean-Simon), marquis de Sorans, reçu en 1680.

de Rosières (Antoine-François), marquis de Sorans, reçu en 1707.

de Rosières (Jacques-Antoine), marquis de Sorans, en 1741.

de Rosières (Henry-François), marquis de Sorans, reçu en 1749.

de Rosières-Sorans (Claude-Antoine), reçu en 1749.

de Rosières-Sorans (Claude-François), reçu en 1764.

de Rosières-Sorans, en 1771.

Chevaliers de Saint-Georges.

de Rougemont (Thiébaud), archevêque de Besançon, reçu en 1449.

de Rougemont (Jacquotte), sœur du précédent en 1449.

de Rougemont (Jean-Guillaume), chevalier, en 1449.

de Rougemont (Pierre), reçu en 1463.

de Rully (le comte), en 1775.

de Rye (Jean), seigneur de Trichastel, reçu en 1449.

de Rye (Hugues), seigneur de Balançon, reçu en 1500.

de Rye (Simon, seigneur dudit lieu, reçu en 1507.

de Rye (Humbert), sire de Costebrune, reçu en 1509.

de Rye (Pierre), reçu en 1518.

de Hye (Marc), seigneur de Dicey, reçu en 1544.

de Rye (François), *dit* de la Palud, marquis de Varambon, reçu en 1623.

de Rye (Ferdinand-François Just), marquis de Varambon, reçu en 1652.

S.

de Sacquenay (Jean), reçu en 1631.

de Sacquenay (Martin), reçu en 1546.

de Sacquenay (Pierre), reçu en 1551.

de Sacquenay (Jean), seigneur de Rougemont, reçu en 1582.

de Sacquenay (Martin), reçu en 1592.

de Sugey (Jean), reçu en 1521.

de Sagey (Philippe), seigneur de Romain, en 1522.

de Sagey (Pierre), seigneur de Romain, reçu en 1538.

de Sagey (Melchior), seigneur d'Adrisans, en 1556.

de Sugey (Claude-Michel-Judith), seigneur de Naisey, reçu en 1768.

de Saint-Aubin (Henry), seigneur de Conflandey, reçu en 1449.

de Saint-Martin (Etienne), reçu en 1449.

de Saint-Martin (Guillaume), reçu en 1486.

de Saint-Martin (Jean), reçu en 1530.

de Saint-Mauris-Sancé (Marc), reçu en 1592.

de Saint-Mauris-Lambrey, en Montagne, reçu en 1625.

de Saint-Mauris (François), baron et seigneur de Chastenois, reçu en 1662.

de Saint-Mauris (Charles-Emmanuel), baron de Chastenois, reçu en 1681.

Chevaliers de Saint-Georges.

de Saint-Mauris-Chastenois (Antoine-Pierre), en 1692.

de Saint-Mauris-Sancé (Charles-César), reçu en 1701.

de Saint-Mauris-Sancé (Claude-Joseph), reçu en 1703.

de Saint-Mauris-Montbarrey (Jacques), reçu en 1590.

de Saint-Mauris-le-Muid (Jean-Baptiste), en 1651.

de Saint-Mauris (Jean-Simon), seigneur d'Angerans, reçu en 1682.

de Saint-Mauris (Claude-François-Eléonor), comte de Montbarrey, reçu en 1712.

de Saint-Mauris-d'Augerans (Jean-Claude), seigneur de Verges, reçu en 1715.

de Saint-Mauris-Montbarrey (Claude-François-Anne), reçu en 1725.

de Saint-Mauris (Alexandre-Eléonore, comte de Montbarrey), reçu en 1765.

de Saint-Moris-Thuillières (Marc), reçu en 1524.

de Saint-Moris (Thiébaud), reçu en 1527.

de Saint-Moris (Jean), reçu en 1558.

de Saint-Moris (Pierre), reçu en 1570.

de Saint-Moris (François-Antoine), reçu en 1597.

de Saint-Moris (Jean-Claude), reçu en 1605.

de Saint-Moris (Ferdinand-Mathieu), reçu en 1662.

de Saint-Seigne (Guillaume), reçu en 1473.

de Saint-Seigne (Pierre), reçu en 1492.

de Saint-Seigne (Guichard), reçu en 1496.

de Saint-Seigne (Philippe), reçu en 1501.

du Saix (Pierre-Joseph), baron de Virchastel, reçu en 1681.

du Saix (Humbert-Emmanuel-Dominique), comte d'Arnans, reçu en 1746.

du Saix (Pierre-Marie), reçu en 1752.

de Salins (Guillaume), chevalier, seigneur de Ran, reçu en 1495.

de Salives (Adrien), seigneur de Serre, reçu en 1629.

de Salives (Claude-Joseph), seigneur de Genevré, reçu en 1670.

de Salives (le marquis Charles-Octave), en 1722.

de Salives (Anne-Marie-Joseph-Eugêne), seigneur de Serre, reçu en 1728.

de Salives (Claude-François), marquis de Salives, seigneur de Genevré.

de Salives (le comte), en 1770.

Chevaliers de Saint-Georges.

de Saulx (Gaspard), reçu en 1498.

de Scey (Etienne), seigneur de Chantonnay, en 1449.

de Scey (Henri), seigneur de Fertans, reçu en 1465.

de Scey (Etienne), chevalier, seigneur de Maillot, reçu en 1518.

de Scey (Henri), chevalier, seigneur de Fertans, reçu en 1519.

de Scey (Claude), seigneur de Maillot, reçu en 1521.

de Scey (Jean), seigneur du Larderet, reçu en 1526.

de Scey (Pierre), chevalier, seigneur de Buthier, reçu en 1575.

de Scey (le comte Jean-Baptiste), chevalier, seigneur de Buthier, reçu en 1654.

de Scey (le comte Jean-Claude), baron de Chevros, reçu en 1664.

de Scey (Louis), reçu en 1664.

de Scey (le comte Claude-Louis), seigneur de Buthier, reçu en 1715.

de Scey (Jean-Antoine), reçu en 1715.

de Scey (le comte, Alexandre), seigneur de Buthier, reçu en 1735.

de Scey (Jean-Baptiste), reçu en 1749.

de Semoutier (Jean), reçu en 1449.

de Séroz (Léonard), reçu en 1522.

de Séroz (Jean), reçu en 1529.

de Séroz (Claude), reçu en 1590.

de Sonnet (Erard-Joachim-Irenée), seigneur d'Auxonne, reçu en 1753.

de Sieure (Jean-Radolphe), abbé de Lure, en 1543.

de Syria (Jean), reçu en 1550.

T.

du Tartre (Claude), reçu en 1532.

du Tartre (Jean), reçu en 1550.

du Tartre (Jean-Charles), chevalier, baron et seigneur de Vincelle, reçu en 1649.

du Tartre (Claude-Antoine), baron de Laubesp i, en 1652.

du Tartre (Bénigne-François), reçu en 1679.

du Tartre (Antoine-Joseph), baron de Laubespin, en 1697.

Chevaliers de Saint-Georges.

u *Tartre-de-Chilly* (Charles-Claude), reçu en 1724.

u *Tartre-de-Chilly* (Joseph-Péronne), reçu en 1757.

e *Tavanne* (Jean), reçu en 1522.

e *Tencey* (Pierre), reçu en 1529.

e *Thon* (Jean-Baptiste), seigneur de Rantechaux, reçu en 1632.

e *Thoraise* (Jean), seigneur de Torpes, reçu en 1452.

e *la Tour-Saint-Quentin* (Léonard), reçu en 1513.

e *la Tour-Saint-Quentin* (Alexandre), reçu en 1566.

e *la Tour-Saint-Quentin* (Louis), seigneur de Mazos, reçu en 1589.

e *la Tour Saint-Quentin* (François), seigneur de Remeton, reçu en 1614.

e *la Tour-Saint-Quentin* (le comte Jean – Jacques), baron de Montcley, reçu en 1627.

e *la Tour-Saint-Quentin* (le comte Jean-Baptiste), reçu en 1650.

e *la Tour-Saint-Quentin* (Jean-Claude), seigneur de Remeton, reçu en 1663.

e *Tournon*, (Georges), reçu en 1707.

e *Tournon* (Louis), reçu en 1707.

e *la Touvière* (Jean), seigneur de Servignat, en 1527.

e *Trestondam* (François), seigneur de Saulcour, reçu en 1654.

e *Trestondam* (Joachim-Edme), baron de Trotedam, reçu en 1701.

e *Tuillière* (Nicolas), seigneur du Montjoie, en 1504.

e *Tuillière* (Nicolas), reçu en 1558.

e *Tuillière* (Béat-Jean-Baptiste), comte de Montjoie, reçu en 1741.

V.

e *Vair* (Nicolas), reçu en 1454.

e *Vaivre* (Anatole), reçu en 1499.

e *Vaudrey* (Jean), seigneur de Larians, reçu en 1470.

e *Vaudrey* (Philibert), seigneur de Saint-Phal, reçu en 1474.

e *Vaudrey* (Pierre), seigneur de Beveuge, en 1512.

e *Vaudrey* (Florent), reçu en 1518.

e *Vaudrey* (Guyot), seigneur de Mont, reçu en 1525.

II.   38

Chevaliers de Saint-Georges.

de Vaudrey (Simon), seigneur de Mont, reçu en 1526.

de Vaudrey (Claude), seigneur de Beveuge, en 1528.

de Vaudrey (Jean), seigneur de Beveuge, reçu en 1542.

de Vaudrey (Jean), chevalier, seigneur de Valleray, reçu en 1561.

de Vaudrey (Jean-Guillaume), seigneur de Beveuge, reçu en 1563.

de Vaudrey (François), seigneur de Beveuge, reçu en 1592.

de Vaudrey (Jean-Gabriel), seigneur de Valleroy, reçu en 1614.

de Vaudrey – Beveuge (Gaspard – Melchior), reçu en 1626.

de Vaudrey (Claude–Antoine), seigneur de Beveuge, reçu en 1647.

de Vaudrey (Emmanuel-Philibert), reçu en 1649.

de Vaudrey (le comte Nicolas – Joseph), baron de Saint-Remy, reçu en 1679.

de Vautravers (François), seigneur d'Eclans, reçu en 1573.

de Vellefaux (Guillaume), reçu en 1514.

de Velleguindry (Pierre), reçu en 1485.

de Veneres (Jacquot), reçu en 1463.

de Vercel (Pierre), seigneur de Goux, reçu en 1449.

de Vercel (Huguenin), reçu en 1451.

de Vercel (Louis), reçu en 1512.

de Verchamps (Huguenin), reçu en 1455.

de Verchamps (Jean), reçu en 1470.

de Verchamps (Antoine), reçu en 1478.

de Verchamps (Thiébaud), reçu en 1510.

de Vergy (Guillaume), seigneur de Champvans, reçu en 1497.

de Vergy (Claude), comte de Champlitte, en 1520.

Vergy (Pierre), en 1500.

de Vergy (Guillaume), seigneur d'Aurrey, en 1520.

de Vergy (Antoine), archevêque de Besançon, reçu en 1521.

de Vergy (François), comte de Champlitte, en 1569.

de Vergy (Claude), comte de Champlitte, en 1580.

de Vergy (Ferdinand), seigneur de Flagey, en 1590.

Chevaliers de Saint-Georges.

de Vergy (Clériadus), comte de Champlitte, en 1590.

de la Verne (Adam), reçu en 1654.

de Vers-Merceret (François), seigneur de Vaudrey, reçu en 1655.

de Vers-Merceret (Charles-Humbert), baron de Vaudrey, reçu en 1680.

de Vers-Merceret (Gérard-Gabriel), seigneur de Vaudrey, reçu en 1727.

de Vers, reçu en 1770.

de Vezoul (Simon), seigneur de Saint, reçu en 1470.

de Vezoul (Simon), reçu en 1492.

de Vezoul (Etienne), seigneur de Frotey, reçu en 1498.

de Vezoul (Jean), seigneur de Frotey, reçu en 1544.

de Vezoul (Humbert-Louis), seigneur de Raincourt, reçu en 1633.

de Vezoul (Claude), baron et seigneur de Raincourt, reçu en 1659.

de Vienne (Henriette), femme d'Humbert de Rougemont, ensuite de Jean de Rye, reçue en 1449.

de Vienne (Gérard), seigneur de Ruffey, reçu en 1499.

de Vienne (Claude), seigneur de Clervent, en 1525.

de Vienne (Guillaume), baron de Chevreaux, en 1544.

de Vienne (Henri), baron de Chevreaux, reçu en 1575.

de Villars (Jean), reçu en 1470.

de Villars (Huguenin), reçu en 1486.

de Villars (Etienne), reçu en 1502.

de Villars (Huguenin), reçu en 1503.

de Villars (Thiébaud), reçu en 1524.

de Villars (Nicolas), seigneur de Mailley, en 1573.

de Villars (Martin), reçu en 1592.

de Villé (Jacques), reçu en 1485.

de Villé (Jean), seigneur de Fontaine, reçu en 1495.

de Villé (Jean), reçu en 1505.

de Villé (Antoine), reçu en 1511.

de Villé (André), reçu en 1544.

de Villé (Jean), reçu en 1545.

de Villeneuve (Jean), reçu en 1544.

de Villeneuve (Jacques), reçu en 1586.

de Villeneuve (Jean), reçu en 1628.

de Villers-la-Faye (Michel), reçu en 1651.

de Villers-la-Faye (Claude), reçu en 1671.

Chevaliers de Saint-Georges.

de Villers-la-Faye (François), marquis de Vaugrenans, reçu en 1679.

de Viry (François), prieur de Morteau, reçu en 1546.

de Vizemal (Ferdinand de Falerans, *dit*), en 1656.

de Vizemal (Jean-Gaspard), doyen du chapitre de Gigny, reçu en 1703.

de Vizemal (Laurent-Emmanuel), comte de Frontenay, reçu en 1705.

de Voisey (Etienne), reçu en 1487.

de Voisey (Jean), reçu en 1503.

de Voisey (Mathias), reçu en 1516.

de Voisey (Georges), reçu en 1526.

de Voisey (Jacques), reçu en 1546.

de Voisey (Claude), reçu en 1556.

de Vy (Pierre), reçu en 1437.

de Vy (Jean), reçu en 1437.

de Vy (Guy), seigneur de Mangevelle, reçu en 1437.

de Vy (Jacquot), reçu en 1437.

de Vy (Jean), seigneur de Mercey, reçu en 1452.

de Vy (Jacques), reçu en 1457.

de Vy (Guillaume), reçu en 1479.

de Vy (Adrien), reçu en 1497.

de Vy (Charles), reçu en 1500.

de Vy (Louis), reçu en 1500.

de Vy (Marc), reçu en 1505.

de Vy (Baptiste), reçu en 1519.

de Vy (Antoine), reçu en 1543.

de Vy (Henri), reçu en 1562.

de Vy (Jacques), reçu en 1564.

de Vy (Claude), seigneur de Mailleroncourt, en 1573.

de Vy (François), reçu en 1593.

de Vy (Antoine), reçu en 1598.

de Vy (Claude-Baptiste), reçu en 1625.

de Vy (Jean-François), seigneur de Contre-Eglise, reçu en 1626.

de Vy (Thomas), reçu en 1665.

W.

de Watteville (Jean), évêque comte de Lausanne, reçu en 1612.

Chevaliers de Saint-Georges.

de Watteville (Jean-Christien), marquis de Watteville, reçu en 1708.
de Willafans (Huguenin), reçu en 1449.
de Willafans (Etienne), reçu en 1470.
de Willafans (Jean), seigneur de Bersaillin, en 15o5.
de Wiltz (Claude-Ferdinand), reçu en 1674.

———

DE SAINT-GÉRAN. *Voyez* LA GUICHE.

DE SAINTE-HERMINE, seigneurs de Merignac, de Chenon du Fa, titrés marquis de Sainte-Hermine en Angoumois, illustre et ancienne maison de chevalerie, connue depuis Gérard de Sainte-Hermine, nommé, dans une charte, en faveur de l'abbaye de Tonnay-Charente, de l'an 1090. On trouve des sujets isolés de cette maison en 13o2, 1342 et 1356. Elle prouve sa filiation depuis Arnaud de Sainte-Hermine, écuyer, qui, l'an 1354, était capitaine de Châteauneuf en Angoumois, avec une compagnie de quatre autres écuyers et d'un archer. Il fut père de Guillaume de Sainte-Hermine, seigneur de Tourtron et de Saint-Breton, et aïeul de Jean de Sainte-Hermine, Ier. du nom, écuyer, époux de Marguerite de la Duch, et père de Jean de Sainte-Hermine, IIe. du nom, écuyer, seigneur du Fa, lequel épousa, le 23 octobre 1436, Marguerite Goumard d'Echillais. On distingue parmi leurs descendants un gentilhomme ordinaire de la chambre du roi, des capitaines de vaisseaux, des colonels, et plusieurs autres officiers de toutes armes, décorés de l'ordre royal et militaire de Saint-Louis. *D'argent, semé de mouchetures d'hermine.*

DE SAINT-JULIEN, seigneurs du Puech d'Albaigne, de la Devèze, de la Nef, de l'Olivier, en Languedoc, maison d'ancienne chevalerie, maintenue par ordonnance de M. Bazin-de-Bezons, commissaire départi en Languedoc, du 15 janvier 1671, sur titres remontés à l'an 1392. Elle est connue depuis Alaman-Guillaume de Saint-Julien, nommé dans un titre de la fondation de l'abbaye de Franquevaux, de l'an 1147.

Bertrand de Saint-Julien fut présent à l'accord passé, l'an 1550, entre les vicomtes Raymond Trencavel et Bernard Aton, sur la succession du vicomte Roger, leur frère. Il vivait encore en 1174. Guillaume de Saint-Julien souscrivit un accord passé, l'an 1231, entre Raymond VII, comte de Toulouse, et l'abbé de Gaillac. Cette maison établit sa filiation depuis Besor de Saint-Julien, père de Guillaume, seigneur de Madières, vivant le 1er. septembre 1393. Celui-ci fut père de Guillaume II de Saint-Julien, qui reçut une reconnaissance féodale en 1465, et d'Antoine de Saint-Julien, Ier. du nom, co-seigneur de Madières, lequel eut pour fils Marquez de Saint-Julien, écuyer, seigneur de Madières, vivant en 1479. Cette famille a donné un commandant de la place de Ribes en 1616, et des officiers de tous grades. *D'azur, à deux lions affrontés d'or, accompagnés d'une fleur de lys du même en chef, et d'une colombe d'argent en pointe, portant dans son bec un rameau d'olivier de sinople.*

DE SAINT-JUST, seigneur de Brillempré, en Picardie. Cette famille remonte à Maurice de Saint-Just, écuyer, vivant en 1629. Ses descendants ont constamment suivi le parti des armes. *D'azur, à la fasce d'or, accompagnée en chef d'une croisette pâtée d'argent, et en pointe d'un lionceau du même, lampassé et armé de gueules.*

DE SAINT-JUST-D'AUTINGUES, en Artois. *D'azur, à la tour d'argent, accompagnée en chef de trois colombes essorantes du même.*

DE SAINT-MARC, en Provence, famille originaire de la ville et république de Venise, qui a pour auteur Antoine de Saint-Marc, pourvu d'un office de conseiller au parlement d'Aix, en 1544. Quatre de ses descendants ont successivement exercé le même office. Cette famille a été maintenue le 22 octobre 1668. *D'azur, au lion d'or, tenant un livre ouvert d'argent.*

DE SAINT-MARCQ. *Voyez* LE CLÉMENT.

DE SAINTE-MARIE, seigneurs et patrons d'A-

gneaux, de la Haye – Bélouze, etc., en Normandie.
Cette famille a pour auteur Raoul de Sainte-Marie,
écuyer, seigneur de Saint-Andrieu, vivant, en 1460,
avec sa femme, Girette d'Esquay. Il eut pour fils
Jean de Sainte-Marie, Ier. du nom, écuyer, seigneur
d'Agnéaux et de Canchy. Les descendants de cette famille ont donné des gouverneurs de villes et de châteaux forts, plusieurs gentilshommes ordinaires de nos
rois, et un gentilhomme ordinaire de la chambre de
François, duc d'Alençon, un chambellan de Louis de
Bourbon, prince de Condé en 1563, et un chevalier
de Saint-Michel en 1583. *Écartelé, d'or et d'azur les
1 et 4, chargés d'un croissant de gueules.*

DE SAINTE-MARIE. *Voyez* RAPINE.

DE SAINT – MARTIN, seigneurs de Baignac, de
Martinest et de Sarzay, en Limosin. Cette famille a
pour auteur Gratien de Saint-Martin, époux de Françoise de la Touche, dont est issu Pierre de Saint-
Martin, Ier. du nom, chevalier, seigneur de Baignac,
sénéchal de la Basse – Marche, l'un des cent gentilhommes de la maison du roi, l'an 1541, marié avec
Jeanne Bermondet le 29 mai 1530. Cette famille a
donné deux gentilshommes ordinaires de la chambre
de sa majesté. *Bandé d'hermine et de gueules.*

DE SAINT-MAURICE, famille de Besançon, éteinte
depuis cinq siècles. Elle tirait son nom du patronage
de l'église de Saint-Maurice de cette ville.

DE SAINT-MAURICE. *Voyez* BARBEYRAC.

DE SAINT-MAURICE-FALLETANS, à Dôle, en
Franche-Comté, famille éteinte ; elle était issue de
Prudent de Saint-Maurice, avocat, anobli le 2 mars
1583. Elle a donné un chevalier d'Alcantara. *De gueules,
à la croix fleuronnée d'argent ; au chef cousu d'azur,
chargé de trois cœurs d'or.*

DE SAINT-MICHEL. *Voyez* GUYOT.

SAINT-MIHIEL.

Liste des Gentilshommes qui ont été admis à l'assemblée de la Noblesse du bailliage de Saint-Mihiel, convoquée le 26 mars 1789, pour l'élection des députés aux Etats-Généraux du Royaume.

Messieurs

De Bousmard, président de la noblesse.

Le comte René de Ligniville.

Le comte de Rosières.

De Gondrecourt.

De Manonville.

Le baron de Klopstein de Saint-Agnan.

Le chevalier de Faillonnet.

Montauban.

Platel du Plateau.

De Margadel de Xivrai.

L'Artillier.

Saint-Hillier.

Saint-Beaussant de Rambucourt.

De Rouyn.

Regnault de Raulecourt.

Guion de Saint-Victor.

Bousmard.

De Mercy de Procheville.

Le chevalier Damoiseau.

D'Alnoncourt.

Le baron de Kaulbars.

Du Lis.

Le marquis de Spada.

Josselin.

Rouvrois, gendarme de la garde.

Rouvrois, l'aîné.

Bregeot de Bylée.

Barrois de Manouville.

Faillonnet.

Rouvrois, le jeune.

Le chevalier Aymé.

Jallan de la Croix, l'aîné.

De Bourgogne.

Le marquis de Moy de Sons.

Jallan de la Croix, le jeune.

Drouot de la Cour.

De l'Isle de Moncel.

De Rouvoire.

Rouvrois, secrétaire de l'assemblée.

DE **SAINT-MORIS**, en Franche-Comté, barons de Choie, famille éteinte dans celle de Saint – Maurice Montbarrey, ancienne noblesse surnommée de Thuillière, à cause de son alliance avec la maison de Thuillière de Montjoie. Marc de Saint-Moris, reçu à Saint-Georges en 1524, portait : *De gueules, au chevron d'argent, deux étoiles en chef, et une rose du même en pointe.*

DE **SAINT-OFFANGE**, seigneurs du Vivier, de Saint-Sigismond, en Touraine, maison d'origine chevaleresque de l'Anjou et de la Touraine, qui remonte par filiation à Jean de Saint-Offange, écuyer, vivant en 1380 et 1400. Elle a donné des chevaliers de l'ordre du roi, des gouverneurs de places, et des officiers de tous grades. *D'azur, au chevron d'argent, accompagné de trois molettes d'éperon du même.*

DE SAINT-OURS DE L'ESCHAILLON, en Dauphiné. Pierre de Saint-Ours, vivant en 1339, est le premier auteur connu de cette ancienne famille. *D'or, à l'ours de sable.*

SAINT-PAPOUL.

Liste des Gentilshommes du diocèse de Saint-Papoul, qui, en 1789, ont signé le Mémoire sur le droit qu'a la Noblesse, de nommer ses députés aux Etats-Généraux du royaume, dans les assemblées convoquées par bailliages et sénéchaussées:

Messieurs

Le marquis de Vaudreuil.
Le comte Philippe de Vaudreuil.
De Calouin de Treville.
De Castelet.
Le marquis de Laurens.
Le comte de Laurens.
De Reyniès.
De Bousat de Ricaud.
Le comte de Raymond.
Le marquis d'Hebrail.
De Polastre.
De Nougarède.
Le marquis de Raymond.-Lasbordes.
Le vicomte de Raymond.
Le chevalier de Combalsonne.
De Chalvet-Rochemonteix.
De Gouzens de Fontaines.
Des Guillots de Labatut.
De Saint-Sernin.
De Bonnefoy.
De la Calouinière.
De Gauzy.
De Roquette.
De Varagne.
De Connacy.
Le baron de Villeneuve.
Le Roi de la Roquete.
De Coussin de Vales.
De Lamée de Soulages.
De Lastouzeilles.
Le marquis de Pradines.
Le comte Henry de Bellissens.
De Maureilhan Soupets.
De Cavailhes de Lasbordes.
De Bailot d'Acher, père.
Le comte de Bonne-Mont-Maur.

DE SAINT-PERN, seigneurs de Ligouyer, de la Villernoult, de Champalaune, etc., en Bretagne, maison issue d'ancienne chevalerie, qui a pris son nom d'une terre située au diocèse de Saint-Malo. Lors de la recherche, en 1667, elle fut maintenue dans la qualité de *chevalier*, sur titres filiatifs remontés à Bertrand de Saint-Pern, chevalier, vivant l'an 1351, qui servit de parain au fameux Bertrand du Guesclin, l'an 1357, dans un combat singulier. Ses descendants ont suivi la plupart le parti des armes; d'autres ont exercé des charges distinguées dans la magistrature du parlement de Bretagne. Judes de Saint-Pern, seigneur de Ligouyer et du Lattay, chevalier de l'ordre du roi l'an 1574, et connétable de la ville de Rennes, avait épousé en premières noces, le 4 octobre 1543, Renée de la Marzelière, et, en secondes noces, Catherine de Chateaubriand. René de Saint-Pern, Ier. du nom, seigneur de Champalaune, chevalier de l'ordre du roi, qualifié connétable pour sa majesté, en la ville de Rennes, issu du premier mariage, épousa, le 10 septembre 1588, demoiselle Gabrielle du Parc. *D'azur, à dix billettes percées d'argent.*

SAINT-PONS.

Liste des Gentilshommes du diocèse de Saint-Pons, qui, en 1789, ont signé le Mémoire sur le droit qu'a la Noblesse, de nommer ses députés aux Etats-Généraux du royaume, dans les assemblées convoquées par bailliages et sénéchaussées.

Messieurs

Le comte d'Hautpoul.	De Fleyres.
De Raynaud.	De Michelet.
De Benes.	De Pardailhan.
De Beaufort.	D'André.
De la Tour.	De Siran.

DE SAINT-PRIEST. *Voyez* GUIGNARD.

DE SAINT-PRIVÉ, seigneurs de Richebourg d'Arrigny, etc., en Champagne, famille qui a pour auteur Marc de Saint-Privé, écuyer, sieur d'Arrigny, de Cloye et de Gondcourt, marié avec Nicole de Criston, le 19 janvier 1520. Jean de Saint-Privé, écuyer, sieur d'Auzon et d'Arrigny, issu de cette alliance, fut homme d'armes des ordonnances du roi l'an 1569. Il épousa Catherine de Richebourg. Cette famille compte au nombre de ses descendants plusieurs officiers. *D'argent, au sautoir de gueules, bordé d'une dentelure de sable.*

DE SAINT-QUENTIN, seigneurs et patrons de Saint-Quentin-d'Elle, de Launay et d'Asprigny, en Normandie. Le surnom de cette famille était anciennement DODIN. Richard Dodin, écuyer, sieur de Saint-Quentin et de Launay, marié le 6 décembre 1552, avec demoiselle Guillemine du Buisson, était fils de Vincent Dodin, et petit-fils de Richard Dodin, Ier. du nom, écuyer, sieur de Saint-Quentin. Ce fut par lettres patentes du mois de décembre 1641, que le roi autorisa la substitution du nom de Saint-Quentin à celui de Dodin, que portait avant cette famille, laquelle a donné un conseiller de sa majesté, en son grand conseil, et un capitaine des dragons de la Reine, décoré de l'ordre royal et militaire de Saint-Louis. *D'azur, au chevron d'or, accompagné en chef de deux croissants d'argent, et en pointe d'un cygne nageant sur une rivière du même.*

DE SAINT-REMI. *Voyez* GUIOT.

DE SAINT-REMY, en Champagne. Henri de Saint-Remy, gentilhomme ordinaire de la chambre du roi Henri III, était fils naturel du roi Henri II, et de Nicole de Savigny, demoiselle de Saint-Remy. Henri III, par lettres du 13 février 1577, lui donna trente mille écus sol., dont sa mère donna quittance le 26 du même mois. Lors de la recherche de la noblesse, en 1667, M. de Caumartin, intendant en Champagne, ne voulut point, par considération, donner de jugement aux descendants de ce seigneur, qu'il eut fallu dès lors reconnaître issus du roi Henri II, ce qu'on ne parut point vouloir autoriser. On doit dire aussi que le don fait par le roi Henri III, n'était pas un motif suffisant pour établir un fait de cette importance. *D'argent, à la fasce d'azur, chargée de trois fleurs de lys d'or.*

DE SAINT-ROME. *Voyez* GUALY.

DE SAINT-TRIVIER. *Voyez* GRILLET.

DE SAISSEVAL DE FEUQUIÉRES, seigneurs de Feuqueroles, etc.; en Picardie, illustre et ancienne maison de chevalerie, qui florissait dès le commencement du onzième siècle. Elle est connue depuis Enguerrand de Saisseval, écuyer, qui fit hommage au seigneur de Pecquigny, l'an 1023, pour ses terres de Saisseval, de Brailly et de Waast. Elle établit sa filiation depuis Gilles de Saisseval, écuyer, vivant en 1362, trisaïeul de François de Saisseval, Ier. du nom, écuyer, seigneur de Pissy, marié à Antoinette le Bourachier, le 14 juillet 1538, et père de François de Saisseval, IIe. du nom, écuyer, seigneur de Pissy, homme d'armes des ordonnances du roi. Ce dernier épousa demoiselle Marie d'Ardus, dame de Meraucourt, le 19 juillet 1575. Parmi leurs descendants on compte un major du régiment d'Ormoi, chevalier de l'ordre royal et militaire de Saint-Louis, un capitaine du régiment de la reine, et plusieurs autres officiers. *D'azur, à deux bars d'argent adossés.*

DU SAIX. *Voyez* GRUEL.

DE SALES DE SALÉLES, en Languedoc, famille ancienne, originaire du Gévaudan, dont le premier auteur obtint, en 1440, une commission du roi pour la charge de capitaine des forêts du Gévaudan. Elle a donné un capitaine de cent hommes de pied, sous François Ier, et plusieurs officiers d'infanterie et de cavalerie, décorés de l'ordre royal et militaire de Saint-Louis. *D'argent, à deux licornes de gueules; au chef d'azur, chargé de trois étoiles d'or.*

DE SALIVES, en Franche-Comté, famille qui remontait à noble Jean de Salives, lieutenant général du bailli d'Amont, en 1475. On a prétendu qu'il portait le nom de Salives, d'un village où il était né. Ses deux fils ont été conseillers au parlement. Cette famille, éteinte en émigration, a été reçue à Saint-Georges en 1629, et a fourni plusieurs capitaines. *Palé d'argent et d'azur; au chef d'azur chargé de trois coquilles d'or.*

DE SALIVET DE FOUCHECOURT, famille qui portait originairement le nom de *marquis*. La ville de

Besançon, impériale et libre était gouvernée par une
municipalité élective ; vingt-huit gouverneurs, et surtout quatre d'entr'eux, qu'on appelait co-quatre, étaient
de petits souverains. Le marchand, le vigneron, élu
dans les vingt-huit, prenait le titre de noble ; Ses descendants jouissaient des mêmes honneurs, et cette noblesse patricienne était avouée du parlement et des
chapitres. La confrérie de Saint-Georges ne l'a admise
que quand les preuves y ont été exigées de seize quartiers en 1756. Pierre Marquis, co-gouverneur de Besançon, épousa Louise Salivet de Vesoul ; François
Salivet, son beau-frère, docteur ès-droits, anobli en
1531, n'ayant point d'enfants, adopta François Marquis, son neveu, à condition qu'il prendrait le nom
de Salivet. Ce François Marquis est nommé et qualifié
partout noble François Marquis, dit Salivet, docteur
ès-droits. Il épousa Guyonne Sonnet, d'une famille
noble éteinte. Il en eut noble Luc Marquis, dit Salivet,
docteur ès-droits, maire de Vesoul en 1613, marié,
en 1591, à Anne Montrivel, fille de noble Jean de
Montrivel, co-gouverneur de Besançon. Luc en eut six
enfants, entr'autres noble Claude-François Salivet de
Vesoul, docteur ès-droits, maire de Vesoul en 1651,
marié, en 1622 à Valentine Grosjean, dénommée fille
de noble Nicolas Grosjean, docteur ès-droits. Leur fils
Claude-François Salivet, second du nom, acheta la
terre de Fouchécourt ; il épousa Gabrielle Chappuis,
et fut père d'Antoine-François-Salivet, seigneur de
Fouchécourt, mari de Jeanne-Louise Damey, et père
de Jean-François-Ignace Salivet, seigneur de Fouchécourt, lieutenant d'infanterie, qui épousa en premières noces Marguerite-Sébastien, fille d'un négociant de Metz, et, en secondes noces, Antoinette
Françoise Damey, sa cousine germaine ; il eut deux
fils du premier mariage, trois fils et quatre filles du
second.

DE LA SALLE, seigneurs de Sarraziet, de Bordes ;
marquis de Roquefort, par érection de septembre 1739,
en Guienne, maison ancienne et distinguée, connue
par filiation depuis Jean-François de la Salle, seigneur
de Bordes, qui rendit hommage au roi, pour cette terre,
le 2 juin 1486. Elle a donné des officiers de tous grades.

Ecartelé, aux 1 et 4 d'or, au lion de gueules ; aux 2 et 3 d'azur, à neuf losanges d'or.

DE LA SALLE. *Voyez* CAILLEBOT.

DE SALMON, marquis du Chastellier, seigneurs de la Brosse, de Loiré et de Courtremblay, en Vendômois, dans le Maine et dans la Touraine, famille ancienne et distinguée, originaire du Vendômois, qui remonte par filiation à Jean Salmon, Ier. du nom, écuyer, seigneur du Léhon, mentionné dans un acte passé à Tours, le 30 juillet 1449. Ses descendants ont formé plusieurs branches : 1°. les seigneurs de Léhon, éteints après 1537 ; 2°. les seigneurs du Chastellier ; 3°. les seigneurs de la Brosse ; 4°. les seigneurs de Loiré ; 5°. les seigneurs de Courtremblay. Ces diverses branches ont donné des chevaliers de l'ordre du roi, des officiers généraux et supérieurs, décorés de l'ordre royal et militaire de Saint-Louis, et antérieurement des capitaines d'hommes d'armes, des commandants de bans et arrière-bans de la noblesse du Maine. Il existe aujourd'hui dans cette famille un prélat nommé à l'évêché de Laon. *D'azur, au chevron d'or, accompagné de trois têtes de lion du même, arrachées et languées de gueules.*

SALOMON. Jean Salomon fut anobli pour services militaires, le 18 mai 1462.

DE SALOMON, famille originaire de Sicile, et une des plus anciennes de cette île, où elle a possédé de grands biens. Elle remonte à Gérard Salomon qui quitta Rome pour se jeter dans l'armée du maréchal de Lautrec, qui assiégeait Naples. Il y donna d'abord des marques de sa valeur et de son courage ; il gagna tellement l'estime de son chef, que celui-ci lui donna le commandement de cinq cents hommes. Il vint en Provence, avec l'ordre du roi, pour faire fortifier Antibes. Pour le récompenser de ses services signalés, il eut le gouvernement d'Eutrevaux, par lettres du 11 septembre 1559. Ses descendants furent maintenus dans leur noblesse le 6 septembre 1667 ; ils ont donné un capitaine des galères, un gouverneur de place forte, etc. *Parti, au 1 d'azur, à trois bandes d'or ; au 2 d'azur, à la barre d'or.*

DE SALUCES, seigneurs de Champelin, des Granges, en Brie. Auguste de Saluces, gentilhomme ordinaire de la chambre du roi, fils naturel de Jean-Louis, dernier marquis de Saluces, en Piémont, et de Marie Brenara, non mariée, fut légitimé au mois de décembre 1566. Louis de Saluces, écuyer, seigneur de la Motte et des Granges, fils naturel d'Auguste de Saluces, chevalier de l'ordre du roi, et d'Antonia Provana, non mariée, épousa, le dernier juin 1593, Blaisine Cabaret. De lui sont issus les seigneurs de Champetin et de Bailly, en Brie et en Champagne, maintenus par M. de Caumartin, en 1667. Cette maison a donné plusieurs officiers supérieurs décorés de l'ordre royal et militaire de Saint-Louis. *D'argent, au chef d'azur.*

DE SALVAING, seigneurs d'Alinges, de Salvaing, de Boissieu et de Vourey, etc., ancienne et illustre maison chevaleresque du Dauphiné. Elle prouve son ancienneté depuis Aimon, seigneur de Salvaing et d'Alinges, qui vivait en 1012. Cette maison s'est divisée en plusieurs branches. Elle a donné un grand maître de l'ordre des Templiers, des chevaliers de l'ordre du roi ; un lieutenant d'une compagnie d'ordonnance, qui contribua beaucoup au gain de la bataille de Cerisolles ; des conseillers et avocats généraux du roi. Aimon de Salvaing fut l'un des onze chevaliers que choisit le chevalier Bayard, son cousin germain, pour le célèbre combat avec autant d'Espagnols, combat qui eut lieu devant la ville de Trane, dans le royaume de Naples, en 1502. *D'or, à l'aigle éployée de sable, membré, becqué et diadémé de gueules ; à la bordure d'azur, semée de fleurs de lys d'or.*

DE SALVE, en Provence, famille ancienne et distinguée, qui prouve sa filiation depuis Laurens de Salve. Jean Salve, son arrière-petit-fils, par commission donnée par le roi Heni IV, le 20 juillet 1595, commanda une compagnie de cavalerie de cent maîtres. Ses descendants furent maintenus dans leur noblesse le 27 novembre 1668. *D'argent, à deux loups passant l'un sur l'autre, armés, lampassés et allumés de gueules ; à la bordure du même.*

DE SALVERT, seigneurs de Fourranges, de la

Motte d'Arson, de Villatte et de Montlieu. Cette famille, divisée en plusieurs branches, a pour auteur
Bertrand de Montrognon, dit de Salvert, écuyer,
marié avec Antonie de Bouziers, le 6 février 1496, et
père de François de Montrognon, dit de Salvert, Ier. du
nom, qui épousa Catherine de la Rochebriant, le
15 mars 1527. Elle a donné plusieurs officiers, un
grand écuyer de France, un écuyer ordinaire de la
grande écurie, et un écuyer cavalcadour de madame la
dauphine. *D'azur, à la croix ancrée d'argent.*

DE SAMBUCY, famille noble, d'ancienne extraction, originaire d'Italie, où elle est alliée avec les illustres maisons de Bologne et de Padoue, et qui s'est
établie en France, dans le Rouergue, au quinzième siècle. Elle s'y est divisée en trois branches:
1°. les seigneurs de Linas et de Luzançon; 2°. les barons de Sorgue; 3°. les barons de Miers. Elle a constamment suivi le parti des armes, a donné plusieurs
officiers supérieurs, des gouverneurs de places, et un
chef de division des armées navales, chevalier des
ordres militaires de Saint-Louis et de Cincinnatus.
*D'or, à la branche de surcau de sinople, fleurie d'argent,
mouvante d'un croissant de sable; au chef d'azur, chargé
d'un soleil d'or.* Couronne de marquis. Supports: deux
levriers.

SANGUIN, seigneurs de Roquencourt, de Vaulu-
ceau, etc., en Brie et à Paris. Cette famille a pour
auteur Claude Sanguin, seigneur de Santeny, élu
échevin de la ville de Paris, le 16 août 1523, puis
bailli du Louvre. Jean Sanguin, seigneur de Vaulu-
ceau, de Santeny et de Roquencourt, fils du précédent, était notaire et secrétaire du roi, maison, couronne de France et de ses finances, le 7 mars 1558. Il
fut élu échevin de la ville de Paris le 16 août 1564,
et épousa, le 7 février 1556, Marie de Baugy. *D'azur,
à la bande d'argent, accompagnée en chef de trois glands
d'or, posés deux et un, et en pointe de deux pates de
griffon posées en bande du même.*

SANTANS, famille noble de Franche-Comté,
éteinte dans celle d'Espiard. Elle fut réhabilitée en
1570. *D'argent, à la croix ancrée de sable.*

DE SANTEUL, à Paris. Le nom de Santeul est ancien ; le père Anselme fait mention d'un Roland de Santeul, vivant en 1369. Néanmoins, la famille qui fait l'objet de cet article, paraît n'avoir d'autre analogie que le nom, avec celle de ce Roland. Elle a pour auteur Augustin Santeul, marchand mercier de Paris, anobli de 1620 à 1627. Elle a donné des magistrats, des échevins, quartiniers et conseillers de la ville de Paris. Le célèbre poëte Jean-Baptiste de Santeul, né à Paris, le 12 mai 1630, mort le 5 août 1697, était de cette famille. *D'azur, à la tête d'Argus d'or.*

DE SAPORTA DE CHATEAUNEUF, en Provence et au comtat Venaissin, famille qui prouve son ascendance depuis noble et égrège homme Louis Saporta, Ier. du nom, professeur royal en l'université de Montpellier, et premier médecin du roi Charles VIII. Cette famille a donné plusieurs officiers décorés de l'ordre royal et militaire de Saint-Louis. *D'azur, au portail d'or ; au chef cousu de gueules, chargé d'un lion léopardé du second émail.*

DE SAQUI, seigneurs de Torris et de Colobrières, en Provence, famille originaire du comté de Nice. Elle établit sa filiation, en Provence, depuis Jean et Georges Saqui, frères, vivants vers 1520. Elle a produit des officiers de galères et des lieutenants principaux des bailliages et sénéchaussées d'Hières et de Toulon. *De gueules, au chevron d'argent, accompagné d'une ancre de vaisseau, à quatre branches du même.*

DE LA SARDIÈRE. *Voyez* GRILLET.

SARRAGOZ, à Besançon, famille de robe, anoblie en 1603, éteinte en 1816. *Coupé, au 1 d'azur, au phénix d'argent sur son immortalité de gueules, adextré en chef d'un soleil d'or ; au 2 d'or, à quatre vergettes de gueules.*

DE SARRASIN, en Provence, ancienne famille, originaire de Lorraine. Jean Sarrasin, qui en est la tige, s'établit en Provence, où sa famille eut divers emplois dans la guerre ; il s'attacha au duc de Savoie, dont il commanda en chef l'artillerie en Piémont. Ce prince s'étant déclaré contre le roi, il se retira en France, où il fut reçu avec de grandes marques d'estime par M. de Lesdiguières, qui commandait les armées du roi en Dauphiné ; le roi le nomma intendant de ses places dans tout le Dauphiné, le Piémont et la Savoie, par lettres du 30 octobre 1592. Sa filiation ne s'est point interrompue ; quatre de ses descendants ont porté les armes ; deux sont morts au service, l'un en Flandre, lieutenant au régiment d'Artois, et l'autre au siége de Gironne, où il servait en qualité de volontaire dans le régiment où son frère était cornette. *D'argent, au chevron de sable, accompagné de trois lions, deux en chef, affrontés, et un en pointe du même, lampassés et armés de gueules.*

SARRASIN, sieurs de Beaumont, en Dauphiné. François Sarrasin, maître ordinaire en la chambre des comptes de Dauphiné, fut anobli par lettres du mois de juillet 1621 ; il eut pour fils, Philippe Sarrasin, sieur de Beaumont. *D'or, à la tête de maure de sable, tortillée d'argent, accostée de deux guivres du même, issantes de gueules.*

DE SARTIGES, seigneurs de Lavandès, en Auvergne. Cette famille prouve sa filiation depuis Bertrand de Sartiges, écuyer, seigneur de Lavandès, vivant avant l'an 1445 ; lequel était père d'Antoine de Sartiges, damoiseau, seigneur de Lavandès, marié avec Catherine de l'Espinasse, dite de Malengue. *D'azur, à deux chevrons d'or, accompagnés de trois étoiles d'argent.*

SASSENAGE, ville du Dauphiné, au pied des Alpes, qui a donné son nom à l'une des plus illustres maisons de cette province. Elle a pour auteur, Hector, fils puîné d'Artaud III, comte de Forez et de Lyon, mort en 1080. François Ier, seigneur de Sassenage, issu de lui, au septième degré, mourut en 1326, laissant d'Agnès de Joinville, fille de Simon de Joinville, Albert II, seigneur de Sassenage, conseiller du dauphin, et son ambassadeur en France, mort sans alliance, en 1339. Béatrix de Sassenage, une de ses sœurs, épousa Aimar de Bérenger, seigneur de Pont-en-Royans, qui descendait d'Ismidon, troisième fils d'Artaud III, comte de Forez et de Lyon. Elle en eut Henri, baron de Sassenage, seigneur de Pont-en-Royans. Il quitta le nom et les armes de Bérenger, pour prendre ceux de Sassenage, que ses descendants ont perpétués jusqu'à nos jours, en conséquence d'une disposition testamentaire de François Ier, seigneur de Sassenage, son aïeul maternel, qui l'avait substitué aux biens de sa maison, dans le cas où Albert II, son fils, mourrait sans enfants. Cette seconde race des barons de Sassenage a produit un grand nombre de personnages distingués. *Burelé d'argent et d'azur de dix pièces.*

DE SAUCIÈRES, seigneurs de Tenance, de Serigny, etc., en Bourgogne. Cette famille, maintenue dans la qualité de noble depuis 1546, par arrêt du conseil d'état du roi, rendu le 23 juillet 1668, a pour auteur Nicolas de Saucières, écuyer, seigneur de la Goutière, marié à Jeanne de Saucières. Nicolas eut pour fils Pierre de Saucières, écuyer, Ier du nom, seigneur du même lieu de la Goutière, qui épousa Marguerite de la Tour. On trouve parmi les descendants de cette famille, un chevalier de l'ordre du roi, gentilhomme ordinaire de la chambre et capitaine de trois cents arquebusiers à cheval pour le service de sa majesté. *De gueules, au lion d'or, couronné du même.*

DE SAULIEU, seigneur de Remeron et de Soulangis, en Bourbonnais et en Nivernais. Cette famille a pour auteur Jean de Saulieu, qui fut pourvu, le 16 octobre 1541, de l'office de contrôleur ordinaire des guerres. Ses descendants ont donné un colonel, et plusieurs capitaines, chevaliers de l'ordre royal et militaire de Saint-Louis. *Tiercé en fasce, au 1 de gueules, à trois étoiles d'or; au 2 d'or plein; au 3 d'azur, au levrier passant d'argent.*

SAULIEU. François et Guillaume de Saulieu furent anoblis pour services, en 1653 et 1656.

DE SAULX-TAVANNES, en Bourgogne. Cette maison réunit aux caractères de la plus ancienne chevalerie, l'avantage d'avoir constamment été comptée au premier rang de la noblesse de baronnage, et d'avoir exercé les premiers emplois à la cour et dans les armées des ducs de Bourgogne. Elle a une souche commune avec l'illustre et ancienne maison de Grancey, qui florissait dès le dixième siècle, et remonte, par filiation, à Gui Ier, seigneur de Grancey, comte de Saulx, vivant en 1057, issu des anciens comtes bénéficiaires du Langrois. Ce comté, devenu héréditaire dans la maison de Saulx, n'en sortit que par l'échange qu'en fit Gui III, avec Hugues III, qui le donna, l'an 1179, à Gautier, évêque de Langres, son oncle. Cette maison a formé plusieurs branches.: 1°. les seigneurs de Saulx, éteints vers 1300 ; 2°. les seigneurs de Vantoux, éteints vers 1530 ; 3°. les comtes de Saulx, vicomtes, comtes, puis ducs de Tavannes, dont le chef a été élevé à la pairie en 1814 ; 4°. les marquis de Tavannes, barons de Montgilbert ; 5°. les marquis de Mirebel ; 6°. les comtes de Saulx-Tavannes ; 7°. les marquis de Mirebeau ; 8°. les seigneurs de Pierrecourt et de Pernant ; 9°. les seigneurs de Fontaines ; 10°. les seigneurs de Courtivron. Ces sept dernières branches éteintes. La maison de Saulx-Tavannes a donné un maréchal de France, des lieutenants-généraux et maréchaux de camp des armées du roi, des chevaliers des ordres de S. M., des gouverneurs et lieutenants-généraux de provinces, un grand-aumônier de France, cardinal, archevêque de Rouen, et commandeur du Saint-Esprit, et nombre de personnages de marque. Ses diverses branches ont possédé plus de vingt terres titrées. *D'azur, au lion d'or, lampassé et armé de gueules.*

DE SAUVIAN. *Voyez* DE GEP.

DE SAVOURNIN, seigneurs d'Aiglun, famille ancienne de Provence, qui prouve sa filiation depuis Dominique Savournin, qui testa en 1585. Jacques, Honoré et Théophile Savournin, ses enfants, partagèrent la succession, le 15 septembre 1616 ; ils ont fait de belles alliances. Cette famille fut maintenue dans sa noblesse en 1668. *D'azur, à trois cœurs aboutés d'or.*

DE SAXI, en Provence, famille originaire de Languedoc (1), anoblie par lettres du 16 mai 1654, con-

_____

(1) Voyez l'Histoire de Carcassonne, in-4°. 473 et 474, où l'on voit un Jean Saxi, élu consul de cette ville en 1436 et 1443.

firmées au mois de mars 1669, pour services militaires. *D'azur, à trois bandes d'or ; au chef d'argent, chargé d'une tête de léopard de gueules, et soutenu de sable.*

DE SCEPEAUX, maison d'ancienne chevalerie de la province du Maine, qui a pris son nom d'une châtellenie située au comté de Laval. Elle a formé, 1º la branche des seigneurs de Scepéaux ; 2º. celle des seigneurs de Vieilleville ; 3º celle des seigneurs de Gaubert ; 4º celle des seigneurs de l'Esperonnière ; 5º. celle des seigneurs de la Cherbonnerie ; 6º. celle des seigneurs du Chemin ; 7º. celle des seigneurs de Beauchesne et de la Roche-Noyant. Cette maison prouve son ancienneté depuis Silvestre de Scepeaux, en latin *Cepullis*, et Robert, son fils aîné, chevaliers, vivants en l'an 1222 ; lesquels donnèrent à l'abbaye de Clermont, près la ville du Mans, toutes les dîmes qu'ils avaient dans les paroisses de Loisseron, de Thuilley, etc.; mais sa filiation n'est prouvée que depuis Jean de Scepeaux, chevalier, seigneur de Scepeaux, de l'Isle-d'Athée, de Saint-Brice, de Mausson et de Bouche-d'Usure ; lequel eut pour femme, Marie de Beaumont, et pour fils, Jean de Scepeaux, IIe du nom, chevalier, seigneur de Scepeaux, de la Motte-Bouchans et de l'Isle-d'Athée, qui reçut un aveu, l'an 1387, des héritages mouvants du Douet-Sauvage, et un autre aveu en 1388. Cette maison a donné des chevaliers bannerets et bacheliers, des capitaines de compagnies d'hommes d'armes des ordonnances, un maréchal de France en 1562, et un grand nombre d'officiers supérieurs. *Contrevairé d'argent et de gueules.*

DE SCEY, comtes de Scey, en Franche-Comté. Cette ancienne et illustre maison de chevalerie tire son nom du château de Scey. Elle a contracté de belles alliances, une, entr'autres, avec la maison de Montbéliard. Elle prouve sa filiation, par titres, depuis le onzième siècle, et a donné douze chevaliers de Saint-Georges, depuis l'an 1449. Ferdinand, comte de Scey, ayant été adopté par la marquise de Brun, en porta le nom. *De sable, au lion couronné d'or ; l'écu semé de croisettes recroisettées, au pied fiché, du même.*

SCOT, seigneurs de la Touche, en Bretagne. David

Scot, écuyer, obtint du roi d'Angleterre, Charles II, des lettres-patentes, datées d'Edimbourg, le 11 novembre 1669, confirmées par Louis XIV, le 7 mars 1671, par lesquelles il est déclaré noble et issu, au neuvième degré, de Michel Scot, baron de Balnary, chevalier doré, ambassadeur en Norwège, l'an 1285. Ses descendants furent maintenus dans leur noblesse, par arrêt des commissaires de Bretagne, du 24 mars 1671. David Scot eut pour femme, Nicole Martin, et pour fils, André Scot, qui épousa Charlotte Lorans, le 8 avril 1672. *D'or, à trois têtes de lion de gueules, arrachées et lampassées d'azur.*

SCOT DE LA MÉSANGÈRE, à Paris et en Normandie. Cette famille a pour auteur, Guillaume Scot, sieur de la Mésangère, reçu secrétaire du roi, le 29 septembre 1663, mort dans l'exercice de cette charge, en 1681. *D'or, au cerf au naturel, en repos.*

DE SEBASTIANE, seigneurs de Porchères, en Provence, famille originaire de la ville de Forcalquier. Jean Sebastiane, notaire et secrétaire du roi René, est la tige de cette famille ; elle obtint des lettres de réhabilitation, données par le roi Louis XIV, en 1637, en faveur de François Sebastiane, pour cause de dérogeance. Ses descendants ont continué la postérité. *D'azur, à quatre flèches d'or, couchées en fasce, la 2e. et la 4e. contre-posées.*

DE SÉCHEVAL. *Voyez* LE GRAS.

SECRÉTAIRES DU ROI, maison couronne de France ; c'étaient des officiers établis pour signer les lettres qui s'expédiaient dans les grandes et petites chancelleries, et pour signer les arrêts et mandements émanés des cours souveraines.

Au commencement de la monarchie, celui qui scellait les lettres s'appelait référendaire du roi, ou référendaire du palais.

Aurélien, référendaire du roi Clovis, qui régnait en 481, est le premier que l'histoire nous fasse connaître avec certitude. Hincmar, archevêque de Reims, dit qu'il portait l'anneau ou le sceau de ces princes. Le premier qui ait signé les chartes de nos rois, en qualité de notaire ou secrétaire, est Valentinien. Il exerçait cette charge sous Childebert, roi de Paris et fils de Clovis.

Dans la suite, le référendaire ou secrétaire du roi ne pouvant suffire à expédier seul toutes les lettres, on lui donna des aides, qui reçurent différents noms; on les appela *amanuenses*, *notarii*, *palatini scriptores*, *aulici scribæ*, *clerici regii*, *cancellarii*; et en français, clercs, notaires et secrétaires du roi. Sagon et Airard avaient cette qualité sous le roi Clotaire III, qui régnait en 660. Depuis cette époque, tous les référendaires chanceliers et archichanceliers de nos rois, ont eu de simples chanceliers, notaires ou secrétaires, qui écrivaient les lettres, et les présentaient au sceau.

Une ordonnance de saint Louis, du mois de février 254, les appelle *clerici* simplement; le roi défendant aux clercs ou à leurs écrivains de prendre, pour les lettres-patentes, plus de six deniers; et pour les lettres closes, plus de quatre. Depuis ce tems, les secrétaires du roi se trouvent qualifiés tantôt clercs du roi, simplement, tantôt clercs-notaires, tantôt notaires de France, ou notaires du roi, ensuite notaires-secrétaires du roi; et enfin le titre de secrétaire du roi a depuis long-tems prévalu, et c'est le seul qui leur est demeuré.

Il paraît néanmoins qu'il y avait anciennement quelque différence entre les notaires du roi et les secrétaires. Tous les secrétaires du roi étaient notaires; mais tous les notaires du roi n'avaient pas le titre de secrétaires. Ils n'en faisaient pas les fonctions. On entendait alors par clercs-notaires du roi, en général, tous ceux qui écrivaient, collationnaient et signaient les lettres de chancellerie et les arrêts des cours, au lieu que par secrétaires du roi, on n'entendait que ceux qui étaient à *secretis*, c'est-à-dire ceux qui étaient employés pour l'expédition des lettres les plus secrètes; ceux-ci approchaient le plus de la personne du roi, et étaient honorés de sa confiance. Ayant acquis, par-là, un plus haut degré de considération, ils furent distingués des autres clercs et notaires, et surnommés clercs du *secré*, du secret; c'est la première origine des secrétaires d'état, et c'est de-là que ces officiers devaient toujours être pourvus d'un office de secrétaire du roi. Le premier qui en fut dispensé, fut M. de Chauvelin, secrétaire d'état en 1728, lequel fut depuis garde des sceaux.

Les secrétaires du roi, maison couronne de France, se formèrent en grand et petit colléges. Le grand collége était la compagnie des secrétaires du roi, maison, couronne de France, et de ses finances, qui étaient attachés à la grande chancellerie de France.

Cette compagnie était autrefois composée de six colléges différents.

Le premier, qu'on appelait le collége ancien, ne comprenait d'abord que soixante personnes; savoir, le roi et cinquante-neuf secrétaires. Le collége fut depuis augmenté de soixante-neuf secrétaires, appelés gagers, pour les distinguer des autres, qu'on appelait boursiers.

Le second, appelé le collége des cinquante-quatre, composé de cinquante-quatre nouveaux secrétaires du roi, créés par édit de Charles IX, daté de 1570, et confirmé par Henri III en 1583.

Le troisième, appelé des soixante-six, composé de soixante-six secrétaires du roi, créés à diverses fois, et unis en collége par Henri IV, en 1608, auxquels furent joints les quarante-six, créés par édit de Louis XIII, en 1641; ce qui fit en tout, dans ce collége, cent douze secrétaires du roi.

Le quatrième, appelé des six vingt des finances, créés à trois fois; savoir, vingt-six par Henri IV, dix par Louis XIII, en 1605, et quatre-vingt-quatre encore par Louis XIII, en 1605.

Le cinquième, appelé le collége des vingt de Navarre, fut créé et établi, en 1607, par le roi Henri IV, qui les amena en France avec la couronne de Navarre; ils étaient ses secrétaires lorsqu'il n'était encore que roi de Navarre.

Le sixième et dernier, appelé des quatre-vingts, fut créé, à deux fois, par Louis XIV; savoir, quarante-six en 1655, et trente-quatre en 1657.

Ces six colléges différents ont depuis été réunis en un seul et même collége, qu'on appelait le grand collége des secrétaires du roi, qui avaient tous le même titre.

Le petit collége était composé des secrétaires du roi, établis près des cours et des petites chancelleries.

En 1704, le nombre des secrétaires du roi était de trois cents quarante; mais depuis il a subi des variations, et l'édit du mois de juillet 1724 les a réduits à deux cent quarante, mais ils furent portés à trois cents en 1727.

Charles IX, par des lettres du 15 février 1583, portant réglement pour les habits, ordonna que les notaires et secrétaires de la maison et couronne de France pourraient porter soie, ainsi que les autres gentilshommes, tant d'épée que de robe longue.

L'édit du mois de novembre 1482, fixe leurs fonctions, et porte qu'ils ont été établis pour loyaument, rédiger par écrit, et approuver par signature l'attestation en forme due de toutes les choses solennelles et authentiques qui, par le tems advenir, seraient faites, commandées et ordonnées par le roi, soit livres, registres, conclusions, délibérations, lois, constitutions, pragmatiques sanctions, édits, ordonnances, consultations, chartes, dons, concessions, octrois, priviléges, mandements, commandements, provisions de justice ou de grâce, et aussi pour faire signer et approuver par attestation de signature, tous les mandements, chartres, expéditions quelconques faites en leurs chancelleries, tant de vers les chanceliers de France qu'ailleurs, quelque part que lesdites chancelleries soient tenues; comme aussi pour enregistrer les délibérations, conclusions, arrêts, jugements, sentences et prononciations des rois ou de leur conseil; des cours de parlement et autres, usant, sous les rois, d'autorité et juridiction souveraine, et généralement toutes lettres closes et patentes, et autres choses quelconques, touchant les faits et affaires des rois de France et de leur royaume, pays et seigneuries.

Ce même édit porte qu'ils ont été institués pour être présents et perpétuellement appelés, ou aucuns d'eux, pour écrire et enregistrer les plus grandes, et spéciales, et secrètes affaires du roi, pour servir autour de lui ; et dans ses conseils, pour accompagner le chancelier de France, être et assister ès-chancelleries, quelque part qu'elles soient tenues, assister au grand conseil ès-cours du parlement, en l'échiquier de Normandie, dans les chambres des comptes, justice souveraine, des aides, requêtes de l'hôtel et du palais, en la chambre du trésor, et aux grands jours, pour y écrire et enregistrer tous les arrêts, jugements et expéditions qui s'y font ; tellement que nul ne pourra être greffier du grand conseil, ni d'aucune des cours du parlement, et autres cours souveraines, chambres des comptes, requêtes de l'hôtel, ni du trésor, qu'ils ne soient du nombre des clercs-notaires et secrétaires du roi.

L'édit du mois de janvier 1566, porte, qu'ils seront envoyés avec des gouverneurs des provinces, chefs d'armées, ambassadeurs et généraux des finances, pour donner avis au roi de tout ce qui se passera, et faire à l'entour d'eux toutes les expéditions nécessaires.

Il est aussi ordonné, par ce même édit, qu'on leur donnera les mémoires nécessaires, et les gages pour écrire l'histoire du royaume selon leur institution.

Ils ne pouvaient anciennement vaquer à aucune autre fonction, et ceux qui servaient quelqu'autre prince, sans permission du roi, perdaient leurs bourses.

Ils avaient la faculté de rapporter toutes sortes de lettres dans les chancelleries.

Eux seuls pouvaient signer ce qui est commandé par le roi, et arrêté dans les conseils et cours souveraines.

Les secrétaires du roi étaient au nombre des plus anciens commensaux de la maison du roi ; des lettres du mois d'avril 1320, prouvent qu'ils avaient dès-lors des gages, droits de manteaux, et qu'on leur payait la nourriture de leurs chevaux.

En qualité de commensaux, ils avaient leurs causes personnelles, possessoires et hypothécaires, commises aux requêtes de l'hôtel, et aux requêtes du palais, à leur choix.

En matière criminelle, ils ne pouvaient être jugés que par le chancelier de France, qui était le conservateur de leurs priviléges, ou par le parlement; néanmoins, par arrêt du conseil du 27 octobre 1574, et lettres-patentes des 13 avril 1576, et 18 septembre 1578, arrêt et déclaration du 27 novembre 1598, lettres du 4 mars 1646, sa majesté attribuait au grand conseil la connaissance de toutes les infractions à leurs priviléges.

Ils assistaient à l'entour de la personne du roi avec le chancelier, dans les conseils de S. M., aux chancelleries, et dans les cours de parlement et autres cours souveraines.

Aux états tenus à Tours, en 1467, ils étaient assis au-dessous des princes du sang, du connétable, du chancelier, et des archevêques et évêques; ils étaient assis aux états de Blois, en 1588, au nombre de dix-huit représentants (les autres, placés sur un banc en face de celui de la noblesse), et à ceux de Paris, en 1614.

Leurs offices étaient perpétuels, pour la vie de chacun d'eux, et n'étaient impétrables que par mort, résignation, ou forfaiture déclarée telle par le chancelier, les maîtres de requêtes appelés ou joints, ou par le parlement.

Ceux qui résignaient à leurs fils ou gendre, continuaient de jouir des priviléges.

Les veuves jouissaient du même privilége que leurs maris, tant qu'elles restaient en viduité.

Les lettres de Charles IX, du mois de janvier 1566, leur accordaient le titre de conseiller du roi, entrée dans les cours, et séance à l'audience, au banc des autres officiers, et au-dessus de tous.

Il est dit, dans ces mêmes lettres, que, quand les cours marcheront en corps, les secrétaires y pourront être après les greffiers, selon l'ordre de leur réception, comme étant du corps de ces cours, en tant que greffiers-nés.

Les lettres du mois de mai 1572, permettaient, à ceux qui avaient servi vingt ans, de résigner leurs offices sans payer finance, ni être sujets à la règle de quarante jours.

Ce tems expiré, on leur donnait des lettres d'honneur ; et, par déclaration du 27 mars 1598, ils furent exceptés de la révocation générale des survivances. Leurs offices ont été déclarés exempts de toutes saisies, criées, subhastations et adjudications. (Déclaration du 9 janvier 1600).

Par lettres-patentes datées du mois de février, le roi Charles VIII confirme les clercs, notaires et secrétaires de la maison et couronne de France, dans tous les priviléges qui leur avaient été accordés par les rois, ses prédécesseurs, et les anoblit, en tant que de besoin, ensemble leurs enfants nés et à naître, en loyal mariage, et leur postérité, les déclarant capables de recevoir tous ordres de chevalerie et de toute dignité, comme si leur noblesse était d'ancienneté, et au-delà de la quatrième génération.

Ces priviléges leur furent renouvelés par édits de 1518, 1519 et 1537.

L'édit du mois de novembre 1640, qui révoque tous les anoblissements, moyennant finance, depuis trente ans, excepte les secrétaires du roi, maison et couronne de France ; et une déclaration du 24 octobre 1643 les confirme dans les privilèges que leur a accordés Charles VIII, par les lettres du mois de février 1484.

Par déclaration du 24 juin 1702, le roi ordonna que, conformément aux édits des mois d'avril 1672 et novembre 1690, les conseillers, notaires et secrétaires de sa majesté, créés par édit dudit mois d'avril, près des requêtes de l'hôtel, dans la chambre des enquêtes et des requêtes du palais du parlement de Paris, et près de la cour des aides de Paris, jouiraient des privilèges et prérogatives des conseillers-secrétaires de la grande chancellerie, et ceux qui seraient pourvus desdits offices, ensemble leurs veuves en viduité, et leurs enfants et descendants mâles et femelles, nés et à naître en légitime mariage, seraient réputés nobles, et comme tels jouiraient de tous les priviléges dont jouissaient les autres nobles du royaume, pourvu que lesdits officiers eussent servi vingt ans, ou qu'ils fussent décédés revêtus desdits offices.

Par un autre édit du mois de février 1705, les offices de conseillers-secrétaires du roi, maison et couronne de France ; créés par édits de 1701, et janvier 1703, sont fixés dans les proportions suivantes :

8 En la chancellerie, près le parlement d'Aix.
8 En la chancellerie, près la chambre des comptes d'Aix.
26 En la chancellerie, près le parlement de Tournai.
8 En la chancellerie, près le parlement de Toulouse.
30 En la chancellerie, près le parlement de Rennes.
8 En la chancellerie, près la chambre des comptes de Montpellier.
8 En la chancellerie, près le parlement de Grenoble.
8 En la chancellerie, près le parlement de Rouen.
8 En la chancellerie, près le parlement de Besançon.
12 En la chancellerie, près la chambre des comptes de Dôle.
12 En la chancellerie, près le parlement de Metz.
7 En la chancellerie, près le parlement de Pau.
10 En la chancellerie, près le parlement de Dijon.
8 En la chancellerie, près le conseil supérieur d'Alsace.
12 En la chancellerie, près la cour des aides de Clermont-Ferrand.
10 En la chancellerie, près la cour des aides de Montauban.
8 Près le parlement de Bordeaux.
6 Près la cour des aides de Bordeaux.
6 Près le conseil provincial d'Artois.

————

203.

Ils ont les mêmes privilèges que les secrétaires de la grande chancellerie, avec droit de comittimus dans l'étendue des parlements de leur domicile, ensemble les veuves et enfants des décédés ou de ceux qui auront exercé pendant vingt ans.

Les secrétaires du roi, aux termes de l'édit de décembre 1701, pouvaient faire librement toute sorte de commerce en gros, tant au dedans qu'au dehors du royaume, pour leur compte ou par commission, sans déroger à la noblesse.

SÉGUIN, en Franche-Comté, originaire du bailliage de Laval. Ferdinand Séguin, conseiller au parlement de Dôle, en 1570, ne laissa que des filles. *De
gueules, au chevron d'or; à deux quintefeuilles d'argent,
en chef, et un cygne essorant d'or, en pointe.*

SÉGUIN, à Besançon, seigneurs de Galleranges,
originaires du bailliage d'Amont. Claude-Nicolas-Mar-
cellin Séguin, mourut quelques années avant la révolution, revêtu d'une charge de conseiller au parlement.
François Séguin, son cousin, fut anobli à la même
époque, par l'office de greffier en chef.

DE SEGUIN, barons de Reyniès, seigneurs de la
Tour de Bucelly, de Prades, de Rochevalier, en Languedoc, maison d'ancienne chevalerie, originaire du
comté de Melgueil, connue depuis Raymond Seguin,
qui, l'an 1172, fut présent à la donation que fit Béatrix, comtesse de Melguel, de son comté, à Raymond,
comte de Toulouse. (*Histoire générale du Languedoc,
par D. Vaissète*, tom. II, col. pr. 130.) Raymond
Seguin, de Melgueil, fut l'un des chevaliers qui, l'an
1267, se croisèrent pour la Terre-Sainte sous le roi
saint Louis. (*Ibid.*, page 510.) Pons de Seguin fut l'un
des chevaliers templiers qui, l'an 1310, furent impli-
qués dans ce procès funeste qui anéantit leur ordre,
pour envahir leurs biens, et qui en fit périr un grand
nombre sur des buchers. (*Ibid.*, tom. IV, pag. 140.)
*Ecartelé, aux 1 et 4 de sinople, au chevron d'or, accom-
pagné de trois croissants d'argent; aux 2 et 3 d'or, au
lévrier de sinople; au chef d'azur, chargé de trois mouchetures d'hermine d'argent.*

SEGUIN. Girard Seguin, bourgeois de Rodez, de
libre condition, fut anobli au mois de mai 1439.

DES SÉGUINS, famille ancienne et distinguée, du
comtat Venaissin, répandue en Languedoc, en Dauphiné et en Touraine, et illustrée par des personnages
célèbres dans la magistrature et dans l'épée. Elle est
connue par filiation depuis Antoine Séguin, ou des
Séguins, qui, selon une tradition que n'a pas adoptée
l'auteur de l'Histoire de la Noblesse du comtat Venaissin, passa des états de Venise en Vivarais, et de là dans

le comtat Venaissin, l'an 1460. Il épousa, vers 1480, Catherine de Chayx, dont il eut, entr'autres enfants, 1°. Raimond, auteur de la branche des seigneurs de Saint-Marcellin, éteinte après 1604; 2°. Girard, qui fonda la branche des seigneurs de Mirmande, éteints après 1713; 3°. Bertrand, tige de la branche des seigneurs de Buisse et de Blacons, éteints après 1607; 4°. Gabriel, auteur des seigneurs de Vassieu, dont est sortie la branche des seigneurs des Baumettes, marquis d'Aubignan; 5°. Jean, dont descendent les seigneurs de Saint-Romain, éteints avant 1705; 6°. Richard, souche des seigneurs de Piégon, du surnom de Cabassole, dont sont sortis deux rameaux, le dernier établi près de Chinon, en Touraine. *D'azur, à la huppe essorante d'argent, becquée et armée de gueules; accompagnée de sept etoiles à six rais d'or, quatre rangées en chef et trois en pointe 2 et 1.*

DE SEIGNEURET, en Provence, en Blésois et en Languedoc. Cette famille a pour auteur Jacques de Seigneuret, seigneur de Gai-Perreus, capitaine et châtelain du Châtel, et du mandement de Boucan, en Dauphiné, chef de paneterie-bouche de la reine en 1510. Pierre Seigneuret, fut pourvu par le roi Henri III, lorsque ce monarque n'était encore que roi de Pologne, de la charge de son conseiller et maître d'hôtel, par lettres données à la Rochelle, le 9 juillet 1573. Ces lettres disent que ce prince lui donna cette charge en considération des grands services qu'il avait rendus à son aïeul, à son père et à son frère, rois de France. *De gueules, au chevron d'or; au chef de sable soutenu d'or et chargé d'une aigle du même, posée entre deux émanches aussi d'or, chargées chacune d'une aigle de sable.*

SEMIN DE BRANSAC, en Bourbonnais. Pierre Semin, écuyer, sieur des Fontaines, premier auteur connu de cette famille, mourut avant l'an 1554. *De gueules, au chevron d'or, surmonté d'un soleil du même, et accompagné de trois cœurs d'argent.*

LE SÉNÉCHAL, barons de Kercado, par érection du mois de décembre 1624, marquis de Molac, illustre et ancienne maison de chevalerie de la province de Bretagne, qui tire son nom de l'office de sénéchal féodé et héréditaire de la vicomté de Rohan, qu'elle possédait dès le douzième siècle; office qu'ont aussi exercé des sujets des maisons de Rieux et de Rohan. Soit qu'elle ait pris les armoiries de cet office, soit qu'en effet elle ait une origine commune avec la maison de Rohan, elle en porte les armes, à la différence seulement du champ de l'écu, différence qui disparaît dans les anciens sceaux, où les pièces héraldiques seules sont figurées. Quoiqu'on ne puisse remonter la filiation de cette maison qu'à l'an 1184, néanmoins elle paraît à cette époque avec tous les caractères de la grandeur et de l'antiquité. Elle a contracté des alliances avec les plus illustres maisons de Bretagne; a tenu un rang distingué à la cour et dans les armées des ducs; a donné des chevaliers de l'ordre du roi, des gentilshommes ordinaires de la chambre, six généraux, et un grand nombre d'officiers supérieurs et de gouverneurs de places de guerre. *D'azur, à neuf mâcles d'or.*

DE SENEZERGUES, sieurs de la Rode. Louis de Senezergues, sieur de la Rode, chevalier de l'ordre royal et militaire de Saint-Louis, et capitaine de grenadiers dans le régiment de la Sarre, infanterie, fut anobli par lettres-patentes en forme de charte données à Paris, au mois de mai de l'an 1720, pour services militaires distingués. *De gueules, à deux bandes vivrées d'argent.*

SENLIS.

Liste des Gentilshommes convoqués à l'assemblée du bailliage de Senlis, pour l'élection de députés aux États-Généraux en 1789.

MONSIEUR, frère du roi, comme marquis de Mouy, représenté par M. le grand-bailli, président.

M. le vicomte de Pons, comte de Clermont, en son nom et comme fondé de la procuration de monseigneur le prince de Condé, de celle de madame de Balincourt, veuve de M. le marquis des Barres, et de celle de madame la duchesse d'Estissac, veuve de M. le duc d'Estissac.

Monseigneur le prince de Conti, représenté par M. de Bourgevin-Vialart de Saint-Morys.

M. de Saint-Prist, en son nom et comme fondé de la procuration de M. André-Claude Patre, chevalier, seigneur baron de Mello ; de dame Rossignol, épouse de M. Brochet de Vérigny, et de dame Saulnier de la Moizière, veuve de M. Brochet de Saint-Prist.

M. de Breda de Trossy, chevalier de Saint-Louis, en son nom et comme fondé de la procuration de madame la duchesse de la Vallière, dame châtelaine de Pont Sainte-Maxence, veuve de M. le duc de la Vallière, pair et grand-fauconnier de France ; de madame Hardouin de Beaumois, épouse de M. le comte de Mazancourt, maréchal des camps et armées du roi.

M. Lhoste de Beaulieu, chevalier, seigneur du fief de la Couture-Julienne, en son nom et comme fondé de la procuration de M. Hardy du Plessis de Mongelas, seigneur de Baillon, et de dame Louise Ganteille, épouse séparée de M. de Roffiac.

M. Antoïne-Marie-Pierre Hamelin, capitaine de cavalerie, en son nom et comme fondé de la procuration de dame Jubert du Thil, veuve de M. le comte de Chastellux.

M. le comte de Chévigné, maréchal des camps et armées du roi, en son nom et comme fondé de la procuration de M. le marquis de Montméliant.

M. Louis-Luc-Hercule Bidault de Rochefort, chevalier, seigneur de Boucqueval, en son nom et comme fondé de la procuration de M. Ladvocat, seigneur de Sauveterre.

M. Amable-Louis de Juncquières, chevalier, lieutenant de MM. les maréchaux de France, en son nom et comme fondé de la procuration de M. le vicomte l'Escalopier.

M. Cusset de Saint-Germain, chevalier de Saint-Louis, en son nom et comme fondé de la procuration de dame de Polastron, veuve de M. le comte d'Andlaw.

M. Jacques-Louis de Roffiac, chevalier, seigneur du fief du Colombier Souneville, en son nom et comme fondé de la procuration du tuteur des enfants mineurs de M. le marquis de Salvert, seigneur des fiefs de Vaudargent et de la Savatte-Ronde.

M. René Chastellain, chevalier, seigneur de Popin ;

court, en son nom et comme fondé de la procuration de demoiselle de Vandeuil, dame de Dieudon-
nés, etc.

M. le comte de Thury, chevalier de Saint-Louis, représenté par M. Esmangard de Beauval.

M. le comte de Fossez, seigneur du comté de Villeneuve
sur Verbery, représenté par M. de Lancry de Kim-
berlieu.

M. le vicomte de Franclieu, seigneur de la Chapelle,
en Serval, en son nom et comme fondé de procuration de M. le comte de Franclieu, mestre de camp.

M. le comte de Boissy, capitaine de cavalerie, seigneur
de Forfery, représenté par M. Doublet de Persanges.

Madame Jeanne-Louise-Victoire Navarre, veuve de
M. Pasquier-Berger, représentée par M. des Lions.

M. Claude-Joseph Passot de Moulincourt, représenté
par M. Randon de la Tour.

M. Achille-René d'Avènes de Fontaines, chevalier,
seigneur de Noël-Saint-Remy.

M. le marquis de Picot de la Motte, chevalier de Saint-
Louis.

M. Boucher d'Argis de Guillerville, écuyer.

M. Juste-Cyr de Goussancourt, chevalier de Saint-
Louis.

M. Antoine-Joseph Hamelin de Verneuil, écuyer.

M. Pierre-Hector le Maître de Manneville, écuyer.

M. Jean-Louis Baudouin de Dournon, écuyer.

M. Amédée-Nicolas-Marie Bertrand de la Maison-
Rouge, écuyer.

M. Christophe-Léon Bertrand, écuyer.

M. Louis-Vincent Cornu d'Ormes, chevalier, seigneur
de Chevreuse.

M. Jean-Nicolas de Charneux, écuyer, chevalier de
Saint-Louis.

M. Alexandre Gruel de Formancourt, écuyer, seigneur
de Soltemont.

M. le comte du Coudray.

M. du Boullet de Bonneuil, écuyer, seigneur du fief de
la Haute-Maison, en son nom et comme fondé de
la procuration de M. le baron de Monthyon, seigneur de Marchemorel.

M. Michel-Philippe Aulas de la Bruyère, écuyer, capitaine de cavalerie.

1. le comte des Essarts, chevalier de l'ordre royal et militaire de Saint-Louis.

1. Antoine de Belleval, chevalier de Saint-Louis, ancien brigadier des gardes du corps du roi.

1. Michel-Joseph le Duc, écuyer, seigneur de la baronnie de Survillers.

1. le marquis de la Grange, chevalier de Saint-Louis, seigneur de Beaurepaire.

1. le marquis de Villette, seigneur du Plessis-Villette.

1. le marquis d'Hérouville, seigneur d'Orry-la-Ville.

1. Charles Bouchard, écuyer, seigneur du fief de Bouchard, en son nom et comme fondé de la procuration de M. Charbonnier, écuyer, seigneur du fief de Flobert.

1. Louis-François de Bienville, seigneur des fiefs de Commodelle et de la Grange.

DE SENNEVILLE. Cette famille a fourni un président à mortier au parlement de Paris, en 1343, dans ierre de Senneville ou de Denneville, mort en 1369.

DE SENS. Denis de Sens était conseiller de la ville e Paris en 1215. *De gueules, au sautoir d'or ; au lambel 'azur.*

LE SENS, marquis de Folleville, par érection de 686, en Normandie. Cette famille est ancienne et très-istinguée. Isaac et Jean le Sens, ses fils, avaient été nvoyés par Montfaut en 1463 ; mais Isaac le Sens btint des lettres de noblesse en 1470. Elle a donné ombre d'officiers supérieurs, un lieutenant-général es armées du roi, plusieurs chevaliers de l'ordre de aint-Michel, entr'autres un Isaac le Sens, qui fut aussi olonel d'un régiment de son nom. Elle a formé les ranches de le Sens de Léon, de Morsan, de Villodon t de Neufménil. *De gueules, au chevron d'or, accom-gné de trois encensoirs d'argent.* Couronne de marquis. upports : deux lions. Cri : *Fides sanctificavit.*

LE SENS, seigneurs de la Vallée, de Gros-Pommier, n Normandie. Lors de la recherche, cette famille fut iaintenue le 9 février 1667, sur preuves de quatre degrés de noblesse. *D'or, à l'aigle éployée ; au vol abaissé de sable.*

DE SENTIS, au pays de Comminges, famille originaire d'Espagne, connue par filiation depuis don Juan Sentis, qui fit son testament le 24 septembre 1590. *D'azur, au lion d'argent; au chef du même, chargé de trois merlettes de sable.*

DE SERRE. Aimar de Serre, ci-devant capitaine dans le régiment de Toulouse infanterie, et Fortunat de Serre de Rochecolombe, son frère, lieutenant-colonel du même régiment, furent anoblis, pour services militaires, par lettres-patentes en forme de charte données à Paris, au mois de septembre de l'an 1720. *D'argent, au chevron d'azur, chargé de trois étoiles d'or, et accompagné de trois trèfles de sinople.*

DU SERRE, barons du Serre, en Provence, maison d'ancienne chevalerie, originaire du Gapençois, en Dauphiné, où elle florissait au douzième siècle. Isnard du Serre, l'un de ses auteurs, servit dans la croisade de 1290. Cette maison a donné des capitaines de deux cents arquebusiers, des capitaines d'hommes d'armes, nombre d'officiers supérieurs, un évêque de Gap, en 1599, etc., etc. *D'azur, au cerf d'or ; au chef d'argent, chargé de trois roses de gueules, tigées et feuillées de sinople.*

DE LA SERRE, seigneurs de la Gorse, de Langlade, de la Boissière, etc., en Limosin. Noble Paul de la Serre, auteur de cette famille, capitaine du château de Saint-Cère, pour Agne de la Tour, vicomte de Turenne, obtint de ce seigneur, le 9 janvier 1450, un mandement pour le paiement de ses gages. *De gueules, au cerf d'argent; au chef cousu d'azur, chargé de trois étoiles d'or.*

DE SERRE DE SAINT-ROMAN, comtes de Fregeville, barons de Mervais et de Saillans, en Languedoc. Cette famille se trouve mentionnée dans des titres de 1278, 1293, 1294, 1370, 1374, 1474 et 1477. Dans un autre titre original, en parchemin, de l'année 1245, Pierre et Bernard de la Fare, frères, font une vente parfaite et perpétuelle à Etienne de Serre, Raymon de Serre, et au seigneur Bernard de Serre, du village de Valmal et du mas de champ Valet ; par un autre titre, original en parchemin, de l'année 1296, on voit Guillaume de Serre, nommé exécuteur-testamentaire d'un legs fait par Garcias Hunaud, conjointement avec Jean d'Armagnac, Arnaud de Passi, Raimond de Sauzette, Garce de Pontrieux, Pierre de Canteloup, et autres premiers gentilshommes de la province (ces originaux nous ont été exhibés). Cette famille a donné plusieurs officiers supérieurs décorés de l'ordre royal et militaire de S.-Louis. Alexis-Jacques de Serre de S.-Roman, comte de Frégeville, ancien maréchal des logis des mousquetaires gris, chevalier de l'ordre royal et militaire de Saint-Louis, a été créé pair de France, le 17 août 1815. *D'or, à la montagne de sinople, mouvante du bas de l'écu ; au chef d'azur, chargé de trois étoiles du champ.*

DU SERREAU DE LA ROCHE-COURCILLON, en Anjou, noble et ancienne famille qui, le 13 décembre 1656, fut maintenue dans sa noblesse sur preuves filiatives remontées à Jean du Serreau, écuyer, seigneur de Glosgault, qui rendit hommage pour cette terre le 10 mai 1469. Elle a donné un capitaine de cinquante chevau-légers en 1641 et plusieurs autres officiers. *D'azur, au sautoir fuselé d'or, accompagné aux trois derniers cantons de trois aiglettes du même, languées et armées de sable.*

DE SERVAUDE, seigneurs de la Ville-ès-Cerfs, du Bois-Durand, en Bretagne. Cette famille a pour auteur Jean de Servaude, Ier. du nom, qui eut pour femme Gilette Gaudiger, et pour fils Jean de Servaude, IIe. du nom, seigneur de la Villeorée, marié avec Françoise de Fontenailles. Ce dernier, Jean Servaude, comme héritier principal et noble, donna à Perrine de Servaude, sa sœur germaine, le 3 juillet 1504, son partage noble des biens de leur frère et de leurs père et mère. *De sable, à quatre fusées d'or rangées en fasce.*

DE SERVIENT, seigneurs de la Balme, marquis de Sablé, de Châteauneuf et barons de Meudon, en Dauphiné. Cette illustre famille a pour auteur Jean de Servient, conseiller au parlement de Grenoble en 1516, et mari de Catherine de Morard. Elle a donné un conseiller et ministre d'état, ambassadeur extraordinaire près du duc de Savoie et en Allemagne, chancelier et commandeur des ordres de sa majesté ; un autre ambassadeur auprès de son altesse royale de Savoie, plusieurs officiers au service de nos rois, et un évêque de Baïeux. *D'azur, à trois bandes d'or, raccourcies vers la partie du chef, surmontées d'un lion du même.*

SERVIN, comtes de la Grève, par érection du mois d'août 1653, famille anoblie par les charges du parlement de Paris, auquel elle a donné un avocat célèbre. *D'argent, à l'aigle éployée de sable.*

LE SEURRE, en Champagne. Cette famille est connue depuis noble homme Jean le Seurre, sieur de Marthehey, de Maizières et de Sommermont en partie, conseiller, notaire et secrétaire du roi, maison couronne de France et de ses finances en 1584, secrétaire de François de Lorraine, duc de Guise. Elle établit sa filiation depuis noble René le Seurre, contrôleur ordinaire des guerres en Champagne, par commission du duc de Mayenne, lieutenant-général de l'état et couronne de France, du dernier novembre 1592. *D'or, au dextrochère de gueules, tenant par le milieu du fût un chêne arraché de sinople.*

DE SEYMANDY, vicomtes de Saint-Gervais, en Languedoc, famille originaire du marquisat de Saluces, établie en France en 1632, et naturalisée en Suisse en 1770. Elle a donné plusieurs officiers des cent-suisses de la garde du roi, décorés de l'ordre royal et militaire de Saint-Louis. *D'argent, au dextrochère de carnation, paré de sable, tenant un rameau d'olivier de sinople.*

DE SEYTRES DE CAUMONT, au Comtat Venaissin. Cette ancienne maison, établie au Comtat depuis le milieu du quinzième siècle, est originaire du Diois. L'abbé Robert, dans l'Etat de la Provence, et Pithon-Curt, dans son Histoire de la Noblesse du Comtat Venaissin, en ont donné la filiation depuis la fin du douzième siècle. Celle qu'elle établit par titres la fait connaître depuis noble Etienne Seytres (*Sextoris*), demeurant à Crest-Arnaud, au diocèse de Die, marié, 1°. en

1364, à Maragde Lucend, d'une famille de marchands ou fabricants de draps de Montélimart, dont il n'eut point d'enfants; son courage et son expérience en fait d'armes, le firent choisir, en 1380, pour être gouverneur de cette ville. Il épousa, 2°. Bonne, dont le surnom est ignoré : il en eut noble Antoine Seytres, citoyen de Montélimart, auteur des comtes et marquis de Caumont. *D'or, au lion de gueules, à la bande de sable, brochante sur le tout, chargé de trois coquilles d'argent.*

DE SIBERT, barons de Cornillon, en Languedoc, famille qui fut maintenue dans son ancienne noblesse, par ordonnance de M. de Lamoignon, intendant de Languedoc du 17 octobre 1705, sur titres remontés à Jean de Sibert, habitant de la ville de Bagnols, époux de Catherine de Portal, et père de Jean de Sibert, écuyer, marié, le 30 septembre 1559, avec Louise Nicolaï, fille de Jacques Nicolaï, écuyer, seigneur de Méas. Cette famille a donné plusieurs officiers supérieurs décorés. *Ecartelé aux 1 et 4 de gueules, au lion d'argent; aux 2 et 3 d'or, au bélier saillant de sable; sur le tout d'azur, à deux bandes d'or, et au centre une rose tigée d'argent.*

SICARD, seigneurs de la Brunière, en Poitou. M. d'Hozier, dans son Armorial Général, registre cinquième, seconde partie, fait mention de cette famille depuis Guillaume Sicart, queux du roi, vivant en 1324 et 1326, et il en donne la filiation suivie, avec les qualifications nobles, selon une sentence des élus de Thouars du 17 juillet 1600, et une ordonnance du 15 décembre 1604, depuis Guillaume Sicard, écuyer, marié, en 1418, avec Perrette Thibaut de la Carte. Il fut le bisaïeul de René Sicard, écuyer, marié avec Benoîte Soulet, qui le rendit père de Pierre Sicard, lequel a continué la descendance jusqu'à nos jours, et de François Sicard, seigneur de la Courrelière, homme d'armes des ordonnances du roi, et commissaire d'artillerie, qui, ayant été inquiété dans sa noblesse, pour le paiement de la taille, obtint la sentence de 1600 et l'ordonnance de 1604. Il paraît que ces deux autorités ne le consolidèrent pas mieux dans l'affranchissement des tailles, puisqu'on voit qu'il obtint des lettres d'anoblissement du roi Henri IV au mois de mai 1609, registrées le 9 juillet suivant, en récompense de trente années de services militaires. La branche aînée, continuée par Pierre Sicard, frère de François, a été reconnue noble par ordonnance de M. de Blossac, intendant de Poitiers, du 6 août 1760. *D'azur, à trois étoiles d'or.*

DE SIGAUD, sieurs de la Maison-Forte du Palais, de la Cour, etc., en Dauphiné. Cette famille a pour auteur Bernard de Sigaud, vivant en 1499, qui fut tué à la bataille de Marignan. *D'or, au griffon de sable.*

DE SIGNIER, seigneurs de Piozin, en Provence; famille originaire de Toulon. Ferdinand Signier, qui en est la tige, vivait en 1440. Sa postérité nombreuse a contracté des alliances avec les maisons les plus considérables. La branche de Toulon a formé divers rameaux à Hières, à Cuers et à Marseille. Les deux premières sont éteintes. Elle a donné des maîtres des ports de Provence, un viguier, des capitaines et conseillers au parlement d'Aix. *De gueules, à six têtes d'aigle arrachées d'argent, couronnées d'or.*

DE SILANS. *Voyez* PASSERAT.

DU SILLET, à Dôle. Charles du Sillet, capitaine-commandant la garnison du château de Rahon, en Franche-Comté, sommé, sous peine de mort, de se rendre, par le duc de Longueville, en 1638, soutint l'assaut. La garnison ayant été vaincue, le général ennemi le fit pendre sur la brèche; le roi d'Espagne érigea en fief la place de cette exécution. Au mois de mai 1817, Charles-Augustin du Sillet a obtenu des lettres-patentes qui le maintiennent dans sa noblesse. Il la tenait d'une possession plus que centenaire et de plusieurs de ses auteurs, conseillers à la chambre des comptes de Dôle. *D......, au chevron d......, au croissant d......, en pointe, au canton dextre d......, à la tour d......*

DE SILLOL, seigneurs de Cliou d'Audran, en Dauphiné. Cette famille, originaire de Provence, fut anoblie par lettres du 2 octobre 1616, vérifiées à la chambre des comptes d'Aix en la même année, dans la personne d'Hervé de Sillol. Elle fut maintenue par les commissaires départis par le roi, le 16 janvier 1669.

D'azur, à la bande d'or, chargée de trois têtes d'aigle arrachées de sable, languées de gueules.

SIMON, seigneurs d'Arqueville, de Touffreville, en Normandie. Richard Simon, sieur de Breuville, vicomte de Valogne, auteur de cette famille, fut anobli au mois de mars 1551. *D'azur, à la croix d'argent, chargée de cinq croissants de gueules, et cantonnée de quatre cygnes du second émail, becqués de sable.*

SIMON, famille de Besançon, qui fut anoblie par charges du parlement, au commençement du dix-huitième siècle, éteinte.

DE SIN. *Voyez* D'AOUST.

DE SINÉTY, en Provence, famille ancienne, originaire d'Italie. Selon l'Armorial de France, registre Ier, partie II, elle établit sa filiation depuis Georges Sinéty, qui eut pour fils Claude Sinéty, premier du nom, marié avec Constance Aisagui, le 10 février 1493. Elle a donné plusieurs officiers supérieurs, décorés de l'ordre royal et militaire de S.-Louis, des gouverneurs de place, etc., etc. *D'azur, au cygne d'argent, ayant le cou passé dans une couronne antique de gueules.*

DE SOLAGES, en Rouergue et en Albigeois, illustre et ancienne maison de chevalerie, connue depuis Raimond de Solages, qui vivait en 1028. Azémar de Solages, chevalier, vivant en 1292, fut père de Pierre de Solages, damoiseau, et d'Arnaud-Raimond de Solages, donné en ôtage avec plusieurs autres seigneurs par Edouard, roi d'Angleterre, à Alphonse, roi d'Aragon, l'an 1282. Cette ancienne et illustre race s'est fondue, l'an 1382, dans la maison d'Arjac, d'ancienne chevalerie du Quercy, par le mariage de Judith de Solages, avec noble et très-redouté seigneur Begon d'Arjac, IIIe. du nom, seigneur du Cailar, fils de Hugues et petit-fils de Begon d'Arjac, damoiseau, vivant en 1260. Leurs descendants substitués aux nom et armes de Solages ont quitté le nom d'Arjac et ont perpétué jusqu'à nos jours la seconde race des seigneurs de Solages. *Ecartelé, aux 1 et 4 d'azur, au soleil d'or, qui*

II.   43.

est DE SOLAGES; *aux 2 et 3 d'azur, à trois rocs d'échiquier d'argent*, qui est DE ROQUEFEUIL.

DU SOLIER, en Poitou et en Limosin. Simon du Solier, sieur de Marcillac, l'un des chevau-légers de la garde ordinaire du roi; Martial du Solier, sieur de Lage, major du régiment de Bourbon, infanterie; Martial du Solier, sieur de la Terrie, capitaine dans le régiment de Villeroi; Léonard du Solier, capitaine dans le régiment d'Artois, infanterie; François du Solier, sieur de la Borie, capitaine dans le régiment de la Roche-Guion, cavalerie; Louis du Solier, sieur de Verdurier, capitaine dans le régiment de Lyonnais, infanterie, tous chevaliers de l'ordre royal et militaire de Saint-Louis; et Pierre du Solier, leur frère, sieur de la Motte, capitaine d'une compagnie entretenue dans les îles de la Martinique, furent anoblis par lettres-patentes en forme de charte données à Versailles, au mois d'octobre de l'an 1722, pour services militaires distingués. *De gueules, au lion d'or, tenant une épée d'argent garnie d'or, et accosté de deux gantelets du même.*

DU SOLIER, seigneurs d'Audans, famille originaire du Vivarais, et répandue dans plusieurs provinces. Elle remonte par filiation à Antoine du Solier, Ier. du nom, marié avec demoiselle Anne Faure, le 11 février 1539; lequel Antoine eut pour fils Antoine du Solier, IIe. du nom, écuyer, bailli de la ville de Saint-Privas, qui épousa demoiselle Anne Alard. Elle a donné plusieurs officiers, décorés de l'ordre royal et militaire de Saint-Louis. *D'azur, à la bande d'argent, chargée de trois roses de gueules et accompagnée de deux étoiles d'or; au chef d'argent.*

DE SOLIERS, famille originaire du royaume de Naples, d'où elle est passée en Provence. Sa filiation remonte à *Philippe Solerii*, ou de Soliers. La contestation qu'eut un de ses descendants avec Vincent Guet, bourgeois de la ville d'Aix, au sujet de sa noblesse, fut portée au parlement, qui, par arrêt du 10 novembre 1671, condamna ce dernier aux dépens, et déclara, après preuves établies, que Jean-Baptiste de Soliers était noble, et issu de noble race. Elzear de Sabran fit une donation à N. de Soliers, l'an 1322, d'une

maison sise à Ansouis, à la charge que lui et ses descendants porteraient pour armes : *De gueules, au chevron d'or, accompagné en chef de deux étoiles, et en
pointe d'un soleil de même*, qui est DE SOLIERS ; *écartelé
de gueules, à un lion d'or*, qui est DE SABRAN.

DE SOMEIRE (en latin *Sumedrius*, ou *Simearius*).
Cette famille, originaire de la ville d'Arles, est très-
ancienne; elle prend sa source de Bertrand de Someire,
dont le fils Bernard de Someire vivait en 1400. Imbert
de Someire fut constamment attaché aux intérêts de
Henri IV, ce qui le fit chasser de la ville d'Arles, en
593, par les ligueurs; en 1654, le roi fit don à
Honoré de Someire, d'une île sur le Rhône, en considération des services rendus à l'état, par lui et sa
famille. Elle a donné des officiers de cavalerie et d'infanterie. *D'azur, à deux bandes d'or, bordées de gueules,
accompagnées en chef de trois étoiles d'or, et en pointe de
trois besants d'argent.*

DE SOMMATI, seigneurs de Castelar, famille ancienne, originaire de la ville de Marseille, issue de
François de Sommati, vivant en 1523. Elle a donné
des magistrats au parlement d'Aix. *Écartelé, aux 1 et 4
d'or, au chevron d'azur, accompagné de trois roses de
gueules ; aux 2 et 3 de gueules, à la croix de Toulouse
d'or.*

SONNET, famille de Vésoul, qualifiée noble depuis
une confirmation de noblesse utérine datée du 15 mars
522. Elle a été reçue à Saint-Georges, et s'est éteinte
en 1787. *D'azur, à sept sonnettes d'or ; 1, 2 ; 1, 2, 1.*

DE SONZIÉ, en Dauphiné, famille qui tire son nom
d'un ancien château près de Genève; Nicolas de Sonzié et Pernette de Ville, sa femme, vivants en 1422,
sont les auteurs de cette famille. *De gueules, à trois besants d'or.*

SORBER, en Béarn. Cette famille établit sa filiation
depuis Pierre Sorber, conseiller au parlement de Pau
en 1621, qui eut pour fils Arnaud Sorber, dit Sorbe-
ro, mort doyen du même parlement, et qui avait
épousé demoiselle Anne la Baigue, le 3 juin 1634.
Elle a toujours suivi la carrière de la magistrature dans

les fonctions de conseillers au parlement de Pau. *D'argent, à trois mouchetures d'hermine de sable; écartelé d'azur, à la tour d'argent.*

DE SORCY, seigneurs de la Tuille, etc., famille originaire de Picardie, établie en Orléanais, qui remonte sa filiation à Noel de Sorcy, écuyer, seigneur du Buisson, lequel fit un échange dans la ville de Laon, le 20 octobre 1508, et avait pour fils Pierre de Sorcy, écuyer, sieur du Buisson, marié à Poncette de Saint-Quentin, le 21 décembre 1541. *Fascé d'or et d'azur; au chef de gueules.*

SORDET, en Franche-Comté, famille anoblie le 3 mai 1610, mais déjà qualifiée noble avant cet anoblissement. Elle s'est éteinte dans la famille noble le Beuf de Valdahon. *D'azur, à trois têtes de levrier d'argent.*

SORIN, seigneurs de la Mare, en Normandie. Cette famille a pour auteur Nicolas Sorin, anobli pour services en 1484. *D'argent, à trois perroquets de sinople.*

DE SOUCANTON. *Voyez* GIRARD.

DE SOUCY. *Voyez* FICTE.

SOUPLET, en Picardie. Antoinette Souplet, épouse de Claude le Sellier, écuyer, seigneur de Buissy, est rappelée avec lui dans un acte de 1619. *D'argent, au chevron de sable, accompagné de trois N du même.*

DE SOYRES, au pays d'Albret. Nobles et honorables hommes Guilhen de Soyres, seigneur de Causens, Pierre et Jean de Soyres, frères, sont ainsi nommés dans une vente qui leur fut faite le 17 septembre 1423. Cette famille a été maintenue par arrêt de la cour des aides de Bordeaux, rendu le 3 septembre 1663, sur titres filiatifs remontés à Jeannot de Soyres, écuyer, vivant le 18 juillet 1529. Elle a formé deux branches, qui ont donné plusieurs capitaines de cavalerie, décorés de l'ordre royal et militaire de Saint-Louis. *D'argent, au phénix de sable, son immortalité de gueules, adextré et senestré en chef d'un soleil, et d'une étoile du même émail.*

DE SPENS, seigneurs de Lancre et d'Estignols, en Guienne, famille originaire d'Ecosse, où elle est connue de toute antiquité. La branche établie en France, et naturalisée au quinzième siècle, a exercé la charge de conseiller au parlement de Bordeaux, depuis l'an 1548, époque à laquelle Pierre de Spens d'Estignols était prévôt royal de cette ville, pour le roi Henri II. *Ecartelé, au 1 losangé d'or et d'azur; au chef d'or, chargé de trois roses de gueules; aux 2 et 3 contre-écartelés de gueules, au château à trois tours d'argent, maçonné de sable; et d'azur au lion d'argent; au 3 d'azur, à trois ancres d'or; au 4 d'or, à l'aigle éployée de gueules; sur le tout d'or, au lion de gueules.*

DE SPINETTE, famille originaire de Carignan, qui a fait, en 1766 et 1770, les preuves de quatre degrés pour le service militaire. *D'azur, à une branche d'épine d'or en bande, accompagnée en chef d'une étoile du même.*

DE SPINOLA, seigneurs de Saint-Jérôme, en Provence, illustre et ancienne maison de chevalerie originaire de Gênes, et l'une des quatre principales de cette république. La branche, établie en Provence, a pour auteur Ottobon Spinola, qui vint s'y établir au commencement du règne de François Ier.; ce prince le pourvut de la charge de son conseiller, et trésorier général de ses finances, et lui fit don de la baronnie de Castelane; mais il mourut sans postérité à Aix, le 5 septembre 1518. Antoine Spinola fut le second qui vint s'établir en Provence; n'ayant point eu d'enfants mâles, son neveu, César Spinola, lui succéda; Antoine-Marie Spinola fut pourvu d'un office de trésorier général de France au bureau de Provence, le 3 janvier 1582. Cette famille a en outre donné plusieurs conseillers au parlement. *D'or, à la fasce échiquetée de trois tires d'argent et de gueules, surmonté d'un robinet en forme de fleur de lys de gueules, fichée dans la fasce.*

DE STUARD, sieurs de Cheminade, en Dauphiné, originaires du comtat Venaissin, famille qui prouve sa filiation depuis Jean de Stuard et Jeanne de Chavas, qui vivaient en 1530. *Ecartelé, aux 1 et 4 de gueules, à l'aigle éployée d'or; aux 2 et 3 de gueules; au lion d'or, enclos dans un double tréclieur du même.*

SUBLET, marquis d'Hendicourt par érection du 7 février 1737, comtes de Lenoncourt, établis en Lorraine et en Normandie; famille distinguée par ses alliances et ses services militaires, qui a pour auteur Jean Sublet, notaire de Blois. Ses descendants ont formé plusieurs branches. De la branche aînée, dite de Noyers, étaient Jean Sublet, seigneur de la Guichonnière, anobli, pour services militaires, en 1578; et Michel Sublet, sieur des Noyers, trésorier général de l'artillerie de France, anobli pour le même sujet, le 7 mai 1574. Cette maison a donné un surintendant des finances en 1624, secrétaire du département de la guerre en 1636, un contrôleur général des finances, deux louvetiers de France, un lieutenant général, et plusieurs maréchaux de camp des armées, un évêque d'Évreux en 1709, etc. *D'azur, au pal bretessé d'or, maçonné de sable, chargé d'une vergette du même.*

DE SUCRE, en Picardie. Jean de Sucre, chevalier, seigneur de Bellaing, épousa Marie Leluin, dont il eut entr'autres enfants Anne de Sucre, dame de Ramicourt, mariée, par contrat du 5 février 1618, à Louis de la Porte, sieur de Vaux, fils de Jean de la Porte, écuyer, sieur de Vaux et de Romerval, et d'Antoinette de la Brayelle.

Jean-Baptiste de Sucre, vicomte, châtelain héréditaire de Baillevet, baron de Florival, épousa Marie-Catherine de Fauconnier, dont il eut Philippe-Henri de Sucre, chevalier, comte de Saint-Maur, seigneur de Dracy, marié, le 26 juin 1724, avec Marie-Louise de Bonvoust, fille de François de Bonvoust de Prulay, marquis de Souvelles, et de Marie de Moy. *D'argent, à la fasce de sable.*

DE SUIN, en Picardie. Michel de Suin épousa Charlotte Guebert, dont il eut François de Suin, écuyer, seigneur d'Herleville; Alexandre de Suin, écuyer, sieur du Fay; et Jeanne de Suin, mariée, par contrat du 23 novembre 1643, à Gabriel de Mons, écuyer, seigneur d'Omermont, fils de Jean de Mons, écuyer, sieur de Hédicourt, conseiller du roi, juge-magistrat au bailliage et siége présidial d'Amiens, et d'Honorée de

Villers, sa seconde femme. *D'azur, à la grue d'argent, sa vigilance d'or, surmontée de deux étoiles du même.*

DE SURVILLE. Jean de Surville, seigneur Deybens, en Dauphiné, fut anobli en 1643, par le duc de Savoie; et en 1646, par le roi, dont les lettres furent vérifiées au parlement de Grenoble par arrêt du mois de mai 1652, et confirmées par lettres du mois de mars 1667. André de Surville, son frère, fut aussi anobli par lettres du mois de mars 1659, confirmées en 1667. *D'azur, au cœur d'or, surmonté d'une colombe d'argent, tenant en son bec un rameau d'olive du même*, qui est DE SURVILLE D'EYBENS; André de Surville, portait seulement *d'azur, et un cœur d'or.*

T.

DE TABARIE, famille originaire du Cambrésis, que les malheurs des tems ont fait déchoir de la noblesse, et qui jadis était ancienne et illustre. Simon Tabarie, chevalier, vivait en 1225; il fut allié avec Alix, sœur de Gerard de Ranchov. Enguerand Tabarie, surnommé *Cabus*, chevalier, était seigneur de Fontenelle et du Maisnil, dépendant de la seigneurie d'Anthoing, en 1291. Hugues Tabarie fut tué en combattant contre les Sarrasins, et inhumé à Nazareth avec son frère Gerard, tous deux extrêmement regrettés du roi Baudouin, comme on le remarque par ces mots : *Post tam fortium athletarum et nominatorum principum lacrymosas exequias, rex Balduinus, occasione assumptâ mortis horum virorum et primorum sui exercitus, pecuniam pro dilatione obsidionis sagittæ urbis collatam, etc.* De ceux-ci, dit l'auteur Albert Aquensis en son Histoire de Jérusalem, sont issus Simon et Guy de Tabarie, qui se sont aussi signalés dans les croisades. *De gueules, à deux épées d'argent, passées en sautoir.*

TAHUREAU, seigneurs de la Chevalerie et du Chesnay, dans les provinces du Maine et d'Anjou. Jean Tahureau, écuyer, sieur de la Chevalerie, depuis lequel cette ancienne famille établit ses preuves filiatives, épousa Isabeau de Courthardy (orthographié aussi

Cothardy), le 6 novembre 1467, dont est issu Jacques Tahureau, écuyer, seigneur des mêmes lieux, juge et lieutenant-général de la sénéchaussée du Maine, qui épousa Marie Tiercelin, le 27 mars 1506. Cette famille a donné des officiers, des magistrats, et un maître d'hôtel ordinaire de la maison, et surintendant des affaires de François de Bourbon, prince de Conty, en 1586. *D'argent, à trois hures de sanglier de sable.*

DE TAILLADES. *Voyez* GRILLET.

TAILLEBOT DE GERVILLE, en Normandie. Cette famille a pour auteur Pierre, dit le capitaine Taillebot, anobli pour services militaires, au mois de novembre 1562. *D'or, à trois molettes d'éperon de gueules.*

TAILLEFER. La maison de Taillefer, établie en Périgord depuis plus de sept cents ans, a joui dans tous les tems de la considération attachée à une haute ancienneté jointe à des charges honorables, des services et des alliances distinguées. Avant son établissement au château de Mauriac sur l'Isle, elle habitait, de tems immémorial, un hôtel situé dans le château ou fort des Grignols, et possédait des biens fonds et des rentes dans toute l'étendue de la terre de ce nom, et aux environs (1). Il paraît par le cartulaire de Chancelade, qu'elle était déjà partagée en plusieurs rameaux avant la fin du douzième siècle ; et comme il n'est pas vraisemblable que cette ramification ait eu lieu dans le même tems, il est nécessaire de remonter au onzième siècle, pour arriver au point du rensouchement. On voit en outre, par le même cartulaire et par divers actes titrés des archives de la maison de ville de Périgueux, qu'une porte, une rue et un faubourg de la ville du Puy-Saint-Front de Périgueux portaient le nom de *Taillefer*, dès le commencement du douzième

_____

(1) La maison de Taillefer fit faire, en 1203, un dénombrement général des censives et autres redevances qui lui étaient dues dans toute la terre des Grignols. On cite comme un fait remarquable et peu commun, qu'elle jouissait encore des mêmes censives en 1789, c'est-à-dire, cinq cent quatre-vingt six ans après la date de ce dénombrement.

siècle, sans que rien annonçât pour lors que cette dénomination fût moderne. Enfin il existait autrefois,
dans les archives des châteaux du Mauriac et de Beau-
séjour, des actes, dont quelques uns ont été produits
au cabinet du Saint-Esprit, qui prouvaient que, dès
le même siècle, les seigneurs de Taillefer étaient possesseurs d'un hôtel et d'un fief de leur nom, à Grignols,
d'un autre à Manzac, et que plusieurs de leurs propriétés patrimoniales, situées dans la terre de Grignols,
portaient le nom de *Talhaferie*, *Talhaferenc*, etc.,
dénominations qui supposent une grande ancienneté,
et semblent remonter à l'époque des premiers établissements que ces seigneurs firent en Périgord. Cette
maison s'est partagée, à la fin du seizième siècle, en
deux branches principales, dont celle de Mauriac, qui
était l'aînée, s'est fondue, au commencement du siècle
dernier, dans la maison de Talleyrand-Périgord, et
la seconde, qui subsiste encore, est connue sous le
nom des marquis de Barrière, et vicomtes de Roussille.

L'opinion générale des provinces d'Angoumois et
de Périgord, fondée sur la tradition, et appuyée du
témoignage de plusieurs savants distingués, tels que les
frères Sainte-Marthe, du Bouchet, M. des Brandes et
autres, donne à cette famille une origine illustre, et
la fait descendre des anciens comtes d'Angoulême,
dont elle a toujours porté les nom et armes. Elle a
pour auteur, Arnaud de Taillefer, second fils d'Alduin II, comte d'Angoulême, qui souscrivit une charte
de Roho, évêque d'Angoulême, donnée sous le règne
de Robert, et avant l'année 1028, par laquelle ce prélat
fit don à l'abbaye de Saint-Amand, d'un lieu appelé
Guisalas, avec ses appartenances. Cette charte fut signée
par plusieurs parents d'Arnaud, entr'autres par Guillaume II, son aïeul, par Gerberge d'Anjou, son
aïeule, Alduin II, son père, Geoffroi, son oncle, et
leurs femmes, et par Guillaume, dit *Chaussard*, son
frère aîné; on remarque parmi les autres signataires,
Itier Vigier, Robert de Montberon, Itier de Villebois,
Arnaud, son frère, etc. *Losangé d'or et de gueules, qui
est d'*ANGOULEME *ancien. A l'écu de gueules, au dex-
trochere de carnation, paré d'argent, mouvant de l'angle
dextre supérieur, tenant une épée du même en bande,
garnie d'or, taillant une barre de fer de sable en barre,*

accompagnée de deux molettes d'éperon d'or à huit rais, une en chef, et l'autre en pointe, qui est de TAILLEFER. Couronne antique et fermée de comte souverain. Cimier : un dextrochère de carnation, mouvant d'un nuage d'argent, paré du même, et tenant un badelaire d'or. Devise : *Non quot, sed ubi.*

TAILLEPIED, comtes de Bondy. Le nom de Taillepied, quelquefois écrit Taillepié dans les anciens titres, est très-ancien en Normandie, et paraît originaire de Bretagne, où il est connu depuis le milieu du onzième siècle. Ausgier de Taillepied est nommé dans l'acte de donation de l'église de Hercé, au monastère de Saint-Florent, l'an 1055. Perrot Taillepié était, en 1379, un des huit écuyers de la compagnie de Galot de Saint-Simon, chevalier, laquelle fit montre à Laval-Guyon, le 30 mai.

Il servait en la même qualité dans la compagnie de Jean de Prunelé, chevalier, qui fut reçu au Mans le 17 mai 1380.

M. de Bondy est en possession de titres originaux de 1371, du 1er. novembre 1403, du 31 décembre 1434, et de l'an 1471, où il est fait mention de plusieurs sujets de cette famille. Jean de Taillepied est compris au nombre des nobles de la sergenterie de Beaumont, élection de Valogne, en Normandie, qui furent maintenus dans leur noblesse par Raimond de Monfaut, en 1463. *D'azur, à trois croissants d'or ; au chef du même, chargé de trois molettes d'éperon de gueules.* Devise : *Aspera non terrent.*

DE TAILLEVIS, seigneurs de Jupeaux, de la Mezière, etc., en Vendômois. Cette famille vient de Raphaël Taillevis, sieur de la Mezière, docteur en médecine, et médecin d'Antoine de Bourbon, roi de Navarre, anobli au mois de mars 1554. *D'azur, au lion d'or, tenant une grappe de raisin du même.*

TAINTEGNIES. *Voyez* LE CLÉMENT.

DE TALHOUET, marquis de Talhouet, barons de Querayeon, par lettres du mois de septembre 1636, maison d'ancienne chevalerie, originaire de Bretagne, et l'une des plus distinguées de cette province, par

ses services et ses emplois à la cour et dans les conseils
des ducs. Elle est connue depuis Olivier de Talhouet,
qui ratifia, le lundi après la Nativité de saint Jean-
Baptiste 1296, l'acte d'une vente faite au vicomte de
Rohan par Henri de Kergoët. La maison de Lentivi
ayant possédé la terre de Talhouet, quelques auteurs
ont pensé, mais sans fondement, que la maison de
Talhouet était puînée de celle de Lentivi. Cette maison
a passé aux réformations de 1426 à 1671. Elle a donné
des capitaines d'hommes d'armes, des chevaliers de
l'ordre du roi, des gouverneurs de places de guerre,
des maîtres des requêtes, des officiers généraux et de
divers grades, un évêque de Tréguier, en 1502, et
aujourd'hui un pair de France, M. le marquis de Talhouet, l'un des colonels de la garde royale. *D'argent, à
trois pommes de pin de gueules.*

DE TALODE. *Voyez* BERNARD.

DE TANOUARN DU BOURBLANC, en Bretagne,
famille ancienne, connue par filiation depuis Alain
de Tanouarn, qui vivait à la fin du quatorzième siècle.
*D'azur, à trois molettes d'éperon d'or ; à la bordure du
même, chargée de huit macles d'azur.*

DE TANOUARN DU PLESSIS BARDOUL, en la
même province. Le premier nom de cette famille est *le
Mesnager.* Elle a pour auteur Jean le Mesnager, sieur
de la Cigogne et du Plessis Bardoul, qui fut anobli
au mois de décembre 1581. Jean le Mesnager, son fils,
sieur de Piollaine, épousa Jeanne de Tanouarn. C'est
en vertu de cette alliance que Jean III, et Pierre le
Mesnager, ses fils, sollicitèrent et obtinrent, en
1641, des lettres pour quitter leur nom, et porter
celui de Tanouarn. *D'azur, à trois étoiles d'or à huit rais.*

TARDIF. La maison de Tardif, originaire d'Ecosse,
descend d'un des cent gentilshommes écossais qui formèrent, en 1443, la garde de Charles VII. Les descendants de ce gentilhomme servirent alternativement
dans l'épée et dans la robe ; un fut argentier de François Ier. Son fils et son petit-fils occupèrent avec
une grande distinction les premières places de la magistrature, et son arrière-petit-fils, qui commençait

sa carrière au châtelet, fut pendu par la faction des Seize, pour avoir voulu reconnaître Henri IV.

Le baron de Tardif, maréchal des camps et armées du roi, etc., avait épousé en Angleterre lady Aurten, veuve de sir Robert Aurten baronnet. Elle était issue de l'illustre famille de Pilton, citée dans Camden, et qui, par des alliances, a pris le nom de Richardson, qu'elle porte encore aujourd'hui.

TARDIF D'HAMONVILLE, à Paris. François-Remy Tardif d'Hamonville, ingénieur ordinaire du roi à Metz, et ci-devant lieutenant dans le régiment de la couronne, infanterie, fut maintenu dans sa noblesse, et anobli en tant que de besoin, par lettres données à Versailles, au mois d'octobre 1736. Les services du père et de l'oncle du précédent avaient engagé le roi à leur accorder, au mois d'octobre 1720, des lettres de maintenue dans la noblesse dont leurs ancêtres étaient en possession dès l'an 1589, et qui s'était trouvée interrompue par divers événements, avec un nouvel anoblissement en tant que de besoin. Mais comme apparemment ces lettres n'avaient point eu d'effet, sa majesté avait cru devoir récompenser, par de nouvelles lettres-patentes, dans la personne du fils et du neveu, les belles actions du père, qui était décoré de l'ordre royal et militaire de Saint-Louis, maréchal de camp et directeur des fortifications du Dauphiné, et celles de l'oncle, qui était également décoré du même ordre, et lieutenant de la citadelle de Strasbourg. *D'or, à trois palmes de sinople.*

DE TARNAC. *Voyez* LA GRANGE.

DE TARTARIN, famille noble du Dauphiné, qui remonte à Guy de Tartarin, et Claire de Brotin, son épouse vivants en 1474. *De gueules, à trois têtes de licornes arrachées d'argent.*

DU TARTRE DE LAUBESPIN, barons de Laubespin et de Vincelles, seigneurs de Chilli, de Larnaux et de Villerspots, en Bourgogne. Cette famille établit sa filiation depuis Guillaume du Tartre, commissaire général des montres des gens de guerre du comté de

Bourgogne, créé chevalier par lettres-patentes de sa majesté catholique Philippe IV, données à Madrid, le 6 juillet 1623. Guillaume eut pour fils Jean-Charles du Tartre, *qualifié* chevalier, baron et seigneur de Vincelles, commissaire général des montres des gens de guerre, au même comté de Bourgogne, en 1629; lequel épousa Anne-Antoinette de Laubespin, le 11 mai 1632. *D'azur, à deux barbeaux d'argent adossés, accompagnés de quatre croisettes du même en croix.*

DE TASCHER DE LA PAGERIE. Cette famille est originaire de Dunois. Les preuves faites pour la maison royale de Saint-Cyr, en 1721 et 1734, par Anne et Madeleine de Tascher, en remontent la filiation suivie à Charles de Tascher, écuyer, seigneur de Malassise, et Isabeau des Loges, son épouse, décédés avant le 25 septembre 1571. *D'argent, à trois bandes de gueules, chargées chacune de trois flanchis* (petits sautoirs) *d'argent.*

Une branche de cette famille est en possession du titre de comte et de la pairie de France. Elle a fait quelques changements aux armoiries qu'elle porte. *D'argent, à trois fasces d'azur, chargées chacune de trois flanchis d'argent, et accompagnées en chef de deux soleils d'or.*

DE TAVANNES. *Voyez* SAULX.

LE TELLIER, seigneurs et patrons de Vaubadon et de la Boullaye, en Normandie. Cette famille a pour auteur Pierre le Tellier, Ier. du nom, sieur de la Boulaye, élu à Caen, qui eut pour femme Jeanne Thorel, et pour fils Jean le Tellier, écuyer, sieur de la Roquerie, conseiller du roi, élu en l'élection de Caen, marié à Isabelle le Canu, le 19 mai 1624. Son petit-fils Pierre le Tellier, IIe. du nom, fut renvoyé au conseil, lors de la recherche. Cette famille s'est consolidée dans la noblesse par des charges de conseiller au parlement de Rouen. Elle a donné plusieurs officiers supérieurs. *De gueules, à la fasce d'argent, accompagnée en chef de deux molettes d'éperon du même, et en pointe d'une main dextre aussi d'argent.*

LE TELLIER-BLANCHARD. *Voyez* BLANCHARD.

DE TEMPLERI, seigneurs de la Pène, en Provence, originaires de la ville d'Aix. Cette famille remonte sa filiation depuis Pierre Templeri, dont le fils Jean Templeri fit hommage au roi de la terre de la Péne, le 26 mai 1524. Il fit son testament, le 2 novembre 1531, en faveur d'Elzear Templeri, son fils, qu'il avait eu de Nicolle d'Albertas, sa femme, des seigneurs de Goufarou et de Villecruse. Elzéar transigea, pour les droits de sa mère, avec Pierre d'Albertas, son oncle, en 1572. Par jugement des commissaires départis par le roi, ils furent maintenus en 1668, et confirmés par lettres-patentes de sa majesté, du 18 avril 1671, scellées et vérifiées à la chambre des comptes à Aix, au mois de juin suivant. Joseph Templeri, seigneur de Leven, a continué la postérité. Elle a fait de très-belles alliances, et a donné un receveur général des finances, un conseiller au parlement, un auditeur et un conseiller en la chambre des comptes. *D'azur, à une bande dentelée d'or, accompagnée de deux têtes de léopards de même, l'écu bordé, dentelé aussi d'or.*

DE TENANCE. *Voyez* SAUCIÈRES.

DE TERMES, seigneurs de Termes, de Lavaux de Saint-Martin, et d'Azirac, en Quercy, famille ancienne qui tire son origine de la robe, et remonte sa filiation à Pierre Termes, Ier. du nom, écuyer, seigneur du Chassaing, qui eut pour femme Maure du Bois, et acheta, le 22 mars 1581, de son neveu Pierre Termes, conseiller au parlement de Bordeaux, plusieurs héritages situés au lieu de Maissac. Pierre Termes, Ier. du nom, écuyer, seigneur du Chassaing et de la Vuissière, co-seigneur de Maissac, fils du précédent, épousa Marie de Félines le 22 mai 1588. On trouve une ordonnance de M. d'Aguesseau, commissaire départi à Limoges, en date du 20 août 1667, qui remonte l'ancienneté de cette famille à l'an 1550. Elle a donné plusieurs officiers. *D'or, à trois fasces ondées de gueules; au chef d'azur, chargé de trois étoiles d'argent.*

DE TERNANT, grande et illustre maison de chevalerie de Bourgogne, éteinte dans trois filles mariées dans les maisons de la Tremouille, de Pontailler et de

Crécy. Elle a donné un chevalier de la Toison-d'Or, lors de la création de cet ordre, le 10 janvier 1429, et dont le fils fut armé chevalier par le duc de Bourgogne, l'an 1452. *Echiqueté d'or et de gueules.*

DU TERNE, seigneurs de Gliseul, originaires du Cambrésis, famille ancienne qui remonte à Guy du Terne, écuyer, gouverneur de l'Ecluse, vivant en 1290, qui fut père de Simon et de Guillaume du Terne. Jean du Terne était receveur des aides du comté de Hainaut en 1400. Martin du Terne, l'un des fils de Jean, était seigneur de Fontenil, de Boulay et de Haines, bailli d'Havré. Jacques du Terne fut allié avec Isabeau de Montigny; ses descendants continuèrent la postérité. Cette famille a donné des officiers de divers grades, plusieurs chanoines de Cambrai, etc. *D'azur, au chevron d'argent, accompagné de trois étoiles d'or.*

DE TERRIER, marquis de Terrier, à Besançon et à Dôle. Cette famille est en possession du titre de noble depuis l'an 1563. Elle a donné un maréchal de camp et un ministre d'état sous Louis XVI, trois conseillers et deux présidents à mortier, au parlement de Franche-Comté. Elle fut reçue au chapitre de Lons-le-Saulnier. La branche de Dôle a obtenu, en 1740, la permission de quitter le nom de Terrier, pour y substituer celui d'un petit fief auprès de Vesoul, appelé Montciel. *De gueules, à trois gerbes d'or.*

DU TERTRE, comtes et vicomtes du Tertre, vicomtes de Fiennes, comtes du Saint-Empire, maison ancienne du Boulonnais, où, dès le onzième siècle, elle était en possession du fief de Tertre, dont elle paraît tirer son nom. Elle prouve sa filiation depuis Jean du Tertre, seigneur du Tertre et de Boursin, vicomte de Fiennes, vivant en 1350. Cette maison a donné des écuyers et des hommes d'armes des ordonnances du roi, un grand nombre de capitaines et d'officiers supérieurs d'infanterie et de cavalerie, dont quinze entr'autres ont été ou sont encore décorés de l'ordre royal et militaire de Saint-Louis, des gentilshommes ordinaires de la chambre du roi, des gouverneurs et des commandants de places, etc. *Ecartelé, au 1 d'or, au creqnier de gueules*, qui est DE CREQUI ; *au 2 fascé d'or et de sable*, qui est DE FLÉCHIN ; *au 3 d'azur, à trois fleurs de lys d'or, à la bande de gueules, chargée de trois lionceaux d'argent, brochante sur le tout, et un filet d'or en barre*, qui est DE BOURBON-LIGNY ; *au 4 de gueules, à trois maillets d'or*, qui est DE MONCHY ; *sur le tout d'argent, à trois aiglettes éployées de gueules, becquées et armées d'azur*, qui est DU TERTRE. Cimier : un vol d'aigle. Supports : deux aigles.

DU TERTRE, seigneurs de Bénoisville, en Normandie. Cette famille remonte à Pierre du Tertre, sieur de Granville, anobli, en 1574, pour services militaires. *D'azur, au croissant d'or, sommé de deux colombes, et surmonté de trois étoiles, le tout du même.*

DU TERTRE DE MÉE, seigneurs du Tertre, de Sancé et de Baubigné, maison d'origine chevaleresque, qui établit sa filiation depuis Jean du Tertre, seigneur du Tertre, vivant en 1400, père de Jacques du Tertre, Ier. du nom, seigneur du Plessis et du Tertre, marié, le 20 janvier 1434, avec Marie Frezeau de la Frézelier. *D'argent, au lion de sable, lampassé, armé et couronné de gueules.*

DU TERTRE, seigneurs de Malloy, en Normandie. Jacques du Tertre, auteur de cette famille, fut anobli en 1586. *De gueules, au chevron écoté et brisé d'argent, accompagné de trois colombes d'or.*

DE TESSIÈRES, noble et ancienne maison, qu'on croit originaire de l'Auvergne, où il existe en effet une paroisse de Tessières-de-Cornet, située près d'Aurillac. Ce nom se trouve écrit diversement dans les titres, *Texières, Teychieras, Tayssiras, Teyssieras, Tessicras, etc.* Les généalogistes ont adopté *Tessières*, pour fixer le nom de cette famille, lors des preuves qu'elle a faites à différentes époques, soit pour les pages, ou Saint-Cyr, soit pour l'ordre de Malte.

Les plus anciens seigneurs de Tessières, dont la mémoire se soit conservée par les titres, sont Étienne et Pierre de Tessières (*de Taissiras*), frères, qui firent donation à l'abbaye de Dalon, au diocèse de Limoges, conjointement avec Hélie Bruchard, leur frère utérin,

de la portion de dîmes qu'ils avaient au lieu de Cha-
lamans (1); en présence de Pierre Chat (de Chapt) et
d'Aimeric de Brun. (Cette donation est sans date,
mais on remarque qu'elle fut faite sous le pontificat de
Geraud de Cher, évêque de Limoges, qui siégea depuis
l'an 1137 jusques vers l'an 1177).

Guy de Tessières (*de Teyschieiras*), chevalier, fut
un des quatre seigneurs qui se rendirent caution, au
mois de juillet 1247, d'une somme d'argent qu'Hélie VII de Talleyrand, comte de Périgord, devait au
roi saint Louis (2).

Pierre de Tessières (*de Taychieras*), donzel, seigneur en partie de Jumilhac, fit vente, le 10 des
calendes de mai 1286, à Pierre Filhol, d'une rente qui
lui était due sur un jardin, au lieu appelé *la terre de
Lavergne*, dans la paroisse de Jumilhac. L'acte de cette
vente fut scellé de son sceau, et de celui de Guy de
Tessières, son frère (3).

Guy de Tessières, chevalier, fut présent, en 1288
un jugement arbitral, rendu par Durand de Montaut,
chevalier, dans un différent, élevé entre Astorg d'Au-
illac, damoiseau, et Henri de Benavent, chevalier.

Jean de Tessières, Ier. du nom, et Laure de Tessières, sa sœur, issus des précédents, et qualifiés
damoiseaux, furent maintenus par sentence du juge
d'Exideuil, rendue le 20 mars 1433 (v. st.), dans la
possession qu'eux et leurs auteurs avaient eue de tems
immémorial, du repaire noble de Beaulieu, situé dans
la paroisse de la Nouaille, en Perigord : possession qui
subsisté jusqu'à l'époque de 1793, que ce bien a été
vendu nationalement pour cause d'émigration des deux
frères, officiers dans les gardes-du-corps du roi.

La maison de Tessières est divisée en plusieurs branches, répandues en Limousin et en Périgord, qui
toutes ont donné d'excellents officiers, dont plu-

_____

(1) *Ext. du Cartul. de Dalon, dans les manusc. de Gai-
ières, à la Bibl. du Roi, portef.* 200, *fol.* 137.

(2) *Orig. au Trés. des Chartes.* — *Voyez aussi fonds de
Baluze, à la Bibl. du Roi,* 1re. *armoire, n°.* 5.

(3) *Orig. en parch. trouvé au château de Beaulieu.*

sieurs sont morts au service. Elle tient plus ou moins directement à presque toute la noblesse de ces deux provinces, par ses alliances, entre lesquelles on doit compter celles de Talleyrand - Périgord, et des ducs de Lorges de la maison de Durfort. On remarque parmi les autres, dont plusieurs sont directes, celles qui lui donnent des parentés avec les maisons de Saint-Astier, de la Rocheaymon, de la Cropte-de-Bourzac, de Taillefer, de la Faye, de Fayolle, de Foucauld, de Lambertie, de Lameth, de Galard-de-Béarn, de Chabans, de Jaubert-de-Saint-Gelais, de Lestrade, de l'Hermite, de Malet, de Boysseulh, de Bruchard, de Champagnac, de Chaunac, de Chapt, de Joigny, de Panat, de Lavergne, de Peyzac, de Laporte - Puyferrat, de Solminhac, de Saintours, de Malbec, de Vaucocour, du Authier, de Calvimont, de Belcier, de Jumilhac, du Pavillon, de la Romagère, de Roncecy, de Véra-de-la-Gaubertie, de Masvaleix, de Cosson, des Limagnes, de Sensenac, de Saint-Severin, etc.

La plupart des branches de cette maison, tant celles qui sont éteintes, que celles qui subsistent encore, sortent de la même tige, et reconnaissent pour leur père commun,

Jean de Tessières, écuyer, seigneur de Beaulieu, etc. fils de Raimond de Tessières, et d'Antoinette de Lavergne, qui forma deux alliances; la première, en 1533, avec Jeanne de Chassarel; et la seconde, en 1539, avec Marguerite de Bruchard-de-Montmady; et laissa entr'autres enfants :

1º. Aubin de Tessières, écuyer, seigneur de Beaulieu, homme d'armes des ordonnances du roi, sous la charge du seigneur de Sansac, épousa, en 1564, demoiselle Marguerite de la Rocheaymon-de-Prémilhac, et continua la descendance de la branche des seigneurs de Tessières-de-Beaulieu, qui est l'aînée ; et de laquelle sont sorties celles de Boisbertrand, de Chatreix, Miremont, Bellecise, Masdechampt, Puyfrand, etc. ;

2º. François de Tessières, écuyer, marié, en 15..., avec Catherine de Couraudin, est auteur de la branche de la Rolandie, de laquelle se sont formées, 1º. celle de Laporte, devenue ensuite

celle de Baudri, dans la paroisse de Sarrazac ;
2°. celle de la Forêt, ou la Maisonneuve, et
en définitive la Bertinie, dont le chef actuel,
né en 1746, et marié, en 1781, à demoiselle
Anne-Françoise-Elisabeth de la Faye-de-la-
Renaudie, a six enfants ; 3°. celle de Château-
Lévêque, fondue dans la tige de Beaulieu par
le mariage de l'héritière de cette branche, avec
l'aîné des seigneurs de Beaulieu.

Armes : *Lozangé d'argent et de gueules.*

DE TESSON, originaire du Cambrésis, famille ancienne qui remonte à Ives de Tesson, vivant en 1071.
Jean de Tesson, chevalier, fut bienfaiteur de l'abbaye
de Vaucelle en 1197. *D'azur, à la fasce d'or.*

DE TESTARD, seigneurs du But, en Guienne. Cette
famille établit sa filiation depuis Pierre Testard, 1er. du
nom, père de Pierre Testard, IIe. du nom, marié avec
Agnès Fouriend, le 11 octobre 1480. *D'azur, à la tête
humaine d'argent, posée de front dans des flammes de
gueules.*

TESTU, marquis de Balincourt, par érection du
mois de juillet 1719, barons de Bouloire, seigneurs de
Pierrebasse, etc., en Anjou, en Touraine et à Paris.
Cette famille remonte par filiation à Jean Testu, seigneur de Balincourt et de Margicourt, conseiller,
maître-d'hôtel du roi Charles IX, secrétaire de ses
finances, et résidant, pour sa majesté, en Flandre, en
1572. Ce Jean Testu est qualifié secrétaire du connétable de Montmorency, dans ses provisions de secrétaire du roi, maison et couronne de France, du 12
janvier 1556, office qu'il résigna en 1566. Il eut pour
fils Jean-Guillaume Testu, écuyer, sieur de Menou-
ville, marié avec Renée Clérembault, le 18 août 1593.
Parmi leurs descendants, on distingue un maréchal de
France, plusieurs chevaliers de l'ordre du roi, des
gentilshommes ordinaires de la chambre, des gouverneurs de places, des lieutenants-généraux des armées.
et plusieurs capitaines. *D'or, à trois léopards de sable,
l'un sur l'autre ; le second contrepassant.*

TEYSSIER DE CHAUNAC, seigneurs de Chaunac, etc., en Limosin et à Paris. Cette famille a formé deux branches : l'une sous le nom de Chaunac, et l'autre sous celui de des Farges. Elle prouve sa filiation depuis Jean Teyssier, Ier. du nom, écuyer, seigneur de Chaunac (l'une des plus anciennes châtellenie du Limosin), marié, le 12 octobre 1593, avec demoiselle Marguerite du Verdier. Jean Teyssier, IIe. du nom, écuyer, seigneur de Chaunac et d'Augeat, et fils du précédent, épousa Jullienne Jarrige, le 4 septembre 1632. On compte parmi leurs descendants un écuyer cavalcadour de la reine, en 1725, et plusieurs officiers, dont un décoré de l'ordre royal et militaire de Saint-Louis. D'après une clause du contrat de mariage de demoiselle Martine de Régis - des - Farges, femme de Jean-Blaise Teyssier de Chaunac, ce dernier fut chargé de joindre son nom à celui de son beau-père, et de porter ses armes, qui sont : *D'argent, aux deux jumelles de gueules posées en bandes.* Les armes de la famille Teyssier de Chaunac sont : *De sinople au chevron d'or, accompagné en chef de deux roses du même, et en pointe d'un agneau pascal d'argent ; le tout surmonté d'un chef d'azur, chargé de trois étoiles d'or.*

DE THESAN, vicomtes et marquis de Pujol, barons de Mercairols et d'Olargues, illustre et jadis puissante maison de chevalerie, qui tire son nom de la ville de Thesan, en bas Languedoc. Elle est connue depuis Pons de Thesan, rappelé comme feudataire de Guillaume, vicomte de Beziers, en l'an 990. A tous les avantages qui caractérisent la plus haute noblesse, la maison de Thesan réunit ceux d'avoir possédé, pendant nombre de siècles, des terres considérables, d'avoir donné deux généraux et une foule d'officiers distingués, ainsi que plusieurs chevaliers de l'ordre de Saint-Michel, avant l'institution de celui du Saint-Esprit. La filiation de la maison de Thesan est établie depuis Béranger de Thesan, seigneur de Thesan, que Cécile, vicomtesse de Beziers, choisit pour garant de la donation qu'elle fit à l'évêque de cette ville, en 1131. Cette maison a obtenu les honneurs de la cour en 1771 et 1784, en vertu de preuves faites au cabinet des ordres du roi. *Ecartelé d'or et de gueules.*

DE THIANGES, comtes et vicomtes de Thianges, en Bourbonnais, illustre et ancienne maison de chevalerie, qui a pris son nom d'une terre située dans le Nivernais ; Guillaume de Thianges, chevalier banneret, vivait en 1214. L'an 1453, Béleasses de Thianges, héritière de cette ancienne maison, épousa Charles de Villelume, seigneur de la Roche-Auton, auquel elle porta la terre du Creuzet. Cette branche de la maison de Villelume, a quitté son nom et ses armes pour porter exclusivement ceux de Thianges, qu'ils ont perpétués jusqu'à nos jours. Cette maison s'est distinguée par ses services militaires et ses alliances. Elle a obtenu les honneurs de la cour en 1756 et en 1768, sur preuves faites au cabinet des ordres du roi. *D'or, à trois tiercefeuilles de gueules.*

DE THIANT (autrefois Thiens, Theus), seigneurs de Thiant, en Cambresis, maison d'ancienne chevalerie, qui a pris son nom de la terre de Thiant. Elle remonte par filiation à Gérard de Thiant, qui donna, à l'abbaye de Saint-Aubert de Cambray, une portion des dîmes de sa seigneurie ; un autre Gérard donna, l'an 1135, à la même abbaye, plusieurs belles terres, du consentement de sa femme et de ses enfants, Gérard, Pierre, Guy et Théodoric de Thiant. Gérard fut gouverneur de Douai en 1340. Cette famille a contracté des alliances considérables : elle a donné des gouverneurs de places fortes, des baillis et grands prévôts de Cambray. *De sinople, au lion d'argent ; l'écu semé de billettes du même.*

DE THIARD, barons de Bragny et de Dalheim, marquis de Bissy, en Bourgogne. Cette maison remonte filiativement à Claude de Thiard, gentilhomme de la maison du duc de Bourgogne, qui épousa Françoise, dame de Bissy, et fut père de Jean de Thiard, huissier de la chambre du roi Charles VI, en 1380, anobli au mois de juin 1400. Elle a donné des capitaines de cinquante hommes d'armes des ordonnances, un chevalier et un commandeur du Saint-Esprit, un commandeur d'Alcantara, maréchal des logis de l'empereur Charles V, des écuyers ordinaires du roi en la grande écurie, plusieurs mestres de camp de cavalerie, des

gouverneurs de places, et plusieurs officiers généraux ;
deux évêques de Châlons, et un évêque de Toul, en
1687, puis de Meaux. *D'or, à trois écrevisses de*
gueules.

THIBAUD. Jean Thibaud, sieur de la Pinière, lieutenant-général, garde-côte des sables d'Olonne, fut
anobli par lettres-patentes en forme de charte, données à Paris au mois de septembre de l'an 1718, pour
services militaires. *D'azur, à trois molettes d'éperon*
d'or.

THIBAUD DE NOBLET, barons des Prez, seigneurs
de Thorigny, etc., en Charolais, famille qui a pour
auteur Hugues Thibaud, qualifié noble et seigneur de
Tulon dans le contrat de son mariage, accordé avec
Jaqueline Charreton, le 28 septembre 1566, et inséré
dans un inventaire d'effets trouvés dans le château de
Tulon, le 12 juin 1665. Cet Hugues eut pour fils Philbert Thibaud, écuyer, seigneur de Tulon, et homme
d'armes de la compagnie du seigneur d'Alincourt,
marié avec Isabeau de Noblet, le 14 septembre 1621.
Cette famille a donné des officiers supérieurs et plusieurs capitaines. *Ecartelé, aux 1 et 4 d'argent, au che-*
vron d'azur; au chef du même, qui est DE THIBAUD;
aux 2 et 3 d'azur; au sautoir, alesé d'or, qui est DE
NOBLET-DES-PREZ.

DE THIBAULT, sieurs de Pierreux, de Mondancy,
de Faussemagne, etc., en Dauphiné; famille anoblie
dans la personne de Claude de Thibault, sieur de
Pierreux, en considération de ses longs et signalés services dans la carrière des armes, par lettres de l'an
1658, confirmées par arrêt du conseil royal, et par
lettres-patentes en 1668 et 1669. Cette famille a donné
nombre d'officiers au service de nos rois, dont l'un fut
tué au siége de Candie. Elle est issue, selon Chorier,
de la maison de Thibault, barons du Prez, et porte
les mêmes armes. *D'argent, au chevron d'azur; au chef*
de même.

THIBAULT DE LA CARTE, seigneurs de la
Carte, etc., barons de Beaupuy, marquis de la Ferté-
Senneterre, en Poitou, très-ancienne maison, aussi

distinguée par ses alliances que par ses services. Sa filiation est établie sans aucune interruption, depuis noble homme Jean Thibault, écuyer, seigneur de la Fère, marié, le 13 janvier 1440, avec demoiselle Catherine des Francs, dont il eut Colas ou Nicolas Thibault, écuyer, Ier. du nom, que l'on trouve aussi qualifié de valet, lequel épousa, le 16 juin 1442, demoiselle Marie Mestivière, dite de la Carte ou de la Quarte. Cette famille a toujours suivi le parti des armes, et a donné un commandeur de l'ordre de Malte, et capitaine de l'un des vaisseaux du roi en 1656, des officiers supérieurs, dont deux colonels décorés de l'ordre royal et militaire de Saint-Louis, un maréchal de camp et plusieurs autres officiers distingués. *D'azur, à la tour d'argent.*

DE THIBAUT, seigneurs de Guerchy, en Nivernais. Cette famille a pour auteur Bertrand Thibaut, écuyer, seigneur de Bessé et de Poligny, gentilhomme de la maison du roi, qui eut pour femme Jeanne Guérin, et fonda, par son testament du 25 mars 1550, une chapelle dans l'enclos du château de Bessé. François de Thibaut, Ier. du nom, son fils, chevalier, seigneur de Poligny, du Colombier, de Guerchy, etc., gentilhomme ordinaire de la chambre du roi, épousa Anne de Troussebois, le 4 juin 1561. *De gueules, à trois tours d'or.*

THIBOULT DU PUISART, seigneurs du Grès et de Saint-Malo, famille ancienne de Normandie, maintenue dans sa noblesse lors de la recherche de Montfaut en 1463, et le 17 mars 1667. *D'argent, à la fleur de lys de gueules, surmontée de deux quintefeuilles du même.*

DE THIEFFRIES, comtes de Beauvois, maison ancienne et distinguée de la basse Allemagne, et des Pays-Bas. Elle remonte sur preuves régulières à l'an 1350.

Robert, premier comte de Namur en 942, portait le nom de Thieffries. Albert de Thieffries fut tué au siége de Gaza, que faisait Saladin, soudan d'Egypte, en 1171.

Martin de Thieffries, fils de Jacques, seigneur de Thieffries en 1392, fut père de Marie-Catherine de

Thieffries, qui eut, avec Philippe le Bon, duc de Bourgogne, après la mort d'Isabelle de Portugal, sa femme, deux enfants naturels, nommés Antoine et Baudouin, légitimés par le pape. Antoine, grand amiral, généralissime des armées de Philippe le Bon, son père, fut nommé tuteur de Marie de Bourgogne, sa nièce, et la maria à l'empereur Maximilien, auquel elle porta les dix-sept provinces des Pays-Bas. Cette famille a donné plusieurs officiers supérieurs, décorés de l'ordre royal et militaire de Saint-Louis, un maréchal de camp, etc. *D'argent, à quatre jumelles de gueules en bande, accompagnées de neuf merlettes de sable en orle.*

DE THIENNES, comtes de Thiennes, seigneurs de Clèles, etc., famille du Dauphiné, originaire de Vicence, en Italie. Elle prouve sa filiation depuis Clément de Thiennes, qui fut créé comte palatin par l'empereur Frédéric IV, le 11 février 1469, et fit une donation en sa faveur, du comté de la ville de Thiennes, avec privilége de porter dans ses armes l'aigle de l'empire à une seule tête. Jules de Thiennes, son petit-fils, fut le premier qui vint s'établir en Dauphiné. *Écartelé, aux 1 et 4 d'or, à l'aigle de sable, diadémée becquée et membrée de gueules; aux 2 et 3 d'azur, au pal vivré d'argent.*

DE THIER. Guillaume-Oger de Thier, chevalier de l'ordre royal et militaire de Saint-Louis, mestre de camp réformé d'infanterie, partisan entretenu par le roi, dans le pays de Thionville, et natif de Blegnie, banc de Trembleur dans les terres d'Alhem, partage et pays d'Hollande près de Maestricht, fut anobli par lettres-patentes, données à Versailles au mois de septembre 1722, pour services militaires très-distingués. *D'argent, au chevron de gueules, accompagné de trois feuilles de houx de sinople.*

THIERRY, seigneurs de la Rotate, du Chesnoy et de Vougrey, en Champagne. La noblesse de cette famille remonte à Claude de Thierry, seigneur de la Rotate, lieutenant et mestre de camp du régiment de Sautour, vivant vers l'an 1590. Ses descendants ont constamment suivi le parti des armes dans des grades supérieurs, et la plupart furent décorés de l'ordre royal et militaire de Saint–Louis. *D'azur, à trois lions naissants d'or.*

THIERRY. François Thierry, sieur de Doure, chevalier de l'ordre royal et militaire de Saint – Louis, et premier brigadier de la compagnie des chevau-légers de la garde ordinaire du roi, fut anobli par lettres-patentes, données à Versailles au mois d'août de l'an 1732, pour services militaires. *D'azur, au chevron d'or, accompagné de trois étoiles du même.*

DE THIEULAINE D'HAUTEVILLE, en Artois, originaire du Cambrésis, famille d'ancienne chevalerie, dont était Siger de Thieulaine, vivant en 1099. Louis de Thieulaine, conseiller d'honneur au conseil provincial d'Artois, obtint des lettres-patentes du mois de février 1753, enregistrées le 11 février de la même année, qui le créèrent chevalier, ensemble ses enfants et descendants nés et à naître, ainsi que ses neveux maternels, les sieurs de Bassecourt. *Burelé d'argent et d'azur; à la bande de gueules chargée de trois aiglettes d'or, brochante sur le tout.*

DE THIEUVILLE, seigneurs et patrons de Briquebosc, de Heauville, de Helleville et de Siouville, en Normandie, maison ancienne et distinguée qui établit sa filiation depuis Robert de Thieuville, seigneur de Briquebosc, père d'Eustache de Thieuville, écuyer, seigneur de Briquebosc, de Tourville, de Tracy, etc., qui épousa Ursine de Crosville le 14 août 1533. Elle a donné plusieurs officiers. *D'argent, à deux bandes de gueules, accompagnées de sept coquilles du même, posées une, trois et trois.*

DE THIL DE CHATEAUVILLAIN, maison d'origine chevaleresque, qui tire son nom de la seigneurie de Thil, en Auxois. La maison de Châteauvillain s'étant fondue par alliance dans celle de Thil, vers le milieu du quatorzième siècle, cette dernière en prit le nom et les armes, qu'elle perpétua jusqu'en 1507, époque de l'extinction des seigneurs de Thil et de Châteauvillain.

Guillaume, seigneur de Châteauvillain, de Grancey et de Pierre-Pont, chevalier et chambellan du roi, gouverneur de Langres, fut établi chambrier de France par la faction du duc de Bourgogne, en 1419, à la place du duc de Bourbon. Il mourut en 1439. *D'or, à trois lionceaux de gueules*, qui est DE THIL (depuis 1355); *de gueules, semé de billettes d'or; au lion du même brochant*, qui est DE CHATEAUVILLAIN.

DE THIVILLE, seigneurs de Séris, en Orléanais et en Beauce, famille dont la filiation remonte à Geoffroy de Thiville, écuyer, seigneur de Migobert et de Séris, vivant en juillet 1470, qui eut pour fils Guichard de Thiville, écuyer, seigneur de Séris, de Migobert et de la Pionnière, marié avec Denise de la Vallée, le 21 février 1491. Leurs descendants ont donné un commandant de l'arrière-ban des bailliages de Blois, Orléans, etc., en 1553; un capitaine d'une bande de cent chevaux arquebusiers, en 1557; un député aux états-généraux, en 1614, et plusieurs officiers. *De gueules, à trois fusées d'argent.*

DE THOLOSE, famille noble du Dauphiné. Elle prouve son origine depuis Antoine de Tholose, qui fit son testament l'an 1527. *Écartelé, aux 1 et 4 de gueules, à la croix vidée et clechée d'or, pommetée d'argent; aux 2 et 3 d'azur, au lion d'argent.*

DE THOMAS, barons de Sainte-Marguerite, par érection du mois de mars 1586, marquis de Villeneuve-la-Garde, par érection du mois de juin 1690, seigneurs de la Valette, d'Evenos, de Milhaud et de Gignac, en Provence, famille illustrée par ses emplois et ses nombreux services militaires, qui remonte à Jean Thomas, secrétaire du roi René et son maître rationnal, anobli par lettres de ce prince, du 2 avril 1480. Elle a donné des officiers supérieurs sur terre et sur mer; des chevaliers de l'ordre du roi; un président en la cour des comptes de Provence; des présidents à mortier au parlement d'Aix; plusieurs capitaines de vaisseaux; un chef d'escadre; plus de vingt chevaliers et dignitaires de l'ordre de Saint-Jean de Jérusalem; un évêque d'Autun en 1732, dont le frère, Louis de Thomas, fut le septième général de la congrégation de l'Oratoire de Jésus. *Écartelé de gueules et d'azur; à la croix treflée d'or, brochante sur le tout.*

THOMASSIN, à Vésoul, ancienne famille éteinte dans la maison du Châtelet. Jean Thomassin fut fait chevalier le 2 janvier 1475. Elle a donné un président au parlement de Dôle. *D'azur, à la croix écotée d'or.*

DE THOMASSIN, seigneurs d'Ainac, de Rognac et de Taillat, en Provence, famille ancienne, origi-, naire d'Aix. Elle prouve sa filiation depuis Jean-André de Thomassin, anobli par le roi René en 1478. L'historien de Provence en parle comme d'un grand magistrat, recommandable par sa science et son intégrité. Il laissa pour enfants sept mâles et cinq filles ; les premiers formèrent cinq branches. Cette famille a donné un grand nombre d'officiers, tant au parlement qu'en la chambre des comptes. Elle a contracté des alliances illustres, et a donné huit conseillers, un président et un avocat général au parlement, deux conseillers et quatre avocats généraux en la cour des comptes. *De sable, semé de faux d'or ; adextré et sénestré d'argent.*

DE THON, seigneurs de Thon, famille d'origine chevaleresque, qui a pris son nom d'une terre située en Lorraine, sur les confins de la Champagne. Jean-Baptiste de Thon, seigneur de Rantechaux, reçu chevalier de Saint-Georges, en 1632, mourut en 1674. *De gueules, à la fasce d'argent, accompagnée en pointe d'un lévrier du même, colleté de gueules.*

DU THON, seigneurs de Moncarville, du Quesnay, etc., en Normandie, famille anoblie en 1597, et maintenue le 21 février 1669. *D'argent, à trois merlettes de sable ; au chef d'azur, chargé d'une croisette d'or.*

THONIER, seigneurs de Nuisement, à Paris et en Brie. Cette famille tire son origine et sa noblesse de Gilbert Thonier, secrétaire ordinaire de la chambre de Louis XIII, le 14 janvier 1620, commissaire ordinaire de la marine du Ponent, conseiller d'état en 1652, puis conseiller-secrétaire du roi, maison couronne de France et de ses finances, le 30 juillet 1655. Cette famille a donné plusieurs officiers d'infanterie et de cavalerie, décorés de l'ordre royal et militaire de Saint-Louis. *D'azur, à la fasce d'or, accompagnée de trois glands du même.*

THOREL, seigneurs de Bocancé, de Saint-Clair, etc., à Paris. Cette famille a pour auteur Pierre Thorel, sieur de Castillon, vivant en 1531, père de Guillaume Thorel, écuyer, sieur de Castillon. Elle a donné plusieurs officiers. *D'azur, au taureau d'or, passant, issant du flanc dextre de l'écu, et affronté d'un lion léopardé du même, tous deux sur une terrasse de sinople ; au chef cousu de gueules, chargé de trois molettes d'or.*

DE **THY**, anciennement de Thil, comtes de Thy, de Milly, illustre et ancienne maison d'origine chevaleresque, qui a possédé la terre de Milly, en Beaujolais, depuis la fin du quatorzième siècle. Elle a pour auteur Simon de Thil, damoiseau, seigneur de la Douze, en Beaujolais, vivant le 20 août 1394. Elle a donné plusieurs officiers supérieurs sur terre et sur mer, et a contracté des alliances avec les plus anciennes maisons du royaume. Le comte de Thy a obtenu les honneurs de la cour, en 1784 et en 1785, en vertu de preuves faites au cabinet des ordres du roi. *D'argent, à trois lionceaux de gueules, le premier tenant une fleur de lys d'or.*

DE **TILHET**, seigneurs de Mauroux, de la Capelle et de Thouron, barons d'Orgueil, en Quercy. Cette maison établit sa filiation depuis Jean de Tilhet, Ier. du nom, seigneur de Thouron, aussi orthographié Thoron, qui eut pour femme Laure de Barbusson, et pour fils Pons de Tilhet, Ier. du nom, seigneur de Thouron, marié, le 15 juillet 1505, avec demoiselle Anne de Lézergues. Elle a donné un mestre de camp d'infanterie en 1635. *De gueules, au levrier d'argent ; au chef cousu d'azur, chargé de trois étoiles d'or.*

DU **TILLET**. Une production certifiée par le père Bernard de Montfaucon, célèbre antiquaire, et par les sieurs Lespere et Leroy, experts jurés écrivains, les 6 et 20 juillet 1738, porte que la maison du Tillet est une des plus anciennes de l'Angoumois, et en donne la filiation depuis Guillaume du Tillet, chevalier de l'ordre de Saint-Jean de Jérusalem, rappelé avec cette qualité dans une transaction du 5 des ides de mai 1200. Le nom du frère de ce Guillaume est ignoré, mais on lui connaît quatre enfants, entr'autres, Arnaud du Tillet, varlet, seigneur du Tillet, qui fut arbitre de la transaction précitée, du 5 des ides de mai 1200. Il a continué la postérité de cette maison qui s'est divisée en plusieurs branches, 1º. les marquis de la Bussière, comtes de Nogent, barons de Pontchevron, éteints à la fin du dix-huitième siècle ; 2º. les seigneurs de Lori et de Marçay, éteints en 1744; 3º. les seigneurs de Montrancé, vicomtes de la Malmaison, existants ; 4º. les seigneurs de Vergnes et d'Aubevie ; 5º. les seigneurs de Villards, existants. Cette maison a donné un historien célèbre, et a rempli avec distinction les premières charges de la haute magistrature ; a produit des conseillers d'état, des présidents, des maîtres des requêtes, trois officiers généraux, un grand nombre d'officiers supérieurs et de tous grades, et un savant prélat, évêque de Saint-Brieux en 1553, et de Meaux en 1567. *D'or, à la croix patée et alésée de gueules.* Supports : deux lions. Cimier : un lion issant. Devise : *Nil parum, nil nimis.*

TILLETTE DE MAUTORT, en Picardie. Cette famille descend de Pierre Tillette, seigneur de Mautort, près Abbeville, président en la sénéchaussée de Ponthieu, anobli par lettres du roi Henri III, du mois de février 1577, enregistrées à la chambre des comptes le 19 mars suivant. Tous ses descendants ont suivi la carrière militaire ; Antoine, l'aîné de ses fils, gentilhomme suivant S. A. S. le comte de Soissons, a été tué au siége de Soissons, en 1597, et Claude, son troisième fils, enseigne au régiment de Navarre a été tué sur la brèche, au siége de Calais.

Jean-Baptiste-Adrien, son arrière-petit-fils, ancien capitaine au corps royal de l'artillerie, chevalier de l'ordre royal et militaire de Saint-Louis, vivant en 1820, allié à demoiselle Louise-Elisabeth-Adelaïde de Clermont-Tonnnère-Thoury, a quatre fils, dont le premier, Prosper-Abbeville, capitaine dans la légion de la Somme ; le troisième, Eugène, lieutenant dans les chasseurs de la Somme, et le quatrième, Paul,

chevalier de l'ordre de Saint-Jean de Jérusalem, officier dans la marine royale. Eugène a été adopté par son
oncle maternel, Louis-François-Marie, comte de
Clermont-Tonnère-Thoury, lieutenant-général des
armées du roi, commandeur de l'ordre royal et militaire de Saint-Louis. Madeleine-Adrienne-Thérèse
Tillette de Mautort, sœur dudit Jean-Baptiste-Adrien,
dont il vient d'être parlé, décédée en 1812, avait
épousé Jean Roger Alexandre, comte de Riencourt,
maintenant chef de la maison de ce nom, que la Morlière a placée au nombre des plus illustres de la province de Picardie. *D'azur, au chevron d'or; au chef
du même, chargé d'un lion léopardé de sable.*

DE TILLY, marquis de Blaru, comtes de Tilly,
illustre et ancienne maison de chevalerie, qui a pris
son nom d'un château situé au bailliage de Caen. Elle
établit sa filiation depuis Ernaud ou Arnaud, sire
de Tilly, qui suivit le duc Guillaume le Bâtard à la
conquête de l'Angleterre, l'an 1066. Il eut pour fils
Umfroy, sire châtelain de Tilly, qui fut un des principaux officiers du duc Guillaume, dans cette même
expédition. Orderic Vital dit qu'il était issu du sang
des Danois. Cette maison a donné des capitaines de
compagnies d'hommes d'armes des ordonnances, des
gentilshommes ordinaires de la maison du roi, des conseillers d'état, des lieutenants-généraux et un grand
nombre d'officiers supérieurs et de gouverneurs de
places de guerre. *D'or, à la fleur de lys de gueules.*

DU TISSEUIL, seigneurs d'Anvaux, de Lezi-
gnac, etc., en Poitou et en Limosin, famille dont
la filiation remonte à Pierre du Tisseuil, écuyer, sieur
du Rus, marié avec Jeanne de Grenoilhe, le 22 juillet
1483. Il eut pour fils Christophe du Tisseuil, écuyer,
seigneur du Rus, mari d'Antoinette Turpin, qu'il épousa
le 22 août 1519. Parmi leurs descendants, on compte
plusieurs capitaines. *D'argent, à trois hures de sanglier de
sable.*

TITRE, subst. masc., nom de dignité, de distinction
et de prééminence. Loiseau observe que les titres de
rang ou de dignité doivent toujours venir immédiate-

ment après le nom de famille, et avant le titre de la charge.

Le roi de France prend le titre de *roi de France et de Navarre*; le roi d'Angleterre celui de roi de la Grande-Bretagne; le roi d'Espagne remplit une page entière de titres pour faire l'énumération des royaumes et seigneuries dont il est souverain.

On entend aussi par titre une certaine qualité que l'on donne à certains princes par forme de respect.

On donne aux empereurs d'Allemagne et de Russie le titre de *majesté impériale*; aux rois celui de *majesté*; au roi de France celui de *majesté très-chrétienne*. Louis XI obtint ce titre du pape en 1469, à peu près dans le même tems que Ferdinand, roi d'Espagne, obtenait celui de *majesté catholique* (1); au roi d'Angleterre celui de *défenseur de la foi*.

Le pape prend le titre de *sainteté*; un cardinal prince du sang, celui d'*altesse royale* ou d'*altesse sérénissime*, suivant qu'il se trouve plus ou moins éloigné du trône. Les autres cardinaux princes, celui d'*altesse éminentissime*; les simples cardinaux, celui d'*éminence*; un archevêque, celui de *grandeur*; les évêques, celui de *révérendissime*; les abbés, prêtres et religieux, celui de *révérend*. L'empereur de Constantinople, celui de *grand-seigneur* et de *hautesse*; les électeurs d'Allemagne, celui d'*altesse électorale*; le grand-maître de Malte, celui d'*éminence*; les nonces et les ambassadeurs des têtes couronnées, celui d'*excellence*.

En France, le fils aîné du roi, depuis 1711, est qualifié de *dauphin de France*; auparavant il était titré de *dauphin de Viennois*.

Le second fils du roi se nomme *monsieur*.

Les autres enfants du roi portent le surnom de *France*.

Au commencement de la troisième race, les *fils de France* se disaient fils du roi du vivant de leur père, et frères du roi sous le règne de leur frère. Mais dans les lettres de rétablissement de la chambre des comptes de

(1) Plusieurs auteurs prétendent que le titre de *roi très-chrétien* fut donné en 859, à Charles-le-Chauve, par le concile de Savonnières et que le pape Etienne II l'avait auparavant (755) donné à Pepin.

Tours, datées du 15 d'octobre 1558, le duc d'Anjou se qualifie François, fils de *France*, frère unique du roi.

Gaston s'est toujours qualifié fils de *France* après la mort d'Henri IV, son père ; et Monsieur a toujours porté la même qualité depuis la mort de Louis XIII.

Il faut enfin remarquer qu'il n'y a que les fils du roi, du dauphin ou de l'héritier présomptif de la couronne en ligne directe, qui portent le surnom de *France*. Les enfants des chefs de ligne collatérale portent le nom de l'apanage de leur père.

Les filles de France, de même que les fils, portent le nom de *France*; et on les appelle *madame*, quoiqu'elles ne soient pas mariées. La première fille du premier frère du roi prend le titre de *mademoiselle*.

La qualité de *petit-fils de France* n'a pas autrefois été portée par ceux qui se sont trouvés en ce degré-là, tels qu'ont été Philippe de Valois avant son avénement à la couronne; Charles, comte d'Alençon, son frère, *petit-fils* de Philippe-le-Hardi, et les princesses filles de Gaston-Jean-Baptiste de France, duc d'Orléans, ont été les premières qui ont pris la qualité de *petites-filles de France*.

On donne le titre d'*altesse royale* aux fils, frères et sœurs du roi, aux femmes des frères du roi et à leurs enfants. On donne aux autres princes le titre d'*altesse sérénissime*.

Pour connaître régulièrement l'ordre de la famille royale, il faut distinguer : 1°. la *maison royale*, qui comprend le roi, la reine et leurs enfants ; 2°. la *race royale*, qui sont les frères et sœurs du roi et leurs enfants ; 3°. le *sang royal*, qui se compose des princes qui ne sont pas immédiatement enfants de rois, ni enfants de frères de rois. Ainsi en France, selon l'usage, tout ce qui est de la maison *royale* précède la *race royale*, et la *race royale* le *sang royal*, quoique, selon les lois, le *sang royal* soit plus proche de la couronne que ne sont toutes les filles de la maison et de la *race royale* qui en sont exclues par la loi salique ; mais, à cela près, elles ont la préséance.

Le roi, dans ses lettres, traite de *cousins*, non-seulement les princes de son sang, mais encore plusieurs princes étrangers, les cardinaux, les pairs, les ducs, les maréchaux, les grands d'Espagne, et quelques autres seigneurs du royaume.

Les titres de la noblesse sont ceux de *duc*, *marquis*, *comte*, *vicomte* et *baron* : l'arrêt du 13 août 1663 fait défense à tous propriétaires de se qualifier barons, comtes, marquis, et d'en prendre les couronnes à leurs armes, sinon en vertu de lettres-patentes bien et dûment vérifiées en la cour; à tous gentilshommes de prendre la qualité de messire et de chevalier, sinon en vertu de bons et valables titres ; et à ceux qui ne sont point gentilshommes, de prendre qualité d'écuyers, à peine de 1500 livres d'amende.

Cet arrêt fut confirmé par une déclaration du 8 décembre 1699, qui ajoute une amende de cent florins pour les roturiers qui auront pris les qualités de marquis, comte, baron et autres titres honorables des terres titrées qu'ils possèdent (1).

____

(1) On peut juger jusqu'où l'on a porté l'abus d'usurper les titres, par la lettre qu'écrivit M. de Clairambault à M. le Tourneur, premier commis de la guerre, le 8 juin 1748. Là voici littéralement :

« La question que vous me proposez par votre lettre du 6 de ce mois, sur le titre de marquis pour M. de Bréhan, me paraît un scrupule nouveau ; car ce titre, ainsi que celui de comte et de baron, sont devenus aussi prodigués et aussi communs pour les militaires, que celui d'abbé pour tous les ecclésiastiques sans abbaye : il est vrai que ces titres n'étant pas soutenus de leurs vrais fondements, qui sont des lettres-patentes d'érection, registrées soit pour le sujet, soit pour ses ancêtres, ne sont utiles que pour les adresses de lettres et les conversations avec des inférieurs; ainsi, je crois, monsieur, que vous pouvez faire là-dessus tout ce que bon vous semblera; l'abus en est si grand depuis long-tems, qu'il serait à présent bien difficile de le réformer. Quoique dans la règle je ne dûsse passer dans les preuves de MM. les chevaliers des ordres aucuns de ces titres de comtes, marquis, barons, etc., qui ne sont pas revêtus de lettres-patentes registrées, je me trouve souvent obligé de suivre le torrent, parce que de le refuser à un lieutenant-général, quand il est ainsi qualifié dans ses provisions, ce serait sembler vouloir le dégrader et me faire une affaire personnelle; cependant cela est; je vous l'avoue, contre toutes règles, de même que les couronnes qu'ils mettent à leurs armes; en conséquence de ces titres imaginaires. Votre question me rappelle un bon propos sur ce sujet : Un marquis de l'espèce dont il s'agit, mécontent des plaisanteries d'un quelqu'un, s'échauffa jusqu'au point

Les anciens gentilshommes qui ne possédaient point de terres titrées et qui voulaient cependant paraître, soit à la cour, soit dans le monde, sous un titre analogue à leur naissance, avaient la faculté de se pourvoir en obtention de brevets de duc, de marquis, de comte et de baron, à la charge toutefois, de la part des impétrants, de payer le droit de marc d'or prescrit par l'édit royal du mois de décembre 1770.

Les qualifications de *messire* et *chevalier*, si généralement usurpées dans les derniers tems, n'étaient prises, autrefois, que par les anciens nobles ou les anoblis revêtus d'emplois ou de charges considérables (ordonnance du 15 janvier 1629). Plus anciennement, la qualité de *chevalier* n'était pas simplement un titre caractéristique de noblesse ; elle était encore la marque d'une dignité éminente réservée au mérite militaire et à la vertu. Un noble, quelle que fût sa naissance, ne pouvait se qualifier *chevalier* qu'après avoir été promu à la chevalerie, récompense la plus glorieuse qui pût lui être décernée.

On appelle *noblesse titrée*, les membres du corps de la noblesse qui sont ducs, comtes, vicomtes, marquis ou barons : dans les actes passés anciennement par les *nobles qualifiés*, ils sont titrés de *hauts et puissants seigneurs* ; mais on a fait ensuite un tel abus de cette qualification, que le moindre anobli l'introduisait dans tous ses contrats.

Les *princes légitimés* avaient rang immédiatement après les princes du sang, et précédaient tous les grands du royaume.

Les enfants naturels des rois sont *princes*, et on leur donne le titre d'*altesse* ; mais il faut qu'ils soient *légitimés*.

Parmi les Européens, les Espagnols, surtout, affectent d'étaler des titres longs et fastueux. On sait que Charles-Quint, ayant rempli de tous ses titres la première

---

» de le menacer, de l'aller chercher et de le trouver dans
» quelqu'endroit qu'il pût se cacher; le plaisant l'en défia, en
» lui disant qu'il connaissait un endroit où certainement il ne
» pourrait pas le trouver. Et quel peut être cet endroit, dit le
» marquis ? C'est dans votre marquisat, lui répondit le plaisant. En voilà assez sur cette matière, etc., etc. »

page d'une lettre qu'il adressait à François Ier., ce prince crut ne pouvoir en faire sentir mieux le ridicule qu'en se qualifiant, dans sa réponse, François, par la grâce de Dieu, bourgeois de Paris, seigneur de Vanvres et de Gentilly (qui sont deux petits villages aux environs de Paris). *Voyez* MAJORATS *et* QUALIFICATIONS.

TITRES ORIGINAUX CONSTITUTIFS DE NOBLESSE. On appelle titres *originaux* les premières grosses délivrées sur les minutes par les notaires ou autres officiers publics qui les ont reçues; et expéditions, les transcriptions faites sur les mêmes minutes par les notaires ou autres officiers publics qui en sont détenteurs comme successeurs des premiers.

Ces titres sont les contrats de mariage, créations de tutelle, de curatelle et de garde-nobles, partages, transactions, hommages, aveux, dénombrements, provisions de charges et places, etc.

Les *actes* d'église n'étaient jamais admis en preuves de noblesse, mais de filiation seulement.

Cependant, comme par les dérangements assez ordinaires dans les familles, ces premières grosses ou expéditions ne se trouvaient pas toujours, on admettait comme titres *originaux* les secondes grosses ou expéditions délivrées, soit par les notaires, soit par les greffiers, propriétaires des minutes; et, dans ce dernier cas, il fallait faire attester les signatures par le principal officier de la justice. C'est ce que l'on appelle légaliser.

Un arrêt du 16 août 1666 porte que toutes les *minutes* des tabellions de Normandie doivent être gardées dans un seul lieu, pour en éviter la dispersion.

Par un autre arrêt du 23 septembre de la même année, les notaires, greffiers et autres personnes publiques, ont été assujettis à représenter leurs *minutes* aux préposés à la recherche des usurpateurs de noblesse; et le 3 octobre 1667, le conseil d'état ordonna que la représentation des *minutes* serait exigée en preuves de noblesse.

DE TIVOLEY-DE-BARAT, seigneurs de la Maison-Forte, en Dauphiné. Cette famille établit sa filiation depuis Antoine de Tivoley, dont le fils Arnaud de Tivoley épousa, l'an 1449, Louise de Laigue de Chandieu, et testa en 1468. Son fils, Pierre de Tivoley, écuyer, châtelain d'Auterive, fut marié avec Jeanne Chaponay, le 31 décembre 1513. *De gueules, à la bande d'or, chargée de trois losanges et de deux demi-losanges de sable.*

TOLLEMER, sieurs d'Allecourt, de la Montagne-Chastel, etc., en Normandie. Cette famille a pour auteur Jean Tollemer, sieur de la Montagne, anobli en 1514, maintenu le 14 janvier 1668. *D'azur, à trois trèfles d'or.*

DE TOMBÉBŒUF. *Voyez* SACRISTE.

DE TORCHEFELON, seigneurs de Mornas, de Magnieu et du Serre, ancienne maison chevaleresque du Dauphiné. Elle remonte par titres filiatifs à Olivier de Torchefelon, qui fit hommage de tout ce qu'il possédait à l'archevêque Jean, l'an 1257. Il est qualifié dans l'acte de *miles*, c'est-à-dire chevalier. Cette maison a formé deux branches, et a donné un maréchal du Dauphiné, avant la réunion de cette province à la couronne. *De gueules, au chef bandé d'azur et d'hermine.*

DE TORON, seigneurs d'Artignosc et de Tours, en Provence, originaires d'Aix. Cette famille remonte à Antoine de Toron, conseiller au parlement en 1588. Jean-Antoine lui succéda, et fit deux branches, dont la postérité contracta de belles alliances. *D'azur, à un chien barbet d'argent, surmonté de trois besants du même.*

DE TORON, en Provence. Cette famille du nom de Toron, n'a pas une origine commune avec la précédente. Elle est originaire de la ville de Brignoles; elle est ancienne, et prouve sa filiation depuis Pierre de Toron, écuyer. Louis, son fils, fit son testament le 25 juin 1535. Elle a fait de belles alliances, et a aussi donné des conseillers au parlement et au siège général d'Aix, et un avocat du roi à la sénéchaussée de Brignoles. *De gueules, à un taureau d'or; au chef du même, chargé de trois étoiles de gueules.*

DE TOROTE, illustre et ancienne maison de chevalerie, éteinte depuis plusieurs siècles, qui a donné, dès l'an 1232, un évêque de Langres, dans Robert de

Torote, mort le 16 octobre 1246. On trouve, dès l'an 1042, un Aléaume de Torote. Claude de Torote ou Tourote, le dernier mâle de cette maison, ne laissa que deux filles, savoir : Oldes de Torote et Jaelle de Torote. Celle-ci épousa Philippe Bélanger, seigneur de la Donardière, gentilhomme servant du prince de Condé. *De gueules, au lion d'argent.*

DU TOT, seigneurs de Villefort, de Vaudessons, de Goufreville, etc., en Soissonnais, maison d'ancienne chevalerie, originaire de Normandie, où subsistait la branche des barons de Bavelinghen. Elle établit sa filiation suivie depuis Jean du Tot, Ier. du nom, seigneur du Tot, de Goufreville et d'Ancerville, qui épousa Renée du Mesnildot, et fit hommage au roi, le 10 juillet 1482. Ce Jean eut pour fils Pierre du Tot, écuyer, seigneur du Tot et d'Ancerville, gentilhomme ordinaire de la maison du roi, marié, le 12 juin 1559, avec Anne de Pardieu. On compte parmi leurs descendants un chevalier de l'ordre du roi, des gentilshommes ordinaires de sa chambre, un capitaine de cinquante hommes d'armes, des gouverneurs de villes et citadelles, et plusieurs capitaines de cavalerie et d'infanterie. *De gueules, à trois têtes de griffon, arrachées d'or.* Les seigneurs de Varneville, dans la généralité de Rouen, portant : *De gueules, à trois têtes d'aigle, arrachées d'or, et un besant du même en cœur,* paraissent être une branche de cette ancienne maison.

DE TOUCHEBŒUF, en Quercy et en Périgord. La maison de Touchebœuf est d'ancienne chevalerie, et a toujours tenu un rang distingué dans l'ordre de la noblesse, par son ancienneté, ses services et ses alliances. Elle est originaire de la vicomté de Turenne, où elle était déjà établie dans le XIe. siècle, comme en font foi plusieurs chartes de ce siècle et des suivants, qui prouvent en même tems qu'elle y possédait des fiefs et une partie de la justice de la ville et terre de Mayssac.

Cette maison a produit des chevaliers de l'ordre de Saint-Michel, avant l'institution de celui du Saint-Esprit, des gentilshommes ordinaires de la chambre de nos rois, et un grand nombre d'officiers de tous grades, qui ont servi leurs souverains dans toutes les guerres qu'ils ont eu à soutenir, avec un zèle, une bravoure et une fidélité qui ne se sont jamais démentis. L'église lui doit des sujets recommandables par leurs vertus et leurs lumières. Elle a donné à l'ordre de Malte, avant le milieu du seizième siècle, un grand commandeur de la langue de Provence, qui devint ensuite grand prieur de Saint-Gilles.

De neuf branches ou rameaux que cette maison a formées, il n'en existe plus que trois; les six autres sont éteintes; les voici dans leur ordre :

1°. De Clermont, éteinte en 1689 ;

2°. De Clermont-Montsec ;

3°. De Beaumond-de-Pierre-Taillade, aujourd'hui des Junies ;

4°. De Beaumond-de-la-Mothe, éteinte vers 1700 ;

5°. De Beaumond-de-Flaujac, éteinte en 1660 ;

6°. De Bonnecoste, éteinte en 1691 ;

7°. De Beaumond-de-la-Conté, éteinte en 1684 ;

8°. De Beaumond-du-Piquet, aujourd'hui de Beau-regard ;

9°. De Beaumond-du-Piquet, depuis de Saint-Georges ou de la Tour, éteinte en 1813.

La maison de Touchebœuf est connue depuis la fin du onzième siècle ; sa filiation est suivie depuis Raimond Ier, de Touchebœuf, chevalier, vivant en 1296, et prouvée littéralement depuis Bernard, en 1379. *D'azur, à deux bœufs passants d'or.*

TOUCQUOY, en l'île de France. Jean Toucquoy, avocat, maître des requêtes de la reine, fut élu échevin de Paris en 1634. *D'argent, au chevron surmonté d'un croissant, le tout de gueules, et accompagné en chef de deux œillets du même, tigés et feuillés de sinople, et en pointe d'un arbre terrassé du dernier émail.*

TOULOUSE.

Liste des Gentilshommes de la sénéchaussée de Toulouse, convoqués, en 1789, pour l'élection des députés aux Etats-Généraux du royaume.

Messieurs

D'Espagne.	Le marquis de Bérail.
De Moreville.	De Carrère-Montgaillard.

Le chevalier d'Izalguier.
De Valette.
De Chambon.
De Daux de Linaret.
Le chevalier d'Albouy.
Le chevalier de Guibert.
Dutrain de Verdiguier.
Le chevalier de Cottin.
Daspe.
Le Comte, marquis de La-
tresne.
Le chevalier de Carquet.
Montaud.
Lafue d'Auzas.
Le comte de Barnewall.
Dufaur d'Encuns, père.
Dufaur d'Encuns, fils.
Le marquis de Sers.
Bayne Houpiés.
Le chevalier de Sorrand.
D'Ortet.
Le chevalier de Massoc.
De Brueys.
D'André de Cervolles,
garde du roi.
Vaysse de Roquebrune.
Banquels de Musque.
Le chevalier de Cazes.
De Savy de Gardeil.
Le chevalier de la Panouse.
De Villèle-Morvilles.
D'Haumont, premier pré-
sident.
Bruyères de la Noue.
Le chevalier Daram.
De Cambolas.
Le chevalier de Mongazin.
Le vicomte de Solages.
Le chevalier de la Prune-
Montleran.
De comte de Nattes.
De Lombard de Sagnes.
De Poulhariez.

Le comte de Caylus.
De Fajole de Pordeac.
Jouve fils.
Le marquis d'Auzielle.
De Rabaudy.
Daram.
D'Yversen de Saint-Fons.
Le chevalier de Foune-
bonne.
Le chevalier d'Hautpoul-
Sobtes.
De Planes.
De Lherm, fils.
Le marquis de Mailleta.
De Belloc.
De Saint-Aigne.
Dalaux.
D'Anceau de Mauran.
De Rigaud.
Le comte du Perier.
De Lafont-Rouys.
De Branque.
D'Aguin.
Le chevalier de Novital.
Le chevalier de Lort.
Le vicomte de Villeneuve-
Flamalens.
Le chevalier de la Crozat.
De Combette de Caumont.
De la Salle.
Le marquis de Bertier.
De Rolland de Saint-Rome.
Poulit de Saint-Maurice.
Le marquis de Caumels.
Le marquis de Puylaroque.
Le comte de Terssac.
De Fajac.
D'Alés de Boscault, offi-
cier d'infanterie.
Viviés.
De Sancené.
De Guiringaud.
D'Alés de Boisse.

De Fleyres.

Le marquis de Reyniés.

De Villepique.

Le marquis de Fleury.

De Cazals.

De Reymond de Mauriac.

De Serres-Pontaux.

Le marquis de Fontenilles.

De la Peyrie.

Le comte de la Hage.

De Miegeville.

Le comte Roffiac de Verl-
hac.

Le chevalier de Comère.

De Roume.

Le marquis d'Aubuisson.

Cantalause, baron de
Gaure.

De Saint-Germain.

De la Roque, lieutenant
des maréchaux de France.

De Tardy.

De Lautard, fils.

De Viguerie.

De la Peyrouse.

Boutaric-d'Azas.

De Cazes Laribeaute.

Le marquis de Bonfontan.

Le baron de Fleyres.

Le chevalier de Fleyres.

De Long, capitaine au ré-
giment de Bourbon.

Le marquis de Bertier-
Montrabé.

De Pugnères.

Le marquis de Cobussiges.

De Larroquan.

De Carquet, capitaine,
commandant du régi-
ment de Vintimille.

De Faidit de Terssac, capitaine au régiment d'Au-
vergne.

Le chevalier Bonhomme
du Pin.

De Lamic.

Le chevalier des Innocens.

De Palaminy.

D'Escat de Montaut.

De Bouttes, garde du roi.

De Miramont de Foussih-
nac, capitaine de dra-
gons.

Le chevalier du Cruzel de
Remaurin.

De la Porte, fils.

De Comère, capitaine de
cavalerie.

Du Périer-Monestrol.

De Gounon des Changes,
fils.

De Mezamat-Canazilles.

De Mezamat-Delisle.

De Lourde-Latour.

Le comte du Pradel.

De Quinquiry-d'Olive.

De Chevery-Prunet.

Le chevalier d'Albis de
Rasengues.

D'Aubuisson de Voisins.

De Marcorelle, baron d'Es-
calles.

Le président d'Aygues-
vives.

De Boussac, seigneur de
la Barthe.

De Rocous de Boisdeveau.

Le vicomte Dupuy.

Du Tour-Melgeuil.

De Gineste-la-Barthe.

De Barravy.

De Larroque du Bisson.

De Gineste-de-Najac.

De Malabiou de la Fargue,
maréchal de camp.

De Longchamp.

D'Imbert de Corneillan.

De Bedos de Campan.

De Vialate de Pemilles.

De laFite-Pelleporc, fils.

De Tonnac-Villeneuve.

De Genton, baron de Villefranche.

D'Araignon de Villeneuve.

Le chevalier d'Ustou Saint-Michel.

Du Cos, vicomte de la Hitte.

Le baron de la Fage-Pailhés.

D'Escat de Montaut, fils.

Terson de Paleville.

Le marquis de Bérail.

Delort.

De Royers.

Le comte de la Barthe.

De Guiringaud.

De Lautar.

De Labarthe.

Le comte de Foix-Fabas.

Le marquis de la Jonquière.

De Saint-Félix.

De Paulo.

De la Coste.

Le marquis de Panat, secrétaire.

DE LA **TOUR-DE-DAUPHINÉ** OU DE LA **TOUR-DU-PIN**, grande, illustre, et jadis puissante maison, qui tire son nom de la baronnie indépendante (1) de la Tour, en Dauphiné, dont la ville de la Tour-du-Pin était le chef-lieu (2); et son origine, de la maison de la Tour-d'Auvergne, descendante des ducs d'Aquitaine. M. de Valbonnais n'admet pas cette origine (3); il croit que cette maison est originaire du Dauphiné, et ne remonte qu'à Berlion de la Tour, seigneur de la Tour-du-Pin, qui fit une donation l'an 1107 au prieuré d'Inimont, en Bresse. Mais Baluze (4), Justel, Chorier, Jean Lelièvre, Robert, l'abbé Muratori, et en dernier lieu M. Moulinet, secrétaire déchiffreur de la chambre des comptes de Dauphiné, dans le Mémoire Généalo-

---

(1) Chorier, Abrégé de l'Histoire de Dauphiné, première partie, page 84.

(2) Voir Chorier et Valbonnais.

(3) Valbonnais, tome I, page 180.

(4) Baluze, tom. I, page 250. — Justel, pag. 135 du texte, et 163 des preuves. — Chorier, Abrégé de l'Histoire de Dauphiné, tom. I. pag. 85. — Jean Lelièvre, Histoire de Vienne, pag. 46. — Robert, en sa Gaule chrétienne. pag. 387. — Muratori, Anécdoctes, tom. II, art. de Milan, 1307 à 1313; et mémoire de M. Moulinet, pp. 1, 2, 3, 4, 6, et 13.

gique qu'il a dressé en 1787, de la maison de la Tour-
du-Pin, ont adopté le sentiment contraire. On doit
donc regarder comme constant que la maison de la Tour-
de-Dauphiné ou de la Tour-du-Pin descend de Géraud
de la Tour d'Auvergne, seigneur de la Tour-du-Pin,
dans le Viennois, et vicomte de Vienne par son mariage avec Gausberge, fille de Berilon, vicomte de
Vienne, et qui vivait l'an 990, dont vint Berilon ou
Berlion Ier. de la Tour, seigneur de la Tour-du-Pin, et
vicomte de Vienne, qui fit l'an 1004, à l'église de
Vienne une donation pour la reconstruction de cette
église (1).

Ce Berlion Ier. de la Tour, seigneur de la Tour-du-
Pin, et vicomte de Vienne, qui vivait l'an 1004, est la
tige de toutes les branches de la maison de la Tour-de-
Dauphiné qui ont existé et qui existent encore.

On croit que c'est d'Amblard (2), petit-fils de Berlion Ier., et frère de Berlion III, qu'est venue la branche
de la Tour de la Cluse (3), dont était encore Susanne
de la Tour de la Cluse, mère de M. le comte de la Tour-
du-Pin Gouvernet de Paulin, ministre de la guerre sous
Louis XVI (4).

Quant à la branche qui a régné en Dauphiné, descendante d'Albert II, et à la branche de Vinay, descendante de Berlion V, frère dudit Albert II, elles ont eu
pour commune origine Albert Ier., arrière-petit-fils de
Berlion III, frère d'Amblard, précités; lequel Albert Ier.
vivait en 1161 et 1184 (5).

---

(1) Baluze, *ibid.*, et tom. II, pag. 476. — Chorier, *ibid*,
et Moulinet, pag. 1 et 13.

(2) Chorier, Hist. abrégée, etc., tom. I, pag. 103. —
Moulinet, pag. 15.

(3) Cette branche a été confondue par Chorier avec celle de
Clelles, dont vient celle de Gouvernet. La branche de *Clelles*
et celle *de la Cluse* étaient si voisines *dans le Trièves*, qu'on ne
doit point s'étonner de cette confusion; mais M. Moulinet a
démontré dans son Mémoire, que la branche de Gouvernet,
dont sont issues toutes les branches actuelles, est cadette de la
branche de Clelles, cadette elle-même de celle de Vinay. Il y
a donc à cet égard dans Chorier une erreur grave.

(4) Mémoire de M. Moulinet, pag. 19.

(5) Valbonnais, tom. I, pag. 180 et 181. — Moulinet,
pag. 22.

La branche qui a régné en Dauphiné s'est éteinte en 1355, par la mort de Humbert II, qui céda le Dauphiné à la France en 1343 et 1349 (1). Elle régna soixante-sept ans.

La branche de Vinay a continué, et la branche aînée de Vinay s'est éteinte dans la personne d'Antoine de la Tour, seigneur de Vinay et co-seigneur de la Tour-du-Pin, fils d'Aynard II ; ledit Aynard fils de Hugues ; ledit Hugues, fils de Henri ; ledit Henri, petit-fils de Berlion V précité (2).

La branche cadette de Vinay, que M. de Valbonnais n'a pas connue, non plus que nombre de faits et de personnages appartenants aux autres branches de la maison de la Tour-du-Pin (3), a continué dans la personne de Pierre Ier, de la Tour, châtelain d'Oulx, pour le dauphin, son parent, aux années 1341, 1342, 1343, 1344 et 1345, ledit Pierre, frère de Hugues (4), fils de Henri précité, de la branche de Vinay, et aussi oncle de Aynard II de la Tour, seigneur de Vinay, fils dudit Hugues, et d'Artaude de Bressieu, femme dudit Aynard : consanguinité établie incontestablement sur des titres d'après lesquels M. Moulinet a rédigé son mémoire.

Entr'autres, par des lettres du dauphin, des années 1343, 1344 et 1345, dans lesquelles il appelle ledit *Pierre, son cher cousin consanguin* (5).

Pierre Ier. eut pour fils Guigues Ier. ou Guigonnet, qui, lors de la remise des places du Dauphiné au roi de France par le dauphin Humbert II, prêta serment pour la châtellenie d'Oulx au nom de Pierre, son père (6).

Girard Ier, fils de Guigonnet, réclama, en 1350 et

---

(1) Valbonnais. — Moulinet, pag. 24.

(2) Valbonnais, tom. I, pag. 160, 172, 173, 183, 204, 205, 206, 207. 208, 209, 210, 211, 212, 213, 215, 216. — Moulinet, pag. 24 à 61.

(3) Voir dans le Mémoire de M. Moulinet, pag. 4, 12, 13, 16, 17, 20, 25, 35, 45, 55, les nombreuses erreurs et omissions que M. de Valbonnais a commises.

(4) Moulinet, pp. 55, 56, 59, 62 et suivantes, jusqu'à 85.

(5) Moulinet, pag. 82, 83 et 84.

(6) Valbonnais, tom. II, pag. 462. — Moulinet, pag. 86, 87, 88 et 89.

1351, les sommes considérables que le dauphin devait à son père et à son aïeul (1).

Il vendit avec Jean, son frère, en 1357, son terrier de rentes en la paroisse de Saint-Martin le Vinoux (2); et Jean est appelé Jean de la Tour-du-Pin, dans le compte de l'extraordinaire des guerres de 1378 (3), comme ayant servi en 1368 dans la guerre des Dauphinois contre les Provençaux (4).

Girard II, fils de Girard Ier, alla s'établir à Clelles, où il avait déjà un fief (5). Il est dénommé dans la révision des feux du lieu de Clelles en 1427, et il est dit fils de Girard Ier, dans un acte de 1388.

Il eut pour fils Guigues II (6), qui épousa Antoinette de Theys, fille du seigneur de Clelles, dont il eut Guigues III, qui épousa Anne Allemand, et testa en 1525. On le voit fils de Guigues II dans un acte de 1483 (7), et aussi dans un acte de 1487 (8), etc., et encore dans un autre de 1490 (9).

Guigues III eut plusieurs enfants, dont deux ont fait branches. L'aîné, Hugues, a continué la branche de Clelles, qui s'est éteinte peu après (10).

Le cadet, Pierre II, a épousé, en 1510, demoiselle Madelaine de Silve, dame de Gouvernet (11).

Pierre II, seigneur de Gouvernet, a eu pour fils Guigues IV, marié, en 1542, à Espérite du Bosquet.

---

(1) Moulinet, pag. 94 à 97.

(2) Moulinet, pag. 90 et 96.

(3) Moulinet, pag. 90.

(4) Ce Jean, frère de Girard Ier, forma la branche de Montromano, qui s'éteignit vers 1460, et dont Guy Allard faisait descendre Guigues III, marié à Anne Allemand, et père de Pierre II, qui forma par son mariage la branche de Gouvernet (a).

(5) Moulinet, pag. 98 et suivantes. jusqu'à 107.

(6) Moulinet, pag. 107 et suivantes, jusqu'à 119.

(7) Moulinet, pag. 120.

(8) Idem, ibidem.

(9) Idem, pag. 121 et 122.

(10) Moulinet, pag. 124, 125 et 126.

(11) Moulinet, pag. 124, 126 et suivantes, jusqu'à 132.

(a) Moulinet. pag. 91, 92, 93 et 143.

Guigues IV a laissé deux enfants ; 1°. René, seigneur de Gouvernet, capitaine de cent hommes d'armes des ordonnances, conseiller du roi en ses conseils d'état et privé, marié, en 1573, avec Isabeau de Montauban, dame de la Charce ; 2°. et Jacques, seigneur de Verclause est de Saint-Sauveur, marié, en 1583, avec Jeanne de Sade. De René sont venues les branches de Gouvernet (1) et Paulin, de la Charce, Chambly et Mallerargues (2); de Montauban et la Chaux (3), et de Jacques, sont descendues les branches de Verclause (4), de Taillade et de Verfeuil.

Ainsi en résumé, sur la filiation, les barons de la Tour, seigneurs de la Tour-du-Pin, viennent de la maison d'Auvergne. Des barons de la Tour descendent la troisième race des dauphins de Viennois et la branche de Vinay; de la branche de Vinay descend la branche de Clelles; de la branche de Clelles, vient la branche de Gouvernet, et de la branche de Gouvernet sont issues toutes les autres : de manière que la branche de Gouvernet est cadette de celle de Clelles, qui est cadette de celle de Vinay, cadette elle-même de celle des Dauphins.

Services et ordre de Malte. Cette maison, qui a donné pendant soixante-sept ans des souverains au Dauphiné, compte dans la branche de la Cluse, et dès 1244 et 1334, les châtelains de Grenoble et des commandeurs de l'ordre de Malte, ainsi que nombre de chevaliers (5).

Dans la branche de Gouvernet, et dans celles qui en

---

(1) La branche aînée de Gouvernet s'est éteinte en 1775 ; et alors la seconde branche, dite de Paulin, étant devenue l'aînée de la maison, a repris le nom de Gouvernet. C'est de cette branche qu'est l'ambassadeur actuel, pair de France.

(2) Les Mallerargues se sont éteints dans la personne du baron de Mallerargues, mort à Reims en 1810.

(3) Il y a eu trois branches de Montauban, et il ne reste plus que la branche aînée, dont est René-Claude-Guillaume-Jean-François de la Tour-du-Pin-Montauban, marquis de Soyans, maréchal-de-camp, qui a épousé la fille du maréchal de Vioménil.

(4) La branche aînée de Verclause est éteinte ; mais les branches de Taillade et de Verfeuil existent.

(5) Moulinet, pag. 17, 18 et 19.

sont issues, on voit des capitaines de cent et de cinquante hommes d'armes des ordonnances du roi, quatre
lieutenants-généraux des armées, et nombre de maréchaux-de-camp, de brigadiers et de colonels; un commandeur et nombre de chevaliers de Saint-Louis; des
conseillers du roi en ses conseils d'état et privé; des
sénéchaux, commandants et gouverneurs de provinces;
un ministre de la guerre et un ambassadeur; un bailli
et général des galères de l'ordre de Malte, et nombre
de chevaliers du même ordre; des députés aux états-
généraux de 1614, à l'assemblée des notables de 1787
et 1788, et aux états-généraux de 1789; des gentilshommes d'honneur, des dames d'honneur, et des
grands-officiers des princes de la maison royale.

Honneurs de la cour. En 1755, 1756, 1766, 1769,
1780, 1781, 1783, en vertu de preuves faites au cabinet des ordres du roi.

Pairie. Frédéric-Séraphin, marquis de la Tour-du-
Pin-Gouvernet (fils du ministre de la guerre sous
Louis XVI), ministre plénipotentiaire au congrès de
Vienne, et maintenant envoyé extraordinaire et ministre plénipotentiaire auprès du roi des Pays-Bas, a
été créé *pair* de France le 17 août 1815; il est aujour-
d'hui l'aîné de la maison de la Tour-du-Pin (1).

Titres. La seigneurie de la *Charce*, en Provence, à laquelle fut jointe la baronnie de Cornillon, fut érigée
en *marquisat* (2), par lettres du mois de mai 1619, en
faveur de René de la Tour-de-Gouvernet, capitaine de
cent hommes d'armes des ordonnances. (Ce René est le
frère aîné de Jacques, et comme lui fils de Guigues IV,
précité.)

La seigneurie de *Soyans* (3), en Dauphiné, fut érigée
en *marquisat*, par lettres du mois de juillet 1717, enregistrées au parlement de Grenoble le 28 mai 1718, en
faveur d'Antoine de la Tour-de-Montauban, issu d'Hector de la Tour-de-Montauban, lequel Hector était le

---

(1) Voir, à son sujet, la nouvelle Biographie des Hommes
vivants, imprimée chez Michaud, t. IV.
(2) Tablettes chronologiques, 1751, tom. IV.
(3) Tablettes chronologiques, 1752, tom. V.

quatrième fils de René de la Tour-de-Gouvernet, en faveur duquel fut érigé le marquisat de la Charce.

Prélature. Dans la branche des Dauphins (1), Hugues fut nommé à l'évêché de Clermont en 1227. Gui, neveu du précédent, fut élu au même évêché, et assista en 1278 au concile d'Aurillac ; et Henri, qui fut régent de Dauphiné pendant la minorité de Guigues, dauphin, son neveu, fut évêque de Metz.

Dans la branche de Vinay, il y eut un évêque de Viviers qui fut d'abord chanoine de Saint-Maurice de Vienne : il se nommait *Hugues* ; il avait trois frères, Aynard Ier, seigneur de Vinay, Humbert et Albert. Aynard Ier. est le seul que M. de Valbonnais ait connu de ces quatre fils de Berlion V, seigneur de Vinay. On les voit tous paraître dans la donation qu'ils firent de leur méladrerie de Vinay à l'abbé et au couvent de Saint-Chaffre, au diocèse du Puy, le jeudi après la conversion de Saint-Paul, apôtre, 1266 ; et déjà ils avaient été nommés dans le testament de Jacelme, leur oncle, frère de Berlion V et d'Albert II, du 5 des nones d'octobre 1262, testament d'ailleurs dans lequel il est aussi fait mention d'un quatrième frère de Berlion V, d'Albert II et de Jacelme, nommé Giraud, duquel Giraud M. Valbonnais n'a point eu également connaissance.

Dans la branche de Montauban, Lucrétius de la Tour-du-Pin-Montauban fut nommé à l'évêché de Riez ; Louis de la Tour-du-Pin-Montauban, à l'évêché de Toulon (2), et Louis-Apollinaire de la Tour-du-Pin-Montauban, à l'évêché de Nancy en 1778, à l'archevêché d'Auch en 1783, et à l'évêché de Troyes en 1802, en ayant néanmoins conservé son titre d'archevêque ; ce dernier mourut le 28 novembre 1807.

La branche de la Charce a donné un orateur dont les panégyriques sont estimés. Il fut chanoine de Tournay, abbé d'Ambournay et grand vicaire de Riez.

Pierre-Louis-François de la Tour-du-Pin de Gou-

---

(1) Le Clergé de France par l'abbé du Tems, Valbonnais et Chorier.

(2) Avant d'être promu à cet évêché, en 1712, ce prélat avait été reçu chanoine comte de Lyon en 1698.

vernet, frère du ministre de la guerre sous Louis XVI, a été comte et prévôt du chapitre noble de Mâcon.

Lyon. Guy, Hugues et Humbert de la Tour étaient chanoines-comtes de Lyon en 1230, 1243 et 1244.

Armes. La maison de la Tour-d'Auvergne avait anciennement pour armes une tour d'argent, sur un fond de gueules, maçonnée et crénelée de trois créneaux, avec machicoulis, deux fenêtres et une porte (1).

La maison de la Tour-de-Dauphiné, qui descend de celle de la Tour-d'Auvergne, a porté les mêmes armes, comme on le voit par le testament d'Albert II, de l'an 1190 (2).

La maison de la Tour-d'Auvergne changea ses armes en 1191, et substitua le fond d'azur au fond de gueules, et peu après elle chargea ce fond d'azur de fleurs de lys sans nombre, environ l'an 1222 (3).

Les seigneurs de la Tour-du-Pin ajoutèrent dans la suite un avant-mur à la tour, qu'ils conservèrent toujours à trois créneaux; et ce fut une manière de brisure pour marquer les puînés (4).

La branche de la Tour-du-Pin-Gouvernet portait encore, en 1573 et 1627, la tour d'argent, crénelée à trois créneaux, ouverte en porte *sur un fond de gueules*, surmontée de trois casques d'or pour brisure (5); ce n'est que depuis qu'elle a aussi changé le fond de ses armes, et substitué, comme les la Tour-d'Auvergne, un fond d'azur au fond de gueules qu'elle avait auparavant, et que pour rappeler également sa consanguinité avec les dauphins de Viennois, elle a écartelé ses armes d'un dauphin d'azur sur un fond d'or.

Les armes de la maison de la Tour-du-Pin sont donc depuis environ la fin du dix-septième siècle, un écu, écartelé, aux 1 et 4 d'azur, à la tour à trois créneaux d'argent, maçonnée de sable; au chef cousu de gueules,

---

(1) Baluze, pag. 247 et 250. — Moulinet, pag. 4, 5 et suivantes.

. (2) Baluze, tom. II, pag. 477. — Moulinet, pag. 5, 6, 7 et 23.

(3) Baluze, tom. I, pag. 277 et 280. — Moulinet, p. 5 et 6.

(4) Baluze, tome 1, page 252. — Justel, page 158. — Moulinet, page 6

(5) Moulinet, pag. 8, 9, 10, 11.

.chargé de trois casques d'or, tarés de profil ; aux 2 et 3 d'or, au dauphin d'azur, crêté et oreillé de gueules:

La branche de Chambly, *par obligation de porter le nom et les armes de Chambly*, résultante du contrat de mariage de *Jacqueline-Louise de Chambly* (1), *dernière du nom*, *avec René-François-André*, *comte de la Tour-du-Pin-de-la-Charce*, *brigadier des armées du roi*, (le même qui fut blessé sous Louis XV à la bataille de Lawfeld) (2), porte en outre les armes de ladite maison de Chambly qui sont d'argent, à une croix dentelée d'azur, chargée de cinq fleurs de lys d'or ; le premier canton chargé d'un écu de gueules, à trois coquilles d'or.

La maison de la Tour-du-Pin porte deux devises ; l'une : *Turris fortitudo mea; l'autre : Courage et loyauté.*

DE LA TOUR, seigneurs de Romoules et de Tour-tour, en Provence, famille issue de l'illustre maison de la Tour à Naples. Pendant la révolution de ce royaume, Louis de la Tour ayant rendu d'importants services à Louis II d'Anjou, ce prince le récompensa par la charge de capitaine général au bailliage de Digne, le 10 août 1426. Il le qualifie, dans ses lettres-patentes, de *Ludovicus de Turri de Neapoli.* Louis de la Tour était fils de Philippe de la Tour, qui suivit le parti de la reine Jeanne et de son fils adoptif ; il fut enveloppé dans la déroute de l'armée de ce prince en 1382, et perdit ses biens qui furent confisqués par Charles de Duras, lorsque celui-ci se rendit maître du royaume de Naples. Ce fut ce qui obligea Louis de la Tour de se retirer dans la ville d'Hierres, où il épousa Béatrix de Cormis, laquelle apporta à son mari la terre et seigneurie de Romoules. Il eut quatre fils, Fouquet, Antoine, Honoré et Elzear de la Tour. Honoré a fait la branche d'Arles, Antoine de la Tour surnommé le

---

(1) Pierre de Chambly, chevalier, fut conseiller et grand chambellan du roi Philippe le Bel. On peut voir dans l'Histoire de Normandie, et dans le Nobiliaire de Picardie, le rang illustre que tenait la maison de Chambly dès le douzième siècle.

(2) *Voyez* Lacretelle, histoire du dix-huitième siècle.

brau , terme provençal , qui signifie en français brave , vaillant et fort , fut successivement viguier de Marseille en 1467 , premier consul à Arles en 1468 et 1470. Le roi René le fit son conseiller en tous ses conseils d'état , en considération de grands et notables services qu'il lui avait rendus auprès de son fils , le duc de Calabre , tant au royaume de Naples qu'en la principauté de Catalogne. Ses frères Fouquet et Honoré de la Tour héritèrent de lui ; Fouquet l'aîné fut confirmé dans toutes les charges de son frère par le roi Charles VIII. Henri de la Tour , fils aîné de Baltazar , se signala dans toutes les guerres de son tems. L'an 1579, il soutint contre les ligueurs le siége de Lorgues. En 1596, il eut commission de se saisir du château de Salerne ; et en 1607, le duc de Florence l'ayant prié de se trouver à l'entreprise de Famagouste en Chypre, lui donna la commission de lever un régiment en Provence ; il fut à cette expédition , où il se couvrit de gloire. Il mena ensuite son régiment au siége de Montauban , l'an 1629, ayant pour lors trois de ses enfants avec lui. En 1637, il servit à l'attaque de Saint-Honoré et Sainte-Marguerite , quoiqu'âgé de quatre-vingts ans. Deux de ses fils combattaient avec lui ; ils furent forcés de se retirer. Il voulut donner de nouveau , mais il fut blessé, fait prisonnier par les Espagnols , et depuis échangé avec un capitaine napolitain. Le roi qui connut cette action d'éclat, lui écrivit une lettre des plus obligeantes ; et, après avoir hautement loué sa valeur , lui envoya le brevet d'une pension de 1500 liv. pendant sa vie, qui fut fort longue. Cette maison a formé des alliances considérables , et donné des officiers de la plus haute distinction, des premiers consuls de Provence, et un page du roi. *D'azur, à une tour crenelée de quatre pièces d'argent, maçonnée de sable ; deux colombes d'argent , becquées et membrées de gueules , affrontées, perchées sur les deux créneaux extrêmes, et soutenant de leurs becs une étoile d'or.*

DE LA TOUR , seigneurs de la Tour, de Saint-Paul, du Cros, etc. , en Rouergue, famille qui a pour auteur Flotard de la Tour, marié avec Renée d'Artigous, dont il eut Pons de la Tour, chevalier, seigneur de la Tour, de Salles-Comtaux et de Rochebrune. Le mariage de

e dernier fut accordé, le 12 décembre 1529, avec
Marguerite de Murat. *De gueules, à la tour d'argent.*

DE TOURNEHEIM. *Voyez* LE NORMAND.

DE TOURNET, seigneurs d'Hercules et de la Co-
he, etc., en Dauphiné. Cette famille a pour auteurs
François de Tournet, sieur de la Coche de Theys, et Phi-
ppe Chalandier, sa femme, vivants en 1489. D'eux
aquit Jean de Tournet, époux de Guillaume de Bois-
ières, fille de Jacques de Boissières, écuyer, de Tencin,
ui vivait en 1548. *Écartelé aux 1 et 4 d'azur, à trois
ours d'argent, maçonnées de sable ; aux 2 et 3 de gueules ;
deux poissons adossés d'argent, mouchetés de gueules,
accostés de deux fasces engrêlées d'argent.*

LE TOURNEUR, seigneurs de Burbures, en Poitou.
Cette famille prouve une filiation suivie depuis Jean
e Tourneur, écuyer, seigneur de la Bossonière, marié,
e 4 août 1538, avec Mathurine Girault. Nicolas le
Tourneur, écuyer, sieur de Burbures, leur fils,
pousa, le 1er. janvier 1558, Anne le Vesnier ;
Pierre le Tourneur, sieur de Burbures, fils du précé-
ent, fut maintenu le 31 décembre 1599. *D'azur, à
rois tours d'argent.*

LE TOURNEUR, famille de robe de Normandie. *De
gueules, à trois têtes de léopard d'or, arrachées et lampassées d'azur.*

LE TOURNEUR. Jean le Tourneur fut anobli au
mois de mai 1381.

DE TOURNIER, en Dauphiné. Cette famille fut
anoblie pour services militaires dans la personne de
Jean de Tournier, par lettres du mois d'octobre 1553,
confirmées par autres du 26 décembre 1555, vérifiées
ar arrêt du 27 mars 1565. *Coupé ondé au 1 de gueules,
la croix cléchée d'or, vidée d'azur ; au premier canton
au deuxième une épée d'argent, garnie d'or ; au 2 fascé
ndé d'or et d'azur.*

DE TOURNIER, seigneurs de Saint-Victoret, en

Provence, famille originaire de Marseille dont la noblesse remonte à Philippe de Tournier, marié, en 1487, avec Constance de George d'Olières. Berenger, et Pierre de Tournier, provenus de cette alliance, partagèrent la succession de leur père en 1532. Berenger fut homme de lettres, et continua la descendance. Cette famille fut maintenue le 12 décembre 1667. Elle a donné des capitaines d'infanterie et des premiers consuls de Marseille, etc. *De gueules, à un écusson d'or, chargé d'une aigle de sable; l'écusson embrassé de deux badelaires, ou cimeterres recourbés d'or, les poignées vers le chef.*

TOURNOI, subst. masc., exercice de guerre et de galanterie, que faisaient les anciens chevaliers pour montrer leur adresse et leur bravoure. C'est l'usage des tournois qui, unissant ensemble les droits de la valeur et de l'amour, donna une si grande importance à la galanterie, ce perpétuel mensonge de l'amour.

On appelait tournois, dans le tems où régnait l'ancienne chevalerie, toutes sortes de courses et combats militaires, qui se faisaient conformément à certaines règles, entre plusieurs chevaliers et leurs écuyers, par divertissement et par galanterie. On nommait *joutes* des combats singuliers qui se faisaient dans les tournois, d'homme à homme, avec la lance ou la dague; ces *joutes* étaient ordinairement une partie des tournois.

Il est difficile de fixer l'époque de l'institution des tournois, dont les Allemands, les Anglais et les Français se disputent la gloire, en faisant remonter l'origine de ces jeux au milieu du neuvième siècle.

L'historien Nithard parle ainsi des jeux militaires, dont les deux frères Louis-le-Germanique et Charles-le-Chauve se donnèrent plusieurs fois le spectacle vers l'année 842, après avoir juré cette alliance, qui est devenue célèbre par la formule de leur serment : *Ludos etiam hoc ordine sœpe causâ exercitii frequentabant.... Subsistente hinc indè omni multitudine, primum pari numero Saxonorum, Vasconorum, Austrasiorum, Britannorum, ex utrâque parte veluti invicem adversari sibi vellent, alter in alterum veloci cursu ruebat.....*, et plus bas, *eratque res digna spectaculo.*

Il paraît assez clairement par la suite du texte de Nithard, que l'Allemagne fut le théâtre de ces jeux qui

avaient quelque ressemblance avec les tournois qui succédèrent. La plupart des auteurs allemands prétendent que
l'empereur Henri, surnommé l'*Oiseleur*, qui mourut en
936, fut l'instituteur des tournois : mais quelques-uns
avec plus de fondement en font l'honneur à un autre
Henri, qui est postérieur d'un siècle au premier. En ce
cas, les Allemands auraient peu d'avantage sur les
Français, chez qui l'on voit les tournois établis vers le
milieu du onzième siècle, par Geoffroy, seigneur de
Preuilly, en Anjou ; *Anno* 1066, dit la chronique de
Tours, *Gaufridus de Pruliaco*, *qui torneamenta invenit
apud Andegavum occiditur.*

Il y a même un historien étranger, qui, parlant des
tournois, les appelle les combats français, *conflictus gal-
lici*, soit parce qu'ils étaient nés en France, soit parce
que de son tems les Français y brillaient le plus. *Hen-
ricus rex Anglorum junior*, dit Mathieu Pâris, sous l'an
1179, *mares transiens in conflictibus gallicis, et profusio-
ribus expensis, triennium peregit, regiâque majestate de-
positâ, tutus est de rege translatus in militem.* Selon les
auteurs de l'histoire bysantine, les peuples d'Orient
ont appris des Français l'art et la pratique des tournois ;
et en effet, notre nation s'y est toujours distinguée jusqu'au tems de Brantôme.

La veille des tournois était annoncée dès le jour qui
la précédait, par les proclamations des officiers d'armes.
Des chevaliers qui devaient combattre, venaient aussi
visiter la place destinée pour les joutes. « Si venait de-
» vant eux un hérault qui criait tout en hault : Sei-
» gneurs chevaliers, demain aurez la veille du tournoy,
» où prouesse sera vendue et achetée au fer et à l'acier. »

On solennisait cette veille des tournois par des espèces de joutes, appelées tantôt *essais* ou *épreuves*, tantôt
les *vêpres du tournois*, et quelquefois *escrénice*, c'est-à-
dire, escrimes, où les écuyers s'essayaient les uns contre
les autres avec des armes plus légères à porter, et plus
aisées à manier que celles des chevaliers, plus faciles à
rompre, et moins dangereuses pour ceux qu'elles bles-
saient. C'était le prélude du spectacle nommé le *grand
tournoi*, le *maître tournoi*, le *maître éprouve* que les plus
braves et les plus adroits chevaliers devaient donner le
lendemain.

Les dames s'abstinrent dans les premiers tems d'as-

sister aux grands tournois ; mais enfin l'horreur de voir.
répandre le sang, céda dans le cœur de ce sexe sensible,
à l'inclination encore plus puissante qui le porte vers
tout ce qui appartient aux sentiments de la gloire, ou
qui peut causer de l'émotion. Les dames donc accouru-
rent en foule aux tournois, et cette époque dût être
celle de la plus grande célébrité de ces exercices.

Il est aisé d'imaginer quel mouvement devait produire dans les esprits la proclamation de ces tournois
solennels, annoncés long-tems d'avance, et toujours
dans les termes les plus fastueux ; ils engageaient dans
chaque province et dans chaque cour tous les écuyers
à faire d'autres tournois, où par toutes sortes d'exercices
ils se disposaient à paraître sur un plus grand théâtre.

Tandis qu'on préparait les lieux destinés aux tournois, on étalait le long des cloîtres de quelques monastères voisins les écus armoiriés de ceux qui prétendaient
entrer dans les lices, et ils y restaient plusieurs jours
exposés à la curiosité et à l'examen des seigneurs, des
dames et des demoiselles. Un héraut ou poursuivant
d'armes, nommait aux dames ceux à qui ils appartenaient ; et si, parmi les prétendants, il s'en trouvait
quelqu'un dont une dame eût sujet de se plaindre, soit
parce qu'il avait mal parlé d'elle, soit pour quelqu'autre
offense, elle touchait l'écu de ses armes pour le recom-
mander aux juges du tournoi, c'est-à-dire, pour leur
en demander justice.

Ceux-ci, après avoir fait les informations nécessaires,
devaient prononcer ; et si le crime était prouvé juridi-
quement, là punition suivait de près. Le chevalier se
présentait-il au tournoi, malgré les ordonnances qui
l'en excluaient, une grêle de coups que tous les chevaliers faisaient tomber sur lui, le punissait de sa témé-
rité, et lui apprenait à respecter l'honneur des dames
et les lois de la chevalerie. La merci des dames qu'il
devait réclamer à haute voix, était seule capable de
mettre des bornes au châtiment du coupable.

Nous ne ferons point la description des lices pour le
tournoi, ni des tentes et des pavillons dont la campagne
était couverte aux environs, ni des hours, c'est-à-dire,
des échaffauds, dressés autour de la carrière où tant de
nobles personnages devaient se signaler. Nous ne distin-
guerons point les différentes espèces de combats qui s'y

donnaient, joutes, castilles, pas d'armes et combats à la foule ; il nous suffit de faire remarquer que ces échaffauds, souvent construits en forme de tours, étaient partagés en loges et en gradins, décorés de riches tapis, de pavillons, de bannières, de banderolles et d'écussons ; aussi les destinait-on la plupart à placer les rois, les reines, les princes et princesses, et tout ce qui composait leur cour, les dames et les demoiselles, enfin les anciens chevaliers qu'une longue expérience au maniement des armes avait rendus les juges les plus compétents ; ces vieillards, à qui leur grand âge ne permettait plus de se distinguer dans les tournois, touchés d'une tendresse pleine d'estime pour cette jeunesse valeureuse, qui leur rappelait leurs propres exploits, voyaient avec plaisir leur ancienne valeur renaître dans ces essaims de jeunes guerriers.

La richesse des étoffes et des pierreries relevait encore l'éclat du spectacle. Des juges nommés exprès, des conseillers ou assistants, avaient en divers lieux des places marquées pour maintenir dans le champ de bataille les lois des tournois, et pour donner leur avis à ceux qui pouvaient en avoir besoin. Une multitude de hérauts et de poursuivants d'armes, répandus de toutes parts, avaient les yeux fixés sur les combattants, pour faire un rapport fidèle des coups qui étaient portés et reçus. Une foule de ménétriers avec toutes sortes d'instruments d'une musique guerrière étaient prêts à célébrer les prouesses qui devaient éclater dans cette journée. Des sergents actifs avaient ordre de se porter de tous les côtés où le service des lices les appelait, soit pour donner des armes aux combattants, soit pour contenir la populace dans le silence et le respect.

Le bruit des fanfares annonçait l'arrivée des chevaliers, superbement armés et équipés, suivis de leurs écuyers à cheval. Des dames et des demoiselles amenaient quelquefois sur les rangs ces fiers esclaves attachés avec des chaînes qu'elles leur ôtaient, seulement, lorsqu'entrés dans l'enceinte des lices, ils étaient prêts à s'élancer. Le titre d'esclave ou de serviteur de la dame que chacun nommait hautement, en entrant au tournoi, était un titre d'honneur, qui devait être acheté par des exploits ; il était regardé par celui qui le portait comme un gage de la victoire, comme un engagement à ne rien faire qui ne fût digne de lui. *Servants d'amour,* leur dit un de nos poëtes dans une ballade qu'il composa pour le tournoi fait à Saint-Denis sous Charles VI, au commencement du mois de mai 1389 :

> *Servants d'amour, regardez doucement ;*
> *Aux échaffauds, anges de paradis.*
> *Lors jouterez fort et joyeusement,*
> *Et vous serez honorés et chéris.*

A ce titre, les dames daignaient joindre ordinairement ce qu'on appelait *faveur, joyau, noblesse, nobloy* ou *enseigne ;* c'était une écharpe, un voile, une coëffe, une manche, une mantille, un brasselet, un nœud, en un mot quelque pièce détachée de leur habillement ou de leur parure ; quelquefois un ouvrage tissu de leurs mains, dont le chevalier favorisé ornait le haut de son héaume ou de sa lance, son écu, sa cotte-d'armes, ou quelqu'autre partie de son armure.

Souvent dans la chaleur de l'action, le sort des armes faisait passer ces gages précieux au pouvoir d'un ennemi vainqueur, ou divers accidents en occasionaient la perte. En ce cas la dame en renvoyait d'autres à son chevalier pour le consoler, et pour relever son courage ; ainsi elle l'animait à se venger, et à conquérir à son tour les faveurs dont ses adversaires étaient parés, et dont il devait ensuite lui faire une offrande.

Ce n'étaient pas les seules offrandes que les chevaliers vainqueurs faisaient aux dames ; ils leur présentaient aussi quelquefois les champions qu'ils avaient renversés ; et les chevaux dont ils leur avaient fait vider les arçons.

Lorsque toutes ces marques, sans lesquelles on ne pouvait démêler ceux qui se signalaient, avaient été rompues et déchirées, ce qui arrivait souvent par les coups qu'ils se portaient en se heurtant les uns contre les autres, et s'arrachant à l'envi leurs armes, les nouvelles faveurs qu'on leur donnait sur-le-champ, servaient d'enseignes aux dames, pour reconnaître celui qu'elles ne devaient point perdre de vue, et dont la gloire devait rejaillir sur elles. Quelques-unes de ces circonstances ne sont prises à la vérité que des récits de nos romanciers ; mais l'accord de ces auteurs avec les

relàtions des tournois justifie la sincérité de leurs dé-
positions.

Enfin, on ne peut pas douter que les dames, atten-
tives à ces tournois, ne prissent un intérêt sensible aux
succès de leurs champions. L'attention des autres spec-
tateurs n'était guère moins capable d'encourager les
combattants : tout avantage remarquable que rempor-
tait quelqu'un des tournoyants, était célébré par les
concerts des ménétriers et par les voix des hérauts. Dans
la victoire, on criait : *Honneur au fils des preux ;* car, dit
Monstrelet, nul chevalier ne peut être jugé preux lui-
même, si ce n'est après le trépassement. D'autrefois, on
criait : *Louange et prix aux chevaliers qui soutiennent les
griefs, faits et armes, par qui la valeur, hardement et
prouesse est guaigné en sang mêlé de sueur.*

A proportion des criées et huées qu'avaient excitées
les hérauts et les ménétriers, ils étaient payés par les
champions. Leurs présents étaient reçus avec d'autres
cris ; les mots de *largesse* ou *noblesse ;* c'est-à-dire, de
libéralité, se répétaient à chaque distribution nouvelle.
Une des vertus les plus recommandées aux chevaliers,
était la libéralité ; c'est aussi la vertu que les jongleurs,
les poètes et les romanciers ont le plus exaltée dans
leurs chansons et dans leurs écrits : elle se signalait encore par la richesse des armes et des habillements. Les
débris qui tombaient dans la carrière, les éclats des
armes, les paillettes d'or et d'argent dont était jonché
le champ de bataille, tout se partageait entre les hérauts
et les ménétriers. On vit une imitation de cette antique
magnificence chevaleresque à la cour de Louis XIII,
lorsque le duc de Bukingham, allant à l'audience de la
reine, parut avec un habit chargé de perles, que l'on
avait exprès mal attachées ; il s'était ménagé par ce
moyen un prétexte honnête de les faire accepter à ceux
qui les ramassaient pour les lui remettre.

Les principaux réglements des tournois, appelés
écoles de prouesse, consistaient à ne point frapper de la
pointe, mais du tranchant de l'épée, ni combattre hors
de son rang ; à ne point blesser le cheval de son adver-
saire, à ne porter des coups de lance qu'au visage, c'est-
à-dire au plastron ; à ne plus frapper un chevalier dès
qu'il avait ôté la visière de son casque, ou qu'il s'était
déheaumé ; à ne point se réunir plusieurs contre un seul

II.   5o dans certains combats, comme dans celui qui est proprement appelé *joute*.

Le juge de paix choisi par les dames avec un appareil curieux, était toujours prêt d'interposer son ministère pacifique, lorsqu'un chevalier, ayant violé par inadvertance les lois du combat, avait attiré contre lui seul les armes de plusieurs combattants. Le champion des dames, armé d'une longue pique, ou d'une lame surmontée d'une coëffe, n'avait pas plutôt abaissé sur le héaume de ce chevalier le signe de la clémence et de la sauve-garde des dames, que l'on ne pouvait plus toucher au coupable. Il était absous de sa faute, lorsqu'on la croyait en quelque façon involontaire ; mais si l'on s'apercevait qu'il eût eu dessein de la commettre, on devait la lui faire expier par une rigoureuse punition.

Celles qui avaient été l'âme de ces combats, y étaient célébrées d'une façon particulière. Les chevaliers ne terminaient aucun exercice, sans faire à leur honneur une joute qu'ils nommaient le *coup des dames*, et cet hommage se répétait en combattant pour elles à l'épée, à la hache d'armes et à la dague. C'était de toutes les joutes celle où l'on se piquait de faire les plus nobles efforts.

Le tournoi fini, on s'occupait du soin de distribuer le prix que l'on avait proposé, suivant les divers genres de force ou d'adresse par lesquels on s'était distingué, soit pour avoir brisé le plus grand nombre de lances, soit pour avoir fait le plus beau coup d'épée, soit pour être resté plus long-tems à cheval sans être démonté, ni désarçonné, soit enfin pour avoir tenu plus long-tems de pied ferme dans la foule du tournoi, sans se déheaumer, ou sans lever la visière pour reprendre haleine.

Les officiers d'armes faisaient leur rapport du combat devant les juges, qui prononçaient le nom du vainqueur. Souvent on demandait l'avis des dames, qui adjugeaient le prix, comme souveraines du tournoi ; et quand il arrivait qu'il n'était point adjugé au chevalier qu'elles en avaient estimé le plus digne, elles lui accordaient elles-mêmes un second prix. Enfin lorsque le prix avait été décerné, les officiers d'armes allaient prendre, parmi les dames ou les demoiselles, celles qui devaient présenter le prix au vainqueur. Le baiser qu'il avait droit de leur

donner, en recevant le gage de sa gloire, lui paraîs-
sait le plus haut point de son triomphe.

Ce prix que les dames lui portaient était adjugé tantôt
sur les lices, et tantôt dans le palais au milieu des di-
vertissements qui venaient à la suite du tournoi, comme
on vit dans les fêtes du duc de Bourgogne à Lille, en
1453. « Tandis qu'on dansoit (dit Olivier de la Marche,
» Mém., liv. I, page 437), les roys d'armes et héraux
» avecque les nobles hommes qui furent ordonnés pour
» l'enqueste, allèrent aux dames et aux demoiselles, sa-
» voir à qui l'on devoit présenter le prix pour avoir le
» mieux jousté et rompu bois pour ce jour, et fut trouvé
» que M. de Charolois l'avait gagné et desservy. Si pri-
» rent les officiers d'armes deux demoyselles, princesses
» (mademoiselle de Bourbon et mademoiselle d'Es-
» tampes), pour le prix présenter, et elles le baillèrent
» à mon dict seigneur de Charolois, lequel les baisa
» comme il avoit accoutumé, et qu'il étoit de cou-
» tume, et fut crié monjoye, moult hautement. »

Non-seulement le vainqueur recevait le baiser, gage
de son triomphe, mais il était désarmé par les mêmes
dames qui lui présentaient des habits, et le menaient à
la salle où il était reçu par le prince, qui le faisait as-
seoir au festin, dans la place la plus honorable. Son nom
était inscrit dans les registres des officiers d'armes, et ses
actions faisaient souvent la matière des chansons et lays
que chantaient les dames et les demoiselles au son des
instruments des ménétriers.

Voilà le beau des tournois. Il n'est pas difficile d'en
voir le ridicule et les abus. Comme il n'y avait qu'un
pas des dévots chevaliers à l'irréligion, ils n'eurent
aussi qu'un pas à faire de leur fanatisme en amour aux
plus grands excès du libertinage ; les tournois, presque
toujours défendus par l'église, à cause du sang que l'on
y répandait, et souvent interdits par nos rois, à cause
des dépenses énormes qui s'y faisaient ; les tournois,
dis-je, ruinèrent une grande partie des nobles qu'avaient
épargnés les croisades et les autres guerres.

Il est vrai, néanmoins, que si nos rois réprimèrent
souvent, par leurs ordonnances, la fureur des tournois,
ils les ranimèrent encore plus souvent par leur exemple ; de-là vient qu'il est fait mention dans nos anciens
fabliaux, d'une de ces défenses passagères, qui fut suivie

de la publication d'un tournoi, fait à La Haye, en Touraine. Ainsi ne soyons pas surpris que ces sortes de combats fussent toujours en honneur, malgré les canons des conciles, les excommunications des papes, les remontrances de l'église, et le sang qui se répandait dans ces joutes. Il en coûta la vie, en 1240, à soixante chevaliers et écuyers, dans un seul tournoi, à Nuys, près de Cologne. Charles VI les soutint, et sa passion pour cet exercice lui attira souvent des reproches très-sérieux ; car, contre l'usage ordinaire des rois, il s'y mesurait avec les plus adroits jouteurs, compromettait ainsi sa dignité, et exposait témérairement sa vie, en se mêlant avec eux.

Enfin le funeste accident d'Henri II, tué dans un tournoi en 1559, sous les yeux de toute une nation, modéra, dans le cœur des Français, l'ardeur qu'ils avaient témoignée jusques-là pour ces sortes d'exercices ; cependant la vie désœuvrée des grands, l'habitude et la passion renouvelèrent ces jeux funestes à Orléans, un an après la fin tragique d'Henri II. Henri de Bourbon Montpensier, prince du sang, en fut encore la victime ; une chute de cheval le fit périr.

Les tournois cessèrent alors absolument en France ; ainsi leur abolition est de l'année 1560. Avec eux périt l'ancien esprit de chevalerie qui ne parut plus guère que dans les romans. Les jeux qu'on continua depuis d'appeler tournois, ne furent que des carrousels, et ces mêmes carrousels ont entièrement passé de mode dans toutes les cours de l'Europe.

TOURNOIS DE BONNEVALLET, famille originaire de Beauce, transplantée à Paris, puis en Dauphiné et en Artois. Elle a pour auteur Pierre Tournois, vivant en 1450 ; Clément Tournois de Bonnevallet, chef de cette famille, a été nommé chevalier héréditaire par diplôme du 25 mai 1811. *D'azur, au chevron d'or, accompagné en pointe d'une tour d'argent ; au chef du même, chargé de trois noix de sable, tigées de sinople.*

DE TOURNON, illustre et ancienne maison de chevalerie, qui a pris son nom de la ville de Tournon, en Vivarais, située sur le bord du Rhône, avec un château fort qu'elle possédait de tems immémorial. Le plus ancien personnage connu de cette maison, est Pons de Tournon, vivant en 1130; il fut abbé de la Chaise-Dieu, puis évêque du Puy, en Velay. La filiation est établie depuis Eudes, seigneur de Tournon, vivant en 1292. Les possessions nombreuses de cette maison, ses alliances illustres et les emplois considérables qu'elle a remplis à la cour et dans les armées de nos rois, lui marquent son rang parmi les plus grandes maisons du Vivarais, et les plus distinguées du royaume. La branche aînée dite des comtes de Roussillon, s'est éteinte en 1644. La seconde branche, dite des seigneurs de Meyres, s'est divisée en plusieurs rameaux : 1°. les barons de Retourtour, vicomtes de Tournon, éteints en 1787 ; 2°. les seigneurs du Monteil, éteints en 1776 ; 3°. les marquis de Claveson, en Dauphiné, éteints en 1786 ; 4°. les barons de Banon, comtes de Tournon-Simiane, en Provence, existants. Cette branche de Meyres a fait, pardevant M. Cherin, les preuves pour les honneurs de la cour, qu'elle a obtenus en 1774. La maison de Tournon a donné des chevaliers bannerets et bacheliers, qui se distinguèrent dans les croisades ; des chambellans de nos rois, des capitaines d'hommes d'armes des ordonnances, des conseillers d'état, des ambassadeurs, des chevaliers de l'ordre du roi, des sénéchaux d'Auvergne, des lieutenants-généraux de provinces, un maréchal de camp, et nombre d'officiers supérieurs sur terre et sur mer, cinq évêques, un archevêque de Lyon, ministre d'état, et trois chanoines-comtes de Lyon, en 1261, 1501 et 1514. *Parti au 1 d'azur, semé de fleurs de lys d'or ; au 2 de gueules, au lion d'or.*

DE TOUSTAIN FRONTEBOSC, maison d'origine chevaleresque de Normandie, qui établit sa filiation depuis la fin du quatorzième siècle, et qui a obtenu les honneurs de la cour en 1786, 1787 et 1789, sur les preuves de son ancienne extraction de chevalerie, faites au cabinet des ordres du roi. Cette maison, qui a donné un grand nombre de magistrats distingués, des officiers supérieurs et des lieutenants-généraux des armées du roi, s'est divisée en plusieurs branches ; savoir : 1°. les marquis de Limésy ; 2°. les comtes de Toustain et vicomtes de Richebourg ; 3°. les marquis d'Ecrennes ; 4°. les marquis de Viray, éteints au commencement du dix-neuvième siècle. *D'or, à la bande, échiquetée d'azur et d'or de deux tires.*

DE TOUSTAIN, seigneurs de Billy et de la Goderie, en Normandie, famille issue d'ancienne chevalerie de cette province, qui a été maintenue lors de la recherche faite sous Louis XI, par Raimond de Mont-Tant, l'an 1463. *D'argent, à deux fasces d'azur, accompagnées de trois merlettes de sable, deux en chef, et l'autre entre les deux fasces.*

DE TOUSTAIN, seigneurs du Manoir et de Beaubigny, en la même province; famille anoblie en l'année 1489, dans la personne de Martin Toustain, du diocèse de Baïeux. *D'azur, à trois colonnes d'argent, la dernière sommée d'une colombe essorante d'or.*

TOUSTAIN. Pierre Toustain, sieur de Varendes, fut anobli en 1654, et maintenu par certificat du 10 mars 1666. *De gueules, à trois glands d'or.*

DE LA TOUVIÈRE, seigneurs de Beauvoir, de Peyrieu et de Servigna, en Bugey, famille ancienne, originaire de Savoie, connue par filiation depuis Jean de la Touvière, damoiseau, qui vivait en 1370 et 1389. Elle s'est éteinte au milieu du dix-septième siècle, dans la maison de Bernard de Montessus de Rully, ayant donné un écuyer ordinaire de Philippe de Savoie, comte de Baugé, et seigneur de Bresse en 1463, et un écuyer de Marguerite d'Autriche, duchesse douairière de Savoie en 1505. *D'argent, au griffon coupé d'or et de sable, langué et armé de gueules.*

DE TREBILLANE. *Voyez* BOYER.

DE TREFFORT. *Voyez* GROLLIER.

DE TREILLE. François de Treille, originaire de Villefranche, en Rouergue, capitaine réformé à la suite du régiment de Monteil, cavalerie, et chevalier de l'ordre royal et militaire de Saint-Louis, fut anobli par lettres-patentes, données à Meudon, au mois de juillet 1723, pour services militaires distingués. *De sinople, au cep de vigne d'argent, fruité de gueules, accolant un échalas d'argent.*

DE TRÉMAUVILLE. *Voyez* ESTIÈVRE.

LE TREMBLOY, village en Franche-Comté, à une lieue de Gray. La maison du Trembloy, grande et illustre, qui tirait son nom de ce village, s'est éteinte en 1450, en la personne de Marie du Trembloy, dame dudit lieu, de la grande Résie, Venaray et des Launes. *D'argent, à trois fasces d'azur.*

DE TREMIGON, famille d'ancienne chevalerie de Bretagne, qui a pris son nom d'une terre située au diocèse de Saint-Malo, et qu'un auteur, qui existait il y a près de cinq siècles, met au nombre de celles de Bretagne qui se sont le plus distinguées par leurs services militaires. L'histoire de cette province atteste son ancienneté, et la représente comme figurant avec la plus pure noblesse dans les anciennes réformations. Elle est connue depuis Hervelin de Tremigon, par différents actes passés en faveur de plusieurs prieurés et abbayes, vers l'an 1160, et dans le siècle suivant. Roland de Tremigon et Eon, son frère, chevalier, s'attachèrent au service du roi Charles V. Le premier, après avoir rempli diverses ambassades, fut nommé à l'évêché de Dol en 1382, et le second s'illustra dans la carrière des armes. On trouve au quatorzième siècle un sujet de cette maison, faisant partie des dix gentilshommes qui vainquirent dix Allemands dans un combat à Rome, en 1377, pour le soutien de l'église romaine. La filiation remonte à Olivier de Tremigon, écuyer, seigneur de Tremigon, qui fut compris dans la réformation de la noblesse de Bretagne en 1426. Elle a donné des chevaliers de l'ordre de Saint-Michel et de celui de Saint-Louis, des gentilshommes ordinaires de la chambre, et nombre d'officiers de divers grades, dont un capitaine de frégate. Les honneurs de la cour lui ont été accordés, en novembre 1771, sur les preuves faites au cabinet du roi, le 17 octobre de la même année. *D'argent, à trois écussons de gueules, chargés chacun de quatre fusées d'or, bordées de sable.*

DE LA FREMOILLE (on prononce *Trémouille*),

grande et illustre maison de chevalerie du Poitou, qui a pris son nom d'une terre située sur les frontières de la Marche, proche Montmorillon et Belabre. En raison de l'illustration de son origine et de ses droits à la couronne, par le mariage d'un prince de Talmond, en 1521, avec une petite-fille de Frédéric V, d'Aragon, roi de Naples, cette maison jouissait, en France, du rang de princes étrangers ; elle avait pour son chef la dignité de premier duc à la cour, et de quatrième pair au parlement ; et, pour son fils aîné, le titre de prince de Tarente, qui était, dans ces tems-là, celui du prince royal de Naples.

La maison de la Tremoille a pour auteur Pierre Ier, seigneur de la Tremoille, qui vivait vers l'an 1040. Elle a formé plusieurs branches, entr'autres, 1°. les seigneurs de la Tremoille, comtes de Guines, de Boulogne et d'Auvergne, ducs de Thouars, par érection de 1563, pairs de France, princes de Tarente et de Talmond, comtes de Taillebourg, existants ; 2°. les marquis de Royan, comtes d'Olonne, éteints après 1691 ; 3°. les marquis, puis ducs de Noirmoutier, par érection du mois d'avril 1707, éteints ; 4°. les seigneurs de Fontmorand, éteints en 1584.

Les possessions nombreuses de la maison de la Tremoille, qui a eu plus de deux cents terres, dont près de cinquante titrées, ses alliances avec la plupart des maisons princières de l'Europe, et son ancienneté remontée à huit siècles, lui assignent son rang parmi les plus considérables maisons du royaume, comme ses nombreux et importants services l'ont placée au nombre des plus distinguées. Elle a produit des chevaliers bannerets, qui se signalèrent dans les premières croisades, et dans celle de 1270, où mourut le roi saint Louis ; des sénéchaux, gouverneurs et lieutenant-généraux de provinces ; des conseillers et chambellans de nos rois, des conseillers d'état, des capitaines de cinquante hommes d'armes des ordonnances, des chevaliers de l'ordre de Saint-Michel, avant l'institution de celui du Saint-Esprit, et ensuite trois chevaliers de ce dernier ordre ; un chevalier de la Toison-d'Or, un grand-maître, et premier chambellan de Jean et Philippe, ducs de Bourgogne ; un maréchal de Bourgogne ; des grands chambellans héréditaires de ce duché ; un

porte-oriflamme, un grand chambellan, et un grand
panetier de France; un grand chambellan du roi, amiral de Guienne et de Bretagne, l'un des plus grands
hommes de guerre de son tems, ayant commandé en
chef plusieurs armées; douze généraux et un grand
nombre d'officiers supérieurs, un évêque de Tournay
en 1389, un archevêque d'Auch, évêque de Poitiers
en 1505, créé cardinal du titre de Saint-Martin aux
Monts, le 11 janvier 1506; un cardinal du titre de la
Trinité du Mont, le 17 mai 1706, archevêque de Cambrai en 1716, etc., etc. *Ecartelé, au 1 d'azur, à trois
fleurs de lys d'or*, qui est DE FRANCE; *au 2* DE SICILE;
au 3 DE LAVAL; *au 4* DE BOURBON-MONTPENSIER; *sur
le tout d'or, au chevron de gueules, accompagné de trois
aiglettes d'azur, becquées et membrées du second émail*,
qui est DE LA TREMOILLE.

DE TRÉMOLET, en Languedoc, marquis de Montpezat, par érection de 1665 et de 1745, barons de Robiac,
seigneurs de Lunel-Viel, de Mourmoirac, etc. Dom
Vaissète, historien du Languedoc, tom. V, pag. 159,
d'après l'Histoire de l'église de Montpellier, de l'abbé
Gretaville, pag. 343, avance que Pierre Trémolet, médecin ordinaire du roi François Ier., docteur en la faculté de Montpellier, seigneur et baron de Montpezat,
de Saint-Mamez et de Robiac, l'un des auteurs de la
maison de Trémolet-Montpezat, a été anobli par ce
monarque au mois de février 1526. Ce sentiment s'est beaucoup accrédité avec le tems dans la province; mais pour
juger sainement sur cette origine, on doit prévenir que
non-seulement dom Vaissète, qui a tiré cet anoblissement des manuscrits de Daubais, a déclaré depuis
qu'il n'avait aucun caractère d'authenticité, mais encore qu'il ne se trouve dans aucun dépôt public. D'ailleurs,
cette maison a produit des titres qui en remontent
la filiation à Sicard de Trémolet, chevalier, seigneur
de Trémolet, qui avait vendu cette terre, avant l'an
1435, à Elzias Rigaud, seigneur de Vaudreuil. *Ecartelé, aux 1 et 4 d'or, au bœuf furieux de gueules*, qui est
DE BUCELLI; *au 2 d'argent, au noyer de sinople*, qui
est DE NOGARET-CALVISSON; *au 3 losangé d'or et de
gueules*, qui est de GRIMALDI-BUEIL; *sur le tout d'azur,
au cygne d'argent sur une rivière du même, surmonté de*

trois étoiles d'or, *à la bordure d'argent chargée de seize tourteaux d'azur*, qui est de TRÉMOLET.

DE TREMONS. *Voyez* POULLAIN.

DE TRÉMONT, sieurs de Bordelans et de Bois-Thorel, en Normandie. L'auteur de cette famille, Raoul de Trémont, épousa, le 1er. mai 1520, Jeanne de la Boulaie, et eut pour fils Guillaume de Trémont, sieur de Bois-Thorel, marié avec Jaqueline de Vernier, le 12 juillet 1545. *De sable, à trois cygnes d'argent.*

LE TRÉSOR DE FONTENAY, en Normandie. Cette famille a été anoblie pour services militaires en 1586. L'Armorial général en donne la filiation depuis Guillaume le Trésor, père de Cyprien le Trésor, *écuyer*, marié, le 22 février 1547, avec Louise du Mesnildot. Cette famille a donné un écuyer du roi et des pages de la petite écurie. *D'azur, au trésor de quinze pièces de monnaie, huit d'or et sept d'argent, alternées et posées en forme pyramidale ; accosté de deux mains de carnation adossées, tenant chacune une épée d'argent.*

TRÉSORIERS DE FRANCE, subst. masc. C'étaient des magistrats établis pour connaître du domaine du roi.

Ils ont été appelés trésoriers, parce qu'au commencement de la monarchie toute la richesse de nos rois ne consistait que dans leur domaine, qu'on appelait trésor du roi, et que les revenus du domaine étaient déposés dans un lieu appelé le trésor du roi, dont les officiers avaient la garde et la direction.

Entre ces trésoriers, les uns étaient pour la direction du domaine et finances ; les autres étaient trésoriers sur la foi de la justice, c'est-à-dire préposés pour rendre la justice sur le fait du domaine et trésor ; c'est pourquoi on les appelait aussi conseillers du trésor. Il y en avait en 1390. Ils furent supprimés par une ordonnance du 7 janvier 1400, à la charge que s'il se présentait quelque différend au trésor, les autres trésoriers, pour le décider, appelleraient les conseillers au parlement ou de la chambre des comptes. Cependant deux conseillers au parlement et le bailli de Senlis furent encore pourvus de ces offices, lesquels de nouveau furent supprimés en 14o7, avec la même clause qu'en 14oo ; ce qui n'empêcha pas encore qu'en 14o8 les *trésoriers de France* ne reçussent un conseiller sur le fait de la justice.

Ces trésoriers sur le fait de la justice, ou conseillers du trésor, subsistèrent au nombre de dix jusqu'en 1683, époque à laquelle la chambre du trésor fut unie au bureau des finances : le roi attribuant aux *trésoriers de France* toute cour et juridiction, chacun dans leur généralité.

Quoique les *trésoriers de France* ne s'occupassent autrefois principalement que de la direction des finances, ils avaient cependant toujours conservé le droit de venir prendre place en la chambre du trésor et d'y présider.

. Dès le tems de Philippe-le-Bel, il y avait un président des *trésoriers de France* qu'on appelait le souverain des trésoriers. Henri III en créa un second dans chaque bureau ; il en a été encore créé d'autres dans la suite , lesquels, à Paris, ont été réunis au corps des trésoriers *de France,* et ces charges étaient exercées par les plus anciens d'entre eux.

En 1551 Henri II , voulant unir les charges de trésoriers *de France* avec celles des généraux des finances ; ordonna que dans chaque bureau de dix-sept recettes générales du royaume, il y aurait un *trésorier de France,* général des finances ; depuis il sépara ces charges en deux.

En 1577, Henri III créa les *trésoriers de France* en corps de compagnie, au moyen de l'établissement qu'il fit des bureaux des finances dans les généralités et principales villes du royaume.

. L'édit du mois de mars 1627, en ôtant aux baillis et sénéchaux la connaissance des causes du domaine que l'édit de Cremier leur avait attribué, la donna aux trésoriers *de France*, chacun dans l'étendue de leurs généralités, avec faculté de juger en dernier ressort jusqu'à 25o livres de principal, et de 1o livres de rente , et de juger par provision jusqu'au double de ces sommes.

Les bureaux des finances étaient composés de présidents en titre d'office, de présidents dont les offices ont été réunis au corps, et étaient remplis et exercés par les plus anciens *trésoriers de France.*

Il y avait aussi , dans plusieurs bureaux des finances , un chevalier d'honneur ; à Paris, il n'y en avait point.

Les présidents et *trésoriers de France* de Paris servaient alternativement en la chambre du domaine et au bureau des finances ; il y avait un avocat et un procureur du roi pour la chambre du domaine, et un autre avocat et un autre procureur du roi pour le bureau des finances.

Les *trésoriers de France* réunissaient quatre sortes de fonctions, savoir : 1°. celle qui leur appartenait anciennement pour la direction des finances, du tems que la connaissance des causes du domaine appartenait à la chambre du trésor ; 2°. la juridiction qui appartenait à la chambre du trésor sur le fait du domaine, et qui, pendant un tems, avait été attribuée en partie aux baillis et sénéchaux ; 3°. ils avaient aussi la voirie en conséquence de l'édit du mois de février 1627, qui leur a attribué la juridiction contentieuse en cette matière.

Leur direction, par rapport aux finances, comprenait les finances ordinaires qui étaient les domaines, et les finances extraordinaires qui étaient les aides, tailles et autres impositions.

Il était de leur charge de veiller à la conservation du domaine du roi et de ses revenus, d'en faire payer les charges locales, et, pour cet effet, de donner un état des recettes et dépenses à faire aux receveurs, pour se conduire dans leur recette.

C'étaient eux qui recevaient les foi et hommages, aveux et dénombrements des terres non titrées relevantes du roi ; mais ils en envoyaient annuellement les actes à la chambre des comptes, conformément à un réglement du mois de février 1668.

Dans leurs chevauchées, ils faisaient des procès-verbaux des réparations à faire aux maisons et hôtels du roi, aux prisons et autres édifices dépendants du domaine, et aussi aux grands chemins, pour être pourvus de fonds à cet effet.

Les commissions des tailles et impositions leur étaient envoyées, et ensuite renvoyées par eux, avec leur attache, aux élus des élections, pour en faire l'assiette et département sur les paroisses contribuables.

Ils donnaient aux comptables de leur généralité, chacun un état par estimation des recettes et dépenses qu'ils avaient à faire, et vérifiaient, à la fin de leur exercice, l'état au vrai des recettes et dépenses faites sur les comptables qui rendaient leur compte à la chambre des comptes.

Jusqu'à ce que les comptes fussent rendus à la chambre, ils avaient toute juridiction sur les comptables et sur ceux qui avaient des assignations sur leurs recettes, en exécution de l'état du roi qu'ils avaient. Mais du moment que les comptes étaient rendus, ce pouvoir cessait ; les particuliers prenaient droit par les comptes et se pourvoyaient en conséquence d'iceux à la chambre.

Ils recevaient les cautions des comptables de leur généralité, et les faisaient fortifier en cas d'insolvabilité ; mais ils en envoyaient les actes au greffe de la chambre des comptes, suivant le réglement de 1668, et l'édit du mois d'août 1669.

Lorsque les comptables mouraient sans avoir rendu leurs comptes, les *trésoriers de France* apposaient chez eux le scellé, et veillaient à la sûreté de ce qu'ils devaient au roi, dont ils se faisaient compter par état.

Si les comptables devenaient insolvables, ils les dépossédaient et commettaient à leur exercice, en attendant que le roi y eût pourvu.

Ils prêtaient serment à la chambre des comptes, et recevaient celui de tous les comptables de leur généralité ; mais ils ne faisaient point l'information de leurs vie et mœurs, après que la chambre l'avait faite à la réception des comptables, cela appartenant uniquement à la chambre, ainsi qu'il était expliqué par l'adresse des provisions.

Les *trésoriers de France* jouissaient de plusieurs priviléges, dont les preuves ont été recueillies par Fournival.

Ils étaient commensaux de la maison du roi, comme officiers qualifiés de France, et jouissaient en conséquence de tous les priviléges attribués aux commensaux, tels que les droits de *committimus* et de franc-salé, le droit de deuil à la mort des rois.

En cette même qualité de commensaux, ils étaient encore exempts de guet, de garde, de réparations des villes et de subvention.

Ils étaient du corps des compagnies souveraines et avaient les mêmes priviléges, et notamment *la noblesse transmissible*.

Ceux de Paris l'avaient au premier degré, en vertu

d'un édit du mois d'avril 1705, confirmé par d'autres
édits du mois de septembre 1720, et du 10 février 1774.
Ceux des autres bureaux des finances ne transmettaient
que *à patre et avo.*

Par le règlement de la réforme des habits, ils étaient
traités comme les compagnies souveraines.

Et en effet, dans certains cas, ils jugeaient souveraine-
ment.

Il y avait des édits et déclarations qui leur étaient
adressés.

Ils avaient l'honneur de parler debout au roi comme
les cours souveraines.

Ils devaient jouir du droit d'indult.

Dans les villes où il n'y avait pas d'autres cours, ils
avaient près d'eux une chancellerie établie à l'instar de
celles des compagnies souveraines.

Ils avaient rang et séance aux entrées et pompes fu-
nèbres des rois, reines et autres princes.

Ils avaient aussi entrée et séance au parlement, entre
les conseillers, lorsqu'ils venaient ou étaient mandés
pour quelqu'affaire, et lorsqu'ils venaient seulement
pour assister aux grandes audiences.

Ils avaient droit de siéger les premiers sur le banc des
baillis et sénéchaux.

Ils avaient aussi droit de séance en la cour des aides,
lorsqu'ils y étaient mandés pour affaires.

Ils étaient exempts des droits d'aides, emprunts, sub-
sistances, logements des gens de guerre, et furent
maintenus, par provisions, dans l'exemption du droit de
gros.

Ils étaient aussi exempts du ban et arrière-ban, de
payer le prêt au renouvellement du droit annuel, et de
toute tutelle et curatelle.

Fournival dit que leur procès ne pouvait leur être
fait que par le chancelier de France ; il est au moins
certain qu'ils jouissaient du privilége des autres cours,
de ne pouvoir être jugés que par leurs confrères.

Sur ce qui concerne les *trésoriers de France,* on peut
consulter Miraumont, Pasquier, Joly, Baquet, Fournival, et le Recueil des Ordonnances de la troisième
race.

Un arrêt du conseil d'état du roi, du 6 août 1697,
maintient les trésoriers des gardes du corps dans le droit

de prendre le titre d'*écuyer*, et les décharge des assignations à eux données à la requête du préposé à la recherche de la noblesse.

L'édit du mois de novembre 1709 crée deux offices
de trésoriers-payeurs des augmentations des gages des
grande et petite chancelleries, avec attribution de la
noblesse, ainsi qu'en jouissaient les trésoriers-payeurs
des gages desdites chancelleries.

Le trésorier-général de la vénerie du roi fut maintenu dans la qualité d'écuyer, par arrêt du conseil du
26 novembre 1697.

DE TRESSAN. *Voyez* LA VERGNE.

DE TRESSEMANES, seigneurs de Brunet et de
Chasteil, en Provence. Cette famille, originaire d'Aix,
remonte par filiation à Pierre Tressemanes. L'auteur
de la critique du Nobiliaire de Provence cite un acte
du 15 mai 1483, reçu par Louis Vacon, notaire à
Toulon, par lequel ce Pierre Tressemanes s'oblige,
sous cautionnement d'Honoré Tressemanes, son oncle,
comme apprenti chez un chaussetier. Il ajoute qu'ayant
ensuite fait à Aix le commerce des bas, il y fit une
grande fortune, et qu'enfin Regnaud de Tressemanes,
son petit-fils, acquit un office de conseiller au parlement, en 1559, et acheta les fiefs de Chasteil et de
Brunet. Néanmoins, Artefeuil, auteur de l'Histoire
héroïque de la noblesse de Provence, remonte l'ascendance de cette famille, avec qualifications nobles, à
Jean de Tressemanes, consul à Aix en 1386, ainsi qu'il
conste par les chapitres de paix accordés à cette ville
par la reine Marie, le 29 octobre 1387. Il fut secrétaire
de Louis II, roi de Sicile, et comte de Provence, fut
du nombre des gentilshommes les plus notables de la
province à l'assemblée convoquée l'an 1394 à Tarascon,
où Raymond, vicomte de Turenne, fut déclaré criminel de lèze-majesté. Elle a formé deux branches, a
donné des officiers de terre et de mer, chevaliers de
Saint-Louis, des conseillers au parlement, etc. *D'argent,
à la fasce d'azur, chargée de trois étoiles d'or, et accompagnée de trois roses de gueules, à la bordure de gueules,
chargée de huit besants d'or.*

DE TRESTONDAN, seigneurs de Suaucourt et de.

Pisseloup, en Bourgogne, marquis de Trestondan, par érection du mois de mai 1714, maison issue d'ancienne chevalerie, connue depuis Huguenin de Trestondan, qui vivait en 1341. Elle n'établit néanmoins sa ligne filiative que depuis Philippe de Trestondan, écuyer, seigneur de Génevrières, chevalier de l'ordre du roi, gentilhomme de sa maison, marié avec Antoinette des Loges, le 9 octobre 1554. Tiquel-Philippa de Trestondan eut pour fils Gabriel de Trestondan, seigneur de Suaucourt et de Pisseloup, qui épousa Hélène de Mandres, le 13 décembre 1609. Elle a donné des officiers supérieurs et plusieurs capitaines distingués. *D'azur, à trois chevrons d'or couchés en bande entre deux cotices du même.*

TRICORNOT, barons de Sermanges, en Franche-Comté. Charles-Antoine Tricornot exposa au roi d'Espagne que ses aïeux et ses oncles paternels avaient servi l'état dans des emplois distingués, que du côté maternel il descendait de la maison de Mayrot, noble et ancienne famille du comté de Bourgogne; qu'en considération des services de ses aïeux, il demandait des lettres de noblesse; et elles lui furent accordées le 12 octobre 1630. Cette famille a donné plusieurs officiers. *D'azur, à trois cors de chasse d'argent.*

DE TRIMOND, en Provence et en Languedoc, famille qui a pour auteur Thomas Trimond, marié avec Françoise de Rochaz, le 3 janvier 1552, lequel Thomas eut pour fils Antoine Trimond, écuyer. Ce dernier, par son testament du 24 septembre 1606, laissa à Marguerite Buetz, sa femme, la jouissance de son habitation. On compte parmi leurs descendants un premier consul de la ville de Nismes, en 1655, puis avocat général près la cour des comptes, en 1658, et un chevalier d'honneur en la même cour, en 1703. *D'azur, à la cloche d'argent, surmontée d'une croix fleurdelysée d'or.*

TRISTAN DE HOUSSOY, seigneurs de Houssoy, de Saint-Just, etc., en Beauvaisis. Cette famille établit sa filiation depuis Jean Tristan, 1er. du nom, écuyer, seigneur de Cardonnoy, qui eut pour femme demoiselle Alix de Jouy, et pour fils aîné Pierre Tristan, écuyer, seigneur de Cardonnoy, vivant en 1479, et marié, avant l'an 1530, avec demoiselle Jeanne le Caron. Il fut stipulé dans le contrat de mariage de noble Jean Tristan, IIe. du nom, second fils de Jean Tristan et d'Alix de Jouy, que s'il venait plusieurs enfants mâles de ce mariage, le puîné d'entr'eux aurait, par préciput la terre du Houssoy, et porterait le nom et les armes de la maison dont était Françoise de Hédouville, accordée par le même contrat, du 31 mai 1479, au même Jean Tristan, IIe. du nom. On compte parmi leurs descendants beaucoup de magistrats et quelques officiers de divers grades. *Écartelé, aux 1 et 4 de gueules, à la bande d'or ; aux 2 et 3 d'azur, à la tour d'argent.*

TROTEREL, seigneurs de Tilly et de Saint-Quentin, en Normandie. Cette famille toute militaire a pour auteur Michel Troterel, écuyer, sieur d'Eraines, vivant en 1560, père de Guillaume Troterel, sieur d'Eraines et de Saint-Quentin, qui servit pendant nombre d'années, en qualité de volontaire, ainsi qu'il appert de lettres-patentes du roi, du mois de juillet 1644, et du mois de décembre 1698. Cette famille a donné plusieurs capitaines décorés de l'ordre royal et militaire de Saint-Louis. *D'azur, à trois pommes de pin d'or.*

DE LA TROUSSE. *Voyez* LE HARDY.

TROYES.

Liste des Gentilshommes du bailliage de Troyes, convoqués en 1789, pour l'élection des députés aux États-Généraux du royaume.

Messieurs

Le comte de Mesgrigny Villebertin, grand-bailli d'épée.
Le duc d'Aumont.
Angenoust de Villechétif.
Le chevalier Angenoust.
Aval du Plessis.
Barbuat de Maison-Rouge, père et fils.

De Baussancourt, frères.
De Berey de Vaudes.
Berthelin père.
Berthelin Sutaine.
Berthelin de Viélaines.
Berthelin du Chauffour.
Le Blanc d'Eguilly.
Boulogne, comte de Nogent.

De Boucher, l'aîné.

De Boucher, le jeune.

Le Baron de Saint-Brisson.

De Broé.

De Bruny.

Camusat de Riancey, père.

Camusat de Riancey, fils.

Camusat de Riancey, capitaine d'artillerie.

Camusat de Rilly, père.

Camusat de Rilly, fils.

La Chapelle Saint-Parre.

De Chavaudon de Droup.

De Chavigny.

De Corlieu.

Le marquis de Crillon.

De Cumingue.

Corps, conseiller au grand conseil.

Le marquis de Chamoy.

Damoiseau l'aîné.

Damoiseau le jeune.

Daulnay, père.

Daulnay, fils.

Dreuil.

Du Bourg.

De Saint-Georges.

De Feu.

De Valville.

De Floteville.

Le marquis de Guerchy.

Des Forges de Chamblain.

Du Boëtier.

De la Salle.

De Loynes, auditeur des comptes.

Le marquis de Mesgrigny.

De Salabert.

Le comte de Nogent.

Le Comte.

L'Enfernat.

Marcenay.

Mauroy de Montchevreuil.

Morel de Villiers.

Mouchot de la Motte.

De Noël de Buchères.

De Noël de Courgerennes.

Paillot de Montabert.

Piot de Courcelles, père.

Piot de Courcelles, fils.

Le marquis de Poterat.

Le marquis de Praslain.

Quatresols de la Motte.

Queisse de Valcourt.

Quinot de la Chapelle St.-Luc.

De Richemont.

De Reins.

Le marquis des Réaulx, père.

Le vicomte des Réaulx.

Raymond du Mesnil.

Salson.

Thierry.

Thomassin, père.

Thomassin, fils.

Thomassin, officier d'Infanterie.

De Vaux.

Veillard du Franc.

De Vigier.

Vauchoussade de Compas.

Le chevalier de Zeddes.

DE TRUCHIER, seigneurs de Limans, en Provence. Cette famille ancienne est originaire du bas Dauphiné, près Grignan. Charles Truchier, obligé de produire ses titres à MM. les commissaires départis par le roi en

Provence, en 1668, prouva sa filiation depuis Jean
Truchier, son trisaïeul, dont le fils, aussi appelé Jean,
fit son testament le 14 octobre 1523, par lequel son
fils Pierre fut son héritier ; un de ses descendants fut fait
gentilhomme ordinaire de la maison du roi Louis XIII,
en 1612. La plupart portèrent les armes avec honneur,
et quelques-uns moururent les armes à la main ; Charles
survécut à ses frères ; le roi le nomma chevalier de son
ordre de Saint-Michel, en 1652, et donna en même
tems commission au duc de Lesdiguières, pour lui en
donner le collier. Cette famille a donné des capitaines
et officiers distingués. *Cinq points d'argent, équipolés à
quatre de gueules.*

DE TRUCHIS, seigneurs du Mole, de Laye, de Ba-
chelet, etc., en Bourgogne. Cette famille établit sa
filiation depuis François de Truchis, Ier. du nom, du
lieu de Centale, dans le marquisat de Saluces, qualifié
noble seigneur l'an 1577, qui eut pour femme Marie
de Pinsis, et fit un partage le 26 janvier 1547. Son
fils, Samuel de Truchis, épousa Madeleine Pelissonnier
le 26 avril 1607. *D'azur, au pin d'or, soutenu de deux
lions affrontés du même.*

TUDERT, en Poitou, famille établie dans cette province depuis le quatorzième siècle, originaire de la
principauté de Galles, en Angleterre. Elle s'est illustrée
dans la magistrature, a donné un évêque de Châlons
en 1439, un officier général et plusieurs officiers supérieurs. Armes anciennes : *D'azur, à la fasce denchée
d'argent, surmontée de trois besants d'or.* Depuis 1551 :
*D'or, à deux losanges d'azur ; au chef du même ; chargé
de trois besants du champ.*

TUFFIN, seigneurs du Taillet et de Vaugarny,
vicomtes de la Roirie, par érection du mois de février
1613, en Bretagne. Cette famille prouve une filiation
suivie depuis Jean Tuffin, sieur de la Roirie, qui eut
pour femme Catherine de Furgon, et fut commis par
Pierre, duc de Bretagne, le 24 juin 1454, pour défendre les amas de blé que faisaient plusieurs sujets de
ce prince. Ce Jean Tuffin eut pour fils Raoul Tuffin,
seigneur de la Roirie, marié, le 29 juillet 1484, avec
Louise le Sénéchal. Cette famille a donné un chevalier

de l'ordre du roi, en 1572, gentilhomme ordinaire de sa chambre en 1576, et un conseiller de sa majesté, maître honoraire en sa chambre des comptes à Nantes. *D'argent, à la bande de sable, chargée de trois croissants d'argent.*

TUGGHE, famille originaire d'Angleterre. Thomas-Ignace Tugghe, conseiller-pensionnaire tant du magistrat que de la chambre du commerce de la ville de Dunkerque, en Flandre, fut anobli par lettres-patentes données à Paris, au mois de juillet de l'an 1721, pour services dans les fonctions d'échevin de la même ville, en 1691, et en considération de ses alliances recommandables. Il a eu pour sœur Marie-Jacqueline Tugghe, morte veuve du célèbre Jean Bart, chef d'escadre des armées navales du roi. *D'azur, au chevron d'or, accompagné en chef de deux étoiles du même, et en pointe d'un soleil d'or.*

DE TULLES, marquis de Villefranche, maison d'ancienne chevalerie, originaire de Naples, établie en Piémont, à Avignon, en Provence et en Bourgogne. Faulcon de Tullia possédait, en 1187, des fiefs dans le royaume de Naples; mais cette famille ne remonte sa filiation qu'à Jacques de Tullia ou de Tulles, vivant en 1380 et le 19 novembre 1406. Elle a donné des officiers supérieurs décorés de l'ordre royal et militaire de Saint-Louis, des maréchaux de camp des armées du Roi, des chevaliers de l'ordre de Saint-Michel, des conseillers d'état, deux ambassadeurs, trois évêques d'Orange, dont un passa ensuite sur le siége épiscopal de Lavaur, en 1646. *D'argent, au pal de gueules, chargé de trois papillons d'argent, miraillés d'azur.*

DE TULLIERES, famille d'origine chevaleresque, qui s'est perpétuée dans le Dunois, et qu'on croit descendue d'un puîné de la maison de Tullières, en Lorraine. Il a existé aussi des Tullières à Paris et dans l'Ile de France; et, quoique leurs armes soient différentes, il serait possible qu'ils appartinssent à la même souche, car la différence des armoiries ne conclut rien en rigueur contre l'identité des familles. On ne peut donc rien affirmer à cet égard, sinon qu'il existait dans le pays Chartrain des personnages du nom de Tullières, avant l'an 1175. On a même une preuve qu'un Gilbert de Tullières vivait dès l'an 1086. Il est en conséquence plus raisonnable de croire que les Tullières du Dunois ou du pays Chartrain, loin de descendre de ceux de Lorraine, sont eux-mêmes les ancêtres de ces derniers, puisque, d'après les titres, l'ancienneté des Tullières de Lorraine ne remonte qu'à l'an 1347. Mais comme le nom de Guillaume s'est perpétué pendant plus de deux siècles dans la famille de Tullières du pays Chartrain, et celle du Dunois, il est très-difficile de distinguer les premiers degrés. Il n'y a néanmoins aucune difficulté sur la filiation des Tullières du Dunois, que cet article concerne particulièrement, et qui est établie sans interruption depuis Guillaume de Tullières, Ier. du nom, écuyer, seigneur de Vallainville, vivant en 1470, lequel eut pour femme Thomine des Faveris, et pour fils aîné Guillaume de Tullières, IIe du nom, écuyer, sieur de Vallainville, marié le 27 ou le 28 août 1504, avec Charlotte de Meausse. Cette famille s'est toujours distinguée dans la carrière des armes, et a donné des capitaines de cent et de trois cents hommes de pied des ordonnances, des gentils-hommes ordinaires de la chambre du roi, un mestre de camp des compagnies françaises, un gentilhomme ordinaire de la chambre du duc d'Anjou, son conseiller et chambellan, et beaucoup d'officiers de divers grades. *De sable, au lion d'argent, lampassé, armé et couronné d'or.*

LE TURQUIER DE CARDOUVILLE, en Normandie. Cette famille a pour auteur Thierry le Turquier, sieur du Buisson, archer des ordonnances du roi, en 1551, aïeul de François le Turquier, sieur du Buisson, anobli pour services militaires par lettres du mois de janvier 1603, registrées en la cour des aides de Rouen, le 11 décembre suivant, et en la chambre des comptes de la même ville, le 2 juin 1604. *D'azur, à la hure de sanglier d'or, surmontée d'une flamme du même ; au chef d'or, chargé de trois étoiles d'azur.*

U..

URGUET, sieurs de Brossay, en Lorraine. Claude Urguet fut anobli par lettres de Henry, duc de Lorraine, données à Nancy, le 4 octobre 1619, en considération de ses services, et de ceux de François Urguet, son fils, gouverneur de la saline de Moyenvic. *D'azur, à un triangle d'or, accompagné de trois étoiles d'argent.*

D'URRE, maison d'ancienne chevalerie, qui tire son nom de la terre d'Urre, au diocèse de Valence, en Dauphiné. Elle s'est répandue en Languedoc, au comtat Venaissin et en d'autres provinces. Elle est connue depuis Guy ou Guyon d'Urre, qui vivait en 1200. Elle a formé un grand nombre de branches : 1°. les seigneurs de Cornillan d'Oncieu, du Puy-Saint-Martin, marquis de Tréfort, éteints peu à près l'an 1650, et fondus dans la maison de Grimoard de Beauvoir du Roure ; 2°. les seigneurs de la Beaume, éteints à la fin du seizième siècle ; 3°. les seigneurs d'Ourches, éteints peu à près 1596 ; 4°. les seigneurs de Montanègue, de Venterol, de Novaisan, etc., surnommés de Brotin ; 5°. les seigneurs de Commercy, en Lorraine, éteints au dix-septième siècle ; 6°. les seigneurs de Brette, en Dauphiné, fondus, en 1675, dans la maison de Vaësc ; 7°. les seigneurs de Molans et du Cléoux d'Andran, éteints à la fin du dix-septième siècle ; 8°. les seigneurs de Mézérac, en Bourgogne ; 9°. les vicomtes de Fauquemberge, seigneurs de Clanleu, en Picardie ; 10°. les comtes d'Urre, à Avignon ; 11°. les seigneurs de la Touche, en Dauphiné, éteints au 17e. siècle ; 12°. les seigneurs de Grane et de Crozes, en la même province; dont on ne trouve point la jonction avec les branches précédentes ; 13°. les seigneurs de la Glane et de Cugy, éteints, et plusieurs autres rameaux dont le rattachement n'est pas connu. Cette maison a donné des capitaines d'hommes d'armes, des gouverneurs de places, des lieutenants-généraux de provinces et des armées du roi, un très-grand nombre d'officiers supérieurs, un chevalier du Saint-Esprit, des chevaliers de l'ordre du roi, des chambellans et gentilshommes ordinaires de la chambre, des conseillers d'état, des ambassadeurs et une foule de personnages de marque : elle a aussi donné plusieurs évêques, des prélats distingués, des chevaliers et dignitaires de Saint-Jean de Jérusalem, depuis le quatorzième siècle. *D'argent, à la bande de gueules, chargé de trois étoiles d'or.*

URVOY, seigneurs de Saint-Bedan de Saint-Gleu, de la Motte, etc., en Bretagne. Cette famille prouve sa filiation depuis Guillaume Urvoy, seigneur de la Cassouère, qui eut pour femme Isabeau d'Illefant, veuve en 1505, et pour fils Charles Urvoy, écuyer, sieur de la Coussonère, marié avec Marie de la Roche. Les enfants de ces derniers firent un partage noble des biens de leurs père et mère, le 27 janvier 1569. Cette famille fut maintenue dans sa noblesse d'extraction depuis l'an 1460. *D'argent, à trois chouettes de mer (ou poule d'eau), le sable, membrées de gueules.*

D'USSEL, titrés marquis, comtes et vicomtes d'Ussel et de Châteauvert, maison d'ancienne chevalerie originaire du Limosin, établie, depuis l'an 1522 au château de Châteauvert, dans la Marche. La maison d'Ussel est issue des vicomtes de Ventadour, et ces derniers de la maison de Comborn, sortie des comtes de Limoges. La ville d'Ussel, qui a toujours fait partie de la vicomté de Ventadour, a subi des subdivisions dans le partage des branches qu'a formées la maison de Ventadour, et l'on ne peut douter que l'une d'elles n'en ait pris le nom, en conséquence de la portion qui lui en échut, et à laquelle furent attachées les terres d'Aigurande, d'Aixe, le Doux, la Garde-Guillot, Charlus-le-Pailloux, Anglards, la Besserie et autres, toutes en Limosin et autour de ladite ville d'Ussel. C'est aussi de ces différentes seigneuries qu'en différents tems se sont surnommés des rameaux de la maison d'Ussel.

Ce fut vers le commencement du douzième siècle que l'abbaye d'Obazine, ayant été fondée par les vicomtes de Ventadour, envoya, en 1142, une colonie de ses religieux s'établir dans la forêt de Chirouze, où ils bâtirent un monastère, depuis appelé Bonne-Aigue, dans un terrain qu'ils eurent de la libéralité de Guillaume d'Ussel, et de Pierre, son frère. La filiation est établie depuis ce Guillaume d'Ussel, seigneur de Charlus-le-

Pailloux, vivant en 1157. Cette maison a produit des chevaliers-bannerets, des capitaines d'hommes-d'armes, des chevaliers de l'ordre du roi, des officiers supérieurs, la plupart décorés de l'ordre royal et militaire de Saint-Louis. Armand d'Ussel était chanoine-comte de Brioude en 1276; et Gui d'Ussel de Châteauvert en 1700. *D'azur, à la porte d'or, la serrure et les brisd'huis de sable, accompagnée de trois étoiles du second émail.*

D'UZÈS, maison d'ancienne chevalerie du Languedoc, qui a possédé la ville d'Uzès, capitale de l'Uzège, jusqu'en 1486, époque à laquelle cette seigneurie fut portée par Simonne, dame de la vicomté d'Uzès, à Jacques de Crussol, son mari. Elle fut érigée en duché-pairie en 1572, en faveur de la maison de Crussol.

Le plus ancien seigneur d'Uzès qui soit conuu par titres est Elzéar, qui vivait en 1088 et 1125.

Il fut l'aïeul d'Aldebert, évêque de Nîmes de 1150 à 1177; de Raymond, évêque d'Uzès de 1150 à 1179; de Pierre, évêque de Lodève de 1158 à 1160; de Raymond, évêque de Viviers aux mêmes dates, et de Faydide, femme d'Alfonse Jourdain, comte de Toulouse. *De gueules, à trois bandes d'or.*

UZÈS.

Liste des Gentilshommes du diocèse d'Uzès, qui, en 1789, ont signé le Mémoire sur le droit qu'a la Noblesse, de nommer ses Députés aux États-Généraux du Royaume, dans les Assemblées convoquées par bailliages et sénéchaussées.

Messieurs

Le marquis de la Fare.

Le vicomte d'Alais de Montalet.

Le marquis de Ribeirol-d'Entremaux.

Le vicomte de Suffren St.-Tropés.

Le duc de Melfort.

De Chalandar de la Motte de Saint-Laurent.

Le baron de la Gorce l'Arnas.

Le baron de Castille.

De Dampmartin.

De Brueys, baron d'Aigalliers.

François de Brueys.

Paul de Brueys.

De Broche Cruviés.

De Vergèse d'Aubussargues.

D'André de Saint-Victor.

D'Arnaud-Valabris.

D'Amoreux.

De Fotchery de Nizaut.

De Roche.

De Roche de Saint-Félix.

De Roche Saleil.

De Montfort.

De Carmes de la Brugnière.

D'Entragues de Cabanes.

Le baron de Fontarêche.

De Chambon de la Rouvière.

Le comte de Gabriac Saint-Paulet.

D'Albon de Montaren.

De Bargetton de Montaize.

Le chevalier Bargetton de Massargues.

D'Azemar.

De Pondin de Briarge.

D'Aygalliers.

Le comte de Catellan.

Le comte de Rochefort.

Le marquis d'Aramont.

Le comte de Bruges.

De Jossaud.

De Jossaud.

De Jossaud.

De Pluviers de Saint-Michel.

De Villeperdrix.

Le marquis d'Aloziés.

De Restaurand de Lirac.

De la Place Saint-Maximin.

Le baron de l'Isle-Roi.

De Roussel, chevalier de l'ordre du roi.

De Roussel, fils.

Le chevalier de Piolenc.

Le baron de Chazeaux.

Le marquis de Caste.

De Jonquier.

Le baron de la Tour-du-Pin-Gouvernet.

Le chevalier de Baudan.

De Baudan Trescel.

De la Boissière de Baudan.

De Chambon de la Rouvière.

Le baron de Mairargues.

D'Assenat de Clairan.

De Prades.

De Montredon.

De Bousquet d'Aigalliers.

Du Claux de Barrière.

De la Roque.

De Bozène de Terride.

Le chevalier Duclaux de Féralle.

Desbeissis de Laplane.

Deyroles de Rais.

De Faucon de Bronzet.

De Faucon de la Baume.

De Castelviel de la Bastide.

Du Mas du Pret.

De Robert de Brouzet.

Le comte Charles d'Agoult.

De Broches de Vaulx.

De Broches d'Escombes.

Le chevalier de Vaulx.

Sibert de Cornillon.

De Broches.

De Fabri.

V.

LE VACHER DE LA CHAISE, en Anjou, famille ancienne, qui établit sa filiation depuis Pierre Vachier, seigneur de Teilly et de la Tour-aux-Pommiers, en Limosin, vivant en 1453. Le nom de cette famille est des plus anciens dans l'ordre de la noblesse. On trouve un Bernard le Vachier, qui, vers l'an 1120, alla à la conquête de la Terre-Sainte, et fut fait gouverneur du royaume de Jérusalem. Cette famille a donné des officiers supérieurs et de divers grades, des gouverneurs de places, des chevaliers de l'ordre du roi, etc., etc. Elle a contracté des alliances avec les familles les plus distinguées de l'Anjou. *D'or, à trois rencontres de vache de gueules.*

DE VACHER, seigneurs de Saint-Martin le Charbonnier, en Provence, originaires de la ville d'Aix. Cette famille prouve sa filiation depuis Jean de Vacher, conseiller, secrétaire du roi en la chancellerie du parlement. Il épousa, en 1670, demoiselle Jeanne de Giraudon, d'une famille du Poitou, distinguée par son ancienneté. Il naquit de ce mariage, Jean-André de Vacher, qui fut marié deux fois : 1°. le 10 décembre 1718, avec Charlotte de Grimaldy; 2°. le 15 novembre 1725, avec Marie-Anne d'Albert, dont il eut Jean-André-Henri Joseph, qui continua la postérité. Cette famille a contracté de belles alliances, etc. *D'or, à la vache de gueules, accornée, colletée et clarinée d'argent.*

DE VACHON, seigneurs de Veuray, d'Escottrès, sieurs de Pivenoz, de la Richardière, etc., en Dauphiné. Cette famille s'est divisée en deux branches; elles ont pour auteur commun Etienne de Vachon, qui habitait dans la terre de Virieu en 1454. Elle a fourni plusieurs personnages distingués dans la magistrature au parlement de Grenoble. *De sable, à la vache passante d'or.*

DE VAHAIS, seigneurs de Vauloger, dans la province du Maine. Cette famille a pour auteur Jean de Vahaye, Ier. du nom, qui eut pour femme Marguerite

de Domaine , et fut père de Jean de Vahais , IIe. du nom
(orthographié aussi Vahaye), seigneur de Vahais ,
marié en premières noces , le 15 juillet 1486 , avec
Roberde de Tinteniac ; et en secondes , avec Isabeau
de Courtoux. Cette famille a donné deux chevaliers de
l'ordre du roi , dont un était gentilhomme ordinaire
de la chambre de sa majesté. *D'azur, au soleil d'or.*

VAILLANT , seigneurs de Villers et de Caumondel ,
en Picardie. Cette famille , divisée en plusieurs branches , a été maintenue par ordonnance de MM. Bignon
et de Bernage , intendants de Picardie , des 25 juin
1700 et 6 décembre 1717 , sur titres filiatifs remontés à
noble homme Robert Vaillant , sieur de Haultemarre ,
homme d'armes des ordonnances du roi , au profit
duquel les maïeur et échevins de la ville de Hes-
din , passèrent un contrat de constitution le 2 octobre
1457. Cette famille a donné des capitaines d'infanterie
et de cavalerie , décorés de l'ordre royal et militaire de
Saint-Louis , et un écuyer de main du roi Louis XV.
D'argent , au lion de sable , lampassé et armé de gueules.

LE VAILLANT , vicomtes de Barbeville , seigneurs
de Lignerolles , de Villodon , etc. , etc. , ancienne maison de Normandie , qui établit sa filiation depuis
Richard le Vaillant , écuyer , seigneur de Lignerolles ,
et de la Ferrière-Harenc , vivant en 1358. Ses descendants ont donné plusieurs capitaines , des chevaliers de
Saint-Louis , et un gentilhomme ordinaire de Gaston ,
duc d'Orléans , en 1631. *D'azur , au hareng d'argent en
fasce ; au chef d'or.*

DE LA VAISSIÈRE , seigneurs de Cantoinet , de
Candèze , de Cocural , de l'Albaret , et de Saint-Amand
en Languedoc. Cette famille , d'origine chevaleresque ,
trouve une filiation non interrompue depuis Philippe
de la Vaissière , qualifié damoiseau , seigneur de Cantoinet , l'an 1327 , et qualifié chevalier dans un titre
de 1366. Il eut pour fils Amblard de la Vaissière , seigneur de Cantoinet , damoiseau , lequel fit hommage
le 14 août 1368 , et donna , le 25 juillet 1388 , à Déodat , abbé de Bonneval , quarante florins d'or , pour
acquit d'un legs fait à son église , par noble Hélène
Rousse , sa mère. On compte plusieurs officiers parmi

leurs descendants. *D'azur, au coudrier d'or ; à la bande de gueules, brochante sur le tout.*

DU VAL, seigneurs de Mondreville, barons de Ham, seigneurs et comtes de Dampierre, en Champagne. Cette famille remonte sa filiation à Etienne du Val, Ier. du nom, seigneur de Mondreville, conseiller, maître-d'hôtel ordinaire du roi, pourvu le 6 juillet 1563, et gentilhomme ordinaire de sa chambre. Il avait été anobli au mois de mars 1548. Son fils, Jacques du Val, seigneur de Mondreville, chevalier de l'ordre de sa majesté, gentilhomme ordinaire de sa chambre, fut maître-d'hôtel de la reine Catherine de Médicis, conducteur et commissaire général des gens de guerre allemands, et gouverneur de Sainte – Mene-hould. Cette maison a occupé des places importantes auprès de plusieurs souverains, et a suivi constamment le parti des armes. Elle a donné des personnages de marque au service de l'empire d'Allemagne, dont l'un chambellan de l'empereur Ferdinand II, fut tué général de ses armées, à l'attaque de Presbourg, le 9 octobre 1620; un autre fut tué en Hongrie, étant général-major des troupes de sa majesté impériale. Elle a donné en outre un colonel de mille chevaux étrangers pour le service du roi Louis XIII, en 1618, plusieurs gentilshommes ordinaires de la chambre de sa majesté, deux colonels, un brigadier d'infanterie en 1667, 1668 et 1769, un capitaine de chevau-légers, mestre de camp de cavalerie, des lieutenants-généraux et maréchaux de camp, etc., etc. *De gueules, à la tête et au cou de licorne d'argent.*

DU VAL, seigneurs de Beaumontel, et du Bourg-dessus, etc., en Normandie, famille très-ancienne qui remonte sa filiation à Guillaume du Val, sieur de Gon-nonville en Auge, de Saint-Aubin-le-Guichard, de Gon-tières, de la Marre aux Oües, et de Malassis, lequel fit une acquisition le dimanche *misericordias Domini*, l'an 1361, et eut pour fils Macé, dit Maciot du Val, écuyer, sieur du Val, marié avec Marguerite d'Orbec. Cette famille a donné un député de la noblesse en 1624, pour l'assemblée de la ville d'Evreux, et un capitaine de cavalerie. *D'argent, à la bande de gueules.*

DU VAL. *Voyez* GUY DU VAL.

DE VALAT, seigneurs de Saint-Roman, en Languedoc. Cette famille a justifié sa filiation depuis l'an 1504; et Pierre Valat, seigneur de Saint-Roman, marié, le 18 septembre 1665, avec demoiselle Catherine Haudessens, a été maintenu dans sa noblesse par arrêt du conseil d'état du 28 avril 1671, d'après la production de ses titres. Elle a donné un colonel de dragons, et un capitaine de chevau-légers. *Emanché de gueules sur or, d'une piéce et deux demies.*

DE VALAVOIRE, seigneurs de Valavoire, en Provence, originaires de la viguerie de Sisteron, illustre et ancienne maison d'origine chevaleresque, qui tire son nom de la terre de Valavoire, qu'elle possédait depuis l'an 1200. Elle ne prouve cependant sa filiation que depuis Raimond de Valavoire, qualifié *miles*, qui transigea avec le comte Raimond Berenger, l'an 1241. (Tornatoris, notaire à Sisteron.) Il eut pour fils Guigues et François de Valavoire : on trouve dans la croisade de Clermont de l'an 1096, que trois cents chevaliers firent bataillon séparé pour combattre les infidèles. Le vicomte de Polignac les commandait, comme plus ancien. Parmi les chevaliers croisés se trouvait le vaillant Valavoire, aux armes noires, portant sur son bouclier des vautours. On trouve ensuite dans les chartes de la croisade d'Embrun, en 1220, que Jean de Valavoire commandait une compagnie de cent croisés. Guigues-François et Valavoire de Valavoire, accompagnèrent Charles d'Anjou à la conquête du royaume de Naples, l'an 1264. Le premier fit hommage à Marie de Blois, mère de Louis II, en 1395. Bertrand de Valavoire fit don de sa terre à ce prince, en 1399. Antoine de Valavoire se signala dans les guerres de la ligue; il avait contracté alliance, en 1588, avec Marguerite de Forbin, de qui il eut huit enfants mâles : 1°. Jean, seigneur de Valavoire, capitaine de deux cents hommes de vieilles bandes entretenues, et premier capitaine au régiment de Romoules, qui fut assassiné à Orléans; 2°. Gaspard, seigneur de Vaulx, capitaine de chevau-légers, et gouverneur de Sisteron, mort sans alliance; 3°. Balthazar, décédé jeune;

il avait été page du roi Henri II ; 4°. et 5°. Gaspard et
Alexandre, qui se distinguèrent au service ; 6°. Palamède
fit la branche des seigneurs de Vaulx ; 7°. César, celle
des seigneurs de Valavoire et de Volone ; 8°. et Hercule
de Valavoire, qui fut chevalier de Malte en 1573. Cette
maison a donné des lieutenants-généraux d'armée, des
officiers de tous grades de la plus grande distinction,
et un évêque de Riez. *Ecartelé, aux 1 et 4 de sable, au*
flaucon ou vautour d'argent ; aux 2 et 3 de gueules plein.

DE VALBELLE, seigneurs de Meirargues et autres
lieux, marquis de Valbelle, de Rians, de Montfuron
et de Tourves, en Provence, noble et illustre famille
d'épée et de robe, divisée autrefois en plusieurs branches,
qui ne subsiste plus qu'en une. Moréri, l'abbé Robert,
Maynier et Artefeuil, assurent que cette maison descend des anciens vicomtes de Marseille, sans cependant
en rapporter aucune preuve. Plusieurs titres établissent
sa filiation depuis Guillaume Ier. de Valbelle, un des
seigneurs de la suite d'Alfonse Ier, comte de Provence.
Il fut présent à la confirmation des priviléges de la
chartreuse de la Verne, faite par ce comte le 4 octobre
1174. Bertrand, son fils, fit son testament le 10 mai
1224. Rostan de Valbelle eut commission de Louis II,
comte de Provence, le 22 avril 1391, de prendre les
armes, et réduire à son obéissance les rebelles et sédi-
tieux du lieu de la Volère. Geoffroi de Valbelle fut l'un
de ceux qui accompagnèrent Charles, duc de Calabre,
allant à Naples secourir le roi son père, comme on voit
dans le catalogue des seigneurs du pays, qui firent ce
voyage. Joseph de Valbelle qui, en 1674, épousa Gabrielle de Brancas, continua la descendance. Cette
maison a produit des officiers distingués dans les armées,
des évêques, des présidents à mortier, et des conseillers au parlement, etc. *D'azur, à un lévrier rampant*
d'argent.

VALENTIN, sieurs de Villeneuve, seigneurs de
Germeville, en Saintonge et en Poitou. Cette famille
établit sa filiation depuis Wastre Valentin, écuyer,
seigneur de Saint-Maixent, qui eut pour femme Isabeau
de Graffort. Ce Wastre Valentin et Georges Valentin,
son frère, étaient écuyers, archers de la garde écossaise

du roi, en 1448. Antoine Valentin, écuyer, sieur de Germeville, fils de Wastre, épousa Nice de Barbezières, le 14 novembre 1476. On compte parmi leurs descendants plusieurs capitaines. *D'argent, à la croix d'azur, chargée d'un croissant d'or sur le milieu, et de quatre étoiles du même à six rais.*

DE VALERNOD, seigneurs du Faï, et sieurs de Champ-Fagot, famille noble du Dauphiné, qui prouve une filiation suivie depuis Alexandre de Valernod, sieur de Champfagot, qui fut pourvu, en 1583, d'une charge de maître ordinaire en la chambre des comptes de Grenoble, et y fut reçu en 1584; il avait épousé Sébastienne de Caragnol. *D'azur, au croissant d'argent; au chef cousu de gueules, chargé de trois roses d'or.*

DE VALIER, seigneurs de la Crauste et de Bourg, en Guienne. Cette famille est connue depuis Guilhem Valier, écuyer, capitaine et gouverneur de Lesparre, du Breuil, de Carcans, et du château de Tostes en 1439. La filiation est établie depuis Pierre de Valier, écuyer, seigneur de Serignan et de la Crauste, avocat-général pour le sire d'Albret, au parlement de Bordeaux, le 14 octobre 1522. Cette maison a donné des officiers de tous grades, et des magistrats distingués. *D'azur, à la fasce d'argent, accompagnée en chef de trois besants d'or, et en pointe de trois merlettes du même.*

VALLÉE, en Lorraine, famille qui a pour auteur Jean Vallée, anobli par lettres données à Nancy, le 1 décembre 1603. D'anciens mémoires font remonter la filiation à Jean Vallée, échevin de la ville de Bourges, en 1440, aïeul de Jean Vallée, anobli en 1603. Cette famille a formé différentes branches, 1º. les barons de Vallée et d'Estrecheville, par lettres du 10 janvier 1725; 2º. les seigneurs de Legeville et de Tannecourt; 3º. les seigneurs de Housseville et de Saint-Léger. Cette maison a produit des gouverneurs de places, plusieurs échevins de Bourges, des gentilshommes des ducs de Lorraine, et nombre d'officiers supérieurs et de tous grades. *D'azur, à une fasce d'argent, accompagnée de trois têtes de léopard d'or, allumées et lampassées de gueules; à la bordure ondée d'or et d'azur.*

La branche des seigneurs de Housseville obtint la permission de prendre le nom et de porter les armes de Barbe Mengin de Houdreville, par lettres expédiées à Nancy, le 4 février 1615, qui sont : *De sinople, à l'étoile d'or mise en cœur, accompagnée de trois gerbes du même.*

VALLÉE. Gaspard Vallée, issu, selon D. Pelletier, de la famille précédente, fut déclaré noble et anobli, en tant que de besoin, par lettres du duc Henri, données à Nancy le 13 décembre 1623. *D'argent, à la fasce d'azur, chargée d'un tertre d'or, accompagnée en chef de trois lions de sable, et en pointe de trois bandes du même.*

VALLÉE. Claude Vallée, aussi descendu, selon D. Pelletier, de la même famille, fut anobli par lettres du grand duc Charles, données à Nancy le 7 janvier 1572. *D'azur, à la fasce d'or, accompagnée en chef de trois lionceaux du même, et en pointe de trois bandes ondées aussi d'or.*

DE VALLES, seigneurs de Bobigny, de Montjay et du Grand-Essart, dans le Perche et à Paris, famille dont l'auteur, Jean de Valles, procureur général, puis maître ordinaire en la chambre des comptes de Paris, pourvu le 24 mars 1481, et reçu le 23 avril 1482, fut anobli dans le mois d'octobre de cette dernière année, par lettres du roi Louis XI. Nicole de Valles, son fils, avocat au parlement, épousa Catherine Martin, fille de Jean Martin, premier médecin du même prince. Parmi les descendants de cette famille on remarque plusieurs conseillers du roi en sés conseils d'état et privé ; des auditeurs, correcteurs et maîtres ordinaires en la cour des comptes de Paris ; un grand maître enquêteur et général réformateur des eaux et forêts de France, en 1707 ; un receveur général des finances, puis général des finances des camps, armées et garnisons de France, en 1627, nommé contrôleur général des restes dans toutes les chambres des comptes du royaume, en 1633, et secrétaire ordinaire de la reine Anne d'Autriche, en 1636 ; deux gouverneurs de la ville de Vervins ; des officiers de terre de divers grades ; un capitaine de vaisseau, chevalier de l'ordre royal et militaire de Saint-Louis, et un aide d'artillerie de la marine en 1731. *D'azur, au cerf d'or, gissant au pied d'un chêne du même ; au chef aussi d'or, chargé de deux roses de gueules, feuillées de sinople.*

VALLETEAU ou VALETOT, famille originaire de Normandie, au pays de Caux, possédant des titres originaux, sous les dates du 8 avril 1494, et 7 juin 1502, et transplantée en Touraine, vers 1750 (1).

La filiation suivie ne commence qu'à :

I. Jacques VALLETEAU DE CHABREFY, écuyer, conseiller du roi, contrôleur alternatif des trésoriers-payeurs de messieurs les conseillers-secrétaires du roi, maison couronne de France et de ses finances.

II. Thomas VALLETEAU DE CHABREFY, Ier. du nom, écuyer, seigneur de Valmer, Chançay, la Côte, Vaux, et autres lieux, conseiller du roi, président, lieutenant-général au bailliage et siége présidial de Tours, né le 18 février 1733, décédé à Tours, le 8 mai 1792.

III. Thomas VALLETEAU DE CHABREFY, écuyer, chevalier des ordres de l'Eperon-d'Or de Rome, et du Saint-Sépulcre de Jérusalem, décoré du Lys de la garde nationale de Paris, né à Alençon, le 20 janvier 1778.

Admis à l'école centrale des travaux publics (depuis école polythechnique), lors de sa formation, le 23 novembre 1794, ensuite à l'école d'application des ingénieurs-géographes, le 4 février 1797 ; promu au grade d'ingénieur, le 15 juin 1802, et attaché, en cette qualité, au corps des ponts-et-chaussées ; démissionnaire, le 22 janvier 1812 ; nommé maire de Chançay, canton de Vouvray, arrondissement de Tours, le 14 décembre 1812, nommé conseiller de préfecture d'Indre-et-Loire, par ordonnance du roi, en date du 27 mars 1816.

IV. Thomas VALLETEAU DE CHABREFY, écuyer, chevalier, né à Paris, le 4 juin 1810, IIIe. du nom ; et

_____

(1) Voyez le tome IXe. du Nobiliaire universel de France, par M. de Saint-Allais. Paris, Valade, 1816, pages 350 et suivantes.

II.   54

Jérôme-Charles, son frère, écuyer, né à Paris, le 27 février 1813.

Armes : Parti, au 1er. d'argent, à l'aigle au vol abaissé de sable ; au 2e. d'argent, à trois monts mal ordonnés de sable, chacun de trois coupeaux posés en pyramide, le premier sommé d'un coq au naturel.

DE VALLINS, seigneurs de Vallins, de Château-Vilain, de la Maison-Forte, de la Mure, de Charmiers, et des Espineys, etc., en Dauphiné ; cette famille remonte, par titres filiatifs, à Girard de Vallins, vivant en 1269. Jean de Vallins, l'un de ses descendants, épousa Claude de Virieu, fille d'Antoine de Virieu. *De gueules, à la bande componée d'argent et d'azur de six pièces.*

VALON DU BOUCHERON D'AMBRUGEAC, maison issue d'ancienne chevalerie du Limosin, qui établit sa filiation depuis Bernard de Valon, damoiseau, seigneur de Gigosac, et de plusieurs autres terres situées en Quercy, vivant à la fin du quatorzième siècle. Il épousa Florence de Neuvic de Champiers, dont il eut Guérin de Valon, chevalier, auquel Guillaume de Neuvic, chevalier, seigneur de Champiers, et Maragde d'Ussel, dame du Boucheron, ses parents maternels, donnèrent les terres de Champiers et du Boucheron, en Limosin, à la charge, par lui et ses descendants, de porter leurs noms et armes. Cette maison a fait les preuves pour les honneurs de la cour. Elle a donné des généraux et nombre d'officiers de tous grades. *D'or, à trois lionceaux de gueules.*

DE VANÇAY, seigneurs de la Barre-Conflans, de Bretel et de Coulouasné, dans la province du Maine, famille aussi recommandable par son ancienneté et ses services militaires, que par les alliances qu'elle a contractées avec les maisons de la Châtre et de Souvré, qui ont donné chacune un maréchal de France. Sa filiation remonte à l'an 1386, depuis Pierre de Vançay, mari de Perrette Forestier, et père de Jean de Vançay, 1er du nom, écuyer, qui épousa Marie Chouette, le 26 décembre 1421. On compte, parmi leurs descendants, plusieurs chevaliers de l'ordre du roi, des gentilshommes ordi-

naires de sa chambre, un maître-d'hôtel ordinaire de
sa majesté, un écuyer d'écurie de François de Bourbon,
qui fut successivement capitaine des gardes, et écuyer
d'écurie du cardinal de Bourbon, et maître-d'hôtel de
Charles et de Louis de Bourbon, comtes de Soissons :
on y compte également des capitaines et autres officiers de divers grades. *D'azur, à trois besants d'argent,
chargés chacun d'une moucheture de sable.*

VAN-DAM, qualifiés barons d'Audégnies, à Mons,
dans les Pays-Bas. Cette famille a pour auteur Pierre
Van-Dam, serviteur-domestique du prince le comte
Guillaume, palatin du Rhin, duc de Bavière, comte
de Hainaut, de Hollande et de Zéelande, etc. Ce Pierre
Van-Dam eut pour fils, Nicolas Van-Dam, Ier. du
nom, mari d'Elisabeth Van-Renesse, lequel fit un
testament le 16 avril 1470. Cette famille a donné des
gouverneurs et commandants de villes et citadelles, des
officiers généraux et autres officiers au service de l'empire d'Allemagne. *Coupé de gueules et de sable ; à trois
tours donjonnées d'argent de l'un en l'autre.*

DE VANEL DE L'ILE-ROI, en Languedoc, maison
ancienne et distinguée, qui remonte, par filiation, à
Laurent Vanel, seigneur de Récoulles, qui fit son testament le 19 juin 1499. Elle a donné des officiers distingués, et a contracté de belles alliances. *Ecartelé,
aux 1 et 4 d'azur, à trois rocs d'échiquier d'or*, qui est
DE ROQUE ; *aux 2 et 3 d'azur, à la colombe essorante
d'argent, portant en son bec un rameau d'olivier de sinople,*
qui est DE SOYES ; *sur le tout d'argent, au chêne terrassé
de sinople*, qui est DE VANEL.

VANEL, seigneurs en partie de Hénamesnil, en
Lorraine. Charles-Antoine Vanel, capitaine-lieutenant
dans le régiment du comte de Tornielle, fut confirmé
dans sa noblesse, et relevé des actes de roture exercés
par quelques-uns de ses aïeux, par lettres du duc de
Lorraine, données à Paris, le 8 août 1662, enregistrées
à la cour des comptes de Lorraine, le 4 décembre
suivant, en considération de ce qu'il avait porté les
armes dès l'âge de douze ans, et s'était signalé au siége
de Courtrai, où il fut blessé d'un coup de mousquet
à la jambe droite, en commandant les enfants-perdus

dans le dernier fossé, ce qui contribua beaucoup à la reddition de la place. *D'azur, au chevron d'or, accompagné de trois étoiles du même.*

DE VANOLLES, en l'Ile de France. L'Armorial général porte que cette famille est originaire de Gueldre, et en donne la filiation depuis Jean Van-Holt, qui, l'an 1448, était maître-d'hôtel ou majordonne d'Arnoul, duc de Gueldre, et que ce prince, le 11 novembre suivant, le fit grand-trésorier de son duché, du comté de Zutphen et de la seigneurie de Cuyck. Le même ouvrage ajoute que Jacques-Hartger Van-Holt, grand-audiencier de France, obtint du roi Louis XIV, au mois d'octobre 1696, des lettres par lesquelles il lui fut permis de franciser son nom, et de se faire appeler simplement *Jacques de Vanolles.* Dans ces lettres, il est dit fils de Guillaume Van-Holt, gentilhomme, originaire de Dotckam, sur les confins de la Gueldre hollandaise, et de demoiselle Marie Michau, de la ville d'Orléans. Cette famille a donné un conseiller d'état. *D'argent, à sept annelets de sable.*

VAQUEREL DE LA BRICHE. Louis Vaquerel de la Briche, l'un des chevau-légers de la garde du roi, fut anobli, pour services militaires, par lettres-patentes données à Paris, au mois de janvier de l'an 1721. *De gueules, au chevron d'or, accompagné en chef de deux étoiles d'argent, et en pointe d'un croissant du même.*

DE VARADIER, marquis de Saint-Andiol, seigneurs de Courbons, de Siéyes, d'Entrevencs, du Castelet, du Chafaut, de Valbonette, de Malmoisson, de Gaubert et de Château-Redon, etc., en Provence, originaires de la ville d'Arles; famille noble, ancienne et distinguée qui descend de Jacques de Varadier, vivant au commencement du treizième siècle, et connu par une enquête faite par les maîtres rationnaux, en 1332. Louis de Varadier fit hommage des terres de Gaubert, du Chafaut et de Château-Redon, au comte de Provence, l'an 1399. La filiation de cette famille s'est continuée par Louis de Varadier, élu trois fois premier consul à Arles, aux années 1639, 1652 et 1665. Elle a contracté de belles alliances, a donné des officiers de terre et de mer de différents grades, et vingt premiers consuls à Arles, etc. *D'or, a trois annelets d'azur.*

DE VARAGES, barons d'Allemagne, en Provence, originaires de la ville de Marseille. Cette famille prouve sa filiation depuis Jean-Baptiste Varages, reçu secrétaire du roi, près la cour des comptes, le 16 février 1712. Elle a donné un mousquetaire du roi. *D'azur, à deux lions affrontés d'or, soutenant une étoile du même.*

DE VARANGE, seigneurs de Saint-Gras, de Burey, en Vaux, de Montigny, de Monteval, barons de Sainte-Julie, en Bourgogne, en Bresse et en Barrois. Cette famille paraît avoir porté primitivement le nom de Lor de Nargues. Elle est connue, sous ce nom, depuis le 13 octobre 1538. Elle paraît avoir pris celui de Varange vers l'an 1620, depuis le mariage de Claudine de Varange avec noble Artaud de Lor de Nargues, écuyer, sieur du Pas, accordé le 5 janvier 1601, et passé au château de Varange, en présence de noble Philebert de Lor de Nargues, sieur du Coing, et de noble Antoine de Lor de Nargues, sieur de la Plaigne. Le nom de Varange est ancien et distingué en Bourgogne. Jean de Varange était, en 1390, conseiller du duc, et gouverneur de la chancellerie de Bourgogne. Il vivait encore en 1399. Eudes de Varange était, en 1417, conseiller du duc de Bourgogne, et maître en sa chambre des comptes de Dijon. Cette famille a donné des gouverneurs de places, et des capitaines décorés de l'ordre de Saint-Louis. *D'or, à quatre cotices d'azur.*

DE VAREILLES. *Voyez* LA BROUE.

DE LA VARENNE, en Boulonnais. Jacques de la Varenne, écuyer, sieur de Berghes et de Longueville, eut pour fille Françoise de la Varenne, mariée, par contrat du 25 septembre 1532, avec Jean le Marchand, écuyer, sieur de Roquethun. *De sable, au lion d'argent.*

DE VASSAL. La maison de Vassal, originaire du Quercy, et dont plusieurs branches ont formé, depuis long-tems, des établissements en Périgord et dans d'autres provinces, a toujours tenu un rang distingué dans l'ordre de la noblesse, par une haute ancienneté, de nombreux services, de bonnes alliances, et par-dessus tout, par une fidélité inviolable envers ses souverains. Son nom est connu depuis la fin du dixième siècle, et plusieurs généalogistes la font descendre des anciens barons de Gourdon, en Quercy. Sans entrer ici dans la discussion de cette opinion, à laquelle différents actes anciens, et notamment une transaction de l'an 1295, donnent un certain degré de probabilité, on se contentera de remarquer que plusieurs chartes des douzième et treizième siècles, rapportées dans l'Histoire du Languedoc, par D. Vaissette, et dans la grande collection du président Doat, à la bibliothèque du roi, font mention d'un grand nombre de sujets du nom de Vassal, dont quelques-uns étaient décorés de la chevalerie, au commencement du règne de Philippe le Hardi.

Cette maison a produit deux cardinaux. Le premier, qui était de la création du pape Innocent II, en 1134, fut cardinal-diacre sous le titre de Saint-Eustache, puis de Sainte-Marie *in Aquiro*. Il souscrivit, en cette qualité, deux chartes de l'abbaye de Cluny, en 1136 et 1142. Le second, est le célèbre Fortanier de Vassal, qui, de général des Frères-Mineurs, fut nommé archevêque de Ravenne en 1347; patriarche de Grado (depuis Venise), en 1351; nonce, puis légat du pape; créé cardinal en 1361, et mort la même année; un archevêque de Vienne, transféré à Lyon en 1444; une grande prieure des dames maltaises de Martel, depuis 1334 jusqu'en 1355; des chanoines-comtes de Saint-Claude; plusieurs chevaliers de Malte, et un grand nombre d'abbés, abbesses, prévôts, dignitaires de chapitres, etc.

Elle ne s'est pas moins distinguée dans la carrière des armes; et elle a reçu de tous tems, de la part de nos rois, des preuves multipliées de la satisfaction qu'ils avaient de ses services. Jean de Vassal, seigneur de la Tourette, fut fait chevalier de l'ordre de Saint-Michel par le roi François Ier., qui lui écrivit une lettre très-flatteuse, en lui envoyant le collier de l'ordre, le 7 octobre 1520. Antoine de Vassal, seigneur de la Tourette et de Curemonte, prêta serment de fidélité pour l'ordre de chevalier de Saint-Michel, dont il fut décoré par le roi Charles IX, le 13 novembre 1570. Le mar-

quis de Vassal–de–Montviel fut fait gentilhomme de la
Manche, et puis successivement major–général, bri–
gadier, l'un des huit inspecteurs d'infanterie, ensuite
maréchal de camp, et lieutenant - général des armées
du roi. Le chevalier de Vassal - de - Montviel fut colo–
nel du régiment de Dauphiné, brigadier, inspecteur
d'infanterie, et maréchal de camp. M. de Vassal - de-
Sardigni, lieutenant-colonel du régiment de la Vieille-
Marine, ensuite brigadier, fut tué au siége de Barcelonne ; M. de Vassal – de - Marsac fut major du
régiment du roi, infanterie, et brigadier ; M. de Vassal –de – Taradel fut lieutenant de roi à Marsal, en
Lorraine ; M. de Vassal - de - Saint - Gily, officier très-
distingué, fit les guerres d'Italie avec son fils, et il y
donna de grandes preuves de sa valeur. Nicolas de
Vassal, chevalier de la Quaizie, capitaine au régiment
du roi, cavalerie, fut fait lieutenant-colonel par brevet de 1761, pour récompense de diverses actions de
valeur, et, entr'autres, d'avoir, avec un détachement
de soixante à quatre-vingts maîtres, forcé trois cents
Prussiens, avec un officier-général qui les commandait, à mettre bas les armes, et à se rendre prisonniers de guerre. (Ces faits sont consignés dans les
nouvelles publiques du tems.)

Mais ce qui est peut–être unique dans les fastes militaires, c'est que dans la guerre de 1735 on a vu quatre-vingts officiers du nom de Vassal, servant tous à la
fois dans tous les grades, depuis celui de lieutenant-
général, jusqu'à celui de simple cadet-gentilhomme.

La maison de Vassal a toujours été très–étendue et
nombreuse en individus. On cite comme un fait remarquable, et peut-être unique en France, qu'elle a eu
trente-sept branches maintenues en 1667. Toutes ces
branches avaient pour père commun Bertrand de Vassal, seigneur de Rinhac, marié, vers l'an 1360, à
Resplandine de Rinhac, héritière de la terre de ce
nom, et qui fit son testament en 1395.

Auparavant, on trouve qu'en 1276, huit branches
au moins de la même maison étaient à la fois co-pro-
priétaires à Vailhac et à Fraissinet. Si on ajoute à ce
nombre cinq ou six autres branches, dont on ne connaît pas la jonction avec les précédentes, il se trouvera
que la totalité des branches de la maison de Vassal,

tant existantes, qu'éteintes, peut être portée à plus
dé cinquante : nombre prodigieux, dont il serait difficile de citer un second exemple. Il n'en reste plus
que vingt-cinq, toutes sorties de trois branches principales, séparées dans le quinzième siècle, et qui sont
connues sous les noms de Rinhac, de Nozac et la
Tourette.

Branche de Vassal de Saint-Gily.

· Marc de Vassal-Saint-Gily, seigneur de la Garde,
capitaine au régiment de Vassan, fit les guerres d'Italie
sous le règne de Louis XIV. Il eut pour fils :

Pierre-Marc de Vassal-Saint-Gily, qui accompagna son père dans les guerres d'Italie, et se maria,
en 1740, avec Marie-Anne de Rigoulières. De ce mariage sont issus :

1°. Bertrand de Vassal – Saint – Gily, mort le 27
août 1816, affilié à l'ordre de Malte ;

2°. François de Vassal, bénédictin de Saint-Maur,
prêtre, mort en 1804 ;

3°. Marie de Vassal, religieuse maltaise à l'hôpital
de Beaulieu, morte en 1807 ;

4°. Cécile de Vassal, religieuse maltaise à l'hôpital
de Beaulieu, vivante ;

5°. Pierre – Emmanuel – Louis de Vassal – Saint-
Gily, chevalier de Malte a fait son service sur
les galères, en 1788 et 1789, sous les ordres de
M. le bailli de Latour-du-Pin, général des galères ; chevalier de l'ordre militaire de Saint-
Louis, chef de bataillon, émigré en 1791, a fait
la campagne de 1792 et dix ans de campagnes au
corps de Condé, et est rentré en France le 15 juin
1801. Il a le titre de comte ;

6°. Louis – Emmanuel de Vassal, premier grand
archidiacre de Saint-Claude, grand vicaire de
Besançon, a présidé l'assemblée du clergé à
Béfort en 1787, a été tenu en réclusion à Cahors
en 1794, persécuté, et exempt de tout serment.
Il est encore vivant ;

7°. Armand de Vassal, chevalier de Saint-Lazare,
premier lieutenant dans le régiment de Soubise,

émigré en 1791, fit la campagne de 1792, passa en Angleterre en 1794, fut fait prisonnier à Quiberon, et fusillé à Vannes avec M. de Sombreuil ;

8°. Alphonse de Vassal, chanoine de Saint-Claude, passé au second archidiaconné, reclus à Cahors, persécuté, exempt de serment, mort en 1812 ;

9°. Marianne de Vassal, ancienne religieuse à l'abbaye royale de Farmoutier, vivante ;

10°. Thomas de Vassal, officier, chevalier de Malte affilié, émigré en 1791, a fait la campapagne de 92, a été quatre ans au corps de Condé, et est mort des fatigues de la guerre en 1798 ;

11°. Thérèse de Vassal, chanoinesse de Baume-les-Dames, en Franche-Comté, vivante.

La maison de Vassal porte pour armes : *D'azur, à une bande de gueules, bordée d'argent, chargée de trois besants, accompagnée de deux étoiles de même, posées l'une en chef, et l'autre en pointe.*

VASSART, seigneurs de Burnecourt, d'Andernay et de Tannoy, en Barrois et en Lorraine, famille qui remonte son ascendance à Nicolas Vassart, avocat au siége de Bar, anobli par lettres de Henri, duc de Lorraine, données à Nancy, le 17 avril 1624. Un de ses descendants, Antoine Vassart, fut gentilhomme ordinaire de la chambre de son altesse royale. *De gueules, au chevron d'or, accompagné de trois fleurs de lys d'argent.*

DE VASSAUX, seigneurs d'Hadonville, en Champagne. Cette famille a pour auteur Barthélemi de Vassaux, écuyer, qui vivait avant l'an 1601. Tous les membres de cette famille ont suivi le parti des armes. *D'argent, à la croix de gueules, dentelée de sable, chargée de cinq coquilles d'or.*

LE VASSEUR. Cette famille a été anoblie par lettres-patentes de l'empereur Charles V, du 7 décembre 1547, confirmées par d'autres de Philippe II, roi d'Espagne. Ces lettres furent accordées à Jacques le Vasseur, archer du corps de l'empereur Charles-Quint, et à Barthélemi et Guillaume le Vasseur, ses neveux, avec faculté de porter pour armes : *De gueules, à trois fasces* ondées d'argent, au lion du même, lampassé et armé d'or, brochant sur le tout. Une autre branche de cette famille avait pour auteur Philippe le Vasseur, seigneur de Guernonval, fils de Toussaint le Vasseur, seigneur de Pompérie, et de Jeanne le Quien, dame de Guernonval. Il fut créé chevalier par lettres données à Madrid le 20 février 1597, et baron d'Esquelsbecke, en Artois, par érection du 21 janvier 1612. *Écartelé, aux 1 et 4 d'or, au chevron de gueules, accompagné de trois étoiles d'azur*, qui est de LE VASSEUR; *aux 2 et 3 d'azur, à trois abeilles d'or*, qui est DE BARBERIN.

LE VASSEUR, sieurs d'Armanville, d'Hiermont, etc., en Beauvaisis. Cette famille a pour auteur Pierre le Vasseur, écuyer, seigneur d'Hiermont, capitaine de la ville de Saint-Riquier, qui fut marié, en premières noces, avec Claude de Boubers, et en secondes avec Marie Cordier. Charles le Vasseur, Ier. du nom, écuyer, sieur d'Hiermont, issu du premier mariage de Pierre, épousa Marguerite le Brun, le 13 novembre 1541. On compte parmi leurs descendants plusieurs capitaines. *De sable, à la fasce d'argent, accompagnée en chef d'un lion issant, et en pointe de trois croissants, le tout du même.*

VATRIN, en Lorraine. Claude Vatrin, lieutenant-général du bailliage d'Etain, fut anobli le 27 janvier. 1723. Il épousa N... de Gondrecourt, dont il eut plusieurs fils qui servirent dans des grades supérieurs. *De gueules, au chevron d'argent, accompagné de trois fleurs de lys du même.*

DE VAUBERCEY. *Voyez* LE GRAS.

DE VAUBOREL, seigneurs de la Chapelle et de la Grange, famille originaire de Normandie, répandue en Bretagne et en Lorraine. Elle établit sa filiation depuis Léonard de Vauborel, Ier. du nom, écuyer, seigneur de Sainte-Marie-du-Bois, qui eut pour femme Marie de Bure, et pour fils Jean de Vauborel, écuyer, sieur de Lorgerie et de Brémanfani, marié, le 23 juin 1528, avec Élie Pitard. Cette famille a donné un gentilhomme ordinaire de la chambre du roi, un lieutenant au gouvernement des ville et château de Saint-Malo, un capitaine de cavalerie dans le régiment

Dauphin, étranger, et plusieurs autres officiers. *D'azur,*
à la tour d'argent.

DE VAUCELLES, seigneurs de la Voute, de Ravigny,
en Lodunois, et au pays du Maine, famille ancienne
et distinguée, originaire de Poitou. Elle établit sa
filiation depuis noble et puissant seigneur Pierre de
Vaucelles, chevalier, seigneur de la Voute, chevalier
de l'ordre du roi, vivant en 1576. Elle a donné trois
chevaliers du même ordre, des capitaines d'hommes
d'armes, des officiers supérieurs, etc., etc. *D'argent,*
au chef de gueules, chargé de sept billettes d'or, 4 et 3.

DE VAUCENNÉ, seigneurs de la Menardière, au
Maine et en Anjou, maison d'origine chevaleresque, qui
a pris son nom d'une terre située dans cette dernière province. Elle remonte par filiation à Mahé de Vaucenné,
écuyer, capitaine de Crannes, vivant vers 1435. Elle
a donné plusieurs officiers décorés de l'ordre royal et
militaire de Saint – Louis, et a contracté de belles
alliances. *D'azur, au lion d'or, lampassé et armé de*
gueules.

DE VAUCOCOUR, noble et ancienne maison, qui
tire son origine de la petite ville de Thiviers, en Périgord, où elle possédait de tems immémorial un château et un fief de son nom (1). Cette maison est connue
depuis le douzième siècle ; et le cartulaire de l'abbaye
de Dalon, en Limousin, a conservé la mémoire de ses
premiers auteurs. On y trouve qu'en 1184, Adémar de
Vaucocour (*de Valcocor*) fit don à cette abbaye, conjointement avec Geoffroi, clerc, son frère, et Cons-
tantin, Geoffroi, Gerald et Guillaume de Vaucocour,
ses fils, de tout le droit qu'ils avaient sur les dîmes de
Murs.

_____

(1) Le nom de Vaucocour, en latin *Vallecucurri*, se trouve
écrit dans les anciens actes, de *Vaucocor. Vaucocort. Vauque-*
court, Vaucocourt, mais le plus souvent *Vaucocour,* sans *t.*
Les derniers éditeurs du *Gallia Christiana* (tome II, col.
1461), prétendent que Renaud de Thiviers, élu évêque de
Périgueux en 1081, et martyrisé à Antioche l'an 1100 ou 1101,
était issu de la maison Vaucocour.

Etienne de Vaucocour (*de Valcocor*), Ermécens et Hélie, ses frères, et Etienne et Guy, ses fils, donnèrent vers le même tems, à cette abbaye, le droit qu'ils avaient sur les dîmes de la terre de Mansac et le domaine, et dîmes qui leur appartenaient au lieu nommé de Froidefont. Les mêmes Guy et Etienne de Vaucocour, frères, firent donation à ce monastère de quinze deniers de cens, en 1212, la même année que Guy, vicomte de Limoges, assiégea et prit la ville de Thiviers.

Guy de Vaucocour fonda, en 1227, une chapelle dans le prieuré de la Faye.

Guillaume, seigneur de Vaucocour, damoiseau, arrière-petit-fils du précédent, épousa, en 1357, Marie de Jaubert de Nantiac, et en eut, entr'autres enfants :

Guichard, seigneur de Vaucocour, Ier. du nom, damoiseau, capitaine, ou gouverneur de la ville de Thiviers, pour la vicomtesse de Limoges, était, dès l'an 1362, sous la tutelle d'Audoin de Jaubert, chevalier, seigneur de Nantiac, son oncle, et mourut après l'an 1385, laissant de noble Jeanne de Jauvelle, ou Jouvelle, sa femme, plusieurs enfants, dont le second, nommé Henri de Vaucocour, Ier. du nom, fut pourvu de l'intendance générale de la maison de Marguerite de Clisson, comtesse de Penthièvre et vicomtesse de Limoges, et fut père de :

Guichard de Vaucocour, IIe. du nom, écuyer, seigneur de Vaucocour, fut pourvu par Françoise de Bretagne, comtesse de Périgord, etc., de l'intendance générale de sa maison, par lettres de provisions de l'an 1452. Il avait épousé, en 1446, Arsanne ou Arsène de Royère ; et fit son testament en 1498, dans lequel il déclare avoir eu neuf enfants, cinq garçons et quatre filles. Un des fils, nommé Henri, IIe. du nom, s'allia, en 1480, à Catherine de Saint-Martial de Drugeac.

Jean de Vaucocour, écuyer, seigneur de Vaucocour, fils puîné de Guichard II, fut pourvu, par provisions de l'an 1505, de l'intendance générale de la maison d'Alain, sire d'Albret, comte de Périgord ; il épousa, la même année, Marguerite Dupuy de Trigonan, et testa, en 1527, en faveur de Bertrand, Henri, François et Charles, ses fils.

Henri de Vaucocour, IIIe. du nom, écuyer, seigneur de Vaucocour, fut appelé à l'hérédité de sa maison par une substitution et par l'ordre de primogéniture, après la mort de l'aîné. Il fit son testament en 1555, en faveur des enfants qu'il avait eus de Marquèse de Milhac, sa femme, qu'il avait épousée en 1533. L'aîné de ses enfants continua la branche aînée, qui, après avoir produit plusieurs officiers supérieurs, parmi lesquels on distingue François de Vaucocour, maréchal de camp, et gouverneur de Thiviers, sous le règne de Louis XIV, des gentilshommes ordinaires et servants de la chambre de nos rois, un gouverneur d'Ardres, en Picardie, un écuyer du duc d'Orléans, frère unique du roi Louis XIII, etc., s'est éteinte vers l'an 1730.

Jean de Vaucocour, IIIe. fils de Henri et de Marquèse de Milhac, a fait la branche appelée des seigneurs du Château d'Allemant, ensuite de la Roche.

Et de Gaston de Vaucocour, dernier des fils de Henri, est sortie une troisième branche, éteinte en 1680.

Armes : D'azur, à trois fleurs de lys d'or, au chef cousu de gueules, chargé de trois yeux d'argent de profil.

DE VAULGRENNAND. *Voyez* COLMONT.

DE VAULSERRE, barons des Adrets, en Dauphiné. Guillaume de Vaulserre, vivant en 1352, est l'auteur de cette ancienne famille; Jean de Vaulserre, baron des Adrets, son fils, donna, en diverses occasions, des preuves de valeur et de courage. *D'azur, à trois coqs d'or, crêtés et barbés de sable.*

DE VAULSERRE. *Voyez* CORBEAU.

VAUQUELIN, seigneurs du Désert, sieurs de Beaumont, en Normandie. Cette famille remonte son ancienneté à l'an 1428, et sa filiation à Jean Vauquelin,

1er. du nom, sieur d'Hermanville, anobli pour services au mois de novembre 1477, père de Robert Vauquelin, écuyer, sieur de Beaumont, qui eut pour femme Perrette Anger, et comparut au greffe de l'élection de Coutances, le 21 février 1540. *D'azur, au sautoir engrêlé d'argent, cantonné de quatre croissants d'or.*

DE VAUX, en Lorraine. Nicolas de Vaux, l'un des chirurgiens ordinaires de S. A. R., fut anobli par lettres données à Lunéville, le 18 juin 1736, en considération des services qu'il avait rendus pendant trentehuit ans. *De sinople, à trois cygnes d'argent ; ceux du chef affrontés.*

DE VAUX, seigneurs de Vaux, en Dauphiné. Cette famille remonte son ancienneté à Guigues de Vaux, vivant en 1346, et prouve sa filiation depuis Hugues de Vaux, vivant en 1468. *De gueules, au lion léopardé d'argent.*

DES VAUX. Jacques-Philippe des Vaux fut reçu échevin de Paris, le 17 février 1761. *D'azur, à la fasce d'or, chargée de trois glands de sinople, et accompagnée de trois étoiles d'argent.*

DE VAUX, au Maine, comtes de Vaux, maison issue d'ancienne chevalerie, originaire de Dauphiné. Elle est connue depuis Gui de Vaux, dont le fils, André de Vaux, vivait en 1380. Elle s'est constamment distinguée par ses alliances, ses emplois et ses services militaires ; a donné plusieurs officiers supérieurs et deux chanoines, comtes de Brioude, reçus le 26 février 1657, et le 14 janvier 1773. *D'azur, au lion d'argent, sommé d'un croissant du même ; à la bande de gueules, brochante sur le lion.* Depuis quelques années, la branche puînée de cette maison étant demeurée la seule existante par l'extinction de la première branche, elle a retranché des armoiries, la bande de gueules, signe de brisure qu'elle ne doit plus porter ; couronne de comte ; tenants, deux sauvages armés de massues. Devise : *Amor patriæ.*

DE VAVRE, famille noble du Dauphiné, qui s'est divisée en trois branches : 1°. les seigneurs de Cérisins et de Bons ; 2°. les sieurs de la Tuillière ; 3°. et les sieurs de Saint - Forjeul : elles ont toutes trois pour auteurs communs, Louis de Vavre, et Jeanne de Pouchon, sa femme, vivants en 1490. *D'azur, à la bande d'argent, accompagnée de trois étoiles d'or.*

DE VAY, seigneurs de la Fleuriais, de Treffieuc, etc., maison d'ancienne chevalerie de Bretagne, dont l'Armorial général ne remonte la ligne filiative qu'à Jean de Vay, Ier. du nom, seigneur de la Rochefordière, de la Fleuriais et de Monjouvet, marié, le 1er. août 1542, avec Claude de Montberon. Ce Jean eut pour fils Claude de Vay, seigneur des mêmes lieux que son père, et mari de Susanne de la Musse, qu'il épousa le 12 juillet 1581. *De gueules, au croissant d'hermine, surmonté d'une croisette d'argent.*

VEDIER. Jean-François Vedier, trésorier-général des finances dans la province de Bretagne, maire, et colonel des milices bourgeoises de la ville de Nantes, et subdélégué au département de la même ville et du comté Nantais, fut anobli par lettres - patentes données à Fontainebleau, au mois de septembre 1733, pour services dans ses charges et emplois. *D'or, au sautoir de sinople, chargé de cinq besants d'or.*

DE VEINY-D'ARBOUZE, seigneurs de Chaume, de Marcillac, etc., barons de Jayet et Poizat, marquis de Villemont, par lettres-patentes du mois de mai 1720. Cette famille, recommandable par ses services et ses alliances, établit sa filiation depuis Michel Veiny, chevalier, seigneur de Villemont, de Fernoil, de Mirabel, d'Arbouze et de Menestrel, baron de Jayet, conseiller, maître-d'hôtel ordinaire de Charles, duc d'Orléans, l'an 1559 ; premier maître-d'hôtel de François, duc d'Alençon, l'an 1570, bailli du duché de Montpensier, capitaine et gouverneur des ville et baronnie de Thiern, en Auvergne, pourvu le 28 mars 1571, lequel Michel Veiny fut marié en premières noces, le 18 septembre 1535, avec Anne Bayard ; et en secondes, le 24 mai 1546, avec Perronelle Marillac, qui le fit père de Gilbert de Veiny, IIe. du nom, seigneur de Neufville, de Saint-Genest, etc. Parmi les descendants de cette maison, on compte un chevalier de l'ordre du roi, des gentilshommes ordinaires de plusieurs princes, un lieutenant-général des armées du roi, des gouverneurs de villes, des officiers supérieurs et de divers grades, et des capitaines de cavalerie et d'infanterie. *Écartelé aux 1 et 4; au pin de sinople, aux 2 et 3 de gueules; à la colombe d'argent fondante en bande; sur le tout d'azur, à trois molettes d'éperon d'or, au bâton de gueules péri en bande.*

DE VELLAR, seigneurs de Pandy, de Dion, de Saint-Romain, etc., en Berry, famille qui a pour auteur Antoine Vellar, écuyer, sieur des Bordes, marié, avant le 9 mai 1529, avec Jeanne Treille, mère de François-Claude de Vellar. On compte parmi leurs descendants un capitaine en 1665, gentilhomme de la chambre du roi en 1669, puis brigadier de la noblesse de Berry, et aide-de-camp du maréchal de Créquy en 1674. *D'azur, semé de croisettes d'or; au chef du même.*

LE VENEUR, seigneurs de Beauvais, sieurs de Kerampart, de la Hazaie, de la Ville-Chaperon, etc., en Bretagne. Cette famille remonte par filiation à François le Veneur, Ier. du nom, seigneur de la Villeveneur et de la Hazaie, père de Charles le Veneur, sieur de la Hazaie et de Portmartin, qui fit une transaction le 13 mars 1552. *D'argent, au cor de chasse de sable, accompagné de trois roses de gueules.*

DE VÉNEL, en Provence, famille d'origine chevaleresque, et l'une des plus anciennes et des plus distinguées de cette province. Ses titres connus la remontent au treizième siècle, depuis Raimond de Vénel, présent à une convention faite, en 1252, entre Charles d'Anjou, comte de Provence, et Batral des Baux. Pierre de Vénel, écuyer de Charles, est rappelé dans le testament de Guillaume Vénel, du 24 septembre 1554, comme l'un de ses prédécesseurs, qui vivait dès le 18 mai 1281, date d'un acte par lequel ce prince lui fit don de quelques biens sis au lieu de Châteaurenard, en considération des bons et agréables services qu'il avait rendus à feu Raimond-Berenger, son aïeul, comte de Provence, ainsi qu'au roi son père. Fouquet de Vénel, son fils, fut également récompensé par Robert, roi de Jérusalem, etc., qui lui fit don par lettres-patentes du 24 septembre 1312, de la châtellenie de Oseda, en considération de son mérite et de sa fidélité. Guillaume de Vénel, qui a continué la postérité, fit son testament le 24 septembre 1554. Le capitaine Gaspard de Vénel, son fils, fut père de Jean et de Joseph de Vénel, qui firent deux branches. Elle a contracté de belles alliances et a donné des officiers distingués, des conseillers au parlement et en la chambre des comptes. *Coupé, au 1 d'azur, à trois pals d'or ; au 2 de gueules, au lion d'or ; à la fasce du même, brochante sur le coupé.*

DE VENIARD. Etienne de Veniard, sieur de Bourgmond, commandant sur la rivière des Missouris, dans la Louisiane, et chevalier de l'ordre royal et militaire de Saint-Louis, fut anobli par lettres-patentes données à Versailles, au mois de décembre de l'an 1725, pour services militaires distingués, et pour négociations importantes suivies par lui avec succès auprès des sauvages de la Louisiane. *D'azur, au sauvage au naturel, assis sur une montagne d'argent.*

DE VENTAILLAC, sieurs d'Eygallières, en Dauphiné. Cette famille a pour auteur Pierre de Ventaillac, qui épousa Marguerite de Baux, l'an 1492. Elle compte plusieurs officiers au service. *D'azur, à la fasce d'argent, accompagnée d'un soleil d'or en pointe.*

DE VENTES, seigneurs de Saint-Pinssart, et sieurs de Montpassard, en Dauphiné. Les auteurs de cette famille sont Jean de Ventes, conseiller delphinal, et Françoise de Villars, son épouse, vivants en 1510. Jean fit son testament l'an 1557. *D'azur, à deux lions affrontés d'or, soutenant une couronne à l'antique du même ; à la trangle d'argent, brochante sur le tout.*

VERDELHAN, en Languedoc, en Gévaudan, en Gascogne et en Bourbonnais, famille ancienne et distinguée, qui établit sa filiation depuis Pierre Verdelhan, seigneur de Merveillac, qui était marié, le 21 juin 1376, avec Agnès de Coudoulons. Elle a formé plusieurs branches : 1°. les seigneurs de Merveillac, éteints après 1672 ; 2°. les seigneurs de Sarremejane et de Fabrègues ; 3°. les seigneurs de Molles ; 4°. les seigneurs des Fourniels ; 5°. les seigneurs de Saint-Nazaire et de

Montanègues. *Ecartelé*, *au 1 de sable*, *à l'étoile d'argent*; *au 2 d'azur*, *à trois coquilles d'or*; *au 3 d'azur*, *au lion d'or*; *au 4 de gueules*, *à six besants d'argent*.

DE VERDELIN, seigneurs et barons de Montagut, en Guienne, famille qui a pour auteur Tristan-Louis de Verdelin, baron de Montagut, seigneur de la Vavre, écuyer du roi, maréchal des logis de la compagnie de cent hommes d'armes du comte de Candale, et capitaine d'une compagnie de gens de pied dans le régiment de Picardie, marié avec Catherine d'Armantieu, le 13 septembre 1609. Tristan-Louis eut pour fils Jean-Antoine de Verdelin, seigneur et baron de Montagut, capitaine d'une compagnie dans le régiment de Champagne, qui épousa, le 18 mars 1635, Jeanne de Meun. *D'or*, *à la fasce d'azur*, *surmontée d'un verdelet du même*, *membré de gueules*.

DE VERDILLON, seigneurs de Châteauredon, d'Estoublon, en Provence, famille originaire de la viguerie de Digne, qui remonte sa filiation à Claude de Verdillon, vivant en 1529. Raphaël de Verdillon, son fils, fit hommage au roi, le 17 janvier 1534, de la terre de Châteauredon; Pierre de Verdillon continua la postérité. Cleofas de Verdillon, son fils, maréchal des logis de la compagnie d'ordonnance du comte de Carces, fut blessé en Catalogne, en 1611. *D'azur*, *à la herse sarrasine d'or*, *surmontée d'une étoile du même*.

DE VERDONEY, seigneurs de Villeneuve, du Marc, en Dauphiné, famille qui prouve son ascendance depuis Jean de Verdoney, lequel fut pourvu d'un office de maître ordinaire en la chambre des comptes de Dauphiné, en 1571, y fut reçu l'année suivante, et l'exerça jusqu'en 1598. Etienne de Verdoney, son fils, lui succéda dans cette charge. *D'argent*, *à six billettes de gueules*; *au chef d'azur*, *chargé de trois molettes d'or.*

DE VERDONNET, en latin *Verdunelli*, barons d'Ironde et de Buron, comtes de Verdonnet, maison d'ancienne chevalerie de la province d'Auvergne, où elle florissait dès la fin du douzième siècle. Elle est connue par titres depuis Joseph et Durand de Verdonnet, chevaliers, vivants, l'un en 1190 et 1197, et l'autre en 1251. Elle prouve une filiation suivie depuis ce Durand de Verdonnet, chevalier, qui ne vivait plus en 1290. Cette maison a donné des écuyers et des hommes d'armes des ordonnances, des capitaines et plusieurs officiers supérieurs d'infanterie et de cavalerie, la plupart décorés de l'ordre royal et militaire de Saint-Louis. Bertrand de Verdonnet était chanoine-comte de Brioude, en 1282 ; Pierre de Verdonnet, en 1334 ; Jean de Verdonnet, en 1502, et Jean-Claude de Verdonnet, en 1690. *D'azur, au lion d'argent, lampassé et armé de gueules ; à la bordure de vair.*

DE VERGENNES. *Voyez* GRAVIER.

DU VERGIER, seigneurs du Poux, du Méneguen, du Locouziern, etc., en Bretagne. Cette famille remonte son ancienneté à l'an 1426, et sa filiation à Pierre du Vergier, père de Henri du Vergier, Ier. du nom, qui eut pour femme Thomine le Baillif, laquelle fit une transaction le 17 décembre 1438. Elle a donné un chevalier de l'ordre du roi en 1662. *De gueules, à deux bandes de vair.*

DE LA VERGNE DE TRESSAN, DE MONTBAZIN, en Languedoc. Pierre de la Vergne, huissier et sergent d'armes du pape Clément VI, et Rigaud de la Vergne, son frère (tige de la maison de Tressan), nés à Aurillac, en Auvergne, furent anoblis par le roi Jean, au mois de novembre 1350. Ils avaient pour troisième frère Jean de la Vergne, clerc de la chambre apostolique, et trésorier de l'anti-pape Benoît XIII, ensuite évêque de Lodève. *D'argent, au chef de gueules, chargé de trois coquilles du champ.*

DE VERGY. La maison de Vergy, l'une des premières et des plus illustres de la Bourgogne, a tiré son nom du célèbre château de Vergy, situé sur la croupe d'une montagne, à quatre lieues de Dijon, et connu dès l'an 890 ; il fut ruiné par ordre de Henri IV, au mois de novembre 1609.

La forteresse de Vergy était tombée en partage à un fils puîné d'un comte d'Auxois et de Duemois, vers le commencement du onzième siècle. Ce jeune seigneur, nommé Walon, et dont le frère aîné avait hérité du titre de comte qu'avait eu leur père, prit pour son titre et son nom celui de seigneur de Vergy, qu'il transmit à ses descendants (D. Plancher).

Dunod de Charnage conjecture la maison de Vergy être une branche de celle de Vienne, par le noms de Guerin et de Savaric, qu'ont portés les seigneurs de l'un et de l'autre. Il pense que Savaric, l'un des fils de Gerard de Vienne, pouvait être père du comte Guerin, auquel du Chesne rapporte l'origine de la maison de Vergy.

Savaric de Vergy est nommé le premier parmi les seigneurs qui composaient le conseil de Hugues II, dit le Pacifique, lorsque ce prince, touché des exhortations du pape, fit serment entre les mains de S. S., l'an 1106, de laisser jouir le monastère de Saint-Benigne, de Dijon, de tous les priviléges et exemptions dont il jouissait précédemment, et déchargea cette maison de certains tributs injustes que ces officiers en exigeaient.

L'histoire des grands officiers de la couronne donne la généalogie de la maison de Vergy depuis Guy, seigneur de Vergy, qui vivait en 1145. Hugues, seigneur de Vergy, son fils, eut, entr'autres enfants, Alix, dame du château de Vergy, mariée, en 1199, à Eudes III, duc de Bourgogne. Cette alliance seule suffit pour donner une idée de la splendeur et de la puissance de cette maison. Elle a formé les branches de Saint-Dizier et de Vignory, éteintes en 1460; des seigneurs d'Autrey, éteints en 1491, des seigneurs de Champlitte, éteints en 1625, et celle des seigneurs de Mirebeau et de Bourbonne, éteints en 1374. Elle a formé en outre les branches de Beaumont, de Belvoir, etc., rapportées par du Chesne. Il est peu de maisons qui aient eu autant d'illustrations; car elle a donné deux ducs et trois duchesses à la Bourgogne; elle a tenu les comtés d'Auvergne, d'Autun, d'Auxois, de Beaune, de Châlons, de Dijon, de Duemois, de Dammartin, de Gruères et de celui de Champlitte, en Franche-Comté, qui a été son dernier titre, par le décès de Claude de Vergy, comte de Vergy, gouverneur et capitaine-général du comté de Bourgogne, mort en 1662, le dernier de sa maison. Elle a donné un cardinal, deux archevêques de Besançon, trois évêques d'Autun, un de Mâcon, un de Paris, un maréchal de France, deux maréchaux de Bourgogne, six chevaliers de la Toison-d'Or, et un de l'ordre de Savoie, etc., etc. *De gueules, à trois quintefeuilles d'or.*

VERNET, sieurs de Vermenelles, en Dauphiné, famille anoblie dans la personne de François Vernet, par lettres du mois de juin 1653, vérifiées la même année, et confirmées par autres lettres du 14 mai 1667, aussi vérifiées au parlement, par arrêt du 19 novembre suivant. *D'argent, à l'aigle éployée de sable; au chef d'azur, chargé d'un soleil d'or, mouvant de l'angle dextre du premier quartier.*

DES VERNEYS, maison d'ancienne chevalerie du Beaujolais, dont était Sibille des Verneys, mariée, vers l'an 1340, à Philippe de Mont-d'Or, chevalier, fils d'Humbert de Mont-d'Or, damoiseau, et de Guicharde de Sartines. *D'hermine, au chef de gueules.*

DE VERNI, seigneurs de Grandvilliers-aux-Bois, de Faveroles, etc., en Picardie, famille dont la filiation est établie depuis Antoine de Verni, Ier. du nom, écuyer, premier écuyer d'écurie de Charles de Bourbon, connétable de France. Cet Antoine de Verni eut pour femme Marguerite Raguet, et pour fils Jerôme de Verni, écuyer, archer des ordonnances du roi dans la compagnie de monseigneur le Dauphin, puis homme d'armes dans la compagnie de M. l'amiral. Jerôme épousa, le 4 octobre 1548, Barbe de Pas. On trouve, au nombre de leurs descendants, deux gentilshommes ordinaires de la maison du roi, un gentilhomme servant de la reine en 1585, et plusieurs capitaines, dont un était décoré de l'ordre royal et militaire de Saint-Louis. *D'azur, au lion d'argent, lampassé et armé d'or.*

DU VERNOIS, en Franche-Comté, maison chevaleresque qui possédait la prévôté héréditaire d'Arbois. Elle est connue par filiation depuis Hubert du Vernois, seigneur dudit lieu, vivant en 1274, et s'est éteinte au dix-septième siècle. *D'or, émanché d'argent de deux pièces.*

DE VERNOSC. *Voyez* DE GESTES.

VÉRON DE FARAINCOURT. Cette famillle a été maintenue par lettres-patentes du roi, au mois de mars 1722, dans la possession de la noblesse qui avait été accordée à Nicolas Véron, par lettres de l'empereur Charles-Quint, du 7 juin 1540. *D'azur, à trois vérons d'argent, miraillés de gueules.*

DE VERSEILLES. *Voyez* GUYOT.

DE VERTAMY, famille originaire de la province d'Auvergne, maintenue par M. de Fortia, intendant, en 1666, sur une production de titres depuis l'an 1504. *D'azur, au chevron d'argent, entravaillé dans trois fasces du même.*

DE VERTEILLAC. *Voyez* LA BROUSSE.

DE VÉTERIS, seigneurs du Revest, de Puimichel, en Provence, famille originaire de la ville d'Aix, qui remonte sa filiation à Henri de Véteris, assesseur de la même ville en 1537. Il fit hommage au roi, les 17 et 20 mars 1556, de la moitié de sa terre de Puimichel, et des trois quarts de celle du Revest. Jean-François de Véteris, page du roi, puis capitaine de dragons, fut beaucoup aimé du dauphin, qui le gratifia d'une pension de quatre cents écus. Cette famille a contracté de belles alliances, et a donné des seconds consuls à Aix, des capitaines de cavalerie, etc. *D'azur, à six étoiles d'or.*

DE VEYNES, seigneurs de Veynes, de Cheyssiliane, etc., en Dauphiné, maison d'origine chevaleresque, qui tire son nom de la terre de Veynes, près de Gap. Guigues de Veynes, qui possédait cette terre, en rendit hommage, en 1253, au dauphin Guigues XII. Cette famille prouve une filiation suivie depuis Raymond de Veynes, dont le fils Guillaume de Veynes, qualifié chevalier dans différents actes, épousa Catherine de Roux, dame de Cheyssiliane, et fit, l'an 1413, hommage de cette terre, entrée dans cette famille par ce mariage. Cette maison a donné plusieurs officiers distingués, la plupart morts au service. *De gueules, à trois bandes d'or.*

VIALART D'ORVILLIERS, famille anoblie par les charges de la magistrature. Elle a pour auteur Pons

Vialart, juge de la ville d'Issoire, en Auvergne, père de Jean Vialart, avocat au parlement de Paris, pourvu d'une charge de président à mortier au parlement de Rouen, le 22 octobre 1540. Il avait épousé, 1°. Marie Seguier, fille de Blaise Seguier, et de Catherine Chenart; 2°. Jeanne Poncet, fille de Jean Poncet, conseiller au châtelet, avec laquelle il a continué la postérité, n'ayant eu qu'une fille de son premier lit. Michel Vialart, son fils, seigneur de Sivry et de Herse, fut conservateur des priviléges royaux de Paris. Il fut élu échevin de la même ville en 1547. Il épousa Lamberte Hotman, fille de Jean Hotman, et de Thomasse le Lorrain, dont il eut trois fils et deux filles. Cette famille a donné des maîtres des requêtes, des présidents en diverses cours, et des officiers supérieurs dans les armées, un évêque d'Avranches, et un évêque de Châlons, pair de France. *D'azur, au sautoir d'or, cantonné de quatre croisettes potencées du même.*

VIALETTES D'AIGNAN, famille originaire de Rouergue, établie à Montauban, dès avant l'an 1550, et dont le chef a été maintenu dans sa noblesse, par ordonnance royale du 3 décembre 1814, et lettres-patentes du 19 février 1816, registrées à la cour royale de Toulouse, le 11 juin de la même année. *De gueules, à la montagne d'or, accompagnée en chef de deux violettes au naturel; au chef d'argent, chargé d'une émanche de trois pièces du champ, mouvante de la partie supérieure.*

VIART, seigneurs de Pimelle, sieurs de la Coudraye, de la Mothe-d'Usseau, des Francs, de Quémigny, etc., famille d'origine chevaleresque, sortie du Blésois, et établie en Poitou, en Bourgogne, en Champagne et à Etampes, dont la filiation remonte à Jean Viart, écuyer de Charles, duc d'Orléans. Il eut pour femme Jeanne Sibille; servait, en l'an 1413, avec huit écuyers à sa suite, dans la compagnie d'hommes d'armes du seigneur de Rambures, et avait pour fils Guillaume Viart, Ier. du nom, écuyer, seigneur de Villebazin, époux de Jeanne le Roux. On compte parmi les descendants de cette famille, deux baillis de Blois, un gouverneur des ville et château de Mirebeau, qui, *assisté seulement de ses fils et des habitants de cette ville, l'avait courageusement défendue, en* 1636, *contre l'armée de l'empereur, forte de plus de quarante mille hommes.* On y compte encore plusieurs autres officiers décorés de l'ordre royal et militaire de Saint-Louis, et un gouverneur pour le roi des salines de Lorraine. *D'or, au phénix au naturel, sur son immortalité de gueules ; au chef d'azur, chargé de trois coquilles d'argent.*

VIART, et, selon Richier, **WIART**, comtes et barons de Viart, en Lorraine, famille qui a formé deux branches : 1°. les seigneurs de Tronville ; 2°. et les seigneurs de Pont-sur-Saulx. Elle remonte son origine à Claude Viart, licencié ès-lois, avocat au bailliage de Bar, anobli par lettres de Christine de Danemarck, duchesse douairière de Lorraine, et Nicolas de Lorraine, évêque de Metz, tuteur de Charles III, du 8 novembre 1545, en récompense des services qu'il avait rendus à l'état en différentes commissions, dont il avait été chargé. Ces deux branches ont produit des gentilshommes ordinaires de S. A. R. le duc de Lorraine, un lieutenant-général de cavalerie au service de sa majesté impériale, plusieurs officiers supérieurs et autres. *D'azur, à trois croix potencées d'or ; au chef d'argent.*

DE **VIAS**, en Provence, famille originaire de la province de Chablais, dans les états du duc de Savoie, où Michel Vias, son auteur, épousa Huguette de Seissel, sœur de Claude de Seissel, des barons d'Aix, en Savoie, abbé de Saint-Pons, près Nice, puis évêque de Marseille, et enfin archevêque de Turin. Jean-Baptiste Vias, son fils, surnommé de Vercellone, rendit des services importants au roi Louis XII. Il fut père de Bertrand de Vias, assesseur de la ville de Marseille, en 1557 ; il assista aux états d'Orléans, en 1562, et laissa Jacques, Jean-Baptiste et Pierre de Vias : ces deux derniers n'eurent point d'enfants ; Jacques fut conseiller et maître des requêtes de la reine Catherine de Médicis en 1585. La même année, Henri III le pourvut de la charge de consul français à Alger ; Henri IV le confirma dans cette charge en 1610. Honoré de Vias, l'un de ses descendants, fut assesseur de Marseille en

1614; il assista aux états-généraux du royaume de la même année, fut également consul de France à Alger, en 1624, gentilhomme ordinaire de la chambre du roi, enfin conseiller d'état en 1647. Il a fait plusieurs beaux ouvrages en vers latins, qui lui ont acquis la réputation d'un des plus grands poétes de son siècle. Il est mort sans enfants mâles; Antoine de Vias, son frère continua la posterité. Cette famille a contracté de belles alliances, et a donné des conseillers d'état, des consuls de France, etc. *De gueules, à une croix doublement potencée d'argent; au chef d'or, chargé de trois coquilles de sable.*

VICOMTE, subst. masc. *Vice-comes*, signifie en général, celui qui tient la place du comte, *quasi vice comitis, seu vicem comitis gerens.*

Quoique le titre de comte fut usité chez les Romains, et que quelques auteurs comparent les vicomtes à ces commissaires ou députés que, chez les Romains, on appelait *legati pro consulum*, il est certain néanmoins que l'on n'y connaissait point le titre de vicomte, lequel n'a commencé à être usité qu'en France.

Les comtes des provinces avaient sous eux les comtes des villes; par exemple, le comte de Champagne avait pour ses pairs, les comtes de Joigny, de Rethel, de Brienne, de Portien, de Grandpré de Roucy, et Braine; quelques-uns y ajoutent Vertus. Ces comtes des villes n'étaient point qualifiés de vicomtes.

Il y avait cependant certaines provinces où le comte avait sous lui, soit dans sa capitale, soit dans les principales villes de son gouvernement, des *vicomtes* au lieu de comtes particuliers, comme le comte de Poitiers; ce comté étant composé de quatre *vicomtés*, qui étaient Chatellerault, Thouars, Rochechouart et Brosse.

Il y avait encore beaucoup de seigneuries qui avaient le titre de *vicomtés*, et principalement en Languedoc, en Guienne et ailleurs.

Les comtes qui avaient le gouvernement des villes, étant chargés tout à-la-fois du commandement des armées et de l'administration de la justice, et étant, par leur état, beaucoup plus versés dans l'art militaire, que dans la connaissance des lettres et des lois, se déchargeaient des menues affaires de la justice sur des vi-

caires ou lieutenants, que l'on appelle vicomtes ou viguiers, *quasi vicarii*, et aussi *châtelains*, selon l'usage de
chaque province.

Il y a apparence que l'on donna le titre de vicomte
singulièrement à ceux qui tenaient dans les villes, la
place du comte, soit que ces villes n'eussent point de
comtes particuliers, soit que les comtes de ces villes n'y
fissent pas leur demeure ordinaire, ou enfin pour sup-
pléer en l'absence et au défaut du comte; aussi ces
sortes de vicomtes tenaient-ils à peu près le même rang
que les comtes, et étaient beaucoup plus que les autres
vicaires ou lieutenants des comtes, qu'on appelait *viguiers, prévôts ou châtelains.*

De ces vicomtes, les uns étaient mis dans les villes
par le roi même, comme gardiens des comtés, soit en
attendant qu'il y eût mis un comte, soit pour y veiller
indéfiniment en l'absence et au défaut du comte qui n'y
résidait pas; les autres étaient mis dans les villes, par
les ducs ou comtes de la province, comme dans toutes
les villes de Normandie, où il y eut des vicomtes établis
par les ducs.

L'institution des vicomtes remonte jusqu'au tems
de la première race; il en est fait mention dans le chapitre 36 de la loi des Allemands, laquelle fut, comme
l'on sait, publiée pour la première fois par Thierry ou
Théodoric, fils de Clovis, et roi de Metz et de Turinge;
ils se sont nommés *vissi comitum*, parce que c'étaient
des commissaires nommés par les comtes pour gouverner en leur place, soit en leur absence, soit dans des
lieux où ils ne résidaient pas : on les surnommait *vissi
comitum*, pour les distinguer des commissaires envoyés
directement par le roi dans les provinces et grandes
villes, qu'on appelait *vissi dominicis*. Dans la loi des
Lombards ils sont nommés *ministri comitum*; ils tenaient
la place des comtes dans les plaids ordinaires et aux
grandes assises ou plaids généraux, appelés *mallum pu-
blicum*. Ces mêmes officiers sont nommés dans les capi-
tulaires de Charlemagne, *vicarii comitum*, comme qui
dirait *lieutenants des comtes*; ils étaient au-dessus des
centeniers.

On les appela aussi *vice-comites*, dont on a fait en
français vicomtes. Ils étaient d'abord élus par les comtes
mêmes. Le comte de chaque ville était obligé d'avoir

son vicomte ou lieutenant ; et comme le pouvoir du comte s'étendait non-seulement dans la ville, mais aussi dans tout le canton ou territoire dépendant de cette ville, le pouvoir que le vicomte avait en cette qualité, s'étendait aussi dans la ville et dans tout son territoire.

Cependant, en général, la compétence des comtes était différente de celle de leurs vicomtes ou lieutenants : les premiers connaissaient des causes majeures ; les vicomtes jugeaient en personne les affaires légères ; de-là vient sans doute qu'en plusieurs lieux, la justice *vicomtière* ne s'entendait que de la moyenne justice, et qu'en Normandie les juges appelés vicomtes, qui tenaient la place des prévôts, ne connaissaient point des matières criminelles.

Mais en l'absence ou autre empêchement du comte, le vicomte tenait les plaids ordinaires du comte, et même présidait aux plaids généraux. La fonction du comte embrassait le gouvernement et le commandement militaire, aussi bien que l'administration de la justice. Celle du vicomte s'étendait aussi à tous les mêmes objets, au défaut du comte.

Vers la fin de la seconde race, et au commencement de la troisième, les ducs et comtes s'étaient rendus propriétaires de leurs gouvernements, qui n'étaient auparavant que de simples commissions ; les vicomtes, à leur exemple, firent la même chose.

Les offices de vicomtes furent inféodés de même que les offices de ducs, de comtes, et autres : les uns furent inféodés par le roi directement, les autres sous-inféodés par les comtes.

Les comtes de Paris qui avaient sous eux un prévôt pour rendre la justice, avaient aussi un vicomte, mais pour un objet différent ; ils sous-inféodèrent une partie de leur comté à d'autres seigneurs qu'on appela vicomtes, et leur abandonnèrent le ressort sur les justices enclavées dans la *vicomté*, qui ressortissaient auparavant de la prévôté. Une des fonctions de ces vicomtes était de commander les gens de guerre dans la *vicomté*, droit dont le prévôt de Paris jouissait encore en partie dans les derniers tems, lorsqu'il commandait la noblesse de l'arrière-ban.

Le vicomte de Paris avait aussi son prévôt pour rendre la justice dans la *vicomté* ; mais on croit que s'il exerçait la justice, c'était militairement, c'est-à-dire sur-le-champ, et par rapport à des délits qui se commettaient en sa présence ; dans la suite, la *vicomté* fut réunie à la prévôté.

Avant la révolution, les vicomtes étaient en France des seigneurs dont les terres étaient érigées en *vicomtés*. Aujourd'hui la dignité de vicomte n'est qu'un titre sans érection de terre, que le roi accorde par lettres-patentes à des gentilshommes, ou en vertu de l'institution d'un majorat. *Voyez* MAJORAT.

En Normandie, les vicomtes étaient des juges subordonnés aux baillis, et qui tenaient communément la place des prévôts. Loyseau prétend que ces vicomtes étaient les juges primitifs des villes ; mais Basnage fait voir qu'en Normandie, comme ailleurs, les comtes furent les premiers juges ; qu'ils avaient leurs vicomtes ou lieutenants, et que quand les comtes cessèrent de faire la fonction de juges, les ducs de Normandie établirent à leur place des baillis, auxquels les vicomtes se trouvèrent subordonnés, de même qu'ils l'étaient aux comtes ; il croit pourtant que les vicomtes furent appelés *tanquam vicorum comites*, comme étant les juges des villes.

En quelques villes de Normandie, l'office de maire était réuni à celui de vicomte, comme à Falaise et à Bayeux. En quelques autres, il y avait des prévôts avec les *vicomtes*, comme dans le bailliage de Gisors.

LE VICOMTE, sieurs de la Villevolette et de la Vieuville, en Bretagne, famille qui a pour auteur Guion le Vicomte, sieur de la Villevolette, marié en premières noces avec Jeanne de Tixne, et en secondes avec Jeanne du Liscouet, laquelle transigea pour son douaire le 28 juin 1548. Guillaume le Vicomte, sieur de Villevolette, et fils du précédent, eut pour femme Jaquette Pean, dame de la Vieuville. *D'azur, au croissant d'or.*

DE VICTON, *Vido*, *Vito*, *Viton*, *Witton*, *Wiston*, *Wilton*, *Wildton*, famille des plus anciennes, originaire de la Grande-Bretagne, qui s'est répandue en Italie, en France et en Allemagne. Son nom a subi les variations précitées, selon les divers pays où ses branches se sont répandues, et selon les siècles où les actes qui les concernent ont été passés. Elle est connue dans la Grande-Bretagne, son berceau, depuis Raoul de Viton, qui paraît, pour le roi d'Angleterre, dans une donation faite par Gilbert de Tullières, et Laurence, sa femme, en 1175, à l'abbaye de Saint-Père, en Vallée de Chartres. *D'azur, au chevron d'or, accompagné de cinq fusées du même, trois en chef et deux en pointe ; à la bordure componée d'hermine et de sable de seize pièces, les compons de sable chargés chacun d'une couronne ducale d'or.*

DE VIDAL, seigneurs d'Ezerville, d'Argentville, de Rouainvilliers, etc., en Beauce. Cette famille a pour auteur Jean Vidal, Ier. du nom, seigneur de Fleury en Biére (*Nobilis Joannes Vidalis quondam Domini de Fleury in Patriâ Bierræ*), lequel était père de Jean de Vidal, IIe. du nom, écuyer, seigneur du même lieu de Fleury, vivant en 1482. Elle a donné plusieurs officiers supérieurs. *D'azur, à trois héaumes d'argent, panachés du même et fermés, trois de front.*

VIDAME, subst. masc. *Vice dominus seu vice domnus.* On nommait ainsi celui qui représentait l'évêque et en tenait la place. On l'appelait *vidame*, parce que l'évêque était appelé, par excellence, *dominus*, ou par contraction *domnus*, et qu'en vieux français, *dome* ou *dom*, signifiait aussi *monsieur*.

La fonction des vidames, était d'exercer la justice temporelle des évêques, de sorte que les vidames étaient à leur égard à peu près ce que les vicomtes étaient à l'égard des comtes, avec cette différence, néanmoins, que sous un même comte il y avait plusieurs vicomtes, et que ceux-ci n'avaient pas la plénitude de l'administration de la justice, au lieu que dans chaque évêché il n'y avait qu'un seul vidame, qui tenait en fief la justice temporelle de l'évêque, et qu'il avait haute, moyenne et basse justice.

Mais comme les vicomtes, de simples officiers qu'ils étaient, se firent seigneurs, les vidames changèrent aussi leur office en fief relevant de leur évêque.

En effet, on ne connaissait point de vidame en France, dans les derniers tems, qui ne relevât de quelque évêque, ou qui ne fût annexé et réuni au temporel d'un évêque. Celui de Beauvais avait le titre de vidame de *Gerberoy*, réuni à son siége. Il est même à remarquer que la plupart des vidames ont pris leur nom des villes épiscopales, quoique leurs seigneuries en fussent souvent fort éloignées, tels que les vidames de Reims, d'Amiens, du Mans, de Chartres et autres. On appelait *vidamé* l'office du vidame; il s'entendait aussi du district ou territoire dans lequel il exerçait sa juridiction.

DE VIDAMPIERRE, (CARDONE ou CARDON qui est le même), maison originaire des confins de l'Aragon et de la province de Catalogne, où elle a toujours tenu un des premiers rangs parmi les anciennes familles de ce pays, étant alliée à toutes les maisons les plus considérables; l'aîné de cette maison porte la qualité de duc.

Didier de Cardone, cadet de cette illustre maison, est le premier qui a établi sa branche d'abord dans le Barrois, et ensuite en Lorraine. Didier de Cardon vint en Lorraine, à l'occasion de la guerre que Jean, duc de Calabre-Lorraine et de Bar-le-duc, au droit de Réné d'Anjou, roi de Sicile, son père, pour les prétentions légitimes que ce prince avait sur le royaume d'Aragon, à cause d'Yolande, son aïeule maternelle, fille de Jean, roi d'Aragon, fit en 1468, au roi Ferdinand, qui s'était emparé de ce royaume. Le duc Jean, appelé et favorisé par les peuples de Catalogne, qui le déclarèrent prince de Gironne, arriva dans ce ce pays avec une armée nombreuse; mais, après quelques avantages, il mourut à Barcelonne, le 2 décembre 1470. Le prince Féry, comte de Vaudémont, son beau-frère, général de son armée, soutint encore cette guerre; mais se trouvant affaibli, il fit un traité avec le duc de *Cardone*, qui gouvernait pour lors toute la Catalogne, pour lui fournir des vivres et mettre en santé les équipages de son armée pendant sa retraite; le duc de Cardone donna au prince Féry, *Didier de Cardone*, cadet de sa maison, pour ôtage et pour sûreté de sa parole et du traité qui venait de faire avec lui.

Didier de Cardone, jeune et aimant la guerre, s'attacha au prince Féry, comte de Vaudémont, qui eut toujours beaucoup de bonté pour lui, et ensuite au duc René son fils, qui succéda, deux ans après, au duc Nicolas, son cousin, lequel mourut à Nancy, le 24 juillet 1473.

C'est ainsi que *Didier de Cardone*, établit le premier sa branche en Lorraine, et Barrois s'étant marié(1) avec la fille d'un riche gentilhomme, à Bar-le-duc, laquelle s'appelait *Barbe du Puy*, fille de Didier du Puy et de Marguerite Genicourt, duquel mariage est sorti *Antoine de Cardone*, qui a continué la postérité.

Antoine de Cardone, fils de *Didier Cardone* et de *Barbe du Puy*, épousa en premières nôces Jeanne de Montreuil, dont il n'eut point d'enfans, et il épousa en secondes nôces (2) Hélène *de Bar*, fille de Jean de Bar, de Bar, et et de Catherine d'Ourches, dont il eut *Didier de Cardone.*

Antoine de Cardone était seigneur de Heippe, Gomecourt et de *Vidampierre* (3), qu'il avait eu par succession de Jean de Bar qui en était le seigneur, ce qui a donné lieu à ses enfants d'en porter le nom jusqu'à présent. Il avait accompagné à Rome le grand cardinal de Lorraine, frère de Claude, duc de Guise, sous le pontificat de Léon X qui lui donna une bulle ou indult (4), par laquelle il lui accorda, pour lui, sa femme et ses enfants, beaucoup d'indulgences et de beaux priviléges. Cette bulle est décorée des armes du pape Léon X, de celles de Lorraine et de la maison de Cardon, qui sont les mêmes que cette maison porte aujourd'hui.

Antoine de Cardon eut une sœur qui, étant fille d'honneur de madame la duchesse de Guise, se maria à N... de *Montbonnot*, gentilhomme d'Anjou. *Didier de Cardon*, second du nom, fils d'Antoine de Cardon et de Marguerite de Bar, épousa (5) *Marie de Xonot*, fille de Jean Xonot, seigneur de Mezeroy et de Villers en Voivre, et de Marie de Moncel, duquel mariage est issu Daniel de Cardon; Didier de Cardon fut tué devant Jametz, capitaine

---

(1) Contrat de mariage de 1484. Voyez aussi Moréri, édition de Paris, 1759, in-fol., Dupuy, et la généalogie de cette maison, imprimée à Nancy.
(2) Contrat de mariage de 1521.
(3) Testament 1565.
(4) Bulle de 1521.
(5) Contrat de mariage de 1573....

d'une compagnie de chevau-légers ; Marie de Xonot était veuve, de Joachim de Savigny, seigneur des Roches ; c'est le même *Didier de Cardon*, énoncé dans le procès-verbal de la noblesse pour la rédaction de la coutume de Bar, en l'an 1579 (1). Didier de Cardon avait deux sœurs, Jeanne, qui fut mariée à Nicolas de Moncel, seigneur de Beauzey, et Françoise de Cardon à Nicolas d'Ambly. *Daniel de Cardon*, seigneur de Vidampierre, Gomecourt, Beauzey, Heippe, Villers en Voivre, et Mèzeray, chambellan de S. A. le duc Henry de Lorraine, était fils de *Didier de Cardon* et de *Marie Xonot*. Il épousa, en premières nôces (2), Catherine de Raré-court, fille de Nicolas de Raréconrt, seigneur de Mau-jouy, Houdémont, Julvécourt, lieutenant d'une compagnie de cinquante hommes d'armes ; duquel mariage il n'eut qu'une fille morte religieuse.

Daniel de Cardon se remaria en secondes noces avec Louise *de la Mothe*, fille de très-honoré seigneur Louis de la Mothe, seigneur de Lanfroicourt (3), *Vandeleville*, Fauconcourt, et d'honorée dame *Anne de Gatinois*, dont il eut plusieurs enfants morts en bas âge. Il n'est resté que *Jean Philippe de Cardon*.

Daniel de Cardon quitta pour lors le Barrois, où ses prédécesseurs avaient toujours demeuré, et vint s'établir en Lorraine. *Louise de la Mothe*, sa femme, étant la dernière et seule héritière de sa maison, tous ses biens tombèrent dans celle de Daniel Cardon. Il avait, avant son second mariage, son entrée dans l'assemblée de l'ancienne chevalerie, comme il est prouvé par plusieurs lettres (4) du duc Henry, par lesquelles il lui est ordonné de se trouver aux assemblées de ladite noblesse, à Nancy.

Daniel de Cardon était très-estimé et considéré de Charles IV. Il signa au testament du duc Henry, avec la première noblesse du pays.

Daniel de Cardon fut enterré dans la chapelle seigneuriale du château de Vandeleville en 1638.

---

(1) Partage de 1570.
(2) Contrat de mariage de 1604.....
(3) Contrat de mariage de 1621.
(4) 10 février 1619 ; 17 octobre 1619, et 24 octobre 1621.

Jean-Philippe de Cardon, chevalier, seigneur de Vidampierre, Vandeleville, Fauconcourt, Heippe, Vraiville, Courcelles, et grand gruyer du duché de Lorraine et de Bar, était fils de Daniel de Cardon et de Louise de la Mothe. Il avait épousé (1) Marie de Tournebulle, fille de très-honoré seigneur Anéa de Tournebulle, chevalier, seigneur de St-Lumiersein, Busemont, Possessé, etc. gouverneur du fort de Nioullet, près de Calais; et de dame Nicole de Comitin : ils ont eu douze enfants, dont cinq morts en bas âge. Louis de Cardon, major de cavalerie dans le régiment de Præcontal, au service de S. M. très-chrétienne, mourut à Stralen.

Jean Philippe de Cardon, IIe. du nom, sera mentionné plus bas, et Nicolas de Cardon, chambellan de l'empereur, capitaine de cuirassiers à son service, fut tué sur les frontières de la Transilvanie.

Jean-Philippe de Cardon de Vidampierre, étant resté très-jeune sans père ni mère, alla trouver Charles IV à Bruxelles, où il était alors, qui le prit pour son page. Nommé ensuite enseigne-colonel au régiment de Fauche, il se trouva à la bataille de Lens, où il fut blessé de trois coups d'epée et fait prisonnier : de là, il fut nommé cornette puis lieutenant des chevau-légers de la garde du duc Charles IV ; il s'acquit l'estime et l'amitié toute particulière de ce prince, qui lui donna une pension considérable (2) et la charge de grand gruïer de Lorraine, charge qui a été créée par Jean duc de Calabre, et qui a toujours été remplie par les plus anciennes maisons de ce duché.

(3) Jean-Philippe de Cardon est enterré dans la chapelle seigneuriale de Vandeleville.

Jean-Philippe de Cardon, comte de Vidampierre, (4) second du nom, chevalier, seigneur de Vandeleville, Fauconcourt, Heippe, Lanfrancourt, Villers, Bonnaille, colonel d'infanterie pour le roi très-chrétien (1), che-

---

(1) Contrat de mariage de 1657.
(2) Provisions de la charge de grand-gruïer en 1662.
(3) En 1677....
(4) Titré comte de Vidampierre, en 1712.
(5) En 1706.

valier de l'ordre royal et militaire de Saint Louis (1),
conseiller d'état, premier gentilhomme de la chambre,
chambellan de S. A. R. le grand duc Léopold de Lorraine, gouverneur des princes ses fils (2), (leurs A. R.
François Ier., depuis empereur, le prince Charles,
gouverneur du Pays-Bas, et le prince Clément), enfin
premier gentilhomme de la chambre de l'empereur François, et fils de Jean-Philippe de Cardon, et de Marie
de Tournebulle, a épousé (3) *Françoise-Gabrielle-Eugénie*
de Capisuchy Bologne, fille de messire Pierre Gaston
Capisuchy Bologne, marquis de Bonnecourt, seignenr
de Thivet, Vezaignes, Poinson et Andilly, commandeur de l'ordre royal et militaire de Saint Louis;
et de dame *Charlotte-Elisabeth de Broussel*; de ce mariage sont issus cinq enfants dont il sera parlé plus bas.
Jean-Philippe, comte de Cardon de Vidampierre (4) a
été enterré dans la chapelle seigneuriale de Vandeleville.
Le grand duc Léopold, voulant témoigner à *Jean-Philippe*
Cardon, comte de Vidampierre les satisfactions qu'il
éprouvait de ses services, lui fit une pension de 6000 fr.
reversible à sa femme et ses enfants mâles, et érigea sa
terre de Vandeleville en comté. L'on rapportera ici un
extrait des lettres-patentes rendues à cet effet (5), étant
trop étendues pour les donner en leur entier.

« Lettres patentes données par le duc de Lorraine, par
» lesquelles, en considération des services de la famille
» de son très-cher et féal conseiller d'état, premier gen-
» tilhomme de la chambre des princes ses fils, ci-de-
» vant colonel au service de France, et chevalier de
» l'ordre royal et militaire de Saint Louis, le sieur *Jean-*
» *Philippe, comte de Cardon de Vidampierre*, chevalier,
» seigneur de Vandeleville, de Fauconcourt, etc. et spé-
» cialement du sieur *Jean-Philippe Cardon de Vidam-*
» *pierre*, son père, en qualité de lieutenant des chevau-
» légers de la garde du duc Henri IV, et ensuite de *grand*
» *gruïer* de Lorraine, et de son aïeul le sieur *Daniel de*

---

(1) En 1704.
(2) Commission de gouverneur en 1711...
(3) Contrat de mariage en 1707.
(4) Mort en 1744...
(5) En 1723...

» *Cardon de Vidampierre*, comme chambellan du duc
» Henri, et aussi de belles et louables qualités qui se ren-
» contraient en la personne dudit sieur Jean-Philippe,
» comte de Cardon de Vidampierre, qui avait porté
» S. A. R. à lui confier le soin de l'éducation des princes
» ses fils, sadite Altesse lui donna ses terres et seigneuries
» de Dommarie et Deulémont, et les unit à celles de
» Vandeleville et Fauconcourt, et érigea le tout en dignité
» de comté sous le nom de comté de Vandeleville;
» voulant que le sieur comte de Cardon de Vidampierre,
» ses enfans, héritiers, ayant cause, puissent se qualifier
» comtes de Vandeleville, etc. Ces lettres signées Léopold,
» et plus bas par S A. R., signé Labbé; scellé et due-
» ment enregistré. »

Jean-Joseph-Antoine Cardon, comte de Vandeleville, fils
aîné de Jean-Philippe de Cardon, comte de Vidampierre
et de Vandeleville, et de *Françoise-Gabrielle-Eugénie
Capisuchy de Bologne*, officier au régiment du roi très-
chrétien, chambellan du roi Stanislas, roi de Pologne,
a épousé Marguerite Floquet, fille du sieur Antoine
Floquet, maître d'hôtel du roi de Pologne, dont sont
issus plusieurs enfants, mentionnés plus bas.

Charles-Hubert de Cardon de Vidampierre, fils cadet
de Jean-Philippe, maréchal des camps (1) et armées du
roi très-chrétien, premier gentilhomme de la chambre
de Stanislas, roi de Pologne, marié à N.... *de Grand-
vilard* (2) n'a pas laissé de postérité.

Léopoldine-Elisabeth Cardon de Vidampierre, sœur du
précédent, fille d'honneur de S. A. R. madame la duchesse de Lorraine, dame de l'ordre impérial de la croix
étoilée, mariée (3) à François, comte de Bloise, d'Han-
nouville, chambellan du duc Léopold, etc.

Anne-Marguerite de Cardon, sœur de la précédente,
fille d'honneur de S. A. R. madame la duchesse de Lorraine, dame de l'ordre impérial de la croix étoilée,
mariée à Joseph-Jean-François-Alexandre, *comte de Ro-*

---

(1) Brevet de 1784.
(2) Contrat de mariage de 1734.
(3) Contrat de mariage de 1736.

sière, seigneur d'Euvezin, Bouillonville, Essey, grand bailli de Thiaucourt.

Léopoldine-Charlotte-Elisabeth de Cardon de Vidampierre, troisième sœur, dame d'honneur de S. A. R. madame la duchesse de Lorraine, a épousé (1) *du Tertre de Laubepin*, marquis de *Chilly*, seigneur de *Chilly* et capitaine au régiment de Monaco.

Jean-Joseph-Antoine, comte de Cardon de Vidampierre, second du nom, fils de *Jean-Joseph-Antoine* et de *Marguerite Floquet*; capitaine d'infanterie, fusillé (2) à Quiberon, en Bretagne, comme faisant partie du corps du comte de Damas, émigré.

Charles-Joseph, comte de Cardon de Vidampierre et de Vandeleville, frère cadet, dernier du nom, ancien capitaine de cavalerie, chevalier des ordres royaux de Saint-Louis et de la légion d'honneur, marié (3) à *Louise-Josephe de Cherisey* (4), fille de Jean-Joseph *de Cherisey*, lieutenant-général des armées du roi, commandeur de l'ordre royal et militaire de Saint-Louis, et de dame *Charon*, duquel mariage est née une fille.

Anne-Josephe-Claude Cardon de Vidampierre, sœur des deux précédentes, élevée à la maison royale de Saint-Cyr, a épousé (5) *Louis-Philippe-Eugène*, vicomte de Béthune, fils de Marie - François - Joseph, comte de Béthune, seigneur de Penin, Éne, Saint-Venant, Lille, Gouy, maréchal des camps et armées du roi, assassiné révolutionnairement à Arras, en 1793, et de N.. de Calonne...

DE LA VIEFVILLE, chevaliers et barons de Stéenvorde, marquis de la Viefville, par lettres-patentes données à Versailles au mois de février 1711, illustre et ancienne maison de chevalerie de Flandre, dont la filiation n'est remontée, dans l'Armorial général, qu'à Philippe de la Viefville, Ier. du nom, chevalier banneret de Jerusalem, seigneur de Mamez, d'Anvin, de Waton et de la Prée, conseiller-chambellan de sa majesté ca-

---

(1) Contrat de mariage de 1744.
(2) En 1793, le 30 juillet.
(3) Contrat de mariage de 1793.
(4) Moinesse et chanoinesse de Saint-Louis de Metz....
(5) Contrat de mariage de 1802.

tholique, et marié avec Michelle de Monceaux, *orthographié aussi Monchaux*, le 28 septembre 1498. Philippe eut pour fils Philippe de la Viefville, IIe. du nom, seigneur de Waton, de Mamez et d'Anvin, qui épousa, le 9 juillet 1547, Françoise de Failly. Cette maison est connue depuis Jean de la Viefville, chevalier vivant en 1181. *Fascé d'or et d'azur de huit pièces ; à trois annelets de gueules, posés en chef, brochants sur les deux premières fasces.*

VIENNE. *Voyez* DAUPHINÉ.

DE VIENNOIS, seigneurs de Visan, en Dauphiné. Cette famille prend son origine de Amédée de Viennois, fils naturel du dauphin Humbert II ; il fut fait chevalier par son père, qui lui donna cent cinquante livres de revenu en fonds de terre, dans le pays d'Oisans, ou de Visan par corruption. *D'or, au dauphin d'azur, peautré et lorré de gueules ; au filet du même en barre.*

VIGIER, sieurs de la Pile, de Beaucaire, etc., en Saintonge. La filiation de cette famille est établie depuis Louis Vigier, écuyer, sieur du Roc, qui eut pour femme, en l'an 1505, Jeanne le Meusnier. Jacques Vigier, Ier. du nom, écuyer, sieur du Roc, avocat à Angoulême, et fils de Louis, épousa Lucrèce Terrasson le 30 avril 1569. L'un des descendants de cette famille qui a donné plusieurs avocats au parlement, a fait imprimer à Angoulême, en 1720, les Coutumes du pays et duché d'Angoumois, d'Aunis et gouvernement de la Rochelle, avec corrections, augmentations, notes et remarques. *D'argent, à trois fasces de gueules.*

DE VIGIER, de Périgueux ou de Caussade. Cette maison, dont l'origine remonte aux tems les plus reculés, et qui peut être regardée comme la souche commune, d'où sont sorties plusieurs branches, qui se sont répandues, en divers tems, dans le Périgord, l'Angoumois et le Limousin, paraît avoir pris son nom d'une charge, appelée viguerie, vigerie, en latin *vicaria*, que ses premiers auteurs ont exercée dans la ville du Puy-Saint-Front de Périgueux. On présume que ce fut un évêque de Périgueux (peut-être Frotier de Gourdon), qui, en qualité d'abbé de Saint-Front, inféoda le premier cette charge, vers la fin du dixième siècle ; il est du moins certain que la maison de Vigier la possédait, à titre de fief, dès le siècle suivant.

Les seigneurs de Vigier ont formé constamment de grandes alliances, et ont été, presque tous, de père en fils, décorés de la chevalerie, depuis le douzième siècle. Hélie Iᵉʳ. de Vigier, est nommé, avec Guillemette, sa femme, dans un acte de l'an 1131. Hélie II, épousa une fille d'Emenon de Périgueux, issue d'une des plus anciennes et des plus considérables maisons du Périgord ; laquelle le rendit père, 1°. d'Hélie III, qui suit ; 2°. d'un autre Hélie, qui ne laissa que quatre filles, dont l'aînée fut mariée à noble Guillaume de Mauriac ; 3°. de Pierre, *dit* Peyrot de Vigier, qui eut des enfants ; et 4°. d'Himberge, femme de Bertrand de Born, seigneur de Hautefort.

Hélie III de Vigier, eut plusieurs enfants de Jeanne de Pardaillan, sa femme, entr'autres Etienne, qui suit ; Geoffroi, ou Jaufre, Plazence, et une fille, nommée Fine, qui eut pour mari Fortanier de la Cropte, chevalier.

Etienne de Vigier, chevalier, eut pour femme Géralde, ou Géraude de Grignols, présumée sœur de Boson, seigneur de Grignols ; il est connu par divers actes, depuis l'an 1236, jusqu'en 1276 ; et laissa entre autres enfants, 1°. Hélie IV, chevalier, marié à Guillelmine de Saint-Astier ; 2°. Jean, qui suit ; et 3°. Pierre, chevalier.

Jean de Vigier, donzel, épousa Amélie de Salignac, ou Salanhac, issue de l'ancienne maison de ce nom. Elle était veuve en 1304, et eut de son mariage, 1°. Hélie, qui suit ; 2°. Pierre de Vigier, auteur de la branche de Prémilhac, fondue dans la maison de la Rocheaymon, etc.

Hélie IV de Vigier, chevalier, s'allia, avant l'an 1304, avec Aremburge de Périgueux ; et fut père de

Corborand Iᵉʳ. de Vigier, chevalier, capitaine-général, pour le roi, en Périgord, connu par divers actes depuis l'an 1329, jusqu'en 1347, eut pour femme, Mathe de la Faye, *dite* de Born, fille de Renaud de la Faye, seigneur de Hautefort et de Souveraine de Comborn. Il laissa plusieurs enfants, dont l'aîné fut :

Corborand II de Vigier, eut de son mariage avec Isabeau de Domme, fille de Gilbert de Domme, chevalier, une fille unique, nommée Jeanne Vigier, qui porta les biens de sa maison à Henri de Cugnac, écuyer, son mari, qu'elle avait épousé avant l'an 1395.

Armes: D'après un sceau apposé à une quittance de 1345, la branche de Douzillac et Beauronne, probablement sortie de celle de Caussade, portait : *Un écu chargé de trois lions, brisé d'une cotice.*

VIGIER DE PRÉMILHAC. Cette branche, sortie de la maison de Vigier de Périgueux, ou de Caussade, a été formée vers le commencement du quatorzième siècle, par Pierre de Vigier, deuxième fils de Jean de Vigier, seigneur de Caussade, viguier de la ville du Puy-Saint-Front de Périgueux, et d'Amélie de Salignac.

Pierre de Vigier, IIe. du nom, surnommé *de Prémilhac*, du nom de son aïeul, damoiseau, petit-fils du précédent, fut nommé, en 1370, tuteur des enfants de Guy de la Brande, damoiseau, et de Jeanne de Saint-Astier ; et transigea, en cette qualité, en 1378, avec Arnaud de Saint-Astier, seigneur de Crognac. Il est probable qu'il eut pour fils Etienne Ier, vivant au commencement du quinzième siècle ; et pour petit-fils, Léonet de Vigier, qui passa des actes en 1455, 1464, 1465 et 1470, et qui eut d'une femme, dont le nom est resté ignoré :

Etienne de Vigier, IIe. du nom, seigneur de Prémilhac, épousa, à ce qu'on présume, une demoiselle de Royère, dont il eut une fille unique, nommée Marguerite de Vigier, mariée vers l'an 1530, à Antoine de la Rocheaymon, seigneur (par indivis avec ses frères), de Saint-Maixent, de Jumilhac, etc., fils aîné d'autre Antoine de la Rocheaymon, seigneur de Saint-Maixent, dans la Marche, de Beaurevoir, de Ferrière (1), du

_____

(1) On trouve, dans une liasse d'hommages rendus aux ducs de Bourbon (*Bibl. du Roi, manusc. de Gaignières, première liasse, n°. 609, fol. 166 ; et quatrième liasse, n°. 642, fol. 178*), deux hommages que rendit Antoine de la Rocheaymon, l'un, le 1er. avril 1505, pour Beaurevoir et ce qu'il avait à Gannat ; et l'autre, le 29 avril 1506, pour la seigneurie de Ferrière, en Bourbonnais.

Breuil-Lignerolles, en Bourbonnais, etc., et de Jeanne
de Salignac, de la branche des seigneurs de Maignac,
dans la Marche, de Vic, en Limousin; de Jumilhac et
Verteillac, en Périgord, et de Concorés, en Querci.

Antoine de la Rocheaymon, mari de Jeanne de Salignac, était arrière-petit-fils de Roger de la Rocheaymon,
seigneur de Saint-Maixent, frère puîné d'Aymon de la
Rocheaymon, seigneur de Saint-Maixent, de la Ville-
du-Bois, en Combraille, du Crest, en Auvergne, etc., et
tous les deux petits-fils de Guillaume de la Rocheaymon,
vivant en 1348, chevalier, sénéchal de la Marche, seigneur de la Ville-du-Bois et de Saint-Maixent, qui
épousa Delphine de Saint-Flour, fille d'Athon de
Saint-Flour, et de Galienne de Châlus, sa seconde
femme (1).

VIGNEROT. Cette maison, substituée depuis le dix-
septième siècle aux nom et armes *du Plessis Richelieu*,
a pour auteur Jean Vignerot, écuyer, vivant en 1461,
époux de Huguette de la Roche, dame du Pont, paroisse

---

(1) On ne conçoit pas le motif qui a pu porter M. l'abbé
d'Estrées, auteur de l'histoire généalogique et critique de la
maison de la Rocheaymon, à s'efforcer de nier, sans aucune
apparence de raison, que Guillaume de la Rocheaymon (à qui
il ne donne pas même la qualité de seigneur de la Ville-du-
Bois), ait épousé Delphine de Saint-Flour; quoique l'existence de cette alliance soit établie d'une manière incontestable
par plusieurs monuments, entr'autr'autres par le testament
d'Athon de Saint-Flour-le-Château, ou Saint-Floret, daté,
non pas du vendredi après la fête de Saint-Georges (26 avril),
comme le dit le même abbé d'Estrées, d'après un mémoire de
famille, qu'il s'obstine à critiquer, mais du vendredi après la
fête de Saint-Grégoire, pape (14 mars) 1364 (v. st), comme
il est porté par plusieurs copies fidèles et exactes de ce testament. Au reste, si M. d'Estrées dédaignait de s'en rapporter aux mémoires de la famille, il aurait dû consulter les
manuscrits de Baluze, de d'Hozier, de Gaignières, de du
Bouchet, etc., qui lui auraient épargné bien des paroles oiseuses
et des dissertations inutiles. (*Voyez le vol.* 179 *des Mélanges du
Cab. du Saint-Esprit, fol.* 222 ; *les Extr. d'anc. titr. faits par
M. du Bouchet, dans le recueil de M. de Fourny, cot. Mélang.* 9,
fol. 416, 421 *et* 422, *d'après les titres de Bellenave ;* — *et les
manusc. de M. Baluze, sixième armoire, paquet* 8, n°s. 5 *et* 26.

de Courlay, en Poitou, veuve d'Etienne Herpin, écuyer. *D'or, à trois hures de sanglier de sable.*

DE VIGNEULLES, seigneurs de Witrange, en Lorraine. Philippe de Vigneulles fut anobli par lettres du duc Charles de Lorraine, données à Nancy, le 1er. avril 1601, entérinées le 5 mai suivant. Laurent et Claude-Jacques de Vigneulles assistèrent au contrat de mariage de Benjamin de Gaillard, baron d'Heylimer, seigneur de Tiffembach, et de Marie-Charlotte de Bouzey. *D'or, à un triangle de sable, accompagné de trois raisins de pourpre, pamprés de sinople.*

DE VIGNOLLES, en Languedoc. Cette famille a pour auteur Etienne de Vignolles, qualifié noble dans l'acte d'une vente qu'il fit le 15 décembre 1549. Ses descendants ont formé plusieurs branches : 1º. les seigneurs de Saint-Giniez et de Prades ; 2º. les seigneurs de Pauparelle ; 3º. les seigneurs de Montrédon et de Saint-Jean de Gardonnenque ; 5º. les seigneurs de la Valette et de Cabrières. Cette famille a donné des officiers supérieurs, des gouverneurs de places de guerre, des capitaines d'hommes d'armes, etc. *De sable, au cep de vigne d'argent.*

VIGNON, seigneurs d'Artas et de Tarnesieu, en Dauphiné. Cette famille a pour auteur André Vignon, seigneur de Tarnesieu, qui commanda une compagnie d'infanterie, et fut gouverneur de la citadelle de Vals, anobli par lettres du mois de décembre 1616, vérifiées par arrêt du 21 mai 1624. *D'argent, au lion de gueules, rampant contre un cep de vigne de sinople.*

VIGNON, en Dauphiné. Pierre Vignon, auteur de cette famille, fut anobli par lettres du mois de février 1620, vérifiées le 17 juillet suivant. Il avait épousé Madeleine Gabié. *De gueules, à une aigle éployée d'argent, becquée, armée, membrée de sable, et couronnée d'or.*

VIGUIER, substantif masculin, *Vicarius*, et par corruption *Vigerius* : c'était le lieutenant d'un comte ; c'est le même office qu'on appelle ailleurs *vicomte*, *prévôt*, *châtelain*. Le titre de VIGUIER était usité principalement dans la Provence, le Languedoc et le Comtat.

Ces vicaires ou VIGUIERS furent, par succession de tems, appelés dans certains pays *vicomtes*, et ailleurs ils retinrent le nom *vicarii*, en français VIGUIERS, d'où leur office et juridiction a été appelé *viguerie*.

Il y avait pourtant, à ce que l'on croit, quelque différence entre les VIGUIERS et les vicomtes, en ce que les premiers n'ayant pas le commandement des armes et ne s'étant pas rendus seigneurs et propriétaires de leur viguerie ou district, ils demeurèrent simples officiers, de manière qu'ils ne tenaient d'autre rang que celui des châtelains.

DE VIGUIER, en Provence, famille ancienne et honorable, originaire du diocèse d'Arles. Jourdan Viguier donna son aveu à Guillaume des Baux, seigneur d'Aiguilles, des biens qui relevaient de lui, le 15 avril 1330. Raimond et Jacques Viguier, frères, obtinrent de Raimond, seigneur des Baux, et comte d'Avelin, le 2 janvier 1366, des priviléges et des franchises dans toutes les terres de ce seigneur, comme les autres nobles et gentilshommes du lieu des Baux. D'eux descendait, par divers degrés, Antoine Viguier, qui fit son testament en 1499. Louis de Viguier fut élu trois fois consul d'Arles, en 1588, 1604 et 1612, et continua la postérité, qui fut maintenue dans sa noblesse par les commissaires départis par le roi, le 6 septembre 1667. Elle a contracté de belles alliances. *D'or, à la bande d'azur, chargée d'une rose d'argent, et accompagnée de trois étoiles d'azur.*

DE VILLAGES, en Provence. Cette famille s'est divisée en plusieurs branches, établies, l'une à Marseille, sous le nom des seigneurs de la Salle, l'autre à Arles, sous celui des seigneurs de la Chassagne, et une troisième en Languedoc, sous celui des seigneurs de Bernis. Cette famille est ancienne et considérable. Jean de Villages, de qui elle descend, était originaire du Berri; il se retira en Provence, où il fut seigneur de Lançon, conseiller et maître-d'hôtel du roi René, et chambellan du duc de Calabre, son fils. Le roi Louis XI, étant encore dauphin, le fit son échanson; et se servit de lui en plusieurs affaires importantes ; il le fit également son capitaine général de mer par lettres du 8 janvier 1453. César de Villages, petit-fils de Jean, fut un des plus zélés citoyens de Marseille pour Henri IV, pendant les guerres de la ligue. Il tint ferme avec ceux de son parti contre le duc de Savoie, que les ligueurs avaient appelé en Provence avec des troupes, à l'aide desquelles il voulait se rendre maître de Marseille. Jean de Villages, IIe. du nom, son fils, fut un des membres de la députation de Marseille au roi Henri IV, après la réduction de cette place. César de Villages, fils de Jean, était premier consul, lorsque Marie de Médicis vint à Marseille. Il fit son testament en 1612, et laissa une nombreuse famille, savoir : Michel III, Gaspard, Jean-Baptiste, Batiston, Charles, Marc-Antoine, Louis, Thomas, Nicolas : les trois premiers ont formé chacun une branche à Marseille ; et ces branches, seules, ont continué la postérité. Cette famille a donné un amiral, un capitaine des galères, des viguiers, des premiers consuls et un évêque. *D'argent, à un double delta ou deux triangles entrelacés l'un dans l'autre de sable, enfermant un cœur de gueules.*

DE VILLAINES, seigneurs de Villaines, de la Condamine et de Saint-Pardoux, en Berri et en Bourbonnais, famille ancienne, originaire de cette dernière province, qui a pour auteur Jean de Villaines, écuyer, seigneur de la Vesvre et de Chantemerle, vivant le 15 mars 1434. *Ecartelé, aux 1 et 4 d'azur, au lion léopardé d'or ; aux 2 et 3 de gueules, à neuf losanges d'or.*

DE VILLARS, maison d'ancienne bourgeoisie de la ville de Lyon, où elle est connue depuis Jean de Villars, qui fut élu échevin de cette ville en 1438. L'Histoire des grands officiers de la couronne en donne la filiation depuis Pierre de Villars, père de François de Villars, dont les descendants acquirent la noblesse par des charges, et de Claude Villars, seigneur de la Chapelle, auteur de la branche des marquis et ducs de Villars, pairs de France. Claude de Villars, capitaine et châtelain de Condrieux, fut anobli au mois de janvier 1586. Cette maison a formé les branches, 1°. des seigneurs de Laval et du Bosquet, éteints en 1530 ; 2°. des

seigneurs de la Chapelle , marquis et ducs de Villars ,
barons de Masclas , princes de Martigues , vicomtes de
Melun , marquis de la Melle , comtes de Rochemiley ,
éteints vers la fin du dix-huitième siècle ; 3°. des seigneurs
de la Garde , éteints après l'an 1668. Cette maison a
donné un maréchal de France , un maréchal - général
de ses camps et armées , un lieutenant-général des armées , et plusieurs officiers-généraux , deux ambassadeurs , deux chevaliers des ordres du roi , et deux chevaliers de la Toison-d'Or , des chevaliers de Saint-Michel , des gouverneurs de provinces et de places , cinq
archevêques de Vienne , un évêque d'Agen , un évêque
titulaire d'Ephèse , un évêque d'Héliopolis.

Louis-Hector de Villars fit ses premières campagnes
sous le maréchal de Bellefonds , son cousin , en qualité d'aide-de-camp, et se signala en divers siéges et combats, jusqu'en 1702 , qu'ayant gagné la bataille de Frede-
lingen , sur le prince de Bade , il fut fait maréchal
de France en octobre de la même année ; il prit le fort
de Kelh l'année suivante , et gagna la bataille de Sto-
lothfen. On admirera toujours le stratagême dont il se
servit pour forcer les retranchements de Denain , sur
l'Escaut , en 1712. Ce succès fut suivi de la prise de
Marchiennes , de Douai , de Bouchain , de Landau et
de Fribourg , et de la paix conclue à Rastadt , entre
l'empire et la France , en 1714. Le maréchal de Villars
fut du conseil de guerre en 1715 , et conseiller de la
régence ; il fut nommé pour commander en Italie , sous
les ordres du roi de Sardaigne , et le roi le nomma maréchal général des camps et armées , titre qu'il n'avait
accordé à personne depuis le maréchal-vicomte de Turenne , qui en fut le premier décoré. Il s'empara de
Pizighitone , de Milan , de Novare et de Tortone ; mais
ayant ouvert la campagne l'année suivante, il tomba malade
à Turin , où il mourut en 1734 , à 82 ans , avec la réputation non interrompue d'un des plus grands et des plus
heureux généraux qui eussent commandé depuis long-
tems. On a publié ses mémoires , dont le premier volume est entièrement de lui. Il a laissé Honoré de
Villars, qui épousa , le 7 août 1721 , Amable-Gabrielle
de Noailles , dame d'atours de la reine, de laquelle il
n'eut qu'Amable-Angélique de Villars , veuve de Gui-
Félix de Pignatelli , comte d'Egmont , prince de Gaure

et du Saint-Empire, grand d'Espagne, et brigadier des armées du roi, qui n'eut point d'enfants. Elle se retira au monastère du Calvaire à Paris, dont elle prit l'habit. Ainsi s'est éteinte cette maison illustre. *D'azur, à trois molettes d'éperon d'or ; au chef d'argent, chargé d'un lion léopardé de gueules.* Ces armoiries sont celles d'une ancienne maison dont nous allons parler. Celles qu'on trouve relatées dans les lettres de noblesse de Claude de Villars, sont : *D'azur, au chef cousu de gueules, chargé d'un lion léopardé d'argent.*

DE VILLARS, en Provence, originaire de Chabeuil, en Dauphiné, maison ancienne, dont étaient Henri de Villars, archevêque de Lyon, vivant en 1349, et Alix de Villars, vivante en 1400, épouse de Pierre d'Urre, seigneur d'Alez et d'Aiguebonne. *D'azur, à trois molettes d'éperon d'or ; au chef d'argent, chargé d'un lion léopardé de gueules.*

DE VILLARS, seigneurs de la Mauvesinière de Sallevert, etc., en Bourbonnais. Cette famille a pour auteur Jean de Villars, écuyer, seigneur de la Motte, de la Guierche, de Jeux, etc., lequel épousa, le 15 mai 1521, Anne de la Loe, qui le fit père de Louis de Villars, écuyer, marié, le 22 avril 1539, avec Gabrielle du Bois. Elle a donné un major du régiment de cavalerie de Montgon. *D'hermine, au chef de gueules, chargé d'un lion isssant d'argent.*

DE LA VILLE sur ILLON et de LACÉPÈDE, maison très-ancienne de la province de Lorraine, dont la généalogie a été certifiée, en 1780, par le *registrateur* de la chancellerie impériale et aulique de Vienne. Suivant cet acte, elle remonte son origine à Gilbert, Ier. du nom, qui fit un traité en 1097, pour défendre et protéger l'abbaye d'Epinal, à condition qu'il obtiendrait l'avouerie de Faverolle, et qu'il porterait le titre de seigneur de Saint-Goërie. Le Tasse, dans son poëme de la *Jérusalem délivrée*, chant IX, cite ce Gilbert parmi les illustres croisés qui avaient suivi Godefroi de Bouillon à la Terre-Sainte. Cette maison s'est divisée en plusieurs branches, qui se sont répandues en Italie (PIÉMONT), en Alsace et dans l'Agénois. La branche établie à Quiers, en PIÉMONT, s'y est fixée avant 1220. Elle a formé des alliances., occupé des emplois qui n'ont jamais été au-dessous de son illustre origine, et qui l'ont constamment maintenue au rang des maisons les plus considérables de ces contrées. Et comme la séparation de ces branches, de la maison de la Ville, s'était faite depuis nombre de siècles, elles ont renouvelé, en 1817, une espèce de pacte de famille, par lequel elles se reconnaissent une origine commune, et rappellent tous leurs ancêtres. De la branche établie en Alsace, est issu le comte Ferdinand de la Ville sur Illon, qui a épousé, le 19 décembre 1810, Marie-Caroline, princesse de *Hesse-Philippsthal*, fille unique du landgrave de Hesse-Philippsthal, capitaine-général au service du roi des Deux-Siciles, si célèbre par sa belle et courageuse défense de Gaëte. Cette maison a constamment rempli les premières charges et dignités à la cour, et dans les armées des *ducs de Lorraine et de Bourgogne*. La branche de Domp-Jullien, suivant *l'acte précité*, a fourni un porte-bannière du duc de Lorraine, à la bataille de Nanci, en 1477, un chambellan du roi de France, Charles VIII, capitaine de cinquante hommes d'armes, et de quatre cents arbalétriers, qui fut gouverneur de Montélimart en 1494. Ce chambellan se distingua dans la guerre de Naples. Philippe de Commines dit dans ses Mémoires, livre VIII, pag. 680, édition de 1634, que le roi Charles VIII *laissa monseigneur dom Julian, lorrain (l'en faisant duc), en la ville de Saint-Angelo, où il a fait merveille de se bien gouverner*. La branche établie en Alsace, a fourni des officiers supérieurs très-distingués, dont plusieurs ont été tués dans les guerres des règnes de Louis XIV et de Louis XV; d'autres ont servi avec distinction dans les guerres de nos jours. Elle compte un nombre considérable de chevaliers de Saint Louis. Dans la branche de Piémont, on distingue un général de cavalerie, un grand-maître de l'artillerie, un chevalier de l'Annonciade, des maréchaux de camp au service de France, etc., etc.

De la branche de Domp-Jullien, établie dans l'Agénois, est issu Bernard-Germain-Etienne, comte de LACÉPÈDE, grand-chancelier et grand-cordon de la Légion-d'Honneur, ministre d'état et membre de l'Institut, qui fut *créé pair de France* le 4 juin 1814.

Là branche de Lacépède et celle de Piémont jouissent du titre de *comte* par divers diplômes officiels, consacrés par la charte. Celle d'Alsace a le même titre dans divers actes publics, brevets militaires et commissions de nos rois.

Armes : Ecartelé au 1 d'or, à la bande de gueules, chargée de trois alérions d'argent, au lambel d'azur ; au 2 de gueules, à l'aigle éployée d'argent, becquée, membrée et couronnée d'or ; au 3 bandé d'or et d'azur ; à la bordure de gueules, et au franc-canton d'argent, qui est DE BOURGOGNE-MONTAGU, ancien ; au 4 d'or, à la bande de gueules, chargés de trois alérions d'argent ; sur le tout d'or, à la croix de gueules, au chef de sinople, à la bande d'argent, chargée de trois roses de gueules. Le timbre surmonté d'un bonnet de gueules, rebrassé d'hermine, et sommé d'un globe d'or, soutenant une croix du même.

La branche d'Alsace a ajouté un sur le tout d'or, à la croix de gueules, un *canton d'azur*, *à la tour d'or*. Quelques branches, au lieu du chef, ont chargé la croix de cinq roses d'argent. D'autres ont ajouté des quartiers honorifiques concédés par les souverains, ou des quartiers indiquant des alliances particulières ; la branche de Marsillac, par exemple, a porté un canton *d'azur*, *à la grue d'argent*, à cause de son alliance avec la maison de *Pelagrue*.

DE VILLEFRANCHE. *Voyez* DE TULLES.

DE VILLÈLE, en Provence, famille ancienne, originaire d'Espagne ; elle a pour auteur Jean de Villèle, qui vint de Barcelonne à Avignon, avec Michel de Villèle, et Georges-Henriques, son neveu ; Jean et Michel sont qualifiés nobles, dans un acte de 1551, par Jean de Chantal, maître de la monnaie de Villeneuve. Michel de Villèle fut un de ceux qui signalèrent leur zèle pour la défense d'Avignon, en 1562. Pendant les guerres des calvinistes, Denis de Villèle, enfant du troisième lit de Marc de Villèle, transporta son domicile à Arles, où il était avocat au parlement, et juge de Château-Renard ; un autre Denis de Villèle, lieutenant au régiment d'Auvergne, passa au service du roi d'Espagne, dans ses gardes-du-corps, à la paix de 1736. François de Villèle continua la postérité. Cette famille a donné plusieurs officiers de divers grades, etc. *De gueules, à la tour d'or, sommée de deux donjons du même ; posée sur une herse de sable.*

DE VILLELUME, illustre et ancienne maison de chevalerie, qui tire son nom d'une terre située au diocèse de Clermont, en Auvergne. Elle est connue depuis Guillaume, seigneur de Villelume, vivant en 1199 et en 1215. Elle a formé trois branches : 1°. les barons de Barmontel, qui ont produit anciennement des chevaliers de l'ordre du roi, et des capitaines de compagnies d'ordonnances ; 2°. les seigneurs du Bâtiment ; 3° les seigneurs de Montbardon et de la Roche-Auton, qui, depuis l'an 1453, portent exclusivement les nom et armes de Thianges, par mariage avec l'héritière de cette ancienne et illustre maison. Les armes des autres branches de la maison de Villelume, sont : *D'azur, à dix losanges d'argent.*

DE VILLEMOR, en Champagne. Cette famille est originaire de Troyes, et son nom primitif est Naudin. Elle a pris celui de Villemor, d'une seigneurie qu'elle a possédée. Simon de Villemor, notaire à Troyes, en 1513, est le père de Christophe de Villemor, seigneur de Cranné, par lequel cette famille a remonté les preuves sur lesquelles elle a été maintenue, en 1668.

Maître Claude de Villemor, clerc, auditeur des comptes, vivait le 6 février 1523. *D'azur, au massacre de cerf d'or, surmonté d'une molette d'éperon du même.*

DE VILLENEUVE, sieurs de Burlet, en Dauphiné. Louis de Villeneuve, célèbre médecin dans la ville de Grenoble, fut anobli par lettres-patentes du mois d'octobre 1588, vérifiées en 1589. *D'azur, au château à trois tours d'or.*

DE VILLEQUIER. *Voyez* AUMONT.

DE VILLETTE, seigneurs de Torchamp et de Villette, marquis du Plessis-Villette, par érection du mois de mars 1763, famille d'origine chevaleresque de Normandie, connue depuis Jean de Villette, écuyer, seigneur de Torchamp, vivant en 1385 et 1424. Elle établit sa filiation depuis Jean de Villette, écuyer, seigneur de

Villette et de Torchamp, qui rendit aveu de cette terre au roi, le 19 janvier 1460. Cette famille a donné des officiers généraux et supérieurs, des chevaliers de Saint-Louis, et un commandeur du même ordre. *D'azur, à six tours d'argent.*

DE LA VILLETTE, seigneurs de Furmeyer, et en partie de Veines, maison d'ancienne chevalerie du Dauphiné. Elle remonte sa noblesse à Boson de la Villette, qui rendit hommage, l'an 1117, au comte Guigues VII, de la parerie de Veines. Sa filiation ne commence que depuis Jean de la Villette, qui épousa Marguerite Baile, fille du président Baile. Gaspard de la Villette, leur petit-fils, épousa, en 1545, Isabeau de Rambeau. *De gueules, à la tour d'argent, maçonnée et ajourée de sable.*

DE VIMEUR, marquis de Rochambeau, en Vendômois, illustre et ancienne famille, originaire de Touraine, connue depuis Macé de Vimeur, écuyer, vivant en 1378, et prouvant sa filiation depuis un autre Macé de Vimeur, écuyer, seigneur d'Ambloy, vivant l'an 1477. Elle a constamment suivi le parti des armes, a donné des gouverneurs de places, des capitaines d'hommes d'armes, des gentilshommes ordinaires de la chambre de nos rois, un chef d'escadre et un maréchal de France. *D'azur, au chevron d'or, accompagné de trois molettes d'éperon du même.*

DE VINCENT, sieurs de Rambion, de Bonlieu, etc., en Dauphiné. Antoine de Vincent, échevin de la ville de Lyon, en 1544, est l'auteur de cette famille; et Jean de Vincent, son fils, fut pourvu d'un office de conseiller au parlement de Grenoble, en 1574. *De gueules, au foudre élancé d'argent, lié d'or et ailé d'azur.*

DE VINCENT, barons de Vincent, maison ancienne et distinguée de Lorraine, qui, de nos jours, compte un général de cavalerie au service de l'empereur d'Autriche, dans la personne de Nicolas-Charles, baron de Vincent, né à Florence, le 11 août 1757. *D'azur, à la bande d'argent, chargée de trois croisettes tréflées de gueules, accostée de deux cotices d'argent, et accompagnée de deux quintefeuilles de gueules.*

VINCENT, en Dauphiné. Jean Vincent, trésorier-général de France, en la généralité du Dauphiné, fut anobli par lettres de l'an 1653, confirmées en 1667. *De gueules, à la bande d'hermine.*

DE VINTIMILLE, comtes de Vintimille, du Luc et de Tende, marquis des Alpes-Maritimes, seigneurs de la Verdière, de Brauch, de Bezaudun, Varagis et Saint-Martin de Palière, en Provence, illustre, ancienne et puissante maison de chevalerie, originaire du petit état de Vintimille. Elle établit sa filiation depuis Guy de Vintimille, marquis des Alpes-Maritimes, et comte de Vintimille, avant 950. Guillaume de Vintimille fit échange de son comté, avec Charles Ier. d'Anjou, pour plusieurs terres, en Provence, en 1251, et fut l'un des cent chevaliers choisis, par Charles Ier, pour le fameux duel de ce prince, contre le roi d'Aragon. Son fils, Emmanuel de Vintimille, épousa Sibille de Marseille, dite d'Evennes, sœur et héritière de Guillaume de Signe, des vicomtes de Marseille, dont il eut la terre d'Ollioules, et les armes des vicomtes de Marseille. Imbert de Vintimille fut le premier des seigneurs d'Evennes et d'Ollioules qui prit le nom de comte de Marseille; il se trouva à la guerre que le roi Robert porta en Italie, contre Louis de Bavière. Bertrand de Vintimille assista à l'assemblée tenue par la noblesse, en 1254. Boniface de Vintimille, tige des seigneurs de Montpezat, fut présent à l'hommage que la noblesse fit à Marie de Blois, mère de Louis II, comte de Provence, en 1395. Depuis lors, il n'y a point eu d'expédition de guerre, point de chartes authentiques, ni d'archives où il ne soit fait une honorable mention des Vintimille. Cette maison a donné à l'église plusieurs prélats distingués par leur mérite; à l'ordre de Malte, un grand-maître (de la branche des Lascaris); aux comtes de Provence, des grands-chambellans, des maréchaux de leurs armées, et des amiraux de leurs mers; à nos rois, nombre d'officiers militaires d'une bravoure reconnue. Elle s'est alliée à toutes les premières familles de la province. Elle était autrefois divisée en cinq branches, en Provence, réduites, en 1760, à celles des comtes du Luc, et des seigneurs de Soissons. Il en subsiste plusieurs autres en Sicile, où elles tiennent les premiers rangs. *De gueules, au chef d'or.*

DE VIRIEU DE BEAUVOIR, illustre et ancienne maison de chevalerie du Dauphiné, qui florissait dès le commencement du douzième siècle. Elle s'est divisée en plusieurs branches : 1°. les seigneurs et barons de Faverges, seigneurs de Villeneuve, fondus, en 1660, dans la seconde branche. Sibuet de Virieu, IIIe. du nom, seigneur de Faverges, ayant épousé, le 4 août 1460, Antoinette *de Beauvoir*, d'une illustre et ancienne maison du Dauphiné, fille de François de Beauvoir, chevalier, seigneur de la Palud, de Varassieu et de Brezin : ce dernier, par son testament du 28 juillet 1477, institua François de Virieu, seigneur de Faverges, issu de ce mariage, son héritier universel, à la charge, par lui et ses descendants, de porter son nom et ses armes ; 2°: les seigneurs de Varassieu, devenus barons de Faverges ; 3°. les seigneurs de Pupetières (1), qui ont pour auteur Joffred de Virieu, seigneur de Pupetières et de Clermont, vivant en 1413; 4°. les seigneurs de Ponterays ; 5°. les seigneurs de Pointières ; 6°. les seigneurs de Torchefelon. La maison de Virieu constate son existence depuis Silvion de Virieu, mentionné dans des titres du cartulaire de saint Hugues, évêque de Grenoble, des années 1108, 1110 et 1111. Elle établit sa filiation depuis Martin de Virieu, chevalier, seigneur de Faverges et de Montreval, vivant en 1243. *Ecartelé, aux 1 et 4 d'azur, à trois vires d'or*, qui est DE VIRIEU, *aux 2 et 3 contre-écartelés d'or et de gueules*, qui est DE BEAUVOIR.

VIRION, seigneurs de Nibles et de They, en Lorraine, famille anoblie, le 18 octobre 1598, par lettres données à Nancy, dans la personne de Didier Virion, conseiller et secrétaire ordinaire de S. A. ; et envoyé auprès de l'archiduc Albert, aux Pays-Bas. Cette maison a donné plusieurs conseillers d'état et secrétaires des commandements et finances du duc de Lorraine, un envoyé en Espagne et à la cour de Rome, des lieutenants-généraux de provinces, et plusieurs officiers supérieurs. *De sinople, à l'étoile d'or, accompagnée de trois gerbes du même.*

_____

Cette branche porte : *De gueules, à trois vires d'argent.*

DE VISEMAL, ancienne noblesse, éteinte : on croit que c'était une branche de la maison de Poligny ; elle a été reçue à Saint-Georges, et dans tous les chapitres de Franche-Comté. *De gueules, au chevron d'argent, sénestré d'un croissant du même en chef.*

DE VITALIS, seigneurs de Pourcioux et de Fuveau, en Provence, famille originaire d'Aix, qui remonte et prouve sa filiation depuis Pierre Vitalis, qui fut pourvu, en 1525, d'un office de conseiller et maître rationnal en la branche aînée de Provence, et fit hommage au roi de sa terre, en 1529. Marc-Antoine a continué la postérité des aînés ; Pierre et Rainaud firent deux autres branches. Cette famille a donné des conseillers au parlement et en la cour des comptes, un second consul à Marseille, etc. *D'azur, à une tour crénelée de de quatre pièces d'argent, maçonnée de sable, posée sur une terrasse ou tertre de sinople, et accostée, à dextre, d'une palme d'or, et, à sénestre, d'un lys d'argent, tigé de sinople.*

DU VIVIER, famille noble du Dauphiné, qui porte pour armes : *D'argent, au vaisseau de sable, les voiles pliées.*

DE VOISINS, en Languedoc, maison d'ancienne chevalerie, issue de Pierre, seigneur de Voisins (1) près Versailles, domaine primordial, qui se croisa en 1209, sous Simon, comte de Montfort, dont il était allié, contre les Albigeois, et qui fut, ainsi que Guy de Lévis, *maréchal* de l'armée des croisés : Simon lui inféoda en 1212 la ville de Limoux, que son petit-fils, Guillaume de Voisins, du consentement de Gaucerande de Narbonne, sa femme, céda au roi Philippe-le-Bel, en jan-

---

(1) On n'a pas cru devoir faire mention des contemporains et prédécesseurs de Pierre de Voisins, qui restèrent encore quelque tems dans l'Ile-de-France, entr'autres Guillaume et Milon de Voisins. Ce dernier céda par piété un fief à l'évêque de Paris, en 1204 ; et l'on voit encore paraître un Pierre de Voisins, seigneur de Montgry, qui avait épousé Marguerite de *Courtenay*, issue du sang royal de France, morte le 27 octobre 1360, et enterrée à Yerre, à quatre lieues de Paris.

vier 1295, pour plusieurs terres considérables, entr'autres la baronnie de Pezens, qui prit le nom *de Voisins*, et se perpétua jusqu'en 1788 dans la branche des seigneurs d'Alzau, fondue dans l'illustre maison de Pins ; la branche des seigneurs de Brugairolles est aujourd'hui la seule existante.

Services. Elle a produit six sénéchaux de provinces et de villes dès l'an 1231 ; neuf gouverneurs-généraux et particuliers, un chevalier-banneret en 1315, et des officiers de distinction dans les armées ; quatre capitaines et lieutenants de compagnies de cinquante et cent hommes d'armes ; deux lieutenants-généraux des armées, des maréchaux-de-camp, brigadiers, mestres-de-camp, colonels, etc. ; des chevaliers de l'ordre du roi, et plusieurs chevaliers de Saint-Louis ; cinq gentilshommes ordinaires et chambellans de nos rois et princes du sang dès 1480 ; des pages de la grande et petite écurie, deux capitouls de Toulouse en 1503 et 1524.

Honneurs de la cour : le 2 juin 1787, et le 1er. février 1788, en vertu de preuves faites au cabinet des ordres du roi.

Titres. La famille a possédé, dès l'an 1212, la cize de Limoux, et le château de Razès. La baronnie de Pezens, aujourd'hui *Voisins*, lui fut cédée en 1295 ; celle d'Ambres et la vicomté de Lautrec, lui sont venues en 1418, de Brunissende de Lautrec ; et depuis, la baronnie d'Arques, fondue dans la maison de Joyeuse, celles de Confoulens, Blagnac et Montaut : elle est en dernier lieu en possession des titres de *comte*, *vicomte* et *marquis*.

Malte. Elle a donné douze chevaliers à cet ordre, un commandeur, et un sénéchal de Rhodes dès l'an 1450. Bernard de Voisins fut relevé de ses vœux en 1589, *pour pouvoir soutenir le nom de cette illustre famille*, ainsi que le porte la dispense du pape Sixte V. (*Voyez* Histoire de Malte, in-12, tome VII, pag. 98.)

Prélature. Un évêque de Carcassonne en 1512 ; un abbé commendataire, un vicaire-général de Mirepoix, présidant, en 1518 et 1521, les états de Provence, en l'absence des évêques et de plusieurs personnages distingués dans l'église.

Cette famille était représentée par Jacques-Rose, marquis de Voisins, décédé, en 1811, en son château de Brugairolles. Il avait épousé, à Paris, le 2 février 1799, demoiselle Louise-Marie-Henriette de Lambert, fille de Henri-Joseph, marquis de Lambert, maréchal-de-camp, inspecteur-général de cavalerie, commandeur de l'ordre royal et militaire de Saint-Louis, membre du conseil de la guerre et gouverneur de la citadelle d'Arras, et de dame Marie Anisson-du-Perron. Il laissa de ce mariage quatre enfants existants.

1°. Marie-Amable-Félix de Voisins, né le 31 juillet 1801, sous-lieutenant dans le régiment de l'Hérault, dragons ;

2°. Joseph-Madeleine-Henri de Voisins, né le 11 septembre 1804 ;

3°. Marie-Adélaïde de Voisins, née le 3 août 1806 ;

4°. Charlotte de Voisins, née le 6 mai 1809.

Armes : d'argent, à trois fusées rangées de gueules. Tenant : un sauvage. Support : un lion en barroque. Couronne de marquis. Devise : *Pro Fide.*

DE VOISSANC, ancienne famille chevaleresque du Dauphiné, qui prouve sa filiation depuis Albert de Voissanc, vivant en 1344. Guigues de Voissanc est compris entre les nobles, dans la vérification des feux de Voiron, de l'an 1458. *De gueules, à la bande d'or, accompagnée d'une comète du même en pointe, mise en bande ; au chef cousu d'azur, chargé d'un croissant d'or.*

DE VOLAND, seigneurs d'Aubenas, en Provence, originaires de la ville de Manosque, famille ancienne, qui prouve sa filiation depuis Nicolas Voland, qui eut l'honneur de loger, dans sa maison, François Ier, lorsqu'il vint en Provence, en 1516. Dès ce tems-là, on y voyait au-dessus de sa porte, ses armes en pierre, et timbrées. Il eut cinq fils et trois filles, dont l'une fut choisie pour présenter au roi François Ier, les clefs de Manosque, au nom des habitants de cette ville. Tous les historiens de la province ont parlé, avec de grands éloges, de la chasteté de cette demoiselle, douée d'une rare beauté. Charles de Voland assista aux états du pays, en 1600, et en fut député, vers sa majesté, pour les affaires de la province et de la noblesse. Henri-Reynaud de Voland a continué la postérité. Cette famille a donné des officiers de divers grades distingués, un viguier et un chevalier de Saint-Louis. *D'azur, à un cerf volant d'or.*

DE VOLTAIRE. *Voyez* Arouet.

DE VOUGÉCOURT. *Voyez* le Gros.

DE VOYER de PAULMY d'ARGENSON, comtes de *Rouffiac*, par érection du 23 janvier 1654, vicomtes de *Mouzé*, par lettres du mois de février 1680, et marquis d'*Argenson*, par érection du mois de janvier 1700, illustre, ancienne et considérable maison de Touraine, connue, par titres, depuis Etienne Voyer, chevalier, seigneur de Paulmy, en 1244, et, par filiation, depuis Philipon Voyer, écuyer, seigneur de Paulmy, vivant en 1398. Cette maison a obtenu les honneurs de la cour, en 1744 et 1749, sur preuves faites au cabinet du Saint-Esprit. Elle a donné des chevaliers bannérets et bacheliers, des chevaliers de l'ordre du roi, des gentilshommes ordinaires de la chambre, des conseillers d'état, des capitaines de cinquante hommes d'armes des ordonnances, des gouverneurs de provinces et de places; un ambassadeur à Venise, en 1650, conseiller d'état, surintendant de justice, police et finance de l'armée de Provence, en 1646, employé dans diverses négociations importantes; un gouverneur et lieutenant-général du roi dans toute l'étendue du fleuve Saint-Laurent, en la Nouvelle-France, en 1657; un second ambassadeur à Venise, en 1651; trois grands-croix, chevaliers et gardes des sceaux de l'ordre de Saint-Louis, en 1719 et 1721; des intendants de provinces, et un lieutenant-général de police, à Paris; un évêque de Rodès, en 1666; un évêque de Dol, en 1702, puis archevêque d'Embrun, en 1715, et enfin de Bordeaux, en 1719.

Armes : Jusqu'en 1538, d'azur, à deux léopards couronnés d'or, lampassés et armés de gueules.

Depuis 1538, écartelé, aux 1 et 4 d'azur, à deux léopards couronnés d'or, lampassés et armés de gueules,

qui est DE VOYER ; aux 2 et 3 d'argent, à la fasce de
sable, qui est DE GUÉFFAUT.

Depuis 1651, et par concession spéciale ; comme ci-
dessus, et sur le tout d'azur, au lion ailé assis d'or,
tenant un livre ouvert d'argent, qui est DE VENISE.

DE VY, en Franche-Comté, maison d'origine chevaleresque, qui a pris son nom de la seigneurie de Vy-
lès-Lière. Elle remonte, par filiation, à Guy de Vy,
chevalier, vivant en 1227. Jean de Vy est le premier
inscrit sur le catalogue des chevaliers de Saint-Georges,
après le fondateur. Elle a donné vingt-un chevaliers de
cet ordre, depuis Pierre et Jean de Vy, frères, qui y
furent reçus en 1437. Elle s'est éteinte en 1700. *D'argent, au lion de sable armé, et couronné d'or.*

W.

DE WAMBOURT, en Picardie, maison d'ancienne
chevalerie, dont était Jeanne de Wambourt, morte
avant le 30 janvier 1488, femme de Hubert de Grouches,
chevalier, seigneur de Grouches et de Gribeauval. *De
gueules, à la croix d'argent.*

DE WARGEMONT. *Voyez* LE FOURNIER.

WARGAIRE DIT VANNESSON, en Lorraine.
Pierre Wargaire, prévôt de Hattonchâtel, fut anobli
par Jean, cardinal de Lorraine, administrateur perpétuel de l'évêché de Verdun, par lettres données le
6 février 1528. *Tiercé en fasce, au 1 d'argent, à trois merlettes de sable; au 2 de gueules, au 3 d'azur.*

DE WAUBERT, famille ancienne, originaire des
Pays-Bas, dont l'ancienneté remonte au-delà du quatorzième siècle, ainsi qu'il est prouvé par un diplôme
de M. de Beydaels de Zittaert, conseiller de l'empereur
d'Allemagne, et premier roi d'armes des Pays-Bas. Tous
les membres de cette famille ont suivi la carrière des
armes dans des grades supérieurs, et la plupart ont été
décorés de l'ordre royal et militaire de Saint-Louis.

Charles-Louis-Antoine de Waubert de Genlis, capitaine au régiment de Picardie, infanterie, chevalier de Saint-Louis, lieutenant de roi de Landrecies, épousa, en 1768, Marie-Anne-Victoire le Moine, dont sont issus :

1°. Louis-François Waubert de Genlis, né le 17 juillet 1776, capitaine à l'armée de Condé, chevalier de Saint-Louis, actuellement capitaine de première classe, adjudant de place à Valenciennes, marié, en 1816, avec Sophie Têté. Il a de ce mariage un fils, Louis-Henri de Waubert de Genlis, né le 12 décembre 1817 ;

2°. Henri-Marie de Waubert, né le 4 juin 1782, marié, en 1806, avec Marie-Charlotte-Julie Druon de Brusneau, dont sont issus :

    a. Charles-Henri-Marc de Waubert, né en 1809 ;

    b. Charles-François de Waubert, né en 1814 ;

    c. Françoise-Louise-Julie de Waubert, née en 1811.

Armes : D'azur, à la herse d'or ; à deux épis d'orge du même, passés en double sautoir, brochants sur le tout.

DE WAVRANS DE HAMES, DE BOURSIN, famille ancienne, de Picardie, dont le premier sujet, Guillaume de Wavrans, nommé sans qualification, fut établi l'un des lieutenants d'Ernoul de Créqui, bailli de Saint-Omer, le 7 août 1361. L'un de ses descendants, Pierre de Wavrans, marchand, demeurant à Montreuil, acquit, le 22 décembre 1498, un fief et ténement noble mouvant de la seigneurie de Franq et situé à Séquières, en Boulonnais. Le même Pierre, auteur des seigneurs de Séquières et de Boursin, est qualifié écuyer, seigneur d'Esclimeux et de Pierremont, et est dit faisant ses études au collège d'Orléans, dans un jugement des commissaires du roi sur les francs-fiefs, à Péronne, le 14 septembre 1516, où il est reconnu issu de noble race, et où on lui donne pour père et aïeul, Jean et Jacques de Wavrans, écuyers, seigneurs de Pierremont et d'Esclimeux. *D'or, à trois fleurs de lys nourries de gueules.*

WILLIN DE THUREY, à Besançon, famille de gradués, se qualifiant noble depuis l'an 1551, et admise à Naples, en 1789. dans les lignes maternelles du chevalier Picot de Moras. Cette maison a donné plusieurs officiers au service. *Palé d'or et de gueules.*

DE WISSAC. Hugues de Wissac, d'une famille noble d'Auvergne, fut conseiller au parlement de Paris, en 1315. *Palé d'hermine et de gueules.*

Y.

D'YSE, seigneurs de la Turbie, de Monaco, de Saléon et de Rosans, en Dauphiné. Cette famille, qui est originaire de Provence, a formé plusieurs branches. Elle remonte son origine à Rostaing et Ferrand d'Yse, qui rendirent hommage à Charles, comte de Provence, l'an 1246 ; elle prouve une filiation suivie depuis Crapace d'Yse, et Lunete de Boniface, sa femme, vivants en 1424. Cette maison a produit plusieurs personnages distingués dans la magistrature. *D'argent, au lion de gueules, à la bande d'azur, chargée en chef d'une fleur de lys d'or, brochante sur le tout.*

D'YMBLEVAL. *Voyez* D'IMBLEVAL.

YVER DE SAINT-AUBIN, en Normandie, famille ancienne, originaire du Poitou, qui fut maintenue dans sa noblesse, par arrêt de la cour des aides de Paris, du 22 juin 1660, et par ordonnance de M. le Guerchoys, intendant d'Alençon, du 10 mars 1708. Les titres énoncés dans cette dernière pièce, donnent la filiation de cette famille depuis Gervais Yver, écuyer, seigneur de Touchemoreau, en Poitou, vivant en 1405. *D'azur, à la face d'or, accompagnée de trois étoiles du même.*

D'YVERSEN DE SAINT-PONS, en Albigeois. Cette famille a pour auteur noble Jean d'Yversen, qui résida pendant quelque tems à Raguse, avec caractère d'envoyé

Meubles et Figures Héraldiques.

pour le service du roi, et occupait cet emploi le 3o décembre 1557 ; et, par une lettre que lui écrivit Elisabeth, reine de Hongrie, le 24 octobre 1558, on voit qu'il se disposait à revenir en France. Cette famille a donné plusieurs capitaines. *D'or, au cerf ailé et élancé de gueules; au chef d'azur, chargé d'un soleil d'or, accosté de deux croissants d'argent.*

Z.

DE ZEDDES, seigneurs de Vaux, de Longchamp et de Crepy, en Champagne, famille qui a pour auteur Philippe-Christophe de Zeddes, écuyer, seigneur de Mongey, époux de Bonne de Reillac et père de Jacques de Zeddes, 1er. du nom, écuyer, seigneur de Mongey, qui épousa, le 17 mai 1560, Perrette Meunier. On compte, parmi leurs descendants, des officiers supérieurs, un brigadier des armées du roi, décoré de l'ordre royal et militaire de Saint-Louis ; un aide-de-camp des armées du roi, en Catalogne, et commandant dans la ville basse de Luxembourg, plusieurs capitaines et autres officiers. *D'or, au Z de gueules.*

DE ZURLAUBEN, barons de Wyterthal, et comtes de Villé, par érection de 1687, et par lettres du mois de décembre 1692, très-ancienne maison, établie en Suisse, dès le quinzième siècle, et qu'on a dite issue de celle de la Tour-de-Châtillon, en Valais. Elle est connue, par filiation, depuis Balthasar de Zurlauben, père de Jean de Zurlauben, vivant encore en 1450. Cette maison a occupé, en Suisse, les charges les plus distinguées, et a donné plusieurs officiers généraux, des colonels et autres officiers au service de France, des gentilshommes ordinaires de la chambre du roi, deux lieutenants-généraux des armées, dont un commandeur de l'ordre royal et militaire de Saint-Louis, plusieurs chevaliers du même ordre, un abbé de l'abbaye de Mury, en 1683, créé prince du St.-Empire, par diplôme de l'empereur Léopold, du 10 décembre 1701 ; lequel empereur a donné aux aînés de la maison de Zurlauben, la dignité de maréchal héréditaire de cette même abbaye de Mury. *Ecartelé, aux* 1 *et* 4 *d'or, à la tour de sable*, qui est DE LA TOUR-CHATILLON ; *aux* 2 *et* 3 *d'azur, au lion d'argent, tenant un tronc d'arbre tigé de trois feuilles de sinople*, qui est DE ZURLAUBEN ; *sur le tout d'azur, à la fleur de lys d'or.* Concession des rois Charles IX et Louis XIII.

FIN DU TOME DEUXIÈME.

TABLE DES MATIÈRES

CONTENUES DANS CE VOLUME,

INDÉPENDAMMENT DES ARTICLES ET NOTICES GÉNÉALOGIQUES.

~~~~~~~~~~~~~~~~~~~~

M.

N.

P.

R.

S.

T.

U.

V.

FIN DE LA TABLE DES MATIÈRES.

ERRATA.

Tome I , préface, page vij , ligne 25 ; au lieu de 1785 , *lisez* : 1782.

Page 31 , lignes 22 et 26 ; au lieu du mot proposé, *lisez* : préposé. — Ligne 24 , à la fin de la ligne , supprimez le mot *mais*. — Ligne 32 , au lieu *de* d'Eudes , *lisez* : d'Eudes. — Ligne 33 , au lieu de N..... Compain , *lisez* : Guillaume Compaing.

Page 272, article Gellé de Sainte-Marie ; les étoiles sont d'argent et non pas d'*or*.

Page 433 , article Huet , ligne 4 ; au lieu de 6618 , *lisez* : 1618.

Page 444, article Jaunay, dernière ligne de cet article, au lieu de *cinq canettes* , lisez : *cinq étoiles*.

Tome II , article Morel, page 62 , branche de Boncourt, degré XIV, ligne ; en 1565, *lisez* : en 1665.

Ajoutez à la fin de cette généalogie, page 71 , que c'est par erreur qu'on a dit , dans le tome II , page 258, du Dictionnaire Véridique , que cette maison tirait sa noblesse des charges de la magistrature et du grand conseil. Elle est noble d'ancienne extraction , et l'article que nous en avons rapporté à la page 48 du présent volume, est basé sur une généalogie dressée sur les titres originaux par Chevillard.

MOREAU , IMPRIMEUR DE S. A. R. MADAME ,
RUE COQUILLIÈRE, Nº. 27.

www.ingramcontent.com/pod-product-compliance
Lightning Source LLC
Chambersburg PA
CBHW050549270326
41926CB00012B/1974